国家出版基金项目
NATIONAL PUBLICATION FOUNDATION

2020 年度中宣部马克思主义理论研究和建设工程特别委托项目“基层群众自治制度研究”（2020MYB050）
2019 年度中宣部宣传思想文化青年英才自主选题项目“重大突发公共卫生事件社会治理研究”（20SGYP001）

治理政治学丛书

厚植“两山”根基 共建共治共享

——新时代农村社区治理现代化的安吉经验

袁方成　靳永广◎著

華中師範大學出版社
CENTRAL CHINA NORMAL UNIVERSITY PRESS

新出图证(鄂)字10号

图书在版编目(CIP)数据

厚植"两山"根基　共建共治共享:新时代农村社区治理现代化的安吉经验/袁方成,靳永广著.—武汉:华中师范大学出版社,2021.6

(创新基层治理论丛/袁方成,陈荣卓主编)

ISBN 978-7-5622-9439-9

Ⅰ.①厚…　Ⅱ.①袁…　②靳…Ⅲ.①农村社区—社区管理—经验—安吉县　Ⅳ.①D669.3

中国版本图书馆CIP数据核字(2021)第089126号

厚植"两山"根基　共建共治共享

——新时代农村社区治理现代化的安吉经验

责任编辑:蒋圣芹　　**责任校对**:肖　阳　　**封面设计**:胡　灿

编 辑 室:学术出版中心　　**电话**:027-67867792

出版发行:华中师范大学出版社

社址:湖北省武汉市洪山区珞喻路152号　　**邮编**:430079

电话:027-67863426(发行部)

传真:027-67863291

网址:http://press.ccnu.edu.cn　　**电子邮箱**:press@mail.ccnu.edu.cn

印刷:湖北恒泰印务有限公司　　**督印**:刘　敏

字数:320千字

开本:710mm×1000mm　1/16　　**印张**:20.25

版次:2021年6月第1版　　**印次**:2021年6月第1次印刷

定价:69.00元

欢迎上网查询、购书

序　　言

“创新基层治理论丛”由袁方成教授和陈荣卓教授主编。我应约作序，很高兴先看了先期的4种，即《田野中国：新时代乡村治理现代化的地方探索》《新时代村庄选举观察：实践与表达》《厚植“两山”根基　共建共治共享——新时代农村社区治理现代化的安吉经验》《新时代农村社区治理：经验与效能》，论丛是关于浙江、湖北、江西、湖南等地农村基层治理的最新调研成果。当前，基层治理研究可谓繁花似锦，这套丛书称得上是其中耀眼的一束。

在2014年中央提出国家治理现代化之前十多年间，关于治理的研究已相当繁荣，“治理”名目下著述很多。若加考究，这种“繁荣”主要有两大源流：或者基于西方治理理论，或者基于乡村治理实践。前者注重引进西方治理理论，强调协同共治、多中心治理等理念方法，如世界银行、奥斯特洛姆的研究备受重视；后者注重考察世纪之交乡村现实困境，特别是广泛发生的农民问题和基层失序，致力于解决“三农”问题。这两种取向的研究，在方法、理论上有交织融合，时间上汇集新旧世纪之交，构成治理研究的壮观景象。但严格来说，这些都还不是现在的国家治理研究。

在我看来，国家治理的治理，是治国理政的治理，不是西方治理理论中的治理，也不是中国政治传统中的治理。在我的学术交往中，多位西方政治学家曾经谈到，国家治理并非学术概念，很难有相应的英文翻译。从这个意义上讲，国家治理是有中国政治特色的新概念。或者说，在当代中国的社会条件下，国家治理首先是政治概念，与中国特色政治制度的理论表达有内在联系。

乡村治理研究随着20世纪90年代中后期“三农”问题而兴起，也不是现在的国家治理研究，但这种研究比基于西方治理理论的研究更接近“国家治理”。如果追溯中央文件,最接近的概念表达是 2006 年 1 号文件提出的“乡村治理”。这个文件论述乡村治理,从党组织建设、村民自治建设和农村社会化服务组织建设三方面展开。我认为,这个文件中的“乡村治理”是政策概念,有比较清晰的政策内容,有比较明确的政策诠释。党的十八届三中全会决定中的“国家治理”则是政治概念,是党关于治国理政的纲领性表达。“国家治理现代化”,使我们更能产生联想的是 1975 年第四届全国人大上提出的“四个现代化”。“四个现代化”注重经济发展,而“国家治理现代化”注重制度体系和能力,都具有综合性和纲领性。考察中央文件的发展脉络,也许可以说,从作为政策概念的“乡村治理”,到作为政治概念的“国家治理”,有某种内在的相关性。

最近几年,国家治理研究聚集了政治学、社会学、公共管理以及相关学科的大量学者,著述汗牛充栋,谏言纷至沓来。盛况固然可喜,但也让人不无忧虑。出版发表的研究著述数量虽巨,也不乏鸿篇巨制,但水平提升并不显著。突出问题是,这些大都倾力于解读文件和阐发原则,倾心于描绘愿景、发表宏论,而不肯在扎扎实实的调研上下功夫。国家治理研究要出高质量成果,不能仅靠从政治高度讲原则,而要依靠深入现实生活。离开现实生活中的种种问题来讨论国家治理,立论可以高远,但很易陷入空洞。在当今社会和学术环境条件下,基层研究、微观研究比高层研究、宏观研究更容易成为实在而有深度的研究。

令人欣慰的是,近几年学界也有新气象,涌现出不少年轻学者,研究能够深入真实生活,贴近现实变化,而不是坐而论道。华中师范大学具有这方面的优良传统,大约 30 年前就对村民自治研究有重要开拓,进入 21 世纪以来,又有若干新贡献。在这个进程中,袁方成、陈荣卓作为学术新生代随着乡村治理研究的兴起脱颖而出,工作勤奋且成绩斐然。现在,他们领衔调研并主编这套“创新基层治理论丛”,为这个日渐兴盛的学术领域增添新成果,是对中国基层治理研究的重要推动。我对他们的努力深表赞赏并充满期待。

赵树凯(曾任国务院发展研究中心研究员,现为山东大学政治学与公共管理学院教授)

2021 年 5 月 1 日

前　言

加强和创新社会治理，是推进国家治理体系和治理能力现代化的重要内容，事关群众民生福祉、基层和谐稳定和政权坚实稳固。社区是居民日常生产生活的基本场所，是国家和社会治理的基础单元，是巩固党的执政基础的基石平台。习近平总书记指出，“基层是一切工作的落脚点，社会治理的重心必须落到城乡社区，社区服务和管理能力强了，社会治理的基础就实了”。正是在国家治理、社会整合和民众凝聚中的基础性作用，使得党和国家历来高度重视城乡社区工作。

中国特色社会主义新时代，在实现国家治理现代化的行动路径上，社区治理被提升到国家战略高度。“城乡社区治理”首次写入党的十八大报告。党的十九大立足“打造共建共治共享的社会治理格局”，进一步提出要“加强社区治理体系建设，把社会治理重心向基层下移，发挥社会组织的作用，实现政府治理和社会调节、居民自治良性互动”。党的十九届四中全会提出，要“坚持和完善共建共治共享的社会治理制度……建设人人有责、人人尽责、人人享有的社会治理共同体……健全党组织领导的自治、法治、德治相结合的城乡基层治理体系，健全社区管理和服务机制”。整体来看，中国社区经历了从行政主导的社区建设向多方联动的社区治理的发展阶段。现阶段，如何从做好国家治理现代化战略支点的定位出发，健全完善治理体系、不断增强治理能力和着力补齐治理短板，成为城乡社区治理的目标要求和现实命题。

为贯彻落实《中共中央 国务院关于加强和完善城乡社区治理的意见》和中办、国办《关于深入推进农村社区建设试点工作的指导意见》，完善农村社区治理机制，扩大农村公共服务供给，激发社会参与社区治理活力，

2017年4月,国家民政部决定开展“全国农村社区治理实验区”建设工作。2017年12月,国家民政部将浙江省安吉县等48个县级单位确认为全国首批农村社区治理实验区。

安吉县是习近平总书记“两山”理念的重要诞生地,是远近闻名的中国美丽乡村发源地。早在2003年浙江省启动“千村示范、万村整治”工程时,安吉就坚决执行省委、省政府决策部署,着力乡村人居环境改善,为推动传统农村社区向现代农村社区转型打下了坚实基础。2008年,为打造具有安吉特色的新农村建设模式,该县率先开展中国美丽乡村建设工程。美丽乡村建设以生态保护为基点,以人与自然的和谐相处为关键,着力提升生态改善的综合效应。美丽乡村、美丽乡村精品村和美丽乡村精品示范村的持续建设,为该县农村社区建设与治理提供了生态宜居的生活环境、基本完善的基础设施、持久永续的发展资源和特色鲜明的产业业态。

绿色发展是世界各国共同关注的持久话题。作为全国首个生态县和联合国人居奖唯一获得县,安吉县始终坚守人与自然和谐共生的发展思路,坚定走绿色发展、生态立县的发展道路,协调推进生态文明建设与经济社会发展。着力生态环境保护,既是安吉县农村社区建设的鲜明特色,也是农村社区治理实验区创建的优势依托。在创建全国农村社区治理实验区过程中,安吉县全面贯彻党的十九大以来有关农村基层治理、生态环境保护和乡村振兴战略等决策部署,以创新、协调、绿色、开放、共享为基本思路,立足“千村示范、万村整治”工程和中国美丽乡村建设成果基础,紧紧围绕“提升农村社区治理和服务功能,实现共建共治共享”实验主题,探索符合安吉实际的农村社区治理机制和实践路径。

作为全国“两山”理论实践试点县,安吉县以深化“两山”理论研究、丰富“两山”实践示范、推动“两山”经验集成和共享“两山”成果转化为抓手,持续厚植“两山”根基。以提升农村社区治理和服务功能为目标,建立健全服务治理新机制、营造多元主体治理新格局、形成共享治理成果新局面。以构建共建共治共享的治理格局为关键,切实推进“三规协同”工程、“自治延伸”工程、“三社联动”工程、“信息整合”工程,探索建构具有安吉特色的农村社区治理体系。

农村社区治理是一项涉及面广、过程性久、影响较大的社会工程,其关键在于形成集思共创和群策构建的共建局面，多方联动和协同推进的共治格局，成果转化和红利释放的共享氛围。实验区创建过程中，安吉县着力在枢纽平台、治理规则、治理队伍、常态机制和公益事业等方面下功夫，在生态环境共治、民情实际共知、平安家园共护、村庄发展共商、文明乡风共倡、村级事务共监、群众权益共护和养老责任共担上做文章，力求在生态环境共享、基础设施共用、发展红利共享、发展经验共享上求实效。在实验区创建过程中，该县立足治理有效的现实命题，持续强化体系完善和能力增强，充分发挥政府、社会（组织）和居民等多元主体的重要作用，基本形成了多元主体的治理格局；重点做好规则牵引，充分发挥村规民约、家规家训、法律法规的支撑作用，基本形成了多规协同的规则体系；着力完善治理体系，构建德治、自治和法治相结合的农村基层治理体系，基本形成了三治融合的治理体系。

安吉县农村社区治理的鲜明特色在于，坚持优势导向，坚定不移沿着“绿水青山就是金山银山”之路阔步前进，厚植“两山”基础，奋力争当践行“两山”理念样板地、模范生。实验区身体力行践行“两山”理念，持续深化人与自然和谐相处；聚焦“两山”实践，以共建共治共享为行动机制，着力在人与人、人与自然、人与经济和谐相处上下功夫、做文章。

本书系浙江省安吉县创建全国农村社区治理实验区委托项目“厚植‘两山’根基　共建共治共享——新时代农村社区治理的安吉模式研究”的最终成果。本书主要分析了安吉县创建全国农村社区治理实验区的优势依托，详细梳理了该县在农村社区治理实验区创建过程中如何打造共建共治共享的社区治理格局，形成人人负责、人人尽责和人人享有的社会治理共同体。

研究团队由民政部基层政权建设和社区治理司高洪山处长，浙江省民政厅江宇副厅长，浙江省民政厅基层政权建设和社区治理处李爱燕处长、陈庆徐副处长、沈大友原副处长，华中师范大学中国农村综合改革协同创新研究中心项继权教授、吴理财教授为顾问，民政部全国基层政权建设和社区治理专家委员会专家委员、华中师范大学中国农村综合改革协同创新研究中心主任袁方成教授为负责人，协同安吉县民政局姜平局长、汪忠鸣副局长以及基层政权和社区建设科潘梁军科长等有关部门负责人组成的课题组，共同完成课题研究和创建实践工作。

在项目研究中，研究团队一直扮演着实践观察者、改革参与者和理论研究者的角色。在过去一年多的时间里，课题组对标农村社区治理目标要求，在系统考察安吉农村社区建设和治理历程的同时，关照全国农村社区治理的走向趋势和重点方向，积极吸收既有国家和省级农村社区治理实验区创建经验以及各地农村社区治理实践探索。课题组坚持问题、需求、目标和时代导向，以切实提升安吉农村社区治理能力和服务水平，构建共建共治共享的治理格局为研究目标，以理清乡村治理思路、挖掘社区治理经验、回应村民发展诉求、补齐社区治理短板和谋划持久治理路径为现实关切，系统梳理安吉县农村社区治理和公共服务供给实践经验，科学分析新时代农村社区治理亟待解决的全局性、关键性和长远性问题与解决措施，探索符合安吉实际的农村社区治理机制和实践路径，为安吉农村社区治理体系和治理能力现代化提供理论支撑、政策咨询、决策服务和实践指导。

项目研究与安吉县全国农村社区治理实验区创建实践同步进行。作为一项全新的社会治理工程，基层实践经验为研究提供了丰富的观察样本和经验素材。时至今日，打造共建共治共享的社会治理格局，健全党组织领导的自治、法治、德治相结合的城乡基层治理体系，已然成为城乡基层治理的目标导向，也是一项重要的理论命题和实践课题。实践中可能存在的体制机制等现实问题，迫切需要从理论、制度、政策等层面去解答。课题组成员积极投身于实践当中，积极参与地方有关农村社区治理的改革设计、政策咨询和实践推进等工作。此外，华中师范大学的王敬尧教授等也参与了项目的研究讨论；博士研究生和硕士研究生积极参与项目成果撰写、实地调研和资料整理，他们是王丹、杨菲、马真露、李文洁、周韦龙、刘桓宁、姚雪琳、郭易楠、胡慧、蒋兴婷、王悦、董诗艺、何雪娇、崔伟风、陈雪（排名不分前后）。安吉县民政局李璐琳、汪佳佳、施璐，杭垓镇人大主席徐渊以及余村、高禹村、双一村和鲁家等受访社区的工作人员和居民代表为我们的调查研究工作提供了诸多帮助、协作与便利。在此，感谢他们的大力支持！还要感谢安吉县民政局对课题组工作的信任、理解和支持。正是他们的支持，课题组得以有机会投入新时代农村社区治理的观察、研究和实践之中！

安且吉兮！“两山”理论指引下的农村社区治理，正在安吉的田野大地上加速推进！

目　录

第一章　农村社区治理：国家治理现代化的战略支点

"履不必同，必须适足；治不必同，期于利民。"中国特色社会主义制度是党和人民在长期实践探索中形成的科学制度体系，我国国家治理一切的工作和活动都依照中国特色社会主义制度展开，我国国家治理体系和治理能力是中国特色社会主义制度及其执行能力的集中体现①。将制度优势转化为治理效能，提高国家治理能力是国家发展的重要任务。作为国家治理的一个重要方面，加强和创新社会治理，关键是完善党委领导、政府负责、民主协商、社会协同、公众参与、法治保障、科技支撑的社会治理体系，建设人人有责、人人尽责、人人享有的社会治理共同体。社区作为社会地域共同体，是国家治理的最小单元，是政府落实惠民政策的"最后一公里"。新时代，推动农村社区治理，关键是完善社区治理体系和提升社区治理能力，形成共建共治共享的农村社区治理格局。

第一节　作为国家治理基本单元的农村社区

"现代性孕育着稳定，而现代化的过程却滋生着动乱。"②改革开放40多年以来，我国在发展社会事业、维护社会秩序、增强社会活力、促进社会公

① 中共中央关于坚持和完善中国特色社会主义制度 推进国家治理体系和治理能力现代化若干重大问题的决定[N].人民日报，2019-11-06.

② 塞缪尔·亨廷顿.变化社会中的政治秩序[M].王冠华，等译.北京：生活·读书·新知三联书店，1989：38.

平等方面都有了明显提升。进入21世纪,我国现代化进程持续加快,社会结构、人民素质、经济发展水平、社会组织形式等都发生了巨大变化,原有的权力高度集中、政府统管一切的管理方式已不能适应现实要求,工业化、城镇化、信息化等社会大转型推动着国家管理模式的变革,特别是进入新时代以来,现代化要素不断替代传统要素,新的社会系统尚未完全建立,社会矛盾不断加剧、社会冲突不断出现,亟待探索新的社会发展模式。

2013年11月,党的十八届三中全会通过的《关于国务院机构改革方案的决定》明确提出:"全面深化改革的总目标是完善和发展中国特色社会主义制度,推进国家治理体系和治理能力现代化。"①这成为迄今为止对国家治理发展方向最高层次的思考和界定,成为当下中国国家治理的新要求和新方向。这一概念也极大丰富了社会主义现代化的内涵和实质,成为中国现代化进程中的"第五个现代化"。

十八届三中全会后,党和国家作出推进国家治理现代化的战略抉择,这标志着倡导良性互动、合作双赢、民主协商的现代国家建构的宏伟目标正式确立,也标志着强调多元主体、水平运行、网络治理的新型治理模式的伟大蓝图日趋成熟。从传统管理到现代治理的跨越,是治国理政总模式,包括权力配置和行为方式的一种深刻的转变。

党的十九届四中全会明确提出:"我国国家治理一切工作和活动都依照中国特色社会主义制度展开,我国国家治理体系和治理能力是中国特色社会主义制度及其执行能力的集中体现。"②国家制度越成熟、国家治理体系越完善,并不代表国家治理能力就越强。因此,把制度优势转化为治理效能,提高国家治理能力是国家发展的重要任务。

国家治理现代化是对国家统治和国家管理两个概念的扬弃,更加强调多元主体共同参与处理社会公共事务,促进社会力量增长,其主要目的是增进公共利益和维护公共秩序③。除必要的政府强制外,主要采用自上而下、自下而上、左右平行等多元渠道进行管理,通过引导、协商、沟通、参与来达

---

① 中共中央关于全面深化改革若干重大问题的决定[M].北京:人民出版社,2013:3.

② 中共中央关于坚持和完善中国特色社会主义制度 推进国家治理体系和治理能力现代化若干重大问题的决定[N].人民日报,2019-11-06.

③ 何增科.理解国家治理及其现代化[J].马克思主义与现实,2014(1):11-15.

到治理目的。推进国家治理能力和治理体系现代化,是实现社会主义现代化的必然要求。通过创新和完善政治、经济、文化、社会、生态文明等各方面的制度机制和法律法规,最大限度地减少体制机制漏洞和障碍,促进制度科学化、程序化、完善化,从而推动事务治理科学化、规范化,为坚定制度自信提供理论支撑。

当前世界正经历百年未有之大变局,中国正处于实现中华民族伟大复兴的关键时期,坚持和完善中国特色社会主义制度、推进国家治理体系和治理能力现代化,是顺应时代要求的必经之路。习近平总书记指出,“相比我国经济社会发展要求,相比人民群众期待,相比当今世界日趋激烈的国际竞争,相比实现国家长治久安,我们在国家治理体系和治理能力方面还有许多不足,有许多亟待改进的地方”[①]。因此,社区作为社会治理的基本单元,必须以国家治理现代化为战略支点,不断完善社区治理体系,增强社区治理能力,着力补齐社区治理短板。

基础不牢,地动山摇。社区是社会的微观组织细胞,是国家进行社会治理的基本单位,其在执行国家大政方针、维护社会和谐稳定、促进社会文明发展等方面发挥着不可替代的作用。只有将国家治理现代化的价值理念和总体战略贯穿于基层治理的始终,并得到充分落实,才能切实实现国家治理现代化的目标。社会治理的重心必须落到城乡社区,社区服务和管理能力强了,社会治理的基础就实了。因此,社区治理现代化要在社会系统和国家治理体系中锚定方位,接应起国家治理的任务,回应好社区内生需求,通过推动社区治理现代化,实现国家治理体系和治理能力现代化。

加强和完善城乡社区治理,事关党和国家大政方针贯彻落实,事关人民群众切身利益,事关城乡基层和谐稳定,是实现“两个一百年”奋斗目标和中华民族伟大复兴的中国梦的重要基础工程。在我国,相较城市而言,农村社区的发展还相对不足。农村社区建设是在城乡经济社会转型、国家治理方式转变以及建设社会主义新农村和建设美丽乡村的背景下提出来的[②]。随着新农村建设的发展和乡村振兴战略的实施,农村社会发生了巨大的变

① 习近平.切实把思想统一到党的十八届三中全会精神上来[J].求是,2014(1):3-6.

② 许经勇.国家治理现代化与农村社区建设[J].湖南师范大学社会科学学报,2014(5):19-23.

化,亟须通过农村社区的建设和发展,实现基层政治稳定、激活农村活力、推动农村各项事业发展、实现公共服务均等化等任务,因此研究农村社区治理对国家治理现代化的作用具有重要意义。

我国农村社区建设经历了从建设到治理的转变过程。2005 年,党的十六届五中全会提出建设社会主义新农村,加快实现城乡和农村经济社会的协调发展。在农村基层治理中,乡镇政府是国家政策在农村基层社会的执行者,乡镇政府能力的强弱直接决定国家在农村基层治理目标的实现程度①。随着居民生活水平的日渐提高,国家层面以及乡镇政府层面提供自上而下的公共服务并不能穷尽农村的公共事务和居民需求的满足,这就需要建设农村社区,通过社区自治管理农村事务。

2006 年,中共十六届六中全会通过的《中共中央关于构建社会主义和谐社会若干重大问题的决定》提出:“积极推进农村社区建设,健全新型社区管理和服务体制,把社区建设成为管理有序、服务完善、文明祥和的社会生活共同体。”这是在中央的决定和文件中首次使用了“农村社区建设”概念,明确了社区建设的具体目标,使社区建设进入一个新的发展方向。但对于农村社区的具体定位以及在新农村建设中如何推进农村社区建设还需要进一步探讨。

社区建设对于居民获得感和幸福感的提升、城乡基层社区的稳定以及建设中国特色社会主义事业都具有特殊意义。2007 年 10 月,党的十七大对社区工作提出更多、更明确的要求。通过推进社会主义新农村建设,为农村社区建设提供有利的条件。农村社区作为农村生活的共同体,是联系党和政府同人民群众关系的桥梁,是决定居民生活满意度的重要因素。社区建设围绕建立多元参与格局、扩大公共服务、提高公民美德、加强基层党建等方面,为未来社区建设指明了方向。

当前我国正处于城乡统筹发展的新时期,消除城乡二元体制、缩小城乡差距、基本实现公共服务均等化是实现国家长远发展的必经之路。党的十七届三中全会进一步将推动城乡统筹发展、推进农村改革发展纳入国家长远发展规划。因此,在当前背景下,要保证城乡统筹发展,维护社会发展秩

---

① 张艳国,尤琳. 农村基层治理能力现代化的构成要件及其实现路径[J]. 当代世界社会主义问题,2014(2):54-66.

序,就必须重视农村基层治理,统合社区职能,整合社会资源,以社会发展和社会治理为核心,努力提升社区治理社会化、法制化、智能化和现代化的水平。

2013 年 11 月,党的十八届三中全会明确提出国家治理现代化的改革目标,要求通过及时转换和创新治理理念,不断改革和创新治理体制,实现丰富社会治理主体和提高治理能力的目标。社区治理现代化是国家治理现代化的重要基础,构建多元主体共同参与的协同治理体系,是社区治理现代化的重要内容①。作为基层的治理单元,新时期农村社区建设重点由“经济发展”转变为“五位一体协同发展”,由“改造农民”转变为“以人为本”,从“单一化治理”转变为“多元化参与”,明确了治理主体和治理机制,力图实现农村全面协调可持续发展,满足居民的基本生活需求,打造新型“社会共同体”。

2016 年,中共中央、国务院颁布《关于加强和完善城乡社区治理的意见》,提出“坚持以基层党组织建设为关键、政府治理为主导、居民需求为导向、改革创新为动力,健全体系、整合资源、增强能力,完善城乡社区治理体制”。这是新中国历史上第一部关于社区治理的纲领性文件,为社区治理现代化建设明确了方向。

推进农村治理转型,不仅是农村治理的一次新的尝试,也是满足居民需求,提高农村治理水平的一次伟大尝试。正是在这个意义上,党的十九大报告进一步明确了社会治理的目标任务,提出了城乡社区治理的路径策略,凸显了城乡社区治理在国家建设中应有的重要地位。党的十九大报告指出,“推动社会治理重心向基层下移,发挥社会组织作用,实现政府治理和社会调节、居民自治良性互动”。社区从单一建设向多元治理的转变,标志着我国城乡社区发展迈入新阶段。

党的十九大报告从统筹推进“五位一体”总体布局、协调推进“四个全面”战略布局的高度,重视社会治理问题,明确提出了打造共建共治共享的社会治理格局。实现党领导下的政府治理和社会调节、居民自治良性互动,全面提升社会治理法治化、科学化、精细化水平和组织化程度,是新时代推进社会治理的题中应有之义。

---

① 李增元,姚化伟. 农村社区协同治理体系建设:地方实践及经验启示[J]. 社会主义研究,2016(3):115-122.

党的十九届三中全会提出要构建简约高效的基层管理体制,这为新时代创新和完善社区治理体制指明了方向。通过推动社会治理重心向基层下移,将更多的资源、服务、管理放到社区,让社区焕发新的活力。十九届四中全会从坚持和完善中国特色社会主义制度,推进国家治理体系和治理能力现代化的高度,更加明确提出构建社区治理新格局。通过完善党委领导、政府负责、民主协商、社会协同、公众参与、法治保障、科技支撑的社会治理体系,建设人人有责、人人尽责、人人享有的社会治理共同体,推动构建社区治理新格局。

从 1999 年民政部启动社区建设实验区,正式确立“社区制”算起,20 多年来,我国的城市社区体制已从最初的社区建设拓展为社区治理。同时,社区治理理念也从最初的社区管理向社区治理转变,我国治理方式由单一行政手段向多元共治转变,治理体系由管制型政府向服务型政府转变,发展模式由集权向分权转变,治理模式由人治向法治转变。

社区治,百姓安,则国家稳。加强和创新农村治理,走农村社区治理之路,是推进国家治理体系和治理能力现代化的基石和关键。农村社区治理效果如何,事关党和国家大政方针贯彻落实,事关居民群众切身利益,事关城乡基层和谐稳定。只有通过不断推进农村社区治理体系和治理能力现代化,才能打造共建共治共享的农村社区治理格局,为实现国家治理现代化打下良好的基础。

第二节 体系完善与能力增强：治理新命题

当前世界正经历百年未有之大变局,中国正处于实现中华民族伟大复兴的关键时期。顺应时代潮流,适应我国社会主要矛盾变化,统揽伟大斗争、伟大工程、伟大事业、伟大梦想,不断满足人民对美好生活的新期待,战胜前进道路上的各种风险挑战,必须坚持和完善中国特色社会主义制度、推进国家治理体系和治理能力现代化。“社区是基层基础,只有基础坚固,国家大厦才能稳固。”①农村社区是国家治理的基础单元,是社会生活共同体,

① 习近平. 决胜全面建成小康社会 夺取新时代中国特色社会主义伟大胜利——在中国共产党第十九次全国代表大会上的报告[M]. 北京:人民出版社,2017:23-24.

是以生产为特征的居民聚居地,更是基层治理创新的重点和难点。构建适应我国农村社会发展的社区治理体制,实现社区治理体系和治理能力现代化,是推进国家治理体系和治理能力现代化建设的题中应有之义。社区持续发展的关键在于社区治理不断创新,通过培育新的社会主体、创新社会治理方式、完善治理机制以及提升治理能力等,开创社区治理新局面,从而实现国家治理体系和治理能力现代化。

一、不断完善农村社区治理体系

在党和国家宏观战略需要的背景下,农村社区治理承载着治理现代化建设的若干重要任务。十九届四中全会明确指出,要建立党委领导、政府负责、民主协商、社会协同、公众参与、法治保障、科技支撑的社会治理体系。在中国特色社会主义进入新时代的背景下,这一系列理念构建成为我国社区治理体系的发展方向。当前农村社区治理仍然存在体制机制不健全、治理主体和治理方式单一以及资源短缺等问题。为贯彻落实十九届四中全会精神,深入推进新时代农村社区发展经验,发挥社会组织基层治理作用,农村社区要通过不断提升党的执政能力、建立新型党政关系、创新基层治理新机制、整合社会意愿和力量等,完善我国社区治理体系,补齐农村社区治理短板。

(一)如何强化基层党组织在农村治理体系中的领导地位

党的工作最坚实的力量支撑在基层,最突出的矛盾问题也在基层。基层党组织的建设是党的整个执政能力体系建设中的重要组成部分,担负着直接教育党员、管理党员、监督党员和组织群众、宣传群众、凝聚群众、服务群众的重要职责,是党的执政能力建设的落脚点。为了更好地解决当前基层党组织内生动力不足以及管理体制不完善等问题,新形势下强化农村基层党建需要内外发力。如通过创新基层党组织的制度体系,加强基层党组织的政治建设,强化党的领导队伍等方式,强化基层党组织在农村社区治理体系的核心地位。

完善党建工作机制,建立服务型基层党组织体系。为了更好解决农村基层党建内生动力不足的问题,提高党组织的社区治理水平,必须坚持以群众为中心,建立服务型基层党组织。通过将基层党组织建设与群众需求相结合,建立群众接访平台,回应群众需求,不断增强群众观点,站稳群众立场,从源头化解社区矛盾,维护社区稳定,将党的领导工作潜移默化于群众实际工作中,推动建设和谐的党群关系。村党组织作为党在农村全部工作和战斗力的基础,是党的路线方针政策和决策部署在农村贯彻落实的基础,是村级各种组织和各项工作的领导核心。要通过加强农村基层党组织对农村事务的政治领导和思想领导,确立和强化基层党组织在农村事务中最终决定权。同时,加强完善事务公开和群众监督机制,防止出现基层党组织的缺位、错位和失位等现象,促进基层党组织建设科学化、制度化、规范化。

创新党建发展模式,推动社区治理新面貌。基层党组织是引领社区治理的主阵地,是推动社区治理的核心。基层党组织在过去一段时间里成为基层政府的执行机关,在激活党组织和推动基层治理等方面的能力不断弱化。创新社区治理的关键在于采用以党带群的方式,充分发挥社会力量的作用,培育“党建+社会组织”的实践载体,整合各类社会组织资源和社会力量,发挥各类基层组织的力量。为了更好解决居民日益增长的各方需求与需求供给不平衡不充分的矛盾,农村党建应积极探索建立“党建+经济组织、党建+文化组织、党建+志愿服务”等模式,拓宽服务领域、丰富服务内容,为社区服务型党组织建设提供活动载体,为加快建设文明幸福的现代化农村社区提供强大的力量支持。

加强党员干部队伍建设,提升基层保障力度。为推动农村基层党建工作深入发展,还应加强党组织干部队伍建设,完善制度建设,提升农村基层党建工作保障力度,促进基层党建体制机制的科学化运行。要通过优化“两委”班子配置,选举出优秀党员干部作为基层治理的领路人,提高基层治理水平。同时,不断强化党员干部的专业化、先进性建设,为基层党组织培养复合型人才。

(二)如何建立适合农村社区治理的党政领导模式

党政关系问题是中国政治的主要问题和全面深化改革的重大命题。作为基层群众自治组织的村民委员会,在保证村民真正实现当家作主的同时,也出现了一系列值得深入探讨的问题。村委会和村党支部之间的不协调、摩擦和冲突时常产生。基层党政关系的良性发展是实现农村社区善治的重要因素。为了实现农村社区的“善治”,社区治理必须坚持村党组织领头和村民委员会牵头，不断加强农村基层管理，可采取“一肩挑”方式予以改善。因此，应通过明确各自的职能、强化村“两委”的大局观念、提高村级干部的素质等措施，建立适合农村社区治理的新型党政关系模式。

明确各自职责，强化大局观念。首先，作为村级组织的“一把手”，村支部书记是全村各项事业发展的主要策划者和带头人。在领导农村各种组织和各项工作中，其责任和作用最突出，是村里全局的驾驭者。为了更好地处理村级事务，谋划全村发展的大局，村支部书记要带头解放思想、转变观念，充分认识加强农村基层民主建设的现实重要性，积极发挥广大农民群众的主人翁作用，带头发扬民主作风，实行民主决策和科学决策。同时，村支部书记也要注意听取村委会主任的意见和建议，对其工作给予有效的指导和帮助，防止出现代替包办的现象。其次，为了更加高效有序地开展村级工作，村委会主任要牢固树立整体观念和大局观念，坚持党的领导，积极搞好与村支部书记之间的工作衔接和协调配合，从而带领农民群众开创全村工作新局面。

确立指导思想，扎实推进工作。在过去，很多村因村支部与村委会职能不清、关系不顺、工作缺乏民主、办事透明度不高、群众监督不力等问题，发生矛盾冲突。为了更好地避免以及解决这些问题和矛盾，当前农村社区应当从农村改革、发展、稳定的高度，从讲政治的角度，正确贯彻《农村基层党组织工作条例》和《村民委员会组织法》。以此为依据，正确处理村支部和村委会的关系，严格遵守相关的保障制度，用制度来规范村级工作，把村支部与村委会的领导与被领导关系，体现到农村工作的方方面面，落实到具体工作之中，从而全面提高农村基层党组织的凝聚力和战斗力，为农村经济和社会发展提供有力的组织保障。

提高干部素质，强化人才建设。农村基层干部是我们党和国家干部队伍的重要组成部分，是建设社会主义新农村的骨干力量。“农村富不富，关键在干部”，村干部素质的高低直接影响到整个村庄的发展速度和水平。要通过抓好干部理论学习，特别是强化对党和政府各种方针政策的学习，真正将为人民服务落到实处。村干部的管理不仅需要自律，还需要他律。要通过建立干部监督机制，消除一些干部的不良心理，促使其自觉遵守法律，接受监督，规范自身的行为，增强村“两委”的责任感。

（三）如何健全充满活力的村民自治制度

我国农村社会从改革开放以来逐渐由封闭向开放、由静态向动态的趋势转变，在农业生产方式、农村社会结构、农民思想观念等方面都发生了深刻的变革。农村社区治理是在行政村地理区域范围内，由村“两委”通过直接民主和自我参与的方式，依靠政府、社会、村民等多方面力量不断提高农村治理现代化的过程。随着乡村结构的重组、利益关系的调整，农村基层自治组织矛盾不断激化，原有的乡村基本秩序被打破，村民自治组织体系亟待优化。

优化选举程序。当前我国农村选举过程中由于竞争机制不规范、竞选方式单一、监督机制不完善等原因，出现过很多贿选、指派、派选、程序违法等问题。从长远来看，这不仅会对农村社区长期发展产生不利影响，甚至还会阻碍我国的社会主义民主进程。要通过增加竞选平台以及完善相关的法律法规等措施更好地应对基层选举中的问题，保证基层选举的合理性。首先，通过增加竞选平台，细化选举形式，让每一位村民能充分了解竞选人的特点以及能力，选出能带领农村发展的带头人。其次，对换届选举关键环节设置违法违纪风险防控点，开通专门举报电话，设立专门举报信箱，由专人负责受理，保证选举的公平性，选出人民放心的当家人。

完善民主决策程序。决策问题事关事业发展的成败。民主决策不仅为组织和干部提供了一个了解民情、科学决策的有效载体和有力抓手，也对基层干部权力有了刚性的约束，避免了基层干部滥用权力，在一定程度上遏制了不良风气的产生。但是在实际运作过程中，存在着民主认识不到位、村民参与渠道不畅通以及监督流于形式等问题。为了推进决策科学化、民主化，防止决策的随意性，必须加强村党支部的建设，确保党组织对村内重大事务的决策权，相关重大事项必须经过村党委讨论通过后才可以提交村民（代表）会议讨论。通过采取直接民主的相关制度，保证广大村民广泛参与民主政治建设，及时了解决策的信息，保证决策更加规范化、程序化、可靠化。同时，通过制定各种会议议事程序和规则，扩充和丰富直接民主决策的内涵和形式，实现民主决策程序的科学化。

搭建农村社区协商平台。在实施乡村振兴战略的过程中，乡村的发展不仅仅依靠内生力量，大量的外部力量主体也开始参与到乡村自治，农村社区的利益更加复杂化。因此，传统的村庄治理模式和治理制度已经不能应对现代社区发展，需要引入先进的治理模式和参与机制。为了更好地解决原有社区治理机制和社区治理体系不顺畅的问题，新时代农村建设应该依托村民会议、村民代表会议、村民理事会、村民议事会、村民监事会等，加快形成民事民议、民事民办、民事民管的多层次基层协商格局。通过开展基层民主协商对话，推动广大基层群众主动参与基层事务共治。

（四）如何实施多元共治的治理体系

随着国家治理现代化的推进，社区治理的参与主体也由一元主导变成多元共治。多元共治本质上是充分调动社会力量，激发公众参与，在民主协商中寻求共识的过程。社区发展治理工作推进过程中存在的社区多元主体参与度低、社区资源整合困难等问题，应通过实施全新的组织架构和运行机制、高质量的服务项目、积极的社区互动，提高各主体的积极性，发挥群体力量，及时解决社区治理过程中产生的矛盾。

培育和发展社会组织，形成多方治理。作为国家治理体系的末端组成部分，社区治理所要承担的治理功能并非完全来自内在需求，仅靠社区中的社会力量自发行动不可能完成。社区社会组织作为增强社区自治和服务功能的重要载体，是社会治理的重要主体之一。需要通过建立社区组织综合服务平台、建立社区社会组织孵化机制、拓展社区组织的类型，积极发挥社区社会组织在社区自治中的作用，推动形成多方参与、共同治理的社区治理体系。需要通过建立激励评价机制，引导与居民利益切身相关的其他社会组织参与社区治理。

创新社会治理机制，增强社区管理内生动力。为了应对社区管理体制不畅通以及社区服务效率不高等问题，农村社区建设应当在党和政府领导下，统筹推进社区治理、社区组织建设和社区工作开展。首先，明确各主体的责任，确认责任清单。通过厘清三者之间的服务管理边界，找准各方的优势，及时解决联动过程中出现的问题，减少责任交叉和责任缺位等现象。其次，引进专业人才参与社区治理。人才引进是推动社区治理的重要动力，要通过健全社会组织和社会工作专业人才参与社区治理的机制，更好地满足群众多样化、个性化的服务需求。

推动社区治理主体现代化，提升各主体参与度。社区是由多个子系统构成的整体,各个子系统的治理水平直接关系到社区治理水平。因此,必须提高社区居民和各个社区组织等多元主体的治理能力,激发社区活力。首先,通过社区宣传建设,增强社区居民认同感。社区治理的现代化归根结底是人的现代化,而人的现代化首先是思想意识的现代化①。公众只有对社区具有高度的认同感、责任感、归属感,才会参与到社区治理中来。其次,通过建立相关体制机制,减少或者避免基层组织过多干预,增强社区组织为民服务的功能。社区组织作为连接政府和公众的桥梁,要充分发挥在社区治理过程中的协同作用,促进社区协商有序展开。

二、不断提升社区治理能力

习近平总书记指出:社区工作是一门学问,要积极探索创新,通过多种形式延伸管理链条,提高服务水平,让千家万户切身感受到党和政府的温暖。近年来,各地以加强社区党建为引领,以增强社区自治和服务功能为重点,不断创新社会治理体制和机制,更新社会治理理念,从而带动我国农村社区治理水平不断提升。社区治理难题的解决不仅需要有现代化的社区治理体系,还需要有现代化的治理能力。从社区参与能力、文化引领能力以及服务供给能力这三项农村社区治理能力来看,居民参与能力和认同感较低、乡土文化逐渐消失、服务供给能力不足,极大地影响了诸多社区治理难题的化解,阻碍社区治理现代化目标的实现。

(一)如何增强农村社区居民参与能力

社区治理现代化归根到底是实现人及其社会关系的现代化②。在农村社区中,主要是实现居民意识的现代化,让居民参与到社区治理的过程中,为社区发展建言献策。在社区建设中,人既是社区建设的客体,又是社区建设的主体,社区成员的参与状况直接决定着社区建设的效果。为了改变社区治理过程中出现的村民参与度低、参与能力弱、参与渠道少的问题,我国农村社区治理应该以居民为中心,提高居民的参与能力,拓宽居民参与渠道,提高村庄居民参与能力。

培养居民社区意识。为了培养居民广泛参与社区建设活动的思想意

---

① 宋海霞.社区治理现代化呼唤多元共治[J].人民论坛,2018(20):66-67.

② 李增元,李洪强.农村社区化治理:现状、问题及对策[J].中州学刊,2016(4):66-72.

识,农村社区应当通过宣传教育活动,逐渐使村民树立强烈的社区意识,从而形成"社区是我家,联系你我他""社区是我家,建设靠大家"的良好氛围。农村社会以血缘、地缘和业缘等为基础,它既是一个共同的生产单位,又是一个具有极强利益关系的熟人社会。因此,应通过增强居民与社区的利益关联和情感认同,增强居民参与社区治理的动力。在日常工作以及制度安排方面,社区应当为居民提供良好的社会保障、社会福利以及社会服务,促使居民利益社区化,使居民的利益可以通过社区得到解决,从而增强参与社区事务的欲望和动力。

健全社区议事制度。为进一步增强居民参与意识,提高社区民主自治水平,社区应积极保障广大居民对社区事务的知情权、参与权和建议权等基本权利,建立多元民主参与渠道。通过健全居民行使权力机制、建立居民诉求回应机制以及文化凝聚机制等,增强居民社会参与感和社区归属感。首先,在村级事务治理中,将传统的"政府中心主义"和"社会中心主义"理念转变成"以居民为中心"的治理理念,从而推动居民不断树立"社区是我家"的观念,强化自身参与感。其次,通过建立居民诉求表达机制,促使社区与居民之间沟通渠道多元化,不断了解村民的需求。需求得到了满足,诉求得到了回应,居民的认同感也会不断提高。

鼓励村民积极参与。在治理过程中,社区要有意识地将社区事务的决定权和行动权完全向居民开放,真正实现居民充分参与社区重大问题决策。通过需求让居民表达、问题让居民讨论、活动让居民策划、公约让居民制定、服务让居民参与、效果让居民评价等措施,凸显居民的主体性,鼓励居民积极参与社区事务,在参与中逐渐培养"助人为乐、资源奉献、独立自主"等精神,实现社区的良性发展,从而不断提升居民对社区的认同感、归属感和荣誉感。

(二)如何强化社区文化引领能力

社区文化本质上是一种植根于地域乡土基础之上的家园文化,具有社会性、开放性和群众性的特点。作为一个拥有古老的农业文明的国度,中国的乡土社会在漫长的历史发展演进过程中,业已积淀起厚重的以村落为载体的历史文化,农村社区文化建设具有天然优势。在快速城镇化的背景之下,乡村文化受到城市文化空前的挤压而趋于弱势,古村落开始被座座高楼替代，个体开始呈现出原子化的状态，淳朴的乡风文明逐渐遗失，亟须加强和振兴。

习近平总书记多次强调保护传承传统文化，要让农村“看得见青山绿水，记得住乡愁”。实施乡村振兴战略离不开乡土文化的引领。乡土文化作为维系乡村稳定发展的重要因素，对农村各项事业的发展都具有深远影响。而农村社区文化建设是整个农村社区建设的重要组成部分，对增强农村社区活力、带动农村社区整体发展与进步具有深远的影响①。因此，农村社区应充分挖掘文化资源，促进治理效能优化。

继承优秀乡土文化。文化是一个国家、一个民族的灵魂。乡村振兴的核心就在于文化振兴。乡村文化在稳定社会、凝聚人心、和谐社会等方面发挥着不可替代的作用。通过深入挖掘传统优秀文化所蕴含的思想观念、人文精神、道德规范，促使村民树立对美丽乡村、文化乡村的自豪感，提高农村社区凝聚力，为社区发展提供精神文明支持。村规民约作为一种有形的公共文化资源，在社区自治过程中可发挥文化“软法”的作用。农村社区干部可以通过“湾子夜话”、座谈会、交流会等形式，加强对村规民约的宣传，使村民将其外化于行、内化于心。同时，应听取居民的发展要求，不断完善乡土文化的内容和形式，提高乡土文化的引领力，为解决农村事务提供更多的手段方式。

丰富社区文化内涵。在继承优秀传统文化的基础上，积极融合现代文化，创新文化发展形式，丰富乡村文化内涵，不断激发乡村发展活力。让乡村更美丽、村民生活更美好，不仅是时代的要求，更是人民的愿望。在文化建设方面，各地禀赋各异、特点不同，要注重发掘本土文化资源，尤其是当地人文内涵，打造特色文化产业品牌，形成“一村一品”特色。随着农村社区的建设发展，居民的要求不仅仅局限于物质层面，对于文化需求的满足也成为社区建设的努力方向。通过引导城市文化机构、团体到农村社区拓展服务，支持居民兴办演出团体和其他文化团体，形成良好的文化氛围。通过发现和培养乡土文化能人、民族民间文化传承人等各类文化人才，广泛开展具有浓郁乡土气息的农村社区文化体育活动，凝聚有利于农村社区发展的内

---

① 徐顽强，王文彬．乡村振兴战略背景下农村空心化治理与社区建设融合研究[J]．农林经济管理学报，2019(3)：416-423.

在动力和创新活力，不断达到“以文化人”的目的，逐步增强居民集体认同感。

（三）如何提高农村社区服务供给能力

作为社区建设的一项根本宗旨，提升农村社区公共服务水平和质量被视为改善社区治理和增进农村居民生活福祉的重要手段。“把民生的改善、国民的福祉作为衡量发展的最高标准，用民众生活质量指数和满意指数取代简单的经济发展指数作为考量政治发展的标杆。”①在城乡二元结构及体制下，国家对乡村服务投入严重不足，导致城乡社会间经济社会发展出现巨大的差距。在快速城镇化的背景下，村落形态发生了剧烈变迁。对于农村社区而言，乡村服务所蕴涵的内容也变得非常复杂，必须通过不断提升服务能力，才能真正兑现服务于民的基本承诺。

提升农村社区矛盾预防化解能力。实现乡村有效治理是乡村振兴的重要内容。快速城镇化推进的过程，实质上也是城市扩张和乡村萎缩的过程。在这一进程中，由于征地拆迁、土地流转、集体资产分配等原因，乡村经常产生尖锐复杂的矛盾，其调解难度远远超过城市社区。为此，首先要通过采用多元主导、司法指导、智慧倡导的方式，建立矛盾纠纷多元化解体制，真正做到“小事不出村（镇），大事不出镇（街）”。其次要通过整合党员干部、公益组织和民间邻里力量，有效预防矛盾纠纷的发生、发展和激化，有力防止矛盾纠纷“无中生有，小事拖大，大事拖爆”。

增强农村社区特色服务供给能力。农村社区治理现代化可以将基层社会看成是由不同个体所组成的共同生活体，以公共需求为出发点，满足不同个体需求的过程。通过探索新的农村社区服务方式，为居民提供特色服务。在居民集中居住的农村社区，通过选聘物业服务企业，开展物业管理，为居民提供社区物业服务。通过采用高度统一管理、全方位多层次服务、市场化经营为一体的模式，将农村现有资源和城市现代化手段相结合，从而推动农村由村组向社区公共服务模式转变。此外，探索建立社区微型消防站或志愿消防，进一步提升农村抗御火灾的能力，提高农村社区自查自纠、自防自救的能力。

---

① 曹文宏．民生政治：民生问题的政治学诠释［J］．社会主义研究，2007（6）：77-79.

增强农村现代信息技术治理能力。社区现代化技术应用能够不断优化社区治理的环境,也能不断提高社区的服务能力。因此,在社区治理过程中,要不断创新信息化治理手段。在我国农村治理过程中,通常是将社区划分为几个大组,每个组设组长或者网格员,负责处理社区日常事务。随着农村社区的发展,社区事务不断复杂化,利益需求呈现出多元化、差异化的特点。因此,通过建立社区信息化办公机制、社区管理服务机构以及网络交流平台,实现社区信息在全体中共享,增强社区应对问题的能力,提高社区治理水平和服务能力。

总而言之,社会转型所引发的一系列社会矛盾和社会问题,使国家治理面临着制度、服务和秩序的问题。国家开始将权力下放,通过激活基层组织的活力促进乡村社会的稳定。农村社区作为社会治理的基本单元,获得了一定的发展契机。农村社区从完善社区治理体系和提高社区治理能力两大方面入手,通过建立规章制度和搭建服务平台推动农村社区治理发展。

三、创新社区治理举措

习总书记指出,“社区虽小,但连着千家万户,做好社区工作十分重要”①。社区既是国家权力的末梢环节,也是国家各项政策落地的试验场与创新田。进入新时代,农村社区在一定程度上面临着治理制度缺失、资源保障不足、组织力量薄弱、社区矛盾增加等问题,要创新农村社区治理举措,不断提高农村社区法治化水平与智能化水平,最终实现社区人人共享。

(一)提高农村法治化水平

社会的快速发展,给城乡社区带来了前所未有的变化。伴随着城乡结构的加速转型,农村社区基层治理难度日益增大,社区治理体系难以应对社会迅速发展的需求,同时,由于社区居民对基层治理的参与热情以及参与程度不高,社区自治的理想状态尚未实现。当前,社区迫切需要激活法治化动能,依法协调基层矛盾纠纷,密切干群关系,以法治精神与法治文化疏导群众情绪,破解农村社区治理的法治难题。

规范约束社区公共权力。在农村社区治理过程中,部分社区工作人员

① 习近平在福建调研时强调:全面深化改革全面推进依法治国 为全面建成小康社会提供动力和保障[N]. 人民日报,2014-11-03.

存在履职不力、制度执行不到位等问题，加之基层事务繁多以及服务内容细化等问题，不可预计的问题经常出现。因此，农村社区治理要严格遵守法律规定的职责权限要求，依据《村委会组织法》以及相关法律法规履行职责和义务。权力监督作为社区自治权约束的一种重要方式，主要体现为一种外在权力，通过居民、社会等个体或者组织对社区服务以及管理进行全程监督以及细节监督。开展社区自治必须要从权力行使环节加强法治监督。这要求基层社区应自觉在法律允许的范围内活动，并以保障居民利益为重点，以实现居民福祉为目标，加快形成法制化、现代化的社区治理体系。

加强法治文化培育。法治强调的不仅是对违反法律规范行为的强制性惩罚，更强调通过打击不法行为，培养和强化村民对法律的敬畏意识。首先，要在实施乡村振兴战略的大背景下，推进乡村治理体系和治理能力建设必须依法依规进行，要在社区弘扬法治精神，推动社区逐步形成依法办事、遇事找法和依法维护合法权益的良好社会氛围。其次，社区工作人员要尊重法律权威，崇尚公平正义，以法治要求审视自身行为，增强法治社区建设的信心，坚定法治思想定力，努力培育法治情操，将基层社区建设成为崇尚法治文化、实现人民权利的平台。最后，要在社区法治宣传中，充分发挥优秀传统文化的熏陶作用，将传统德治文化与法治精神相结合，广泛开展公民道德及素质教育实践。通过厚植社区道德底蕴，为社区法治建设起到支撑作用。

营造社区法治氛围。在社区积极营造学法、懂法、用法的法治环境，使法治思维成为农村居民的习惯。社区的主要服务对象是广大居民，但居民的教育背景、生活阅历以及认知基础等存在巨大差异，因此营造社区法治环境，必须通过采取通俗易懂、易于消化吸收的形式大力发展法治文化，不断培养公民的法治意识。通过组建“法治驿站”“义工法律诊所”等社区组织，让百姓在参与中了解法律法规，增强法治观念。在坚持法治为本的过程中，注重实现人文熏陶。通过使用通俗的宣传语言、便捷的新媒体宣传形式以及常态化、趣味化的社区活动，努力在社区群众中间培育法治文化。同时，在宪法日和法制宣传日等具有教育意义的时间节点上，紧密跟随大众传媒的法治舆论引导，围绕社区自治和法治化建设等内容，开展社区法治文化宣传活动。

(二)着力于社区治理智能化

在现代社会的快速发展中,信息技术迅速渗透进社会的各个领域。通过治理技术的变革与创新,推动农村社区治理迈向信息化治理时代,已然成为农村社区治理的必然发展趋势。

建立社区信息网络平台。现代化进程的日益加快,逐步打破了乡村社会原有的社会结构及发展模式,对既有的治理方式产生着深刻的影响。与此同时,“传统社会行政命令色彩浓厚的管理方式已经难以协调基层民众多元化的利益需求,政府行政所具有的规模性、制度性和同一性特征使其无法有效应对琐碎、多样化和差异化的社区公共管理服务需求”①。在新的时代背景下,作为社区信息化的基础和载体,网络平台不仅能为社区民众提供更健全的服务,更能实现便捷化的管理。为此,应通过建立内网和外网相衔接的网络平台,打破县—乡镇—社区三级网络之间的信息壁垒,统筹社区的人力、物力以及财力资源,让信息技术为社区治理提供技术支撑。此外,要充分借助网格员的作用,拓展治理内容,增强服务功能。通过网格员的手机末端连接起基层治理的末端,紧紧围绕群众的医疗、卫生、教育以及就业等基本问题,灵活调动社区资源,满足农村居民的个性化、多元化需求,进一步实现农村社区的精细化治理。

形成治理主体网络体系。社区治理现代化是一项系统工程,需要协调社区中各个主体之间的利益关系。目前社区治理中的多元治理网络体系还没有建立起来,导致多元共治与社区治理现代化的融合还面临着一定的困境。通过微信群、QQ群、电话、手机终端及其他的信息化手段,发挥基层党组织的核心领导作用,将同一职能范围的主体联系在一起,形成“一核多元”的治理格局②。在公众事务、公共事务以及危机预警事件中,多元主体须根据自身特点,结合自身长处,实现分工协作和合作联络。此外,多元主体可以分时段担任“社区微管家”,及时回应群众诉求,帮助群众解决矛盾与问题。通过网格化、信息化的公共服务覆盖和无缝对接,消除农村社会治理中的监控盲区,提高农村社区的综合治理能力。

---

① 刘玉蓉.基层政府社会管理的困境与创新分析——以广东佛山市容桂街道改革为例[J].探索,2012(3):163-167.

② 李增元,刘枭林.信息化治理:农村社区治理技术创新及其实现途径[J].社会主义研究,2017(6):98-105.

打造管理服务单元格。相较于传统的粗放式农村治理手段而言,农村社区信息化建设有助于进一步实现农村社区的精细化治理,实现基层社会点对点服务的目标。通过建立“微政务”管理服务单元格,社区可以及时将政策宣传到户、社区服务到人、社区管理到位,民众也可以将自己的利益诉求、服务需求、发展建议及时反馈给社区,实现居民与社区的双向互动。农村社区作为服务群众一线的基层单位,承担着了解民情民意、把握群众诉求的重要职责。通过充分利用微博、微信等平台,建立真实与虚拟相结合的农村社区“微政务”管理服务单元格①,将社保、医疗、教育、流动人口管理以及残联等多元化服务涵盖其中,从而营造新时代农村社区治理的新局面。

充实社区优秀人才队伍。实现精细化治理离不开技术以及人才的支持。针对广大农村人才流失与不足以及干部老龄化的问题,广大农村社区可以通过利用网络信息平台,推出农村治理微视频,展现未来农村发展样貌,吸引青年回乡奋斗。此外,还可以通过建立社区与高校的合作,将更多有知识、懂技术、爱农村的年轻人吸引到农村,增强农村社区信息化治理的人才储备。

(三)实现社区空间共享化

作为社会建设和治理的基础环节,社区在维护社会稳定、保障居民基本生活权益,以及便民利民服务等方面,发挥着重要作用。社区是社区居民共同的家园,动员社区居民共同建设、共同治理才能共同分享。通过提供有利于多元主体参与社区治理的政策、制度以及平台,宣传共享理念,采取相互配合的治理行动,真正实现政治权利、物质财富、生态环境、社区文化等共同享有。

拓展居民参与空间。改革开放以来,我国农村民主管理制度逐步建立、不断发展,在组织和引导农民群众参与基层治理方面发挥了重要作用,日益成为推进国家治理体系和治理能力现代化的基石和保障②。随着物质文化日益丰富,居民对于民主、法治、公平、正义和个人价值实现的愿望日益凸显。参与社区治理是人民群众的一项重要权利,社区要为居民参与治理创造条件。为此,应通过村民代表大会畅通村民参与社区事务管理的渠道。

① 朱士华. 以信息化打造农村社区治理新图景[J]. 人民论坛,2018(18):66-67.

② 陈荣卓,唐鸣. 农村基层治理能力与农村民主管理[J]. 华中师范大学学报(人文社会科学版),2014(2):11-20.

社区可以通过在制度上完善、在内容上拓展、在形式上创新、在细节上深化，不断建立和形成呼应民声、体察民意、激发民智、凝聚民力的政治参与、诉求表达运行机制，真正实现“众人之事众人办、社区事务大家管”。

注重社区生态环境保护。乡村振兴是社会组织、人才、生态、产业和文化的全面振兴。强化农村社区治理，既要关注农村产业发展和制度建设，又要注重生活环境方面的保障。良好生态环境是农村最大优势和宝贵财富。社区治理必须尊重自然、顺应自然、保护自然，推动乡村自然资本加快增值，实现百姓富、生态美的统一①。通过政府资金投入、企业参与探索治理模式、社会资本广泛参与，使农村社区的人居环境得到改善，自然资源得到相应的保护。经济发展与生态环境密不可分，良好的生态环境是可持续发展的重要基础。通过将社区自然资源转化成经济资源和生态资源，不断引进新的生态产业，形成新的产业业态，增加产业的附加值。唯有既为居民提供了良好的生活环境，又为居民实现增收的途径，才可增强居民的获得感、幸福感和安全感。

① 中共中央 国务院关于实施乡村振兴战略的意见[N]. 人民日报，2018-02-05.

第二章 “两山”根基:资源禀赋与优势导向

绿色发展是全球面临的共同课题。生态兴则文明兴,生态衰则文明衰。当前,我国已进入社会主义生态文明建设新时代,生态文明建设是中华民族永续发展的根本大计①,是实现国家治理体系和治理能力现代化的关键要件。农村(社区)是国家治理的基本单元,良好生态环境是农村最大优势和宝贵财富②,是最普惠的民生福祉,如何实现生态惠民、生态利民和生态为民则是农村社区发展的重要行动面向。21 世纪以来,作为“绿水青山就是金山银山”的理念诞生地和实践样板县,安吉县始终坚守人与自然和谐共生的发展思路,坚定走生态优先、绿色发展道路,协调推进生态文明建设与经济社会发展,着力推动村庄环境整治、美丽乡村建设和人居环境改善,统筹做好生态环境持续保护和合理开发“一体两翼”工程,基本形成了以人居环境改善和自然环境保护为基本内容的生态宜居家园,以产业生态化和生态产业化为主体的生态经济结构,以传统挖掘和宣传教育为核心的生态文化氛围。这些成果既是安吉县持续推动生态文明建设的生动体现和鲜明特色,也为该县创建全国农村社区治理实验区提供了资源优势。

第一节 美丽中国建设与生态优先

人是自然环境的一部分,而自然环境是“人的无机的身体”。稳定而适宜的生态环境是人类赖以生存和发展的基础条件,也是一个国家或地区经

---

① 习近平. 推动我国生态文明建设迈上新台阶[J]. 求是,2019(3):4-19.

② 中共中央 国务院关于实施乡村振兴战略的意见[N]. 人民日报,2018-02-05.

济社会发展的根本保障。生态环境是最典型且最公平的公共物品,非排他性和非竞争性是其基本特征。也正是使用上的广泛受众性,使得生态环境在为人类生产生活提供最基本发展要素的同时,也不同程度地遭受到人类经济社会活动的破坏。同样,生态环境具有的使用上的广泛受众性,也使得生态文明成为最容易凝聚共识的发展理念。在世界各国面临全球生态危机的今天,如何通过生态保护共同行动助力生态文明建设进而推动构建人类命运共同体,成为各国不得不考虑的重大现实问题。

生态环境是人类生存和发展的根基,生态环境的变化直接影响文明的兴衰演替。作为最大发展中国家和全球生态文明建设的引领者,中国坚持生态优先和绿色发展,着力推动生态文明建设工作,持续性保护自然环境和改善人居环境,进行了一系列决策部署和制度安排,生态文明建设取得了重大成效。中国特色社会主义新时代,是坚持以人民为中心,持续满足人民群众日益增长的经济、政治、文化、社会和生态等美好生活需要的新阶段。生态环境在人们生产生活中的载体条件作用,使得无论是复杂社会治理还是美好生活满足,都应坚持生态优先、绿色发展。

一、全球生态态势与中国治理方案

生态环境是人类生活的共同家园,是大多数人面临的共同公共事物。诚如亚里士多德在巨著《政治学》一书中所言:"凡是属于最多数人的公共事物常常是最少受人照顾的事物,人们关怀着自己的所有,而忽视公共的事物。对于公共的一切,他至多只留心到其中对他人多少有些相关的事物。"[①]因此,在"以人类为中心"的资本主义工业文明时代,主要资本主义国家大致都以尽可能索取自然资源和忽视生态环境保护为途径实现资本无限扩张和利益最大化为行动目标。这样的以牺牲环境为代价的发展方式,推动了经济社会的快速发展,造就了人类工业文明的巨大成就。

然而,生态环境也是具有较强外部性的公共资源。片面追求经济发展造成的生态环境负外部性,也深刻地影响甚至威胁着人类共同体的存续与

---

① (古希腊)亚里士多德.政治学[M].吴寿彭译,北京:商务印书馆,1983:48.

发展。诚如恩格斯所言,人类对自然界的每一次胜利,自然界都报复了我们①。工业社会在造就人类工业文明和推动经济社会快速发展的同时,也导致了人与自然环境的关系紧张,如全球环境污染、生态破坏和资源短缺问题。这些问题既是人与经济、人与人关系异化的结果,同时造成了人与自然关系的进一步异化。人类与生态系统的持续协调发展问题日益突出,如何保护生态环境、推动绿色发展,从根本上解决“生态何以得到恢复”和“人类何以实现自救”②,是全球面临的共同挑战和共同责任。

同样,中国的社会主义建设和改革开放也面临着经济发展与生态保护的“两难”困境。为解决人民群众日益增长的物质文化需要同落后的社会生产力之间的矛盾,在社会主义建设和改革过程中,我国用几十年时间走完了发达国家几百年走过的工业化历程③。十七大至十八大的10年,我国经济总量从世界第六位跃升至第二位④。党的十八大以来,我国经济总量稳居世界第二位,成功跳出“马尔萨斯陷阱”。然而,这样的直线型经济高速发展,更多地以高能耗、高排放、高污染、粗放式和低环保型工业为主导产业,加速逼近甚至部分逾越了自然的容量极限,突出表现在临界生态保护红线、突破环境质量底线和触及资源利用上线等方面。就现阶段而言,我国环境容量有限,生态系统脆弱,污染重、损失大、风险高的生态环境状况还没有根本扭转⑤。推动经济社会发展与生态环境保护和谐共生,成为摆在全体中国人民面前的头等大事。

在中国,生态文明建设,关系人民福祉,关乎民族未来⑥。党和国家历来高度重视生态环境保护工作,将节约资源和保护环境确立为基本国策,把可持续发展确立为国家战略。早在2005年,我国政府就提出了“生态文明”这一全新理念。党的十七大首次提出建设生态文明社会,并将其列为

---

① 中央编译局.马克思恩格斯选集:第20卷[M].北京:人民出版社,1971:519.

② 曲婧.全球生态治理的政治引导与实践[J].理论探讨,2019(1):38-44.

③ 习近平.在庆祝改革开放40周年大会上的讲话[N].人民日报,2018-12-19.

④ 胡锦涛.坚定不移沿着中国特色社会主义道路前进 为全面建成小康社会而奋斗[N].人民日报,2012-11-18.

⑤ 习近平.推动我国生态文明建设迈上新台阶[J].当代党员,2019(4):4-10.

⑥ 中共中央文献研究室.习近平关于社会主义生态文明建设论述摘编[M].北京:中央文献出版社,2017:5.

全面建设小康社会目标之一。党的十七届四中全会将生态文明建设置于与经济、政治、文化和社会建设并列的战略高度。党的十八大更是从“五位一体”总体布局和协调推进“四个全面”战略布局的高度,确立了尊重自然、顺应自然、保护自然的生态文明理念,提出要将生态文明建设融入经济、政治、文化和社会建设各方面和全过程,明确了生态文明建设的总体目标、基本理念、主要原则、重点任务、制度保障等内容。到2035年,我国生态环境根本好转,美丽中国目标基本实现。

生态文明希望在中国。2015年10月,党的十八届五中全会提出,必须牢固树立并切实贯彻创新、协调、绿色、开放、共享的发展理念。作为新发展理念的重要组成部分,新时代绿色发展理念为解决我国现阶段生态问题提供了理论指南。党的十九大报告确立了中国特色社会主义新时代和习近平新时代中国特色社会主义思想。作为习近平新时代中国特色社会主义思想的重要组成部分,习近平生态治理思想立足社会主义生态文明新时代总体背景,以满足人民群众日益增长的优美生态环境需要为行动目标,聚焦人民群众感受最直接、要求最迫切的生态问题,深刻回答“为什么建设生态文明、建设什么样的生态文明、如何建设生态文明”的重大理论和实践问题。这一思想是在吸收马克思主义关于人与自然关系理论,秉承中国传统文化和智慧,借鉴世界各国生态治理经验的基础上,基于新思维、新战略、新理念形成的新时代生态环境治理思想①。

表2-1 中央文件/会议中的“生态文明”

发布时间	文件/会议	主要内容
2007年10月	党的十七大	首次提出建设生态文明社会,并将其列为全面建设小康社会目标之一。
2009年9月	党的十七届四中全会	将生态文明建设置于与经济、政治、文化和社会建设并列的战略高度。

① 万健琳.习近平生态治理思想:理论特质、价值指向与形态实质[J].中南财经政法大学学报,2018(5):44-87.

续表

发布时间	文件/会议	主要内容
2012 年 11 月	党的十八大	从“五位一体”总体布局和协调推进“四个全面”战略布局的高度,确立了尊重自然、顺应自然、保护自然的生态文明理念,提出要将生态文明建设融入经济、政治、文化和社会建设各方面和全过程,明确了生态文明建设的总体目标、基本理念、主要原则、重点任务、制度保障等内容。到 2035 年,我国生态环境根本好转,美丽中国目标基本实现。作出“大力推进生态文明建设”的战略决策,从 10 个方面描绘出生态文明建设的宏伟蓝图。
2013 年 11 月	党的十八届三中全会	建设生态文明,必须建立系统完整的生态文明制度体系,用制度保护生态环境。要健全自然资源资产产权制度和用途管制制度,划定生态保护红线,实行资源有偿使用制度和生态补偿制度,改革生态环境保护管理体制。
2015 年 5 月	《中共中央国务院关于加快推进生态文明建设的意见》	充分认识加快推进生态文明建设的极端重要性和紧迫性,切实增强责任感和使命感,牢固树立尊重自然、顺应自然、保护自然的理念,坚持绿水青山就是金山银山,动员全党、全社会积极行动、深入持久地推进生态文明建设,加快形成人与自然和谐发展的现代化建设新格局,开创社会主义生态文明新时代。
2015 年 9 月	《生态文明体制改革总体方案》	着眼于理念方向,着力于基础性框架,明确提出构建自然资源资产产权制度、国土空间开发保护制度、空间规划体系、资源总量管理和全面节约制度、资源有偿使用和生态补偿制度、环境治理体系、环境治理和生态保护的市场体系、生态文明绩效评价考核和责任追究制度等 8 个方面的制度体系。
2015 年 10 月	党的十八届五中全会	增强生态文明建设首度被写入国家五年规划。必须牢固树立并切实贯彻创新、协调、绿色、开放、共享的发展理念。
2017 年 10 月	党的十九大	坚持人与自然和谐共生。建设生态文明是中华民族永续发展的千年大计。必须树立和践行“绿水青山就是金山银山”的理念,坚持节约资源和保护环境的基本国策,像对待生命一样对待生态环境,统筹山水林田湖草系统治理,实行最严格的生态环境保护制度,形成绿色发展方式和生活方式,坚定走生产发展、生活富裕、生态良好的文明发展道路,建设美丽中国,为人民创造良好生产生活环境,为全球生态安全作出贡献。

续表

发布时间	文件/会议	主要内容
2018年5月	全国生态环境保护大会	加大力度推进生态文明建设、解决生态环境问题,坚决打好污染防治攻坚战,推动中国生态文明建设迈上新台阶。
2018年12月	中国生态文明论坛	遵循"坚持绿色发展是发展观的一场深刻革命"的要求,优化空间结构,构建绿色发展的战略布局;推进产业生态化、生态产业化,解决绿色发展的根本问题;实施乡村振兴战略,补齐绿色发展的最大短板;加强生态环境保护,突破绿色发展的瓶颈制约;倡导绿色生活方式,厚植绿色发展的社会基础,有力推进绿色发展从观念到实践的深刻革命。
2019年11月	党的十九届四中全会	生态文明建设是关系中华民族永续发展的千年大计。必须践行绿水青山就是金山银山的理念,坚持节约资源和保护环境的基本国策,坚持节约优先、保护优先、自然恢复为主的方针,坚定走生产发展、生活富裕、生态良好的文明发展道路,建设美丽中国。

资料来源:根据相关文件整理而成。

习近平新时代生态文明思想主要包括:"生态兴则文明兴,生态衰则文明衰"的深邃历史观、人与自然和谐共生的科学自然观、"绿水青山就是金山银山"的绿色发展观、良好生态环境是最普惠的民生福祉的基本民生观、山水林田湖草是生命共同体的整体系统观、用最严格制度保护生态环境的严密法治观、全社会共同建设美丽中国的全民行动观、共谋全球生态文明建设的共赢全球观。详见表2-2。

表2-2 习近平新时代生态文明思想

观念	主要内容
深邃历史观	生态兴则文明兴,生态衰则文明衰
科学自然观	人与自然和谐共生
绿色发展观	绿水青山就是金山银山
基本民生观	良好生态环境是最普惠的民生福祉
整体系统观	山水林田湖草是生命共同体

续表

观念	主要内容
严密法治观	用最严格制度保护生态环境
全民行动观	全社会共同建设美丽中国
共赢全球观	共谋全球生态文明建设

实际上，人与自然之间的关系是人类社会最基本的关系，既深刻地影响着人与人的关系，又是人与人的关系的动态反映。作为人类文明的一种高级形态，生态文明是人与自然关系的一种新型状态，是人类文明在全球化和信息化条件下的转型和升华①，是工业文明发展到一定阶段的产物，是实现人与自然和谐发展的新要求②。建设生态文明，核心是要处理好人与自然、生态文明与现代文明以及生态文明建设与时代发展等三对关系③。作为一个相互联系、有机结合的文明体系，生态文明体系主要包括五个方面：即以生态价值观念为准则的生态文化体系、以产业生态化和生态产业化为主体的生态经济体系、以改善生态环境质量为核心的目标责任体系、以治理体系和治理能力现代化为保障的生态文明制度体系、以生态系统良性循环和环境风险有效防控为重点的生态安全体系（图 2-1）。

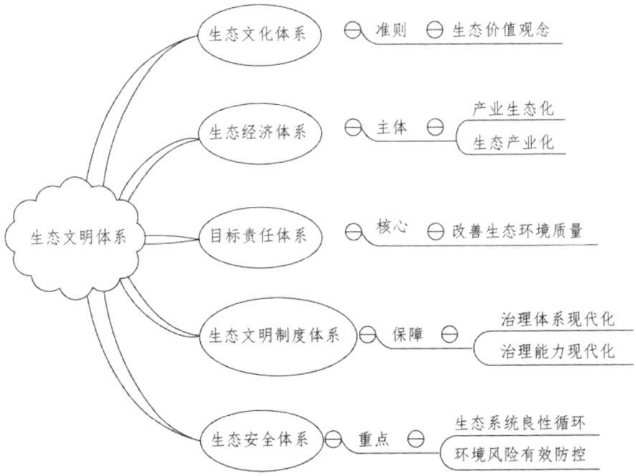

图 2-1 生态文明体系要素构成

① 俞可平. 科学发展观与生态文明[J]. 马克思主义与现实，2005(4)：4-5.

② 中共中央文献研究室. 习近平关于社会主义生态文明建设论述摘编[M]. 北京：中央文献出版社，2017：6.

③ 谷树忠，胡咏君，周洪. 生态文明建设的科学内涵与基本路径[J]. 资源科学，2013(1)：2-13.

良好生态环境具有的最公平公共物品和最普惠民生福祉①的属性意味着，生态环境能不能治理好，直接检验着国家治理体系和治理能力的建设程度。整体来看，改革开放40多年，是我国生态环境保护认识不断深化、制度体系不断健全、体制机制不断完善和治理能力不断增强以及工作力度不断加大持续努力的40多年。就现阶段而言，我国生态文明建设正处于关键期、攻坚期和窗口期②。在走向社会主义生态文明新时代的今天，建设美丽中国，做好生态治理工作，关键是坚持生态优先和推进绿色发展，实现生态治理现代化。其中，生态治理是通往生态文明之“消极路径”，而绿色发展则是通往生态文明之“积极路径”③。建立健全生态环境治理体系，提升生态治理能力则是新时代生态文明建设的突破口和核心任务④。

二、人民美好生活满足与生态优先

人民对美好生活的向往是我们党的奋斗目标。中华人民共和国成立70多年尤其是改革开放40多年，是经济体制深刻变革、社会结构深刻变动、利益格局深刻调整和思想观念深刻变化的时期。我国经济社会发展取得举世成就，城乡居民家庭收入持续增长，人们不再满足于吃饱穿暖等基本温饱的解决，而是对更好的教育、更稳定的工作、更满意的收入、更可靠的社会保障、更高水平的医疗卫生服务、更舒适的居住条件、更优美的环境、更丰富的精神文化生活等多样化、多层次、多方面的复合式期盼，是获得感、幸福感和安全感的不断满足。

人靠自然界生活。良好的自然生态，是人类幸福生活不可或缺的要素。习近平总书记在十八届中央政治局第六次集体学习时的讲话指出，人民群众对环境问题高度关注，可以说生态环境在群众生活幸福指数中的地位必然会不断凸显。随着经济社会发展和人民生活水平不断提高，环境问题往

---

① 中共中央文献研究室.习近平关于社会主义生态文明建设论述摘编[M].北京:中央文献出版社,2017:4.

② 李干杰.深入贯彻习近平生态文明思想 以生态环境保护优异成绩迎接新中国成立70周年——在2019年全国生态环境保护工作会议上的讲话[J].环境保护,2019(Z1):8-18.

③ 王凤才.生态文明:生态治理与绿色发展[J].学习与探索,2018(6):1-8.

④ 万健琳.习近平生态治理思想:理论特质、价值指向与形态实质[J].中南财经政法大学学报,2018(5):44-87.

往最容易引起群众不满,弄得不好也往往容易引发群体性事件①。生态环境在生产生活中的基础性地位意味着,满足人们日益增长的美好生活需要的前提和始点就是提供良好的生态环境,进而真正实现生态惠民、生态利民和生态为民。从这个意义上讲,生态环境不仅是关系党的使命宗旨的重大政治问题,更是关系民生的重大社会问题。

“我们要建设的现代化是人与自然和谐共生的现代化,既要创造更多物质财富和精神财富以满足人民日益增长的美好生活需要,也要提供更多优质生态产品以满足人民日益增长的优美生态环境需要。必须坚持节约优先、保护优先、自然恢复为主的方针,形成节约资源和保护环境的空间格局、产业结构、生产方式、生活方式,还自然以宁静、和谐、美丽。”②由此来看,人民美好生活,是生态环境之美和美好生活之美的有机结合。切实回应人民日益增长的美好生活需要,应坚持以人民为中心,优先满足人们日益增长的优美生态环境需要。一言以蔽之,满足人民美好生活需要,应坚持生态优先、绿色发展,破解发展难题、增强发展动力、厚植发展优势。

坚持生态优先、绿色发展,关键是要解决人与自然、人与经济的和谐问题,也就是要正确处理好“绿水青山”和“金山银山”之间的关系,同时兼顾好经济社会发展与生态环境保护。习近平总书记强调:“经济增长不等于经济发展,经济发展不单纯是速度的发展,经济的发展不代表着全面的发展,更不能以牺牲生态环境为代价。”③原因就在于,绿水青山可以带来金山银山,但金山银山却买不到绿水青山④。保护生态环境就是保护生产力,改善生态环境就是发展生产力⑤。从这个意义上讲,生态优先的本质,就是要超越人类中心主义的价值观念,回归人与自然和谐相处的生态中心主义,打造生态产业化和产业生态化的生态经济业态。

环境就是民生,青山就是美丽,蓝天也是幸福。良好生态环境是最普惠

---

① 中共中央文献研究室.习近平关于全面建成小康社会论述摘编[M].北京:中央文献出版社,2016:168.

② 习近平.决胜全面建成小康社会 夺取新时代中国特色社会主义伟大胜利——在中国共产党第十九次全国代表大会上的报告[M].北京:人民出版社,2017:23-24.

③ 习近平.之江新语[M].杭州:浙江人民出版社,2007:44.

④ 习近平.之江新语[M].杭州:浙江人民出版社,2007:135.

⑤ 习近平.习近平谈治国理政[M].北京:外文出版社,2014:209.

的民生福祉[①]。坚持生态优先、绿色发展,就是要形成全社会共同建设美丽中国的全民行动氛围。生态环境在人类生产生活中的基础性作用意味着,生态环境是典型的亲生产性和生活性公共产品。因此,无论是国家层面的生态文明建设和美丽中国建设,还是县域生态治理与美丽县域建设,抑或是社区生态保护与美丽乡村建设,都离不开多元主体的协作治理。简言之,生态文明建设应建立在广大群众普遍认同和自觉自为的基础之上,使生态治理建设成为群众的自觉行动。

第二节 从理念到行动:生态治理在安吉

郡县治,天下安。县域是最基本的城乡复合型地域经济社会综合体单元。作为社会发展和治理的基本单元,“县一级处在承上启下的关键环节,是发展经济、保障民生、维护稳定、促进国家长治久安的重要基础”[②]。国家由乡村和城市两大板块构成,建设“美丽中国”关键是要打造具有地域特色的美丽乡村和美丽城市。简言之,统筹做好美丽乡村建设,进而将美丽乡村建设拓展提升至美丽县域,显然是生态治理现代化的基础性与关键性环节[③]。作为“两山”理念诞生地和实践样板县,安吉县在长期的生态治理实践中,始终坚守人与自然和谐共生的发展思路,协调推进生态文明建设与经济社会发展。对于以农村为主的山区县,安吉县生态文明的切入点在农村。该县以打造生态经济强县、生态文化大县和生态人居名县为抓手,大力推进生态文明建设。具体而言,以“千村示范、万村整治”为契机着力推动村庄环境整治,为推动传统农村社区向现代农村社区转型打下了坚实基础;以新农村建设为抓手深入开展中国美丽乡村建设,着力激发现代农村社区建设的综合效应;以助力美丽中国为目标推进美丽县域建设,厚植回应县域居民日益增长的美好生活需要的持久动能。安吉县生态环境治理,是从理念到

---

① 中共中央文献研究室.习近平关于社会主义生态文明建设论述摘编[M].北京:中央文献出版社,2017:8.

② 习近平.习近平谈治国理政:第二卷[M].北京:外文出版社:2017:139.

③ 史云贵,孟群.县域生态治理能力:概念、要素与体系构建[J].四川大学学报(哲学社会科学版),2018(2):5-13.

行动的深入推进过程，是政府、市场、社会和居民等多元主体广泛而有效良性互动的过程，是共建共治共享的生动体现。

一、“千万”工程与村庄生态环境改善

安吉县曾经是一个贫困山区农业县。早在20世纪80年代，为改变贫困落后面貌，该县在全国“无工不富”浪潮的冲击下，沿着“工业立县、开放兴县、特色强县”的发展道路，大力引进印染、化工、造纸和建材等污染重、能耗高的产业。“工业立县”效果显而易见。短时间内，这些传统产业推动了安吉县的GDP增速，改变了贫困落后的面貌。1989年，该县顺利摘掉了贫困县帽子。但传统工业经济在带来巨大经济效益的同时，却造成了生态环境的严重破坏。当时西苕溪上游分布着33家排污企业，每年直接排放工业污水1200万吨，COD排放量高达3万吨，造成西苕溪水质严重污染，水质直接降至V类甚至劣V类。与此同时，造纸业的快速发展，使得林木过度砍伐，造成水土流失严重，严重影响着太湖流域的水质量①。

1998年，西苕溪水污染被央视焦点访谈栏目曝光，随即国务院有关部委会同苏浙沪开展水污染治理行动，规模最大的即为太湖水污染“零点达标”行动。该行动要求在1998年底，太湖地区1035家重点污染企业必须全部达标排放。由于近60%的西苕溪水流入太湖，安吉县受到“黄牌”警告。在太湖治理“零点达标”行动中，安吉县不得不投入巨资，对74家污染企业进行强制治理，关闭33家污染严重治理不彻底的企业，剩余41家都做了停、治、转等处理②。“零点达标”行动使得依靠“工业强县”战略发展的安吉付出沉重代价。

2000年，国务院颁布《全国生态环境保护纲要》，明确提出大力推进生态省、生态市、生态县和环境优美乡镇建设。同年，安吉县择点开展“五改一化”（即改水、改路、改线、改厕、改房、美化）为主要内容的农村村庄环境整治。该行动以中心村为核心，分档建设、全县铺开，逐步整治。

2001年1月17日，安吉县政府调整发展方向，出台《关于“生态立

---

① 单锦炎．行走在美丽之间——美丽中国的安吉实践[M]．北京：人民出版社，2014：113-114.

② 余谋昌．生态文明：建设中国特色社会主义的道路——对十八大大力推进生态文明建设的战略思考[J]．桂海论丛，2013(1)：20-28.

县——生态经济强县”的实施意见》,提出“生态经济强县”重大决策,并将其主要任务具体明确为发展生态工业、生态农业、生态旅游和生态城镇。同年,安吉县获得国家级生态示范区称号。2002 年,“生态立县”战略正式在该县确立,从此开启了生态文明建设进程。

(一)农村环境整治的“两双”工程

2002 年 11 月召开的党的十六大提出,我国进入全面建设小康社会、加快推进社会主义现代化的新的发展阶段①。同年,浙江省提出建设生态省。2003 年 1 月,时任浙江省委书记的习近平同志,根据党的十六大提出的全面建设小康社会和统筹推进城乡经济社会发展的总要求,立足农村建设无规划,环境“脏、乱、差”和公共服务建设滞后等现实问题,着眼于解决农民最关心、最直接和最现实的民生问题,率先在浙江省作出实施“千村示范、万村整治”工程的战略决策(以下简称“千万”工程)。“千万”工程旨在通过村庄整治建设行动,改善村庄生态环境和提高农民生活质量,从而实现村容整洁、村美民富的美好乡村图景。该项工程意在通过 5 年时间,从全省 4 万个村庄中选择 1 万个左右行政村进行全面整治,并把其中 1000 个左右行政村建成全面小康示范村。

“千万”工程的主要任务有农村环境整治和农村公共服务延伸两项。其中,前者注重垃圾清理、污水治理、改水改厕和河道洁化;后者以前者为基础,以城乡基本公共服务均等化为要求,力求通过公共服务延伸打造“宜居、宜业、宜游”的农民家园。实际上,早在“千万”工程实施之前,安吉县就于 2001 年率先开展了“五改一化”(即改路、改厕、改水、改房、改线、美化)村庄环境整治行动。

地方各级党委和政府主要领导是本行政区域生态环境保护第一责任人。在“千万”工程实施过程中,安吉县按照省委、省政府决策部署,通过党政“一把手”亲自抓、分管领导直接抓、一级抓一级、层层抓落实的工作机制有序推进,将农村人居环境整治作为县委、县政府“一把手”工程。具体实施过程中,安吉县结合浙江省委“千万”工程,按照“布局优化、道路硬化、村庄绿化、路灯亮化、卫生洁化、河道净化”的要求,在全县实施以“双十村示

① 江泽民. 全面建设小康社会,开创中国特色社会主义事业新局面[N]. 人民日报(海外版),2002-11-09.

范、双百村整治”为内容的“两双”工程。“两双”工程以多种形式推进农村环境整治,集中攻坚工业污染、违章建筑、生活垃圾、污水处理等突出问题,着重实施畜禽养殖污染治理、生活污水处理、垃圾固废处理、化肥农药污染治理、河沟池塘污染治理,力求实现村庄水清、路平、灯明、村美,提高农村生态文明创建水平,极大地改善农村人居环境。

据统计,“千万”工程实施期间,安吉在全县15个乡镇建成19座垃圾中转站,各村均添置足够的垃圾桶、垃圾箱,并积极引进垃圾焚烧发电综合利用项目,形成了“户集中、村收集、乡镇中转和县统一处理”的垃圾收运网络。与此同时,该县还通过先试点后推广办法,开展垃圾分类处理工作。

以余村为例,该村致力于把绿水青山转化为金山银山,借力美丽乡村建设、生态文明创建及世行贷款项目,引导村民合理规划生活、生产及发展空间,有序推进厂区改造、道路三化、河道整治、污水处理、垃圾分类、农整复垦六大行动。“千万”工程改善了村庄人居环境,为推动传统农村社区向现代农村社区转型打下了坚实基础。

(二)民主关矿与“两山”理念阐发

农村环境直接影响米袋子、菜篮子、水缸子、城镇后花园①。改革开放后,“无工不富”浪潮,使得充分利用区域资源壮大经济,成为各地普遍采用的发展模式,农村也不例外。地处浙北天目山北麓,位于安吉县西南的余村过着“靠山吃山”的日子。该村凭借优质石灰岩资源,先后建起石灰窑、砖厂和水泥厂等厂房。依托这些传统资源,该村集体经济得到迅速发展。数据显示,20世纪90年代,在全国大多数村集体经济薄弱的整体状况下,该村已拥有300多万元的集体收入。然而,迅速富起来的余村居民在尝到经济发展甜头的同时,也尝到了烟尘弥漫、空气混浊等苦头。“不敢开窗户”成为村民生活的真实写照。针对这一状况,该村通过民主决策,关停了污染环境的矿山。

2005年8月15日,时任浙江省委书记的习近平同志到该村调研基层民主法治建设。调研座谈时,时任村党支部书记的鲍新民向习近平同志汇报了民主决策关停矿山的过程。习近平同志听后大为赞赏,勉励相关同志:“一定不要再想着走老路,还这样迷恋着过去的那种发展模式。所以,刚才

① 习近平.推动我国生态文明建设迈上新台阶[J].求是,2019(3):4-19.

你们讲了,下决心停掉一些矿山,这个都是高明之举。绿水青山就是金山银山。我们过去讲既要绿水青山,又要金山银山,实际上绿水青山就是金山银山。"这是习近平新时代中国特色社会主义生态文明思想的最初萌芽,安吉(余村)也被认为是习近平"两山"理念的发源地。"两山"理念的阐发,不仅成为余村发展的理念指引,而且深刻地影响着安吉县乃至我国生态文明建设的进程。

保护生态环境就是保护生产力,改善生态环境就是发展生产力①。如今的余村,已走上了一条以乡村旅游、民宿经济等为主导产业的生态产业化道路。生态环境的改善,为该村发展提供了持久动能。

二、生态立县战略与美丽乡村建设

自2001年确定"生态立县"战略以来,安吉县一直走在生态治理道路上。如何让生态立县战略落地扎根,真正实现生态惠民、生态利民和生态为民成为摆在安吉县各级政府面前的现实问题。21世纪以来,党对"三农"工作愈加重视。党的十六届五中全会就建设社会主义新农村进行了专题讨论。2007年,党的十七大报告提出,要"建设生态文明,基本形成节约资源和保护生态环境的产业结构、增长方式、消费模式……生态文明观念在全社会牢固树立……统筹城乡发展,推进社会主义新农村建设"②。在全国各地探索具有地域特色的社会主义新农村建设模式浪潮中,安吉县依托"千万"工程阶段的农村环境整治成果,率先开展以中国美丽乡村建设为载体的新农村建设。

2008年,安吉美丽乡村建设工程在经过县委十二届三次全委会提出、县十四届人大二次会议决议通过后开始实施。美丽乡村建设工程是在遵循上级指导、综合评估现有实力与发展潜力、借鉴其他地区经验,倾听基层心声的基础上,基于对新型工业化、新型城市化和新农村建设互促共建的认识。该项工程旨在深入贯彻落实党的十七大关于构建城乡一体化新格局、

---

① 中共中央文献研究室.习近平关于全面建成小康社会论述摘编[M].北京:中央文献出版社,2016:163.

② 胡锦涛.高举中国特色社会主义伟大旗帜 为夺取全面建设小康社会新胜利而奋斗——在中国共产党第十七次全国代表大会上的报告[R].2017-10-25.

建设生态文明的总体要求,进一步提升新农村建设水平,着力推进新农村建设在安吉的特色实践。

安吉美丽乡村建设,以实施全国林业推进社会主义新农村建设示范县建设和全国新农村与生态县互促共建示范区建设为契机,意在充分发挥安吉自身生态优势和产业特色的基础上,利用10年的时间,通过大力推进环境提升工程、产业提升工程、服务提升工程和素质提升工程,推动村庄环境的综合提升、农村产业的持续发展和农村各项事业的全面进步,力求把安吉全县187个行政村都建设成为“村村优美、家家创业、处处和谐、人人幸福”的现代化新农村样板,打造成为全国生态环境最优美、村容村貌最整洁、产业特色最鲜明、公共服务最健全、乡土文化最繁荣、农民生活最幸福的地区之一,探索构建可憩可游、宜商宜居、且安且吉的全国新农村建设的“安吉模式”。

所谓“村村优美”,就是通过自然环境的生态化保护和人居环境的功能化改造,实现农村环境改造的全覆盖、整治水平的再提升,为安吉农民提供舒适优美的生活环境。而“家家创业”,则是通过农村产业的特色化发展和农民就业的多元化拓展,实现农村经济的可持续发展、农民收入的高速率增长,为安吉农民提供增收致富的发展环境。“处处和谐”就是强调通过农村新社区的规范化建设和社会保障的无缝化整合,实现城乡社区服务的一体化、农村社保体系高覆盖,为安吉农民提供安定有序的社会环境。而“人人幸福”则是通过农村乡土文化的个性化展示和农民素质的现代化培育,实现农村精神文明的长期繁荣、生活幸福感的有效唤起,为安吉农民提供丰富充实的人文环境。

安吉借鉴国内外发展经验,结合中国国情与县域实际,在美丽乡村建设实践中采用阶段递进、重点突出的方式进一步细化工作任务,以全面提升县域农村生态环境、人居生活环境。与此同时,统筹推进美丽乡村精品村建设、美丽乡村标准化建设工作,在阶段性探索实践中实现整体与部分、抽象与具体的有机结合,从而使美丽乡村的形象更加生动、鲜明。安吉美丽乡村建设分三步走,即美丽乡村建设(2008—2009年)、美丽乡村精品村建设(2010—2012年)、美丽乡村标准化建设(2013年至今)。

美丽乡村建设。2008年2月28日,安吉召开中国美丽乡村建设万人动员大会,拉开了中国美丽乡村建设序幕。此后,该县注重规划引领,坚持把全县作为一个大乡村来规划,注重与县域经济发展总体规划、生态文化建设规划、新农村示范区建设规划、乡村发展规划等相对接,先后编制了《安吉县建设“中国美丽乡村”行动纲要》《安吉县“中国美丽乡村”建设总体规划》等纲领性规划。在《总体规划》的指导下,该县以环境提升工程、产业提升工程、服务提升工程、素质提升工程为抓手,推进环境、空间、产业和文明相互支撑,引导第一、二、三产业联动发展,并计划通过10年的努力,把县域内187个行政村全部打造为“村村优美、家家创业、处处和谐、人人幸福”的中国美丽乡村。

美丽乡村精品村建设。在美丽乡村建设实践中,实验区以精品示范为引领,着力打造美丽乡村精品示范村,全面展示安吉美丽乡村的新形象、新风貌,呈现“一村一品、一村一景、一村一业、一村一韵”的大格局。该县在“尊重自然美、侧重现代美、注重个性美、构建整体美”四美原则指导下,从宏观上把全县187个村规划为40个工业特色村、98个高效农业村、20个休闲产业村、11个综合发展村和18个城市化建设村。从微观上,乡镇、村(社区)以《总体规划》为指导,因地制宜,依据自然情况、生态特色、村容村貌、乡村文化等差异化的特征,逐村定位,逐村规划,形成既各显特色又和谐一体的美丽乡村自然与人文交融的风情带和产业功能区①。到2016年底,安吉全县共建成美丽乡村精品村164个、重点村12个、特色村3个,创建覆盖面达95.7%。

美丽乡村标准化建设。安吉县在美丽乡村的建设中,为确保“建有规范、评有标准、管有办法”,相继开展了一系列“三农”标准化工作,通过明确设定一系列建设规范、通用要求和实施标准,全方位编织定量及定性指标系统,多层次构筑“中国美丽乡村”建设标准体系,逐步探索本地管用、外地可用的新农村建设新模式。2014年2月,由安吉美丽乡村系列标准提炼转化的《美丽乡村建设规范》,成为国内首个省级美丽乡村建设标准。2015年6月,安吉县作为第一起草单位参与制定的《美丽乡村建设指南》国家标准正式发布,为中国美丽乡村概念转化为可操作、可检验、可修正、可复制的实施行动提供了有效指导,使生产发展、生活宽裕、乡风文明、村容整洁、管理民主的美好愿景成为摸得着、看得见、感受得到的现实生活。

安吉美丽乡村建设切实改变了村庄生产生活环境,提升了村集体经济

① 邹玉杰.安吉县“中国美丽乡村”建设的重要启示[J].辽宁省社会主义学院学报,2017(1):59-64.

收入和农户家庭收入,被一些学者誉为“中国新农村建设的鲜活样本”①“社会主义新农村建设实践和创新的典范”②。

三、美丽县域战略与生态美村建设

作为全国首个“两山”理论实践县,始于2008年的中国美丽乡村建设,为安吉县打造具有县域特色的中国特色社会主义新农村建设提供了实践载体。美丽乡村、美丽乡村精品村和美丽乡村精品示范村的持续建设,为该县农村社区建设与治理提供了生态宜居的生活环境、基本完善的基础设施、持久永续的发展资源和特色鲜明的产业业态。党的十九大报告提出,要加快生态文明体制改革,建设美丽中国。美丽城市和美丽乡村是“美丽中国”的基本面向。实现“美丽中国”,把美从美丽乡村提升扩大到整个县域显得尤为重要。在美丽乡村建设实现行政村全覆盖的基础上,2016年县第十四次党代会明确了安吉“两聚一美”发展思路,提出要率先实现由局部美向全域美、环境美向发展美、外在美向内在美的提升,进而使“两山”理念在更广范围、更深层次、更大力度上转化为生动现实。

(一)美丽县域建设与绿色发展

2017年12月19日,为将美丽乡村建设成果经验扩大到整个县域,打造美丽乡村标准化建设升级版,安吉县在余村发布全国首个美丽县域建设地方标准规范——《美丽县域建设指南》。作为一项标准化建设机制,《美丽县域建设指南》规定了该县在创建美丽县域过程中的城乡建设、经济发展、生态环境、民生保障、人文发展、社会治理、绿色生活、长效管理等要求。

美丽县域建设旨在实现县域经济、政治、文化、社会和生态文明协调发展和城乡融合,将安吉打造成全体富裕、全域美丽、全面繁荣、全民幸福、全员先进的“五全”县域。该县要求将创新驱动作为美丽县域建设的基本动力,强化政府在产业、文化以及体制机制等方面的创新引导作用;以整体性和系统性思维,将整体推进和协调发展作为工作方式,协同推进生态环境、

① 陈毛应,叶福明,叶辉.美丽乡村 中国农民的世代追求——安吉县建设中国美丽乡村纪实[J].今日浙江,2009(23):42-43.

② 翁鸣.社会主义新农村建设实践和创新的典范——“湖州·中国美丽乡村建设(湖州模式)研讨会”综述[J].中国农村经济,2011(2):93-96.

生态经济、生态文化和生态人居等领域的发展。

美丽县域建设，坚持生态优先和绿色发展路径，充分发挥自然生态资源优势，发展特色生态经济。强调要突出生态文明成果的社会共享，弘扬生态文化，强化生态反哺产业发展、促进文化繁荣功能。在美丽县域建设过程中，坚持农业农村优先发展，按照产业兴旺、生态宜居、乡风文明、治理有效、生活富裕的总要求，建立健全城乡融合发展体制机制和政策体系。其中最为关键的是，挖掘安吉“两山”理念实践经验，成为践行“两山”理念的样板地、模范生，力争在更高层次和更大范围上参与区域合作，树立全省乃至全国示范标杆，提升区域影响力。

（二）乡村治理规范与生态美村

美丽乡村是美丽县域建设的重要构成部分。建设美丽县域，关键是要实现乡村治理的现代化。然而，乡村治理是一个系统性极强、内容极其丰富、涉及多个维度的社会工程，如何明确乡村治理的参与主体、主要内容、组织架构、关联关系显得尤为重要。安吉县在建设美丽县域的同时，还致力于乡村治理工作标准化。2018 年 8 月 11 日，安吉县发布全国首个乡村治理地方标准规范——《乡村治理工作规范》。

《乡村治理工作规范》以乡村全面振兴为目标，以支部带村、发展强村、民主管村、依法治村、道德润村、生态美村、平安护村、清廉正村为实践路径，通过构建完善的农村公共服务体系、现代的农村社会组织体制、高效的农村社会管理机制体系，以及项目化运作、信息化支撑、网格化管理、社会化协同，旨在提高乡村治理能力和水平，从而实现村强民富景美人和的发展愿景。

乡村治理实则是多元的农村治理主体、系统的农村治理实体和特色的农村治理载体的结构化组合。上级主体的协作体系、村级组织的协同体系和农村个体的协力体系共同构成多元共治的农村治理主体结构。其中，党委政府领导下的治安管控部门、矛盾调处部门、民生服务部门和经济发展部门等构成上级主体密切协作、有机配合的治理主体体系。村党组织领导下的各类自治组织、经济组织、社会组织社会化协同构成村级组织治理主体体系。而村外乡贤推动、村内精英带动、村民行动的共建共享共治主体体系，构成农村个体的协力体系。在关系上，上级党委政府领导的上级职能部门构成的上级主体协作体系指导村级组织的协同体系，村级组织的协同体系引导农村个体的协力体系。乡村治理实则是构建自治为本、法治为基和德治为魂的“三治”结合的现代乡村治理体系；以民众为中心，保护农民安全、解除民众怨愤、调处民众纠纷、排解民众忧虑和安定民众心理以及促进民众富裕。特色的农村治理载体,关键是要发挥好美丽乡村建设的工作逻辑、动力逻辑和制度逻辑。

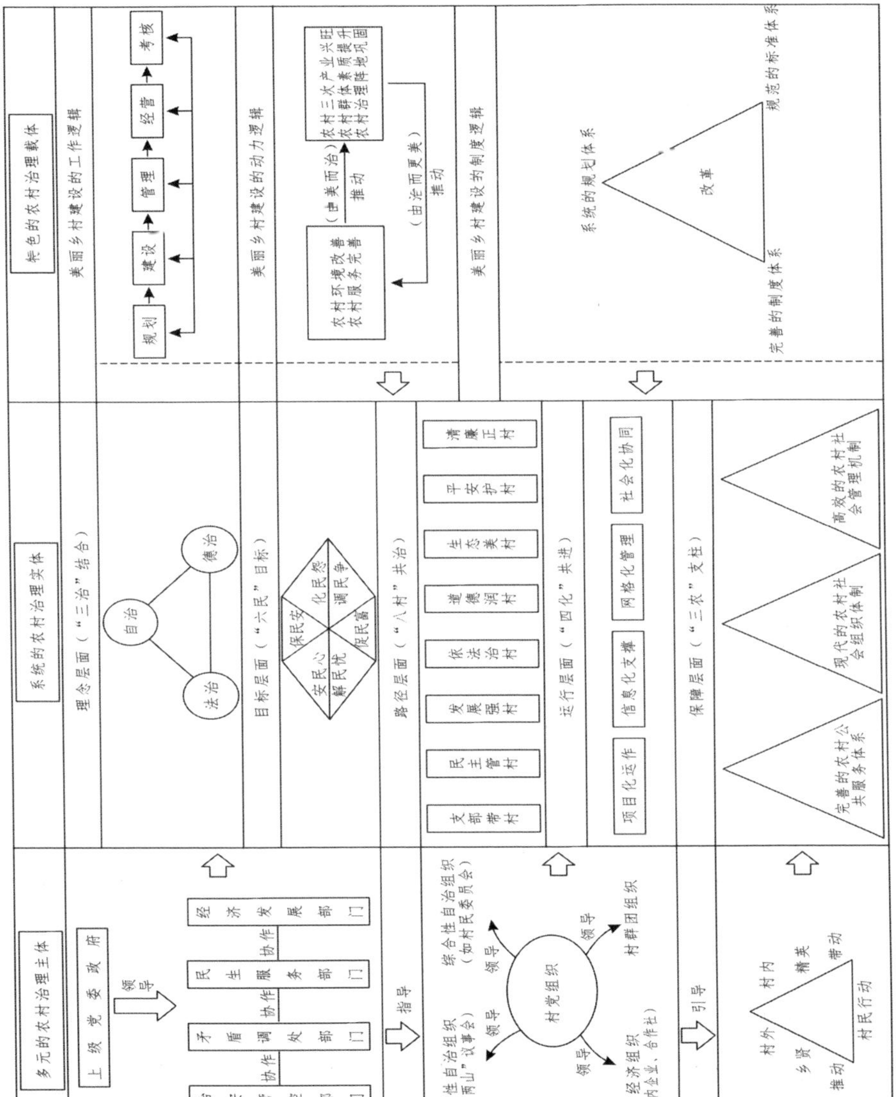

图 2-2 安吉乡村治理结构模型

实际上,多元的农村治理主体、系统的农村治理实体和特色的农村治理载体之间存在着密切的逻辑关联。农村治理实体依托于农村治理载体,并由农村治理主体实现;而农村治理载体服务于农村治理实体,并由农村治理主体驱动;农村治理主体借助农村治理载体运行农村治理实体(图 2-2)。

乡村振兴,生态宜居是关键。乡村标准化治理,关键是要形成生态宜居的乡村生产生活环境。因此,安吉乡村治理的一项重要任务便是生态美村。生态美村,就是要以提升农民幸福感为宗旨,正确处理经济发展、村庄建设同生态环境保护的关系,坚持生态优先,让生态环境成为村民生产水平和生活质量的增长点。在这个过程中,要通过“两山”议事会对村庄建设、生态环境等问题进行事前研究和全程把控,同时也要形成村“两委”领导村级组织、社会组织、群众队伍、村民等开展村庄建设和生态环境保护活动常态。而最为关键的是,要组建以党员、村民代表、老同志、老干部、优秀青年等为主体的环保义务宣传队、生态巡逻队、巾帼保洁队、工程监管队、秸秆禁烧巡查劝导队等群众队伍,监督村庄建设、生态环境保护建设等,引导村民参与建设,督促村民履行职责。

第三节 “两山”厚基:实验区创建的优势导向

社区是居民日常生产生活的基本场所,是国家和社会治理的基础单元,是巩固党的执政基础的基石。习近平总书记指出,“基层是一切工作的落脚点,社会治理的重心必须落到城乡社区,社区服务和管理能力强了,社会治理的基础就实了”。为贯彻落实《中共中央 国务院关于加强和完善城乡社区治理的意见》与中共中央办公厅和国务院办公厅《关于深入推进农村社区建设试点工作的指导意见》,完善农村社区治理机制,扩大农村公共服务供给,激发社会参与社区治理活力,2017 年 4 月,国家民政部决定开展全国农村社区治理实验区建设工作。2017 年 12 月,国家民政部将浙江省安吉县等 48 个县级单位确认为全国首批农村社区治理实验区。

作为全国首批农村社区治理实验区,安吉县的实验主题为“提升农村社区治理和服务功能,实现共建共治共享”。提升农村社区治理和服务功能,关键是要建立健全以民众为中心的治理体制机制,不断完善农村服务设施、扩大农村公共服务供给,而实验区前期的工作实态构成其基础和优势条件。着力生态环境保护,既是安吉县农村社区建设的鲜明特色,也是农村社区治理实验区创建的优势依托。“两山”理念诞生地和实践模范生,以及由此形成的多维效应,构成安吉县在农村社区治理实验区创建的坚实基础。

一、“两山”理念诞生与人居环境改善

理念是行动的先导,一定的发展实践都是由一定的发展理念来引领的[①]。作为以人民为中心的发展思想的集中体现,新发展理念因其具有的辩证思维理论特质和科学发展实践指向,指明了今后相当长一段时期我国的发展思路、发展方向和发展着力点,构成新时代坚持和发展中国特色社会主义的基本方略,是正确处理和解决社会主要矛盾的根本方法和路径[②]。创新、协调、绿色、开放和共享是新发展理念的核心内容,其中绿色发展理念以生态文明建设为根本要求,贯穿美丽中国全过程,旨在形成绿色产业业态、绿色生产方式和绿色生活方式。

安吉县是习近平总书记“绿水青山就是金山银山”理念的发源地,也是践行“两山”理念的试点县。在长期的农村社区建设和美丽乡村建设过程中,该县高度重视并贯彻绿色发展和“两山”理念,并将其作为经济社会发展的衡量标准。无论是执行省委、省政府“千万”工程时期进行的农村生活环境改善,还是社会主义新农村建设时期的美丽乡村建设,抑或是生态立县战略、美丽县域建设和新时代的乡村治理,安吉县都坚持走生态优先、绿色发展的发展道路,坚定地贯彻落实“两山”理念。

在“两山”理念的指引下,安吉县农村社区建设取得巨大成效,突出表现为农村社区生产生活环境得到持续改善,以美丽经济为特色的农村集体经济持续壮大,生态保护观念深入人心。作为习近平新时代生态文明思想的重要组成部分,“两山”理念所提倡的绿色发展具有强大的引导作用,不仅成为生态文明建设的行动先导,更是安吉县创建全国农村社区治理实验

① 中共中央宣传部.习近平总书记系列重要讲话读本(2016年版)[M].北京:学习出版社,人民出版社,2016:127.

② 顾海良.新发展理念的新时代政治经济学意义[J].经济研究,2017(11):15-17.

区的理念优势。

二、美丽乡村建设与社区基础设施完善

基础设施既是农村社区建设的重要内容,也是农村社区治理的平台载体。美丽乡村建设着眼于村庄基础设施建设,涵盖村庄道路、桥梁、饮水、供电和通信等生活设施建设,农田水利设施治理、抗旱防风防火等防灾基础设施等农业生产设施建设,生活垃圾处理、生活污水处理、清洁能源使用等生活污染防治设施建设,医疗卫生和公共教育等公共服务设施建设,以及文化体育类基础设施建设。经过美丽乡村建设、美丽乡村精品村建设和美丽乡村精品示范村建设,安吉县农村社区基础设施已全面建立,村庄主干道及农房周边路段已全面硬化,党群便民服务中心、文化礼堂和居家养老服务中心等服务设施已全面建立。

安吉农村社区设施的不断完善,不仅切实回应了社区居民日益增长的有关村级生产生活基础设施的现实需要,而且为农村社区更好服务居民提供了更为优质的服务设施。更为重要的是,美丽乡村建设与社区基础设施完善为安吉县农村社区治理提供了平台,这平台既是村庄文艺表演和村民交流等公共活动开展的主要场地,也是仪式庆典和信仰寄托等延续集体记忆的承载,更是公共事务治理和公共服务供给的展示场所。立足相对完备的农村社区设施,安吉县农村社区治理关键则是治理体系和治理能力现代化“软件”的打造,更多的是多元主体围绕和使用这些平台开展社区事务协商和治理的过程化展现。

三、农村社区地方标准建设与政策机制

农村社区治理,关键是要通过高效顺畅的体制机制和标准化建设实现精细化治理。作为一种治理机制,标准化是“为了在一定的范围内获得最佳秩序,对现实问题或潜在问题制定共同使用和重复使用的条款的活动”①。从治理的角度讲,“标准是经济活动和社会发展的技术支撑,是国家治理体系和治理能力现代化的基础性制度,是实现基层社会治理目标的重

① 《标准化工作手册》编写组编. 标准化工作指南第1部分:标准化和相关活动的通用词汇:GB/T20000.1-2002[S].北京:中华人民共和国国家质量监督检验检疫总局,2002-06-20.

要路径”①。

我国各级政府高度重视标准化在治理中的积极作用。2015 年 3 月 26 日，国务院发布的《关于印发深化标准化工作改革方案的通知》（国发〔2015〕13 号）从国家治理的角度对标准化进行了功能定位，指出要“更好发挥标准化在推进国家治理体系和治理能力现代化中的基础性、战略性作用”②。2017 年 6 月 12 日，中共中央、国务院印发的《关于加强和完善城乡社区治理的意见》进一步指出：“加快建立城乡社区治理标准体系，研究制定城乡社区组织、社区服务、社区信息化建设等方面基础通用标准、管理服务标准。”③

在县域经济社会发展过程中，安吉县高度重视标准化在社会治理中的积极作用，先后出台《美丽乡村精品示范村考核验收规范》（DB33/T 003）、《农村电影院（剧院）建设与服务管理规范》（DB33/T 014）、《美丽乡村建设规范》（DB33/T 28）、《美丽党建工作规范》（DB33/T 020）、《农村社区建设与服务指南》（DB330523/T 024）、《美丽乡村民主法治建设规范》（DB330523/T 018）和《乡村治理工作规范》（DB330523/T 29-2018）等标准。这些标准，明确了农村社区建设的相关要求和基本规范，确定了农村社区“为什么建设”“建设什么”和“如何建设”等问题，明确了农村社区治理“治理什么”“谁来治理”和“如何治理”等问题。

安吉县农村社区地方标准建设，为该县农村社区治理实验区建设提供了基本规范，对于如何通过支部带村、发展强村、民主管村、依法治村、道德润村、生态美村、平安护村和清廉正村等开展农村社区治理工作，如何构建完善的农村公共服务体系、现代的农村社会组织体制和高效的农村社会管理机制体系，从而提高农村社区治理法治化水平和实现村强民富景美人和的现代农村社区提供了行动规范。

四、新时代文明实践中心试点主要潜力

乡村振兴，乡风文明是保障。农村社区治理涉及政治、经济、文化、社会

① 褚宸舸. 基层社会治理的标准化研究——以“枫桥经验”为例[J]. 法学杂志，2019(1)：17-27.

② 国务院. 国务院关于印发深化标准化工作改革方案的通知[Z]. 国发〔2015〕13 号，2015-03-11.

③ 中共中央，国务院. 关于加强和完善城乡社区治理的意见[Z]. 中发〔2017〕13 号，2017-06-12.

和生态等多个维度,其中,宣传群众、教育群众、关心群众和服务群众在社区治理中发挥着重要作用。党的十九大确立了习近平新时代中国特色社会主义思想。为推动习近平新时代中国特色社会主义思想更加深入人心,进一步加强改进农村基层宣传思想文化工作和精神文明建设,2018 年中共中央办公厅印发了《关于建设新时代文明实践中心试点工作的指导意见》(以下简称《意见》)。新时代文明实践中心,着眼凝聚群众、引导群众,以文化人、成风化俗,调动各方力量,整合各种资源,创新方式方法,用中国特色社会主义文化、社会主义思想道德牢牢占领农村思想文化阵地,不断满足人民日益增长的精神文化需求,丰富人民精神世界,增强人民精神力量,提升人民精神风貌。

《意见》指出,要在县一级成立新时代文明实践中心,在乡镇一级成立新时代文明实践所,在行政村设新时代文明实践站。其中,县级新时代文明实践中心负责文明实践工作的统筹协调和组织实施,指导乡镇、村开展工作,研究制定工作规划,对主要内容、培训教材、人员队伍、活动项目等作出计划并具体实施,做好志愿者的组织引导、登记注册、表彰嘉奖、权益保障工作,依托各种平台组织志愿者开展文明实践活动①。

作为全国 50 个新时代文明实践中心建设试点县,安吉县于 2018 年 11 月 8 日正式成立新时代文明实践中心,同时各乡镇(街道)也开始新时代文明实践所建设试点。截至目前,该县已建立 1 个县实践中心、15 个乡镇(街道)实践所和 209 个村(社区)实践站。实践过程中,安吉县明确文明实践工作各级机构任务,通过形成中心统筹、所承接、站实施、点位延伸的运作模式,统筹各级各部门场所和人力资源,系统梳理新时代文明实践志愿服务清单,如理论宣讲、教育服务、文化服务、科技科普、健康体育和志愿服务等内容。

新时代文明实践中心的建立,为农村社区治理注入了精神资源,理论宣讲和文化服务等内容,为切实提高农村群众的思想觉悟、道德水准、文明素养、法治观念,更好推动农民全面发展、农村全面进步提供了载体平台。

---

① 中共中央办公厅. 关于建设新时代文明实践中心试点工作的指导意见[Z]. 厅字〔2018〕78 号,2018-08-24.

第三章　共建共治共享:创建思路与实践路径

党的十九大报告从统筹推进“五位一体”总体布局、协调推进“四个全面”战略布局的高度,明确提出打造共建共治共享的社会治理格局。实现党领导下的政府治理和社会调节、居民自治良性互动,全面提升社会治理法治化、科学化、精细化水平和组织化程度,是新时代推进社会治理的题中应有之义。农村社区是社会治理的基本单元,其治理效果如何事关党和国家大政方针贯彻落实,事关居民群众切身利益,事关城乡基层和谐稳定,而其关键就是要促进农村社区治理体系和治理能力现代化,打造共建共治共享的农村社区治理格局。

第一节　以共建共治共享夯实农村社区治理

十九大提出的打造共建共治共享的社会治理格局目标,既是对十八届五中全会提出的“构建全民共建共享社会治理格局”战略任务的进一步升华,也为新时代农村社区治理指明了方向;既是对社会治理已有经验的总结,也是对新时代社会治理作出的崭新谋划。

作为对多元治理主体关系的结构化的调整与巩固,共建共治共享的社会治理格局旨在通过促进治理主体联动,增强治理机制联结,推动更多的主体参与社会治理、更加多元的方式实现社会治理、更加公平地享受社会治理成果,进而推进社会治理的专业化、社会化、法治化与智能化。农村社区作为社会治理的基本单元,需要通过共建共治共享机制,激活治理主体参与社区建设、治理的能动性、主动性,让更多的社区居民享受治理成果,夯实社区治理。

一、共建共治共享:理论脉络与内在关联

共建共治共享的治理理论始于党的十八届五中全会,强调发展为了人民,发展依靠人民,发展成果由人民共享。共建共享的社会治理就是多元治理主体在比较充分的参与和协商的基础上,尽可能达成一致的共识后采取相互配合的治理行动,是在集权式社会治理格局基础上的一种合作式治理格局,是一个将参与主体、共建过程和共享目标有机统一起来的新型治理模式和内容体系,同时也是基于公治性、公共性和价值共享性视角下的全民共建共享机制①。

(一)共建共治共享的理论脉络与现实价值

共建共治共享的治理格局是基于政府、市场与社会三者的关系提出的。公共选择理论认为,政府失灵的存在一定程度上表明政府不可能单独承担社会治理的重任,市场失灵也说明市场经济体制有时难以克服市场配置资源的外部性。即使是引入第三部门的参与,也会产生志愿失灵的难题。因此,社会事务的公共性和社会问题的复杂性都要求不同多元主体共同参与建设。从公共性的角度来看,无论是政府自身职能要求的公共性和其为社会所提供产品与服务的公共性,还是社会本身作为公共性的一个重要载体,或者是市场发展带来的福利和公共利益的增加,都意味着社会治理需要多元主体的支撑。所以,公共性是政府、市场与社会等治理主体合作共治的关联属性。一方面,公共性是国家、市场与市民社会合作的基础、联系的纽带;另一方面,公共性的价值目标在国家、市场与市民社会的治理中得以实现②。从共享角度来看,企业(市场) 必须建立在“共享价值”的观念上,在处理社会的需求与难题时,不但要创造经济价值,也要为社会创造价值。在这个意义上,全民共建共治共享的社会治理格局(见图 3-1)③既是社会全体

---

① 朱新武,王明标.共建共治共享的社会治理格局:理论阐释与体系构建[J].新疆大学学报(哲学·人文社会科学版),2018,46(6):19-25.

② 高进,李兆友.治理视阈中的公共性[J].东北大学学报(社会科学版),2011,13(5):421-425.

③ 周红云.全民共建共享的社会治理格局:理论基础与概念框架[J].经济社会体制比较,2016(2):123-132.

成员共享市场经济发展红利的题中应有之义，也是三者之间实现良性互动的必然要求。

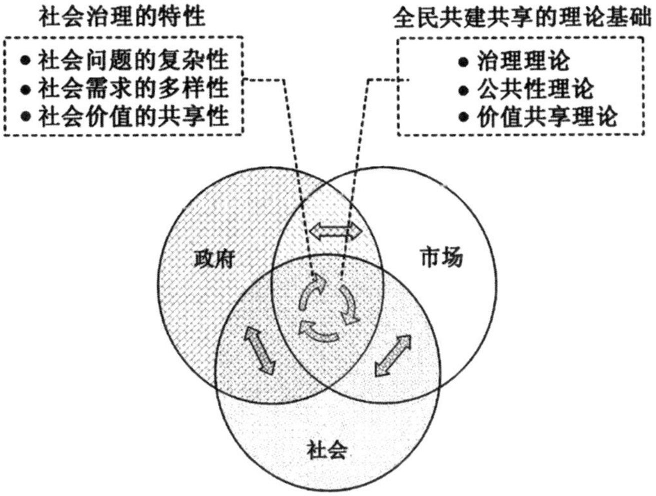

图 3-1　全民共建共治共享的社会治理格局

共建共治共享是中国共产党建设使命型政党的必然要求，先进性和纯洁性有机结合是使命型政党的本质属性。党的先进性在于既代表社会发展的正确方向，又能够有效维护最广大人民的根本利益，共建共治共享的治理理念和价值面向契合使命型政党的本质属性和内在逻辑。此外，推进我国国家治理现代化的时代要求决定了中国共产党需要有效动员社会各方力量参与社会治理，解决党在治理中遇到的难题，特别是农村社区治理中的诸多困境，比如矛盾调解、经济发展和提供养老服务等。

当前我国正处于推进国家治理现代化的重要时期，党和国家机构的数次改革都将重点聚焦于政府职能转变即服务型政府建设。服务型政府的主要内容是提供维护性公共服务、社会性公共服务和必要的公共设施。提供维护性公共服务和完成为数不多的管制任务，是服务型政府的基本职能；提供社会性公共服务与必要的公共设施，是服务型政府的主要体现[①]。因此，共建共治共享的治理格局依托多元治理主体，通过机制联动，做到有效回

① 谢庆奎. 服务型政府建设的基本途径：政府创新[J]. 北京大学学报(哲学社会科学版)，2005(1)：126-132.

应。这不仅可以解决政府失灵的难题,降低政府管理成本,也可以以此为契机更好地推进政府职能转变,推进国家治理能力和治理体系的现代化。

总而言之,无论是从西方传统的国家、社会和市场三者之间的关系还是从我国治理的实际来看,共建共治共享的治理格局是解决新时代我国社会主要矛盾的重要途径,也是推进服务型政府建设的必然选择,更是建设使命型政党的关键一步。

(二)共建共治共享的内涵、外延与实现路径

作为社会治理主体结构化的社会关系,共建共治共享本质是社会治理要素之间的结构性调整①。因此,明确三者的内涵与外延以及梳理三者之间的内在关联对于准确定位农村社区治理实验区的建设目标、发展思路与效能评估都具有深远意义。其中,共建是实验区创建与发展的基本前提,共治是推进实验区乃至县域治理现代化的行动支撑,作为实验区创建的最终目标和治理效能的直接体现,共享更是马克思主义政党建设的指南针与试金石。

共建共治共享治理格局建构是一个循序渐进的发展过程。只有打牢基层治理的各项制度、体系、机制等基础,才能让制度与机制发挥自身应有效能,从而能使国家顶层设计与地方发展目标有机结合,进而使实验区的创建成果惠及更多民众。需要指出的是,这一过程也是一个综合性过程,三者之间的关系并非截然分明,共治过程中出现的种种错位需要在共建这一环节调整消弭,同样共享的成果转化与效能彰显也是共建阶段的资源保障与目标参考。可以说,共建共治共享的基层治理格局的实现,既要有壮士断腕的发展决心,也要有女工绣花的精密过程。唯有在多元主体的统一行动框架下,才能确保发展规划与民共定、发展行动协商共建、发展成果全民共享。

1. 共建:实验区创建与发展的基本前提

共建意指在遵循党委领导和政府负责原则的基础上,通过制度安排或非制度性协调,激发市场主体、社会组织和公民参与协调社会关系、配置社会公共产品和处理社会公共事务的潜能,从而发挥社会协同效应②。共建作为首要环节,涵盖社会事业、社会法治与社会力量建设③,具体到农村社

---

① 颜克高,任彬彬. 共建共治共享社会治理格局:价值、结构与推进路径[J]. 湖北社会科学,2018(5):46-52.

② 朱新武,王明标. 共建共治共享的社会治理格局:理论阐释与体系构建[J]. 新疆大学学报(哲学·人文社会科学版),2018,46(6):19-25.

③ 张广利,濮敏雅. 新时代"共建共治共享"社会治理格局的内涵解析及构建途径[J]. 人民论坛·学术前沿,2020(7):108-111.

区治理议题，共建即社会事业的建设，既包括农村社区和行动组织等社会实体建设，也包括村民自治机制等农村社会基层制度建设。农村教育、医疗、卫生、养老等事业的稳步落实需要在党的领导下发挥社会多元主体群策群力，不仅要厚植地区发展优势，创建推进乡村振兴与脱贫攻坚协同并进的制度体系，更要弥补治理漏洞、补齐发展短板，夯实农村治理的现实基础。

共建的要义之一便是组织振兴，这与乡村振兴的基本思路不谋而合。乡村振兴的目标为治理有效，因此共建基础设施、共定制度规则、共拓治理队伍、共建治理体系等都是这一目标的基本前提和具体内容。事实上，乡村振兴的主体是亿万农民，实验区创建的动力之源也是亿万农民。制度实践的最终目标是让村民真正当家作主，村庄内外各级组织的建构与完善是其治理前提。同时，产业兴旺的核心要素在于夯实产业发展基础，对于绝大多数农村发展而言，其本身基础孱弱，产业引进是其实现乡村振兴的关键举措，这也是共建的内在要求。

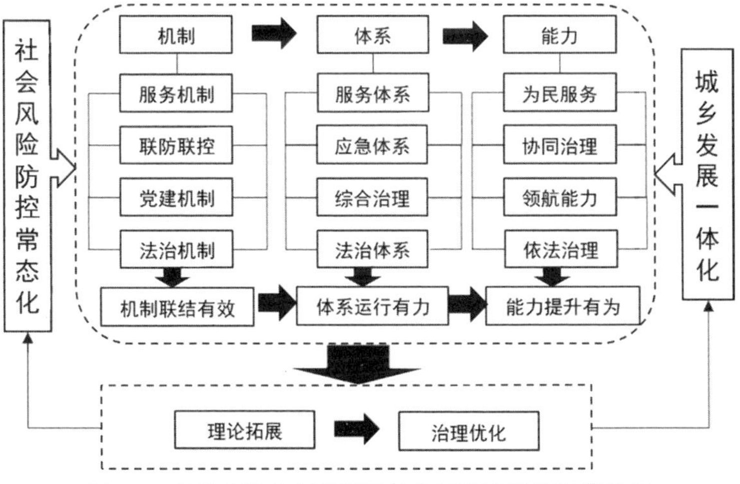

图 3-2　共建共治共享下基层社会风险治理的完善路径

共建的关键在于机制建设，以机制完善促进矛盾缓和。具言之，就是在利益基础上建立共同参与机制，在利益相容基础上建立集体行动机制，在利益共享基础上建立服务增效机制①。另一方面，共建的根本目标在于满足民

① 曾维和. 共建共享社会治理格局：理论创新、体系构筑、实践推进[J]. 理论探索，2016(3)：65-69.

众对美好生活的向往，为此，要从生态环境、文化理念、经济发展、社会生活和民生福祉[①]五个方面齐头并进。共建包括社会事业、社会法治和社会力量三个方面建设，除了强化社会治理的制度与机制建设外，还要更多注重社会组织自身主动性的发挥，使其具有更多的社会建设和社会治理责任意识，而且政府应给予更多的信任、支持、助力，才能够使社会力量得到发展[②]。特别是在风险常态化防控的社会背景下，更要强调共建，不仅要以制度机制健全完善弥补基层治理短板，还要引进专业人才、专业技术强化社区风险治理。

2. 共治：县域治理现代化的行动支撑

共治是指社会治理体制机制的良性运行，它仰赖社会成员共同维系、联动融合、协同推进[③]，是各大主体通过沟通、协商、调和的方式而不是简单的合作来共同参与公共事务治理，妥善解决矛盾纷争，进而达成一致性意见、采取一致性行动[④]。作为社会治理的制度创新，多元共治主要包括四大特征：多元主体；开放、复杂的共治系统；以对话、竞争、协商、合作和集体行动为共治机制；以共同利益为最终产出[⑤]。就此而言，共治强调的不仅是政府与社会组织之间的合作关系，还要求协调好中央与地方、政府与政府之间乃至政府、社会与市场三者之间的关系。

近年来社会治理处于不断转型调适阶段，传统的政府主导模式难以为继，无法有效调和社会各种力量之间的矛盾。共治意味着多元治理主体共同参与社会治理，所有社会治理主体对社会公共产品和社会公共事务的具体管理机构、管理人员等均由全体人民通过民主协商方式产生，其一切管理行为应遵循人民的意愿，依靠人民共同治理国家和社会，充分体现人民对民主、法治、公平、正义和个人价值实现的意愿[⑥]。

---

① 翟绍果，谌基东.共建美好生活的时代蕴意、内涵特质与实现路径[J].西北大学学报（哲学社会科学版）2017，47(6)：20-26.

② 马庆钰.共建共治共享社会治理格局的意涵解读[J].行政管理改革，2018(3)：34-38.

③ 江必新，王红霞.论现代社会治理格局——共建共治共享的意蕴、基础与关键[J].法学杂志，2019，40(2)：52-60.

④ 夏锦文.共建共治共享的社会治理格局：理论构建与实践探索[J].江苏社会科学，2018(3)：53-62.

⑤ 王名，蔡志鸿，王春婷.社会共治多元主体共同治理的实践探索与制度创新[J].中国行政管理，2014(12)：16-19.

⑥ 朱新武，王明标.共建共治共享的社会治理格局：理论阐释与体系构建[J].新疆大学学报（哲学·人文社会科学版），2018，46(6)：19-25.

共治的最终目标是实现基层善治。善治具有合法性、有效性、参与性、稳定性、廉洁性和公平性等10个要素,强调未来国家治理要走向善治①。首先,社会治理的合法性来源于全民授权和法律确权,共治的路径推进实则是在基层社会形成治理共同体,民众则是这一共同体中的重要参与主体,其合法性和参与性不言而喻。其次,共治过程中强调主体联动,社会多元主体之间信息共享、风险共担可有效避免信息不对称和科层官僚体制而导致的形式主义泛滥,同时可以在社会内部化解治理矛盾,维系社会稳定,确保公共秩序稳定与社会矛盾最小化,从而凸显治理效能的稳定性与治理主体的稳定性。最后,善治强调廉洁性和公正性,共治中的"共"本身寓意众人管理众人之事,众人监督众人之事,注重多元主体的协同性并非主体之间的异质性。

将视野置于我国基层治理的具体场域中,大到民生工程项目的上马与落地,小到邻里矛盾纠纷的化解都属于共治的范畴。共治改变了进入者最初的动机和行为模式,它通过对话和竞争发现多元主体间的分歧,通过协商与合作达成共识,并采取集体行动②。推进多元共治,需要建立对话、竞争、协商、合作和集体行动这五个核心机制,运用市场和政策配置资源,以协商和建立规则的形式来保证多元主体权力的有效行使。实现共治,除了在机制上下功夫外,还要注意确立政治核心价值,重构政治认同;加强公民教育,强化公民主体意识;强化执政道德,再造政治信任③。以往建立社会共治制度的地方实践普遍倾向于从"治民"入手,无论是强调能力塑造还是广泛社会动员,其本质都是一种"压力—应对"关系,多元共治的制度实践更应从"治权"着手,由政府层面逐步扩散到整个社会体系④。

具体到社区治理而言,作为中国特色社会主义制度最大优势的中国共产党理应是整个共治过程中的掌舵手,当前我国基层治理最大的困境在于社区在政府管制和居民自治之前摇摆不定。基于这一认识,应把社区治理的目标定位在充分满足社区居民的需求,构建起以社区居民幸福生活需求为导向的功能化治理模式;以功能分化拉动治理结构分化,力求政府与社区

---

① 俞可平.治理与善治[M].北京:社会科学文献出版社,2000.

② 王名,蔡志鸿,王春婷.社会共治:多元主体共同治理的实践探索与制度创新[J].中国行政管理,2014(12):16-19.

③ 俞可平.重构社会秩序 走向官民共治[J].国家行政学院学报,2012(4):4-5、127.

④ 王名,李健.社会共治制度初探[J].行政论坛,2014,21(5):68-72.

在功能互补的基础上实现一种平衡①。

3. 共享:创建目标导向与效能体现

共享是指社会治理的治理资源、治理利益和治理秩序由全体村民共同持有和转化,是相关主体共同享有社会建设的实体财富以及智力成果。共享意味着多元主体共同享有治理发展成果,社会公共产品提供和公共事务运行管理产生的所有利益,均由人民共同享有,增进人民福祉,使人民拥有更多的获得感、幸福感和安全感②。共享要求所有主体都要秉持价值层面的公共精神和物质维度的资源分配的公平正义的价值导向,实现全体人民共享社会发展成果的美好愿景。

共享概念是民本思想的延伸与拓展。民本思想自古有之,无论是“民为邦本,本固邦宁”还是“民本如舟,可载可覆”,都是共享这一理念的发展来源。作为马克思主义政党,使命型政党建设始终是党建的最高要求。早期马恩经典原著中明确提到,私有制废除的一个结果就是所有人共同享受大家创造出来的福利③。改革开放以来,中国共产党在不断继承马列主义民本思想之外大胆创新,进入新时代,更是提出了“创新、协调、开放、绿色、共享”的发展理念。

中国特色社会主义共享发展理念是对马克思主义发展观的继承,其目标是推进经济与社会协调发展与提高社会主义实力,提升公信力、话语权和影响力以及增强民众现实获得感④。就农村社区发展而言,生产关系的调整应以共享发展为根本目标,通过制度的适应性变革,处理好政府、资本与农民之间的利益关系。利益关系处理得好,可以反过来调动资本投入乡村振兴的积极性,更好地促进乡村共建,二者相辅相成;利益关系处理好才有可能真正实现共治,让相关利益主体和谐共生⑤。

---

① 孙萍. 中国社区治理的发展路径:党政主导下的多元共治[J]. 政治学研究,2018(1):107-110.

② 朱新武,王明标. 共建共治共享的社会治理格局:理论阐释与体系构建[J]. 新疆大学学报(哲学·人文社会科学版),2018,46(6):19-25.

③ 中共中央马克思恩格斯列宁斯大林著作编译局. 马克思恩格斯文集(第1卷)[M]. 北京:人民出版社,2009:689.

④ 余达淮,刘沛妤. 共享发展的思维方式、目标与实践路径[J]. 南京社会科学,2016(5):62-68.

⑤ 姚树荣,周诗雨. 乡村振兴的共建共治共享路径研究[J]. 中国农村经济,2020(2):14-29.

共享本身就是一种发展理念,实现共享发展的首要举措是培育民众的共享意识,从个人和集体两个向度共筑精神家园,从而夯实社会发展的精神根基。人人尽责的治理共同体构建的关键在于民众要具有共享精神。实现发展成果与民共享的关键是要坚守底线,始终围绕全面建成小康社会、实现亿万群众脱贫致富这一时代主题,完善贯彻和落实共享发展理念的领导体制和工作机制,强化基层公共产品与服务的供给能力①。党的十九届四中全会强调要建立人人有责、人人尽责、人人享有的社会治理共同体,社会工作与社会治理具有高度的契合性。因此,社会工作要在社会治理舆论环境建构、促成各方理性参与和发展自身能力方面为促进共建共享社会治理格局作出应有贡献②。事实上,党的十八届五中全会强调要作出更有效的制度安排,坚持和完善社会主义初级阶段的基本经济制度和分配制度,建立公平的社会保障体系③。作为国家治理的末梢环节,基层社区既是国家政策的集散地,又是共享发展理念的试验场,需要从健全"党政主导、社会协同"的农村社区治理主体规范机制,优化"以人为本、服务为先"的农村社区治理运行机制,以及完善"城乡统筹、制度规范"的农村社区治理保障机制④等方面予以推进。

4."三共"之间的内在关联

共建共治共享是不可割裂的有机整体,三者之间互为依存,都以全体人民为主体。共建是基础,亦是前提,强调制度建设、体系建设在社会治理格局中的基础性、战略性地位。不同制度和机制的建设旨在动员不同的主体参与,扩展治理渠道,实现治理主体的多元化和治理的社会化。健全的制度和完善的体系是社会治理效果能够显现的基础性条件。共治是关键,是在共建基础上的治理,是对社会治理资源的再分配,旨在通过公共物品的提供和社会事务的治理来维持社会秩序,从而达到社会成果共享的目标。共治强调多元主体参与社会治理的体制创新,最大限度发挥各主体的主动性和

---

① 刘武根,艾四林.论共享发展理念[J].思想理论教育导刊,2016(1):91-95.

② 王思斌.社会工作在构建共建共享社会治理格局中的作用[J].国家行政学院学报,2016(1):43-47.

③ 蒋永穆,张晓磊.共享发展与全面建成小康社会[J].思想理论教育导刊,2016(3):74-78.

④ 陈荣卓,刘亚楠.共建共享:十八大以来农村社区治理机制的优化路径[J].社会主义研究,2016(4):106-113.

积极性才能使社会发展始终充满活力。共享是目标,强调以公平正义的社会建设为保障。让人民群众共享良好的社会治理成果,让人民群众有更多的获得感是社会治理的最终目标,更是中国特色社会主义的本质要求①。同时,共建共治共享又相互联系,共治和共享蕴含在共建中,共建和共享也蕴含在共治中,而且共享是共建、共治的逻辑延续和最终目标②(见图 3-3)。

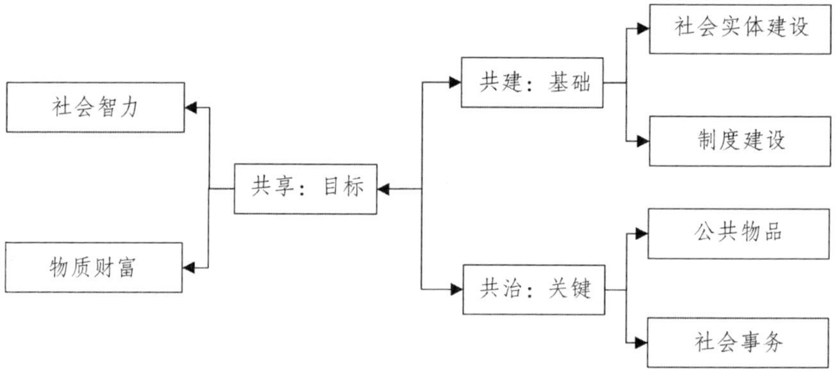

图 3-3 "三共"内涵与关联

共建共治共享的治理机制表现为过程式治理,同时也是一种层级式的过程,三者的存在与发展不是相互割裂的,而是相互促进、相互融合的。如果把社会比作蛋糕的话,那么共建是指搭建好做蛋糕的基座,共治是指把蛋糕做好,共享是指把蛋糕分配好③。不同治理主体通过参与社会建设和社会事务治理,达到发展成果全民共享的终极目的。需要注意的是,共建的过程也存在社会事务的治理,共享是共建和共治的必然结果,并为共建共治提供动力支持。

就农村社区治理实际而言,共建即社会事业的建设,包括农村社区、组织等社会实体建设,也包括村民自治机制等农村社会基层制度建设。共建适应了现代社会事务的复杂性,尊重了人民群众的首创精神。共治是指社

① 薛瑞汉.新时代打造共建共治共享的社会治理格局研究[J].中州学刊,2018(7):68-72.

② 朱新武,王明标.共建共治共享的社会治理格局:理论阐释与体系构建[J].新疆大学学报(哲学·人文社会科学版),2018,46(6):19-25.

③ 陈晓春,陈文婕.习近平国家治理思想下"三共"社会治理格局:概念框架与运作机制[J].湖南大学学报(社会科学版),2018,32(3):18-24.

会治理体制机制的良性运行,仰赖社会成员共同维系、联动融合、协同推进[①]。它的主体是国家、人民和社会组织,内在要求为法治,即通过国家治理能力的法治化来助推国家现代化。共享是指社会治理的治理资源、治理利益和治理秩序红利,由全体村民共同保有和转化,其对象为社会建设的实体财富以及智力成果。在这一环节中要求所有主体都要秉持价值层面的公共精神和物质层面的资源分配的公平正义的价值导向,实现全体人民共享社会发展成果的美好愿景。

二、"三共"基础:主体联动与机制联结

中国的社会治理既是一项综合性、体系性的创新工程,又是在社会联动、社会协同、社会合力轨道上缔造出来的共建共治共享的新格局[②]。因此,"三共"的治理格局也是一种联动式治理逻辑。所谓联动式治理,指社区治理中的行为主体在重视合作的基础上,通过重塑社区联结的方式,整合社区的各类治理要素,从而达到解决社区难题、更有效实现公共治理的目标[③]。其中联动是共建共治共享的基础,具有两个方面的含义。一个是积极的多元治理主体的涌现,一个是联动机制的构建。农村社区治理主体、机制与能力的交互作用,是形成共建共治共享治理格局的实践基础。

"三共"提倡多元治理主体的共治,重点突出社会多元治理主体的主动性,强调激活社会内生性的自治动能。而联动式治理主要依赖于多元治理主体的联动和治理机制的构建,因此以共建共治共享夯实农村社区治理在于通过构建治理机制来促进多元主体的联动治理。

(一)多元主体联动

社会自身的发展也带动着其他社会力量的成长,逐渐形成了多元主体共同存在的社会力量格局,不同社会力量自身的利益诉求推动多元主体联动格局的形成。基层党组织的领导、社区组织和社会协同、居民广泛参与等,是现

---

① 江必新,王红霞.论现代社会治理格局——共建共治共享的意蕴、基础与关键[J].法学杂志,2019,40(2):52-60.

② 刘建军,李威利等.联动的力量:基层治理创新——以杭州市上城区为研究对象[M].上海:格致出版社,2018:1.

③ 李威利.联动式治理:关联主义理论视野下的基层自治[J].河南社会科学,2018,26(10):93-98.

代社区治理格局的主要面貌。社区内外多元主体协同治理,通过动员社会组织及社区内生力量共同参与社区治理,具有基础性、社会性等特征。

具体而言,以党的十九大报告的精神为指引,基层党组织在农村社区治理中居于领导核心地位,通过自身的创新,激发农村社会治理的活力,为农村社区治理现代化提供组织保障和领导统筹。进一步而言,通过党组织自身的学习和建设,规范农村社区党建的运行机制,完善和创新党内选举制度,以党内民主带动党外民主,以自身建设推动社区建设,借助党员先锋作用的发挥来凸显党建在“三共”治理格局中的核心作用。

作为农村社区治理的内生动力,广大村民主动、积极的参与是社区治理机制有效运行的基础与关键。共建共治共享的治理格局的核心价值取向在于对全体人民利益的维护,因此实现农村社区的有效治理不仅在于政府及时的赋权,还在于村民自身的主动性和积极性的发挥。具体而言,农村社区的多元主体联动机制是紧紧围绕村民自治机制发挥作用的。以党建引领带动村民自治机制的建设与完善,不断拓宽参与渠道,创新参与形式,在这一过程中社会多元协同参与为这一机制的建设与完善保驾护航。

在政府失灵和市场失灵的特殊情况下,精细化的社区需求以及日益复杂的社区公共问题和公共事务无法仅仅依托政府和村民的协同参与得到有效满足与解决,政社协同和政企协同治理机制等多元主体协同治理机制成为农村社区良性运行的重要补充。就农村社区治理而言,政府需要主动向市场和社区适当赋权,将自身的管理与服务职责转移给社区其他社会组织。在“三共”的治理格局下,政府更加需要创建规范的制度环境,为社区服务提供强有力的制度保障。

总而言之,农村社区治理的多元主体联动是在党建引领下,以政府赋权为关键,居民参与为根本,社会协同为补充,法治建设为保障的联动式治理过程。通过不同主体的协同与参与来激发社区治理的内生动力,最终实现农村社区的有效治理。

(二)机制联结

农村社区治理是长期性、系统性的工程。实现农村社区的有效治理,不仅需要积极的治理主体的涌现,更依赖长效的治理机制,涉及政治、经济、乡风文明、生态环境等乡村治理的各个方面,以实现农村社区的全面振兴。

党建引领机制。基层党组织是农村社区治理工作的领导者,具有利益协调、资源整合等优势,正是党群联动机制的存在使得中国社会治理可以将市场化和现代化催生的各种社会力量进行有效动员、有机整合、有力联动,打牢中国社会能量的基础,推进社会的有效有序有力治理。具体而言,党建引领机制的良性运行依赖党的组织引领、党员先锋作用的发挥和党内民主的建设。党的组织引领即通过党组织的网格化制度达到以点带面、点面结合的整体式治理效果。党员先锋模范作用的发挥依托功能性党小组和专项考核预评估体系等鼓励更多的党员干部主动服务村民,提高自身的服务能力与意识,参与农村社区的治理。党内民主建设在于不断扩大党内民主、创新选举方式,实行社区党组织领导成员直接选举,健全社区党员代表议事制度,整合党内资源,充分发挥党建引领的核心作用。构建和谐的党群和干群关系,不仅是优化使命型政党题中应有之义,也是纾解政治信任危机和提高使命型政党执政合法性的关键议题①。

生态保护机制。乡村振兴,生态宜居是关键。良好生态环境是农村的最大优势和宝贵财富。必须尊重自然、顺应自然、保护自然,推动乡村自然资本加快增值,实现百姓富、生态美的统一②。农村突出环境问题的综合治理、农业绿色发展和农村环境监管能力建设成为生态保护的重要议题。生态保护机制的建设依赖政府相关部门的统筹规划和积极引导以及村民生活观念的转化和社会组织的主动参与。就现有的农村社区治理经验而言,生态保护机制的建设主要涵盖垃圾治理、水域治理、产业治理三个方面。垃圾治理主要是通过垃圾分类和垃圾定点投放来改善农村人居环境。水域治理以河长制为载体,在农村河湖等自然资源的有效治理基础上,以生态开发为理念,将当地的自然资源转化为经济资源和生态资源。产业治理即生态产业化和产业生态化两条发展思路。一是农村产业链的生态化,淘汰和关停一批落后和污染严重的产业,引进新的生态产业,实现产业升级。二是有效开发当地的生态资源,形成新的产业业态,融入环保理念,增加产业附加值,实现产业兴旺。

民主管理机制。改革开放以来,我国农村民主管理制度逐步建立,并不断发展,在组织和引导农民群众参与基层治理方面发挥了重要作用,日益成

---

① 唐皇凤. 使命型政党:新时代中国共产党长期执政能力建设的政治基础[J]. 武汉大学学报(哲学社会科学版),2018,71(3):37-47.

② 中共中央 国务院关于实施乡村振兴战略的意见[N]. 人民日报,2018-02-05.

为推进国家治理体系和治理能力现代化的基石和保障①。其中,主要包括乡镇治理机制、村民自治机制、农村依法治理机制和农村社会组织机制四个方面。为此,应深入研究、探索建立城乡基层群众自治制度与人民代表大会制度、人民政协制度建设之间的衔接和配套的体制机制,建立以村民为主导的自下而上的权力监督体系,通过村务监督委员会的专职监督和人民群众的外部监督,借助村务公开和权力清单制度的制定,不断提高村级事务公开的透明度,有效整合和动员更多贤能之士参与乡村治理,推行能人治村,规范村级事务治理程序,加强村级干部选拔和队伍建设,不断推进城乡一体化建设。

“三社联动”机制。“三社联动”是指通过社区建设和对社会组织的培育以及社会工作现代化体制的建立,形成“三社”之间的资源共享、优势互补和相互促进,以及政府与社会之间的互联、互动和互补格局②。“三社”既是“行动主体”又是“力量资源”,同时还是“动力机制”。“三社联动”形成治理的合力和闭环,开创“共建共治共享”的治理新格局③。“三社联动”依托党群机制,以满足社区居民需求为目标导向、社区组织为统筹力量,利用各种资源解决社区矛盾、协调不同利益关系,为社区公共服务和公共物品的提供建设相应平台。社会组织为行动单位和公共服务的承接者与供给者,借助不同供给和服务平台满足社区居民的多样化需求。社工团体是执行主体和联动纽带,也是公共服务的实际提供者和参与者。第三方单位为监督评估的来源,通过政企联动和政社联动,评估社会组织公共服务质量和“三社联动”机制建设与运行的有效性。这三个主体的紧密联动、协同治理可以有效解决社区“联而不动,动而不联”的治理难题。

成果共享机制。共享的发展理念可以概括为国家按照资源共享的服务范围以及空间联系,将社会资源和改革成果进行重组、优化与整合,形成一种脉络分明的有机整体,使资源的配置达到或接近帕累托最优状态,实现资源分级共同享有的目标④。在打造共建共治共享社会治理格局的过程

---

① 陈荣卓,唐鸣.农村基层治理能力与农村民主管理[J].华中师范大学学报(人文社会科学版),2014,53(2):11-20.

② 叶南客,陈金城.我国“三社联动”的模式选择与策略研究[J].南京社会科学,2010(12):75-80.

③ 刘建军,李威利等.联动的力量:基层治理创新——以杭州市上城区为研究对象[M].上海:格致出版社,2018:1.

④ 许海东,郑茸.共享发展理念的科学内涵、哲学向度及其现实指向[J].学术论坛,2017,40(2):84-89.

中,之所以需要构建利益共享的服务机制,是因为这种公共服务机制从根本上改变了传统行政模式中的强制管控逻辑,政府行政触角不再过度延伸,不再以加强社会管控和公民管控作为主要行动目的,而是以满足公民多样需求、提供优质高效公共服务以及保障社会秩序稳定作为改革目标。

具体而言,农村社区成果共享机制主要是农村社会基础设施、经济红利、治理经验和文化成果的共同分享。其中农村水电等基础设施的完善成为村民生产生活和发展的基础保障。农村社区建设与治理带来的村集体收入的增加和村民福利的扩大以及就业机会的增多是经济红利与民共享的重要体现。不同乡村治理经验的交流与借鉴成为农村社区治理的外在动力和智力支撑。文化成果既包括文化振兴带来的产业升级与产值增加的经济红利,也有乡风文明带来的农村精神文明提升和自身优秀文化的动态传承。

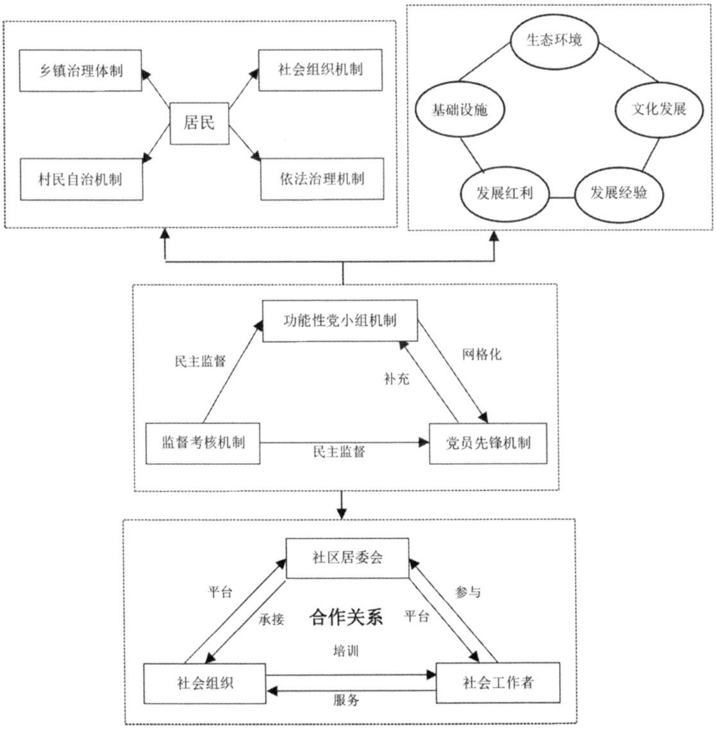

图 3-4 农村社会治理中不同治理机制关联

由图 3-4 可知,通过不同机制效能的协同发挥,不仅能够明确政府与其他治理主体的利益共享目标,加强不同主体之间的互信互动,而且能基于人民群众最迫切的现实利益问题,明晰各主体所要提供的公共服务内容和方式,不断加大公共服务供给力度、提升公共服务质量效益,从而提高农村社区治理共建共治共享的能力和水平。

第二节　农村社区治理实验区创建目标内容

农村社会治理是包括公共部门、私人部门在内的多元主体,针对广泛的农村社会公共事务,通过持续的互动协调而实现共同价值和共享利益的社会管理过程[①]。为完善农村社区治理机制,扩大农村公共服务供给,解决当前农村社区存在的自治力量薄弱、治理人才流失和治理体系混乱等问题,2017 年 4 月,民政部印发《关于开展全国农村社区治理实验区的通知》,决定开展“全国农村社区治理实验区”建设工作。作为首批入选全国农村社区治理实验区的 48 个创建单位之一,安吉县在深入贯彻落实中央、省委、市委相关文件精神的基础上,紧紧围绕“提升农村社区治理和服务功能,实现共建共治共享”实验主题,出台了《安吉县全国农村社区治理实验区建设的实施意见》(安政发〔2018〕20 号)(以下简称《意见》)。

安吉县在实验区的创建过程中始终坚持以人民为中心,以实际为参考,以理论为先导,以治理为重点。该《意见》明确了安吉县农村社区治理实验区创建的目标和具体举措。即以 2020 年为时间节点,以提升村民参与感、获得感、幸福感为价值取向,以推进“三规协同”工程、“自治延伸”工程、“三社联动”工程、“信息整合”工程等为关键,通过党建引领、村民自治、规则协同、多元联动、制度落实和服务提升等六项具体举措形成并完善农村社区治理新模式。

1. 以推进“美丽党建”工作为抓手,不断夯实基层队伍建设

为了建设美丽乡村,安吉县明确要求在社区治理中做到以下几点:一是不断强化基层党组织政治和思想领导力建设。该县要求以深入学习习近平总书记系列讲话精神为契机,扎实开展“坚定‘两山’路、奋进新时代”主题活

---

① 李华,李燕凌,朱朝枝. 农村公共管理(第二版)[M]. 北京:中国农业出版社,2016:54.

动，强化党的组织引领和思想建设。二是努力加强基层党组织的标准化、规范化建设。该县在《意见》中指出要着力健全基层党组织“堡垒指数”考评机制，重点落实先锋示范村党组织建设，深入开展“千堂党课进基层”，并进一步完善“三会一课”“主题党日”“党性体检”等常态机制建设，以此规范党内制度运行。三是积极推进农村党员干部队伍建设。各地需要创新党员干部选拔、培训方式，紧抓党员干部作风建设来提升党员素质，优化党员队伍。把不忘初心、牢记使命作为加强党的建设的永恒课题和全体党员、干部的终身课题，形成长效机制，坚持不懈锤炼党员、干部忠诚干净担当的政治品格。

2. 拓展村民自治，实现“一纵一横”双向延伸

村民自治是立足中国国情，在农村社会现代化过程中确定国家与农村社会良性互动的制度安排①。村民自治是根生于我国农村土壤的民主制度，夯实农村社区治理必须抓好村民自治。实验区在贯彻中央文件精神的基础上，立足当地发展实际，明确提出完成如下目标：

一是完善横向自治逻辑，加强权力监督。安吉县提出以美丽乡村建设为前提，强化与相关单位和部门的横向合作，如培育地区社会组织，依托“三社联动”机制筑牢多元主体协同治理基础。同时，实验区在编制“小微权力清单”以及各项小微权力流程图等基础上要求创新实践，逐步建立“点题公开”和“疑问反馈”等监督制度，努力做到及时回应，及时监督。

二是推进自治纵向延伸，规范运作机制。安吉县在深入推进“四民主三公开”、决策事项“五议两公开”的前提下，进一步指出要探索建立“五个所有”工作机制，规范程序、明确内容、提升形式，推进自治纵向延伸。安吉县加强和创新社会治理，完善党委领导、政府负责、民主协商、社会协同、公众参与、法治保障、科技支撑的社会治理体系，建设人人有责、人人尽责、人人享有的社会治理共同体。在农村社区治理、基层公共事务和公益事业中广泛实行群众自我管理、自我服务、自我教育、自我监督，拓宽人民群众反映意见和建议的渠道，着力推进基层直接民主制度化、规范化、程序化。

村民自治的横向和纵向逻辑的厘清，不仅有利于形成多元共治的治理格局，还有助于农村社区治理的规范化和法制化。

---

① 金太军，王运生. 村民自治对国家与农村社会关系的制度化重构[J]. 文史哲，2002(2)：151-156.

3. 引导社会组织和专业社工参与社区治理,构建"三社联动"工作体系

"三社联动"作为近年来我国在基层社会治理创新的实践探索,是指通过社区建设、社会组织培育和社会工作现代化体制的建立,形成"三社"资源共享、优势互补、相互促进的政府与社会之间互联、互动、互补的社会治理新格局①。"三社联动"治理模式的提出,推动了社会治理重心向基层下移,为国家治理、社会调节、居民自治的良性互动提供了现实形式,实质上体现了国家与社会、个人的互动机理②。

《意见》紧抓共建共治共享的实验主题,以推动社会力量参与农村社区治理,推进社区治理社会化,提升社区治理能力为重点,要求实验区创建过程中不断强化社工组织的建设。

一是强化社工队伍建设。《意见》倡导通过举办社工夜校、社工论坛、社工节等活动,开展专门培训、进行专门考试、总结专门经验,并将社工人才队伍建设纳入综合考核。此外,还要求不断加强对社会工作人才职业资质、服务履历、继续教育和服务能力的动态管理,采用"明确一批、增设一批、开发一批"的办法,逐步在社会管理服务领域开发设置社会工作岗位,如借助社工积分制度和星级评选来完善社会工作人才激励机制。

二是大力培育社会组织。《意见》提倡各社区大力扶持发展社会组织服务中心、社会工作协会等枢纽型、综合型的社会组织,在由县乡两级财政提供经费保障,通过购买服务的方式基础上提出按照"先试点、后推广"的思路,引导社会组织根据不同试点社区特点,分门别类开展多种形式的专业社工服务。如在城市社区做好"小城大爱"品牌建设及推广工作,针对性开展心理疏导、社区矫正等服务。在农村社区,依据群众需求做好志愿服务以及老年人慰藉等相关工作。

4. 开发完善村务管理信息平台,提升社区治理服务信息化水平

"没有信息化就没有现代化。"③实施信息化是加强和创新社区治理的内在需求,是顺应信息社会发展和大数据时代的必然选择。安吉县紧抓农村信息化、智能化建设,夯实乡村治理信息化基础,大力推动农村社区治理智能化

① 叶南客."三社联动"的内涵拓展、运行逻辑与推进策略[J].理论探索,2017(5):30-34.

② 何玉芳,柳长青."三社联动"治理模式的优化进路[J].理论探索,2018(4):64-71.

③ 习近平主持召开中央网络安全和信息化领导小组第一次会议的讲话[N].光明日报,2014-02-28.

发展。在现有的治理基础上,《意见》进一步提出以下重点建设任务：

一是完善美丽乡村信息平台,强化过程监督。实验区在推进“四个村村”(“村村通”“村村用”“村村响”“村村看”)建设基础上,要求按照时效性原则及时更新完善党务、村务、财务等内容,让群众随时了解本村年度工作安排、“三资”(资源、资产、资金)管理情况、村务财务信息等,提升村级民主监督能力。

二是建设村务信息系统,提升服务效能。《意见》提出各社区要积极利用“互联网+”模式,打破“信息孤岛”,改变以往机关部门考核检查看总结、听汇报等做法,强化对村(社区)日常工作过程的监管和评估。此外,进一步加强不同部门之间的互联互通工作,以方便居民通过服务平台进行多部门、跨层级的服务申请,各部门、各层级依托信息系统实现协同治理,协同服务。

三是推进“最多跑一次”制度建设,简化办事程序。《意见》明确要求规范群众办事流程,完善“最多跑一次”制度建设。县级政府需要借助信息化手段推进村务公开,以智能社区建设构建农村社区治理的新框架,做到群众需求及时了解,群众问题及时回应与解决。

5. 以“三治”为依托,探索建构“三规协同”农村社区治理新模式

充分发挥村规民约的地方治理功能,必将有利于缓解农村法治化进程中国家法与民间法的冲突,缓和基层政府与农村居民的矛盾,推进乡村民主化、法治化治理①。实验区紧紧围绕健全自治、法治、德治相结合的乡村治理体系的总要求,充分发挥法律法规、村规民约、家规家训在深入推进农村社区治理中的不同作用,进一步完善“三规协同”、功能互补的社区治理新模式,重点做到以下几点：

一是落实法制宣传,科学制定村规民约。安吉县下一步需要做好普法宣传工作,完善基层法治体系,提高社区治理法治化水平。科学制订修订和组织实施村规民约并以多种形式开展宣传,将生态文明建设纳入其中,明确执约力度,完善执约机制,维护农村社会的和谐与稳定。

二是传承家规家训,助推乡风文明建设。乡风文明的建设需要不断挖掘传统家规家训的时代价值,并积极落实到社区建设中的各个方面。《意

① 周铁涛. 村规民约的当代形态及其乡村治理功能[J]. 湖南农业大学学报(社会科学版),2017,18(1):49-55.

见》重视家规家训的传承,指出开展“立家规、传家训、树家风”系列活动是实现乡风文明的重要途径,将家规家训的时代内涵与社会主义核心价值观有机结合以更好地完善乡村治理体系。

三是进行单位试点,提升全县治理能力。《意见》提出以美丽乡村精品示范村为依托,选择“三规协同”试点单位,着力发挥各自特点和优势,在全县其他城乡社区逐步推广“三规协同”工程建设,发挥示范效应,输出特色治理模式。

6. 推进落实农村社区治理与服务标准化、规范化

为农村居民提供基本公共服务是政府职能的本质要求、公民权的实质体现和政府合法性的重要基点,是我党在社会主义初级阶段均衡城乡利益、缩短城乡差距和统筹城乡发展的政治战略与任务①。实验区在这一过程中紧紧围绕治理与服务的标准化和规范化,不断推进农村公共服务机制的创新发展。《意见》的出台进一步细化治理标准,指导安吉县努力达到“责任有人担,服务有效度”的水平,将社区的治理能力转化成治理效能。

一是强化村级事务准入,落实县级主体责任。《意见》明确提出实行最严格的村(社区)事务准入制,严格按照“全面规范、彻底清理、高效运作”的原则,建立《安吉县涉村事项清单》,对部门涉村(社区)新增事项实行年度申报审核制度,及时调整或取消不适应部分,以此强化村级事务治理中的各方主体责任,完善权力运行可查询、可追溯的反馈机制。

二是规范服务运行程序,提升综合服务能力。安吉县以《安吉县农村社区建设与服务指南》(简称《指南》)为标准,全面落实《指南》各项要求,在此基础上,《意见》着力要求强化整治建设问题;深化改进管理薄弱环节,优化各项服务举措,不断提升全县农村社区建设管理水平,使全县农村社区治理和服务创新工作走在全省前列。

三是推广导师帮带制度,培育社区治理人才。实验区以提高年轻干部服务能力为目标,在乡镇(街道)、村(社区)逐步推广实行“导师帮带制”,通过多种形式,确定优秀资深的村(社区)干部作为“工作导师”,与年轻村(社区)干部结成对子,搞好社区治理与服务工作传帮带,增强年轻村(社区)干部服务群众、解决问题的本领。

---

① 张开云. 农村社区公共服务:现实困境与理性选择[J]. 马克思主义与现实,2010(1):101-104.

农村社区建设不仅是旨在构建与农村社区和社会的分化、开放相适应的新型社区或社会生活共同体，促进农村社区内部的融合，也是为了推进城乡之间及整个社会的一体化，实现整个社会的有机团结和社会融合①。安吉县依托美丽乡村建设，动员不同社会治理主体，实现不同社会机制的有效互动，在“两山”理念的指导下开辟农村建设的新天地，成为全国农村社区治理的新样板（图 3-5）。

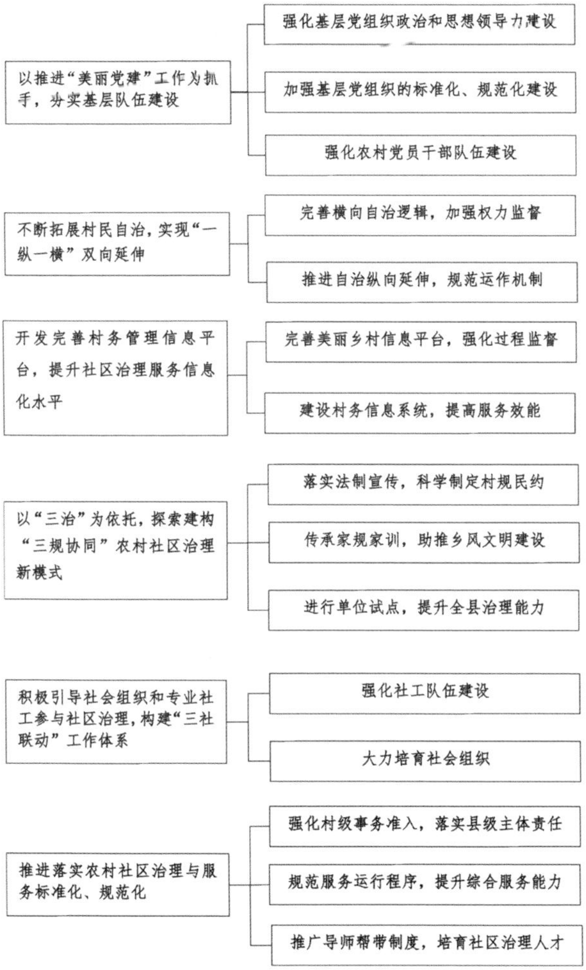

图 3-5　安吉县农村社区治理实验区创建目标

① 项继权. 农村社区建设：社会融合与治理转型[J]. 社会主义研究，2008(2)：61-65.

第四章　共建：集思共创与群策构建

党的十九届四中全会提出，坚持和完善共建共治共享的社会治理制度，建设人人有责、人人尽责、人人享有的社会治理共同体①。社会治理共同体由党委、政府、企业、社会组织、公民等治理主体组成，各主体间通过民主协商、共同合作形成良性互动的共同体，进而实现共同的治理目标。建设人人有责、人人尽责、人人享有的社会治理共同体，需推动人人有责共建、形成人人尽责共治、实现人人共享发展，打造社会治理新格局。作为共治和共享的首要前提，共建以保障和改善民生、促进人的全面发展、保障人民当家作主的社会地位②为旨归，强调社会治理公共性、社会参与广泛性以及公民主体性③。共建新型农村社区，涉及打造公共平台、生产公共产品、提供公共服务和治理公共事务等诸多方面。

农村社区是基层社会的基本治理单元，是共建的基础行动单位。在实验区创建过程中，安吉县以"共建"理念为指导，以"提升农村社区治理和服务功能，实现共建共治共享"为主题，以建立健全服务治理新机制为主线，聚焦服务设施建设、治理力量聚合、治理规则构建、服务机制创新、集体经济壮大、公益事业发展等各类社区建设议题，充分调动党委、政府、企业、社会组织、社区以及居民等各主体参与社区建设的主动性和积极性，形成多方集

---

① 中共中央关于坚持和完善中国特色社会主义制度 推进国家治理体系和治理能力现代化若干重大问题的决定[N]. 人民日报，2019-11-06.

② 江国华，刘文君. 习近平"共建共治共享"治理理念的理论释读[J]. 求索，2018(1)：32-38.

③ 周舟. 打造共建共治共享社会治理格局研究——基于理论创新和研究体系的分析[J]. 延边党校学报，2019(4)：60-65.

思共创与群策构建的良好局面。

第一节　共建枢纽平台：完善服务设施的多方联动

作为基层治理的一项制度性革新，农村社区的建设和发展关乎乡村振兴战略的实现效果。改革开放以来，我国经济社会发展取得巨大成就的同时，城乡发展不平衡的矛盾也日益凸显[①]。主要表现在城乡二元体制造成的城乡发展不平衡、农村发展不充分。农村社区服务设施在繁荣农村集体经济、促进农业产业发展、提高农民生活水平方面发挥着重要作用。加强枢纽平台建设，完善农村社区基础设施，构建新型农村公共服务体系，对于实现城乡公共服务均等化、提高农村社区治理水平意义重大。

党和国家历来重视农村社区基础设施建设工作，把全面加强农村基础设施建设作为"三农"工作的重中之重，从政策保障、资金投入、资源倾斜等方面给予强力支持。自十六届五中全会提出"要扎实推进社会主义新农村建设"以来，以中共中央、国务院为主体的一些部门颁布了一系列关于加强农村社区基础设施建设的文件(见表4-1)。早在2005年，我国政府就提出要重点抓好"金农"工程和农业综合信息服务平台建设工程。2013年，民政部、工业和信息化部等五部门联合印发《关于推进社区公共服务综合信息平台建设的指导意见》(民发〔2013〕170号)，提出要依托现有电子政务平台和部门业务应用系统，建设面向社区居民提供公共服务的标准、规范的信息平台。

表4-1　2004年以来中央及其他部门有关农村社区基础设施建设的相关文件

时间	主体	名称	主要内容
2005年10月	中共中央办公厅	《中共中央关于制定国民经济和社会发展第十一个五年规划的建议》	要积极推进农业信息化建设，强化面向农村的广播电视电信等信息服务，重点抓好"金农"工程和农业综合信息服务平台建设工程。

① 文军，吴晓凯. 乡村振兴过程中农村社区公共服务的错位及其反思——基于重庆市5村的调查[J]. 上海大学学报(社会科学版)，2018 (6)：1-12.

续表

时间	主体	名称	主要内容
2013年10月	民政部、工业和信息化部、发展改革委、公安部、财政部	《关于推进社区公共服务综合信息平台建设的指导意见》	以街道(乡镇)为基本单元,应用功能集成、界面规范、部署集中的社区公共服务信息系统。
2017年6月	中共中央办公厅、国务院办公厅	《关于加强和完善城乡社区治理的意见》	完善城乡社区基础设施,建立健全农村社区基础设施和公用设施的投资、建设、运行、管护和综合利用机制。
2019年6月	中共中央办公厅、国务院办公厅	《关于加强和改进乡村治理的指导意见》	大力推进农村社区综合服务设施建设,引导管理服务向农村基层延伸,为农民提供"一门式办理""一站式服务",构建线上线下相结合的乡村便民服务体系。
2019年10月	国家发展改革委、财政部	《关于深化农村公共基础设施管护体制改革的指导意见》	要求建立明晰的管护责任制度,健全高效的分类管护机制,优化多元的资金保障机制,构建权责明确、主体多元、保障有力的长效管护机制。

资料来源:根据相关资料整理而成。

2017年,中共中央国务院出台的《关于加强和完善城乡社区治理的意见》,要求完善城乡社区基础设施,建立健全农村社区基础设施和公用设施的投资、建设、运行、管护和综合利用机制。2019年6月,中共中央办公厅、国务院办公厅印发的《关于加强和改进乡村治理的指导意见》,要求以"大力推进农村社区综合服务设施建设,引导管理服务向农村基层延伸,为农民提供'一门式办理''一站式服务',构建线上线下相结合的乡村便民服务体系"①。2019年10月,国家发展改革委、财政部以实施乡村振兴战略为抓手,以推进城乡融合发展为目标,联合印发的《关于深化农村公共基础设施管护体制改革的指导意见》,致力于补齐农村公共基础设施短板,全面提升

① 中共中央办公厅,国务院办公厅.关于加强和改进乡村治理的指导意见[Z].2019-06-23.

管护水平和质量,构建符合农村特点的基础设施管护体制。

浙江省从省域实际出发,制定相应文件以加强本省农村社区基础设施建设,奋力推动浙江发展始终走在前列。2018 年,为贯彻落实党的十九大精神,全面实施乡村振兴战略,推进农业农村现代化,浙江省出台《全面实施乡村振兴战略 高水平推进农业农村现代化行动计划(2018—2022 年)》(以下简称《行动计划》),加快农村基础设施提档升级。《行动计划》从道路建设、防洪排涝、数字化等方面,对加快农村社区基础设施提档升级作了明确规定(见表 4-2)。2019 年,浙江省人民政府出台《2019 年浙江省国民经济和社会发展计划》(浙政发〔2019〕6 号),进一步提出要"推进公共文化服务标准化均等化"①。

表 4-2　浙江省关于加快农村基础设施提档升级的相关内容

设施类型	主要内容
道路建设	高水平推进"四好农村路"建设,加快万里美丽经济交通走廊建设,完善农村公共交通服务体系,加快打通乡村断头路,巩固客运"村村通"成果,提升城乡运输服务一体化水平。
防洪排涝	提速实施"百项千亿"防洪排涝工程,沿海五大主要平原排涝能力和五大江河干流防洪能力总体达到 20 年一遇、重点湾区防潮能力总体达到 50—100 年一遇规划标准。
数字化	实施数字乡村战略,加强整体规划设计,加快开发乡村振兴信息产品和服务,缩小城乡数字差。
信息化	深入推进信息进村入户工程,到 2020 年实现农村全覆盖。
通信建设	加强乡村通信网络建设,实现光纤网络、4G 网络全覆盖,农村和海岛基本实现 100M 以上接入能力。

资料来源:《全面实施乡村振兴战略 高水平推进农业农村现代化行动计划(2018—2022 年)》。

安吉县将农村社区公共服务平台建设放在创建工作的首要地位,通过继续加强农村基础设施和公共服务设施建设,大力改善农村交通、供排水、供电等条件,不断完善农村信息、教育、文化等设施,提升城乡公共服务均等

① 浙江省政府办公厅. 2019 年浙江省国民经济和社会发展计划[Z]. 2019-03-18.

化水平。2018 年,安吉县人民政府发布《关于印发安吉县开展美丽田园建设工作的实施意见》,进一步强化农村社区基础设施建设工作。2019 年,安吉县联合浙江省标准化研究院、安吉县中国美丽乡村标准化研究中心等单位制定出台《农村社区建设与服务指南》(DB330523/T 024),对安吉县 187 家村级便民服务中心建成、农村社区标准化建设全覆盖等成果进行了归纳提炼,从服务中心、养老中心、文体设施等方面着手,提出农村社区建设和服务规范性要求,对全县农村社区服务设施建设的数量和标准进行了规范(见表 4-3),为构建农村基本公共服务标准体系,推进城乡一体化进程打下了基础。

表 4-3　安吉县农村社区基础服务设施建设基本要求

设施类型	基本要求
综合服务中心	设有便民服务大厅(中心)、村民(老年)活动室、图书阅览室、民事调解室、多功能教育室、农业服务站、社会事业服务站、公共卫生服务站、保障救助服务站(避灾中心)和综合治理服务站等,各设施配置应符合 DB330523/T 30 的要求。其中,便民服务大厅(中心)还应同时满足 DB330523/T 013 的要求。
居家养老服务照料中心	1. 居家养老服务照料中心应根据实际需要合理设置老年人的生活服务、保健康复、休闲娱乐室及辅助用房,做到规模适宜、功能完善、安全卫生、运行经济、标识统一。提供日托服务的,使用面积应在 300 平方米以上,有 2 名以上专(兼)职管理(服务)人员;提供全托服务的,使用面积应在 500 平方米以上,有 5 名以上专(兼)职管理(服务)人员。 2. 暂不具备建立照料中心的农村社区都应建立居家养老服务站,开展居家养老服务和“银龄互助”活动。居家养老服务站建筑面积一般在 80 平方米以上,有 1 名以上专(兼)职管理(服务)人员和运营保障经费,为农村社区居家老年人提供养老服务需求评估、生活照料、休闲娱乐、配餐就餐及其他无偿低偿服务。老年人口较多的农村社区应积极创造条件开办老年食堂,为居家老人提供配餐、就近用餐以及送餐服务。
商业服务设施	社区内应配置超市、电商驿站、农贸市场、煤气配送服务站以及其他家政类的服务网点。其规模应与社区居民生活需求相适应,且满足 DB330523/T 30 的要求。

续表

设施类型	基本要求
社区居民自治活动设施	社区内应建有面积在80平方米以上的社区居民议事室；建有面积在10平方米以上的党务事务公开栏及面积在15平方米以上，内置防火、防潮、防盗设施的档案室。
文化设施	1. 应采取综合一体或分散组合的方式建设文化礼堂，礼堂建筑面积不少于200平方米；应配建舞台，配备必要的灯光、音响等设施，具备召开村民大会，举办节庆典礼、文化仪式、文化活动、村民议事、集会及放映电影等功能。在文化礼堂外观显著位置设置“××村文化礼堂”名称（“××村”可省略）和全省统一的文化礼堂标识，标识要亮化。礼堂要有社会主义核心价值观24个字，国旗、当代浙江人共同价值观4个核心词应设置在礼堂醒目位置。体现安吉特色的生态安吉县民守则和“笑脸墙”要在文化礼堂中有体现。 2. 应建有不少于50平方米的讲堂。讲堂背墙或幕布设置为“××村文化讲堂”（“××村”可省略），背景鲜明、美观。讲堂内应配备必要的桌椅、电教设备，具备开展中小规模的政策宣讲、主题教育、技能培训、交流恳谈等功能。在功能上可与道德讲堂、基层党校、乡村业余学校、人口计生学校、老年学校、农普科技学校等共建共享。 3. 宜集中或分散设置文化活动室、广播室、农家书屋、“春泥计划”活动室等文体活动场所。 4. 根据实际设置展览墙、室、馆等不同的展示展览场所，以图片、文字以及实物等展示村史村情、乡风民俗、崇德尚贤、美好家园等内容，突出乡土性、草根性，有条件的可同步利用多媒体形式进行展示。
文体设施	1. 社区内应建有至少1处可以基本满足社区居民开展休闲娱乐、文体活动、社区居民会议等的室外公共场所。 2. 社区内应配置如露天文化大舞台、电影放映场地、篮球场、门球场、健身路径等文体场所，各类健身活动器具、设备齐全，并配置有1条健身路径。

资料来源：《农村社区建设与服务指南》（DB330523/T 024）。

农村基础设施是农村社区生存和发展不可或缺的载体和平台，在改善农村人居环境、增强社区综合实力方面发挥着重要作用。在新时代背景下，必须破解农村公共基础设施建设供给不足和公共服务错位的顽疾。实验区创建过程中，安吉县重点从村庄治理、养老、教育、医疗和文化等多方面着手,广泛调动党委、政府、企业、和居民等多方积极性,凝聚多主体建设力量,大力建设农村社区公共服务枢纽平台,不断完善基础服务设施,提高公共服务供给效率与服务质量,满足广大农村居民日益增长的美好生活需要。

一、信息平台,加强社区信息化建设

党的十九大报告提出,要“提高社会治理社会化、法治化、智能化、专业化水平”①。党的十九届四中全会进一步指出,必须加强和创新社会治理,完善党委领导、政府负责、民主协商、社会协同、公众参与、法治保障、科技支撑的社会治理体系②。科技支撑是社会治理现代化的技术保障。农村社区智能化是现代化和谐社区建设的重要环节,是缩小城镇和乡村之间数字鸿沟、提升农村社区信息化服务水平、加强社区信息化管理和服务的重要手段③。加强信息平台建设有助于进一步实现农村社区的精细化治理,也有助于增强农村社区的危机监控及预警能力,更有助于提高农村社区信息反馈及分析效率④。因此,加强农村社区治理必须强化信息化建设,让各类涉村信息资源更加快速便捷地进村入户,从而让信息化技术为农村社区治理助力添彩。为充分发挥现代信息技术在农村社区治理中的积极作用,实验区依托“智慧安吉”建设,大力加强社区信息化建设,不断完善美丽乡村信息平台。

多方联动,共建信息平台。在社区信息化建设实践中,安吉县始终坚持把顺应时代潮流、提高信息化水平作为建设的根本要求,坚持把完善现代化设备、加强信息平台建设作为信息化建设的重要支撑,着力在解决影响群众获得感的突出问题上下功夫,在发动群众积极参与信息化建设上费心思,形成了共建信息化安吉、共享现代化便利的生动格局。2016 年 10 月,安吉县成立“四个平台”⑤建设领导小组,在灵峰、孝丰等 5 个乡镇(街道)率先开展试点,并于 2017 年 4 月在全县铺开。在试点过程中,安吉县加大财政投入

---

① 习近平. 决胜全面建成小康社会 夺取新时代中国特色社会主义伟大胜利——在中国共产党第十九次全国代表大会上的报告[M]. 北京:人民出版社,2017:41-42.

② 中共中央关于坚持和完善中国特色社会主义制度 推进国家治理体系和治理能力现代化若干重大问题的决定[N]. 人民日报,2019-11-06.

③ 陈发鸿. 农村社区信息化建设问题研究[J]. 河北学刊,2011(4):228-231.

④ 朱士华. 以信息化打造农村社区治理新图景[J]. 人民论坛,2018(18):66-67.

⑤ 即“村村通”数据光网、“村村用”信息云台、“村村响”音频广播、“村村看”平安视频。

和资源整合力度，谋划创新载体和手段，依托广播电视数字传输网络，坚持机制完善和有形平台建设同时并进，联合安吉县民政局、财政局、农业局、广电中心及下辖村庄等多方力量，全力推动“四个平台”落地见效。在平台建设过程中，安吉县广电中心负责软件开发工作，设备资金由行政村、广电中心和县财政局三方共同提供。其中，行政村承担 10 万元，广电中心和县民政局共同承担 10 万元。运作资金由县民政局和农业局联合提供，每年约 20 万元。2017 年底，安吉县在全省率先建成覆盖全县的便民服务平台，初步实现了社区治理科技化。信息平台的建设，为进一步提升农村社区建设水平、构建智慧型农村社区服务网络体系提供了信息化支撑。

（一）“村村通”数据光网，信息服务送家中

广播电视“村村通”工程实施以来，有效地扩大了农村广播电视覆盖面，在一定程度上满足了广大农村群众的精神文化需求。随着经济的快速发展和科技的不断进步，广播电视的服务能力、水平及手段与人民群众日益增长的精神文化需求存在一定差距，这就需要进行“村村通”工程的提质增效，实现由粗放式覆盖向精细化入户服务升级，由传统视听服务向多层次多方式多业态服务转变[①]。

为创新和完善广播电视公共产品和服务供给、方便群众随时了解各项涉农信息，利用网络便捷参与社区治理，安吉县投资 2 亿多元，在各村联通数据光网，在广电网络技术支持下，建设数字化网络传输系统，实现数据光网村村通、无线 Wi-Fi 村村有。该平台由安吉县政府提供资金补助，由电信等企业负责提供设备和后期的安装、维护等服务，以提高有线电视入户率，逐步实现数字化。通过网络渠道大力整合涉农信息，为社区农民提供气象、农资农机、卫生医疗、农业科技等信息服务，同时将互联网引入社区事务，以此来构建农村社区协同治理网络、打造微政务，利用网络平台方便村民办事、监督。这对于促进服务水平不断提升，构建现代化、信息化、智能化社区具有重要推动作用。

（二）“村村用”信息云台，不出户知天下事

信息是人类社会与物质、能量并列的三大要素之一，是当代社会生产力

---

① 国务院办公厅. 关于加快推进广播电视村村通向户户通升级工作的通知[Z]. 国办发〔2016〕20 号，2016-04-05.

出现飞跃的新支撑。作为数字化、网络化存在方式,信息平台具有交互性和开放性特点。也正是由于使用意义上的广泛互动性和高度开放性,信息平台成为信息传播和知识扩散的新载体,在提高行政效率、改善政府效能、扩大民主参与等方面的作用日益显著。实验区创建过程中,安吉县注重把信息科技手段运用于农村社区治理,充分利用广电数字网络设施和技术,创新建设“村村用”信息云台数字网络系统服务平台,集成社会管理、平安建设、便民服务、信息公开、教育咨询等功能,建成全新模式和普遍适用的基层社会服务管理信息化应用中心。

2018 年 10 月,为让村级权力在阳光下运行,保障基层群众的知情权、参与权和监督权,安吉县出台《关于深化村级“三务”公开信息平台建设的实施意见》(安社〔2018〕3 号),对村务公开内容、平台页面设置、信息公开程序、平台运行管理等作了明确规定。为深入推进便民服务,保障群众能够实时查看并监督“三务”①情况,维护集体经济组织和群众合法权益,该县将信息化平台建设与深化“三务”公开工作结合,通过“村村用”信息云台建设,开设“三务”公开专题频道,设置村情概况、党务公开、村务公开、财务公开、文化礼堂等版块,将本村年度工作安排、“三资”管理情况、村务财务等信息和便民服务资料,统一发布在信息服务中心平台上,利用千家万户的数字电视向群众开展最直接的宣传、提供最便利的信息服务,保障群众的知情权,便于村民对村级事务的监督,调动村民积极性,共同参与村级事务的管理。目前已有 60 万张村级财务等原始凭证上了信息平台,“村村用”信息云台的覆盖面和影响力不断扩大。

图 4-1 大竹园村“村村用”信息云台

① “三务”即党务、村务、财务。

(三)"村村响"音频广播,信息传递享便利

近年,随着广播事业的发展,采用调频技术恢复农村广播,使农村广播发展水平满足村民需要,成为新时期农村社区建设的重要部分。农村广播覆盖面广、渗透力强,具有形式灵活、信息传递迅速、不受时空限制以及投资成本低、宣传效果好等特点,从而成为农村基层干部群众了解新政策、学习新知识、掌握新技能和上传下达的便捷渠道。为加强广播农村覆盖、推进农村思想文化建设、构建新农村公共文化服务体系,"村村响"工程在安吉县得到大范围实施。

为方便快捷地进行信息传播、及时有效地进行政策宣传、不断提高村委会办事效率,安吉县大力实施"村村响"工程,通过为各村配备一个大喇叭,实现音频广播全覆盖。该平台主要用于播放村里重要和紧急事务通知,宣传国家各项惠农政策及补贴信息,向村委会下达任务等。通过广播平台,村庄可以将有关涉农政策、决策方便快捷地送达农民身边,得到村民的理解和认同。村委会可以通过广播与农民进行及时交流和沟通,减少了各种会议,省去了工作环节,节约了管理成本,拉近了干群距离。广播平台逐渐成为村委与农民群众联系的桥梁和纽带,在维护农村稳定、促进农业发展、服务农民群众方面发挥着重要意义。

(四)"村村看"平安视频,随时监控保安全

为进一步加大平安乡村建设,提升群众对平安创建的知晓率、参与率、满意率,让居民足不出户就能接收到各种社会服务和平安服务信息,安吉县利用信息科技手段创新基层平安宣传,创建以"村村看"平安视频为主要内容的信息服务中心,开设平安家园、平安视频平台,集成多种社会服务管理功能,对千家万户开展最直接的平安宣传,提供最直接便利的信息化服务。

通过在村头、巷口、学校、医院、集市、交通要道等重要地段和关键路口安装高清视频监控探头,以随时动态监控进出车辆和流动人口,助推平安和谐社区建设。探头实现全县联网,系统启用后,老百姓足不出户,在家中打开数字电视,即可 24 小时随时查看本村视频探头的实时监控,了解村里方方面面的事儿;即使村民人在外地,只要打开电脑、手机,就能在千里之外通过视频看到村庄相关信息。同时,还可看清全县其他已联网村落视频探头的实时监控。安吉县借助视频监控、大数据分析等信息化手段,搭建全覆盖

的"天网",实时获取、处理各类信息。

安吉县利用科技手段,发挥"四个村村"平台优势,调动基层群众参与平安建设热情,已连续8年蝉联浙江省"平安县"称号,被评选为"全国平安建设先进县"。通过整合广电系统、互联网系统和呼叫系统应用资源,集成"三务"公开、便民服务、信息共享、治安监控等功能,让村民足不出户就可了解120多项办事流程,让群众监督信息化水平迈上新台阶。安吉县各乡镇(街道)因地制宜,形成了一系列接地气、有特色的创新模式,全力推动"四个平台"落地见效。在天荒坪镇,"四个平台"指挥体系延伸到了村里。余村依托省平安建设信息系统,利用"村村通、村村看、村村响、村村用"等载体,加大信息收集、上报及处理力度,实现事务处理不出村。孝丰镇88名网格员像"四个平台"的触角,他们将收集的信息第一时间上报至"四个平台",并根据"四个平台"统一派单,帮助老百姓代办就业、社保、民政等事项。上墅乡实现综合指挥室的实体化,市场监管、综合执法、便民服务线30余名工作人员在综合信息指挥中心集中办公,实现了条块结合零缝隙,内部运行零障碍,工作推进零盲区。

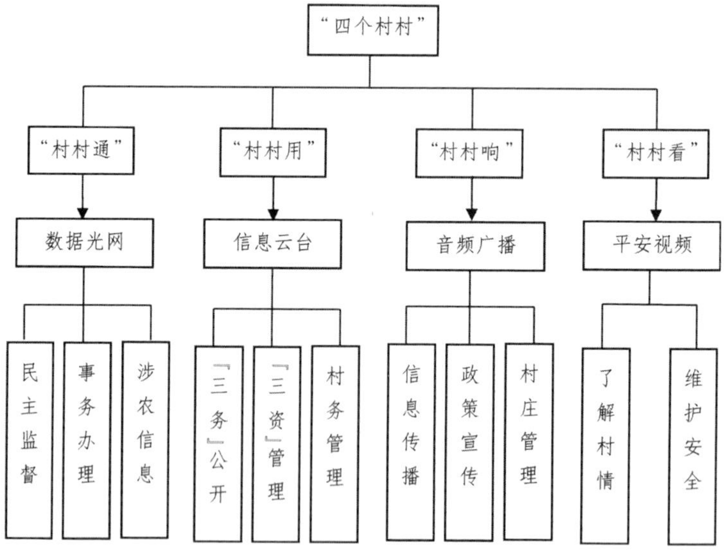

图4-2 "四个村村"信息平台结构

"四个平台"既各自独立又互相联系,彰显着安吉在信息化建设中的先进步伐。平台的建设,体现着"三农"发展要素配置优先满足、"三农"资金投入优先保障、农村公共服务优先安排、公共基础设施优先倾斜,有力地加强了农村社区建设,提升了居民对农村社区的认同感。以信息平台为载体,及时更新村党务、村务和财务信息,切实提高村民对村务的知晓率和参与度,推进村务公开化、透明化、民主化管理,拓宽了村民信息获取渠道,保证村事通知有道、村务监管有力,极大地调动了村民参与农村事务的主动性和积极性。

二、养老平台,促进养老服务精细

21 世纪初,中国正式迈入老龄化社会,且发展速度快、规模庞大的老龄化态势日趋严重,人口老龄化问题已经成为当前以及未来较长一段时期内我国经济和社会发展面临的重大挑战之一。改革开放以来,农村地区人口老龄化程度高于城市地区、城乡倒置现象突出是我国人口老龄化进程中的一大特点①。

全国老龄办公布的数据显示,从 2011 年到 2016 年,农村 60 岁及以上老年人口比重由 15.55% 增至 19.15%。农村地区人口老龄化问题不仅关系着基层老年人口的基本民生,关系着尊老、敬老美德能否得以继承发展的精神文明建设,而且关系着我国人口老龄化问题的有效应对,关系着社会稳定、和谐发展问题。在老龄化日益严重的今天,妥善应对乡村人口老龄化的冲击与挑战,有效解决农村地区的养老问题显得尤为重要。

为积极应对人口老龄化,加快发展养老服务业,2019 年 11 月,中共中央、国务院印发了《国家积极应对人口老龄化中长期规划》(以下简称《规划》)。《规划》指出,要健全以居家为基础、社区为依托、机构充分发展、医养有机结合的多层次养老服务体系,多渠道、多领域扩大适老产品和服务供给,提升产品和服务质量。在城乡二元体制下,我国农村地区的养老模式以传统的家庭养老为主。伴随农村人口年龄结构的快速转变和人口老龄化程度的不断加深,农村居民的养老负担将会不断加重。在实验区创建过程中,为弥补传统家庭养老专业性不足、安全性不高、家庭护理负担重的缺陷,减轻农村居民养老负担,安吉县不断因地制宜探索和创新养老模式,积极搭建新型养老平台,形成养老、孝老、敬老的社会环境。通过政府主办、村庄自建

① 党俊武.中国城乡老年人生活状况调查报告(2018)[M].北京:社会科学文献出版社,2018:1-5.

以及政企社村多方联建等多种方式应对养老问题，为老年人提供全方位、多角度、多层次的服务，充分满足老年人文化娱乐、情感慰藉、心理疏导、医疗救护等多方面需求，努力实现养老服务的精细化和精准化，形成老年人、家庭、社会、政府共同参与的良好氛围。

（一）政府主办式养老平台

随着老龄化问题的日益严峻，安吉县不断探索各种养老模式，主要采用政府主办、层级联动的模式，充分发挥各级政府和街道社区在养老事业中的重要作用，运用各级财政资金扶持和各级行政组织的自筹资金，相应地在县城、街道、社区居委会等不同层面分级建立起规模不同，服务范围、服务内容以及服务对象有别的居家养老服务机构和站点。同时，建立县城、街道、社区三级管理机构，为本辖区内的居家老人提供多种养老服务。

为推动居家养老服务照料中心更好地运行，安吉县民政局根据照料中心规模大小、服务老人人数、服务质量等开展星级评定，分别给予2万元、3万元和6万元不等的运行经费补助。此外，政府还鼓励各种社会专业组织或企业上门为居家老人提供助餐、助洁、助急、助医等定制服务，尽量满足老人需求。目前，县、乡、村三级居家养老服务工作网络已建立健全，70%以上的农村社区建有居家养老服务照料中心，实现15分钟路程为半径的社区居家养老服务照料网络圈。

在推进养老服务体系进一步完善过程中，安吉县民政局结合实际，于2018年提出建设9家示范型居家养老服务中心。示范型居家养老服务中心以乡镇（街道）区域为范围，旨在打造一个服务功能齐全、能够辐射全辖区的服务中心。与普通照料中心相比，建成后的示范型居家养老服务中心配套更加健全，相关服务也更加完善，实现全县乡镇（街道）级居家养老服务中心全覆盖。

截至目前，全县城乡社区居家养老服务照料中心已建成117家，服务老龄人口覆盖面达70%以上，使老年人生活更有保障、更有尊严、更加幸福。以各城乡社区的养老服务站、指定服务网点为依托，为有需求的老年人提供生活照料、护理、家政清洁等各项服务。着眼于为老年人办实事、做好事、献爱心，着力解决好特困、高龄、空巢、残疾老人的生活困难问题，让老年人实实在在地感受到党和政府的关怀与社会的关爱。

(二)村庄自建式老年公寓

适应村落生产和方便村民生活是村庄发展的重要内容。村庄作为村民生产和生活的基本场所,在为村民提供便利方面发挥着越来越大的功能和作用。位于天子湖镇的高禹村在村集体经济快速发展、集体实力壮大之后,充分发挥村庄在村民养老方面的关键作用,自建浙江省最大的村级养老公寓,推动村级养老事业的不断发展。

高禹村由原东阳、和平、四庄三村合并而成。2003 年三村合并后,村庄老人占比较大,社区养老形势严峻。摸底数据显示,该村 60 周岁以上老年人 1175 人,占全村总人口的 21%,其中 70 周岁以上老年人 449 人,80 周岁以上老年人 157 人,90 周岁以上老年人 7 人。经过集镇发展、农村整村整治建设、示范区建设、商合杭高铁建设等项目,约有 1200 户农户住房被拆迁,特别是 2012 年的整村整治建设,大量农整安置拆迁户进入该村,使村庄老年人数量骤增。在此背景下,高禹村积极探索村级养老模式,通过成立调研小组,调查本村老年人居住情况、养老需求。调研结论为,老年人居住在离子女不远之地的需求强烈。为回应老年人养老需求,解决社区养老难题,高禹村在本村建设一个专供老年人集中居住,符合老年人体能心态特征的,具备餐饮、清洁卫生、文化娱乐、医疗保健服务体系的老年人公寓,让本村老年人在此安享晚年,保障老年人老有所居、老有所养。该公寓由村集体出资 1800 多万元建造,总建筑面积约 13000 平方米,设有标准寝室 130 间。公寓共有两幢主体大楼,主体建筑分为三个区域:生活区、娱乐休闲区和托养服务区。本村 60 周岁以上的老年人,可免费入住。前排 1 号楼 6 层共有单间 55 套,现入住 60 人。后排 2 号楼 7 层共有双人间 35 套,现入住 68 人,其中 80 岁以上老年人 26 人。老年公寓的修建为老年人提供了居住场所,真正解决农村养老缺失和无场所养老问题,实现老有所居。

图 4-3　高禹村老年公寓费用表

充分整合优势资源是实现“老有所养”的前提。高禹村老年公寓配备完善的基础设施、服务设施、医疗设施以及安保设施,为老年人提供优质便捷的服务,营造良好的养老环境。在生活设施方面,公寓每个房间配备有独立的卫生间、厨房;公寓内设老年人休闲活动区域,并有娱乐室、棋牌室、健身房、图书室;楼梯过道根据老年人方便行走设计,坡度平缓;公寓门口开设便民超市,让老年人在家门口即可购买生活用品。在安全保障方面,老年公寓配有专职管理人员 1 名,全面负责老年公寓各项事务;配有保安 2 名,全天 24 小时值班,做好来访人员、车辆登记,保障老年人人身安全。在卫生保洁方面,配备 2 名保洁人员和 11 名老年人楼层长,负责每个楼层的卫生和安全,做到公寓内部每天保持干干净净,为老年人提供一个舒适整洁的环境。在日常饮食方面,为让老年人玩得开心、吃得放心,该村专门建设独立食堂,并招聘 3 名工作人员负责食堂运营,保证老年人安全、舒心地用餐。在健康医疗方面,在公寓前设有卫生院,医护人员随时关注老年人身体情况,保障老年人健康。高禹村老年公寓以完善的基础设施、齐全的公共设施让老年人在公寓里感受家的温暖,实现老有所养。

(三)多方联建“幸福驿站”

随着时代的发展、科技的进步,老年人养老服务需求逐步从简单的生活照料向多层次、多样性、个性化转变。为适应养老需求新变化,紧跟信息技术的不断发展,“互联网+智能化养老”模式应运而生。该模式以信息化养老终端采集数据为基础,利用互联网、移动通信网、物联网等手段建立系统服务与互动平台,通过整合公共服务资源和社会服务资源来满足老年人在安全看护、健康管理、生活照料、休闲娱乐、亲情关爱等方面的养老需求①。智慧养老模式具有信息高效匹配、人性化菜单式选择服务、老人身体状况实时监测等优势,从而成为未来养老的新趋势。

近年来,国家颁布了一系列推行智慧养老模式的文件,对发展智慧养老服务作出了具体部署。2017 年,为加快智慧健康养老产业发展,工业和信息化部、民政部和国家卫生计生委联合印发了《智慧健康养老产业发展行动计划(2017—2020 年)》(工信部联电子〔2017〕25 号)(以下简称《行动计划》)。《行动计划》提出,充分发挥信息技术对智慧健康养老产业的提质增

① 朱海龙.智慧养老:中国老年照护模式的革新与思考[J].湖南师范大学社会科学学报,2016(3):68-73.

效支撑作用,推动健康养老服务智慧化升级,促进现有医疗、健康、养老资源优化配置和使用效率提升①。2019 年,国务院办公厅出台《关于推进养老服务发展的意见》(国办发〔2019〕5 号)提出,实施“互联网+养老”行动,持续推动智慧健康养老产业发展,拓展信息技术在养老领域的应用②。在实验区创建过程中,位于天荒坪镇的余村,顺应时代趋势,注重老年需求,于 2019 年 1 月 1 日推出了一个集休闲、娱乐、医疗、用餐于一体的“幸福驿站”。该驿站采取民政部门、电信公司、村庄、快餐店四方联合共建模式,集合四方力量,共建养老平台,在助力养老事业方面取得了良好效果。

电信公司总牵头。工信部作为为社区提供服务的部门,鼓励支持养老服务机构、企业等利用新一代信息技术产品,创新发展智慧养老服务,提升居家养老服务质量。支持电信运营商等具有普遍服务能力的企业进入智慧居家养老领域,发挥自身优势,开展多样化的智慧居家养老服务,更好地满足老年人群需求。智慧养老不仅需要科学技术作支撑,而且需要高新设备作保障。安吉县电信公司积极响应工信部号召,进入智慧居家养老领域,发挥自身技术和设备优势,为养老行业注入新动力。在“幸福驿站”的建设过程中,安吉县电信公司主要负责提供建设经费、高科技设备、发展平台及设备后期维护工作,其为“幸福驿站”投资金额高达 1000 多万元。电信公司的介入,为“幸福驿站”的建立提供了充足的资金,为驿站的运作提供了强大的技术支持,有力助推了“幸福驿站”的建设和发展。

民政局财政支持作保障。党的十八大以来,习近平总书记对民政工作作过许多指示,要求加快补齐养老短板。加快养老事业发展是民政工作的重要内容,是积极应对人口老龄化的重要举措,也是民政部门践行初心使命、为民服务解难题的应有之义、应尽之责。近年来,安吉县以民生保障为基础,以精准服务为抓手,以智慧养老为突破口,强化养老资金保障,不断提高养老服务供给,满足人民群众养老需求,筑牢兜底保障底线。安吉县民政局积极落实惠老政策,为在“幸福驿站”点餐的老年人提供餐费补贴。比如,60—70 岁的老年人点 15 元的餐,民政局为其提供 10 元餐补,老年人只

---

① 工业和信息化部,民政部和国家卫生计生委. 智慧健康养老产业发展行动计划(2017—2020 年)[Z]. 工信部联电子〔2017〕25 号,2017-02-06.

② 国务院办公厅. 国务院办公厅关于推进养老服务发展的意见[Z]. 国办发〔2019〕5 号,2019-03-29.

需支付剩余的5元，70岁以上老年人餐费全部由民政局承担。餐费补贴既体现了民政部门对老年人的关怀，又在一定程度上减轻了老年人的生活负担。

村庄配合促工作。“幸福驿站”的建立不仅需要资金和技术支持，空间和场地也是最基础的条件之一。村庄作为“幸福驿站”的所在地，居民作为养老平台主要受益者，理应成为平台的建设者和参与者。在建设过程中，村庄主要负责场地的提供，让“幸福驿站”有地可建。智慧养老的一大优势便是可以实现信息的高效匹配，利用互联网技术快速完整地搜集信息，并高效运算处理数据将其匹配到对应的信息需求方，其前提是老年人信息的收集。村庄与群众联系最密切，最熟悉、最了解群众，在信息收集方面具有天然优势。村庄通过到每家每户发放信息登记爱心卡，将本村60岁以上老年人的姓名、年龄、电话、家庭住址、子女电话等信息收集汇总，并将信息提供给电信公司，输入“驿站”智能平台，输入信息的老年人即可在相关平台和手机APP上自由操作，获得智能服务。

餐饮店供餐供配套。对于老年人来说，如何解决吃饭问题是头等大事。老年餐厅建立起来之后，虽在一定程度上解决了老年人的用餐问题，但对于部分行动困难、不便出门的老年人来说，还存在送餐上门服务的需求。为满足该需求，安吉县推出“互联网+配餐”服务，联合“美团外卖”“饿了么”等互联网送餐平台，统一组织符合条件的食堂或饭馆给老年人营养配餐，为社区有需要的老年人提供网上点餐和免费送餐服务。老年人只需要在手机平台上下单，商家接单后即可开始配送，基本实现15分钟内配送上门。如果老年人不会用手机订餐，也可由家人、驿站工作人员、送餐员等免费代劳。餐饮店介入老年人点餐服务，既实现了自身盈利，又为养老事业作出了贡献。

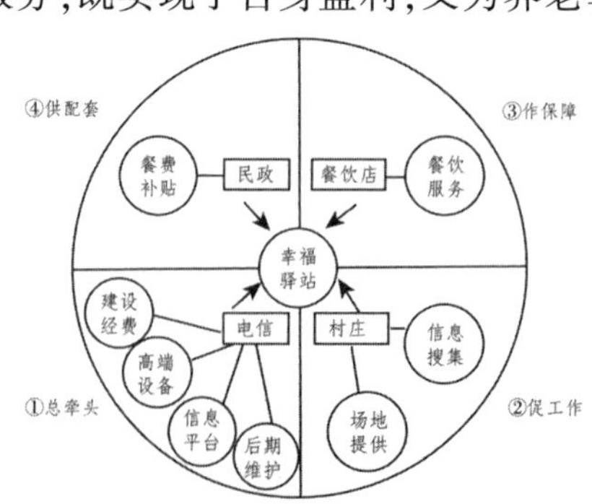

图4-4 余村“幸福驿站”主体分工

余村通过采取政企社村四方联建的模式,创建了一个集智能家庭生活、居家养老服务功能于一体的“幸福驿站”(见图 4-4),不仅满足了老年人多样化的养老需求,让老年人享受便捷高效的养老服务,而且极大地满足了老年人的精神需求,提高了老年人的生活质量和幸福指数,为老年人提供了颐养天年的好场所,让老年人安享幸福晚年,打通了养老服务“最后一公里”。

表 4-4　安吉县三种养老模式

模式	主体	资金来源	特点
政府主办式	政府、街道、社区	主要来源于各级财政支持,部分来自各级行政组织自筹或社会福利事业	资金有保障;服务更易落实;实施快捷、有效; 可能出现高耗低效、人浮于事问题;不利于调动更多社会资源和民间力量参与养老服务;难以满足多样化养老需求。
村庄自建式	村庄	村集体经济	更了解居民需求,服务更加精准;更易得到村民的信任和理解; 村庄财力有限;养老机构规模、服务人员数量和服务范围有限。
多方联建式	民政部门、电信公司、村庄、餐饮店	民政部门、电信公司	集多方资源和力量,服务更加多样化;服务方式信息化、现代化;运行效率高,服务质量佳; 老年人不会使用现代化工具,融合智能生活有困难。

资料来源:根据相关资料整理而成。

安吉县三种养老模式各有特点(见表 4-4)。其中,政府主办式养老模式是自上而下的,由各级政府、街道和社区共同推动的服务模式,其资金主要来源于各级财政的扶持,部分资金来自各级行政组织自筹或社会福利捐助。该模式的优势:一是建设资金由政府财政支持,较为充足;二是通过政府推动更易使养老服务得到各级领导和相关部门的重视,养老服务更易落实,政策实施更快捷、有效。村庄自建式老年公寓建设主体为村庄,是以村集体经济为主要资金来源的养老模式。村委会对村民比较熟悉和了解,更能精准捕捉到村民多样化需求,从而为村民提供更贴合实际的服务。同时,村庄和村民关系较为密切,村庄关于养老的决策更易得到村民的理解和信任。但由于村庄财力有限,其养老平台规模和服务人数有限,服务范围主要局限于本村老年人,辐射范围和影响较小。多方联建式养老模式集合民政部门、电信公司、村庄、餐饮店四方力量,发挥四者优势,开展多样化的智慧居家养老服务,更好地满足老年人需求。服务方式相较传统模式更信息化、现代化,运行效率更高,服务质量更佳。但存在部分老年人不会使用现代化工具,融入现代化智能生活困难的情况,需进一步简化操作流程,改变老年人观念,提高老年人技能,以更好地发挥智能化工具的作用,推动养老事业智能化发展。

三、物业平台,助推村庄建设发展

2019 年,是中国物业管理协会“标准化建设年”。物业管理协会标准化建设旨在进一步强化行业标准化建设,引领行业高质量发展。当前,物业管理行业正处于跨界融合、创新发展的关键阶段,坚持标准化建设对于规范物业行业,提升服务质量,提高管理效率具有重要的现实意义①。习近平总书记在致第 39 届国际标准化组织大会的贺信中指出:“伴随着经济全球化深入发展,标准化在支撑产业发展、促进科技进步、规范社会治理中的作用日益凸显。”②农村社区是基层社会治理的基本单元。农村社区长效管理标准化建设是国家标准化建设工作的重要组成部分,也是社会治理现代化的主要内容。长效管理标准化建设工作的推进,对于维护良好村容村貌、促进经济发展、规范村庄治理具有重要影响。

在实验区创建过程中,安吉县以标准化为要求,以环境整治为重点,编制了涵盖农村卫生保洁、园林绿化等在内的 36 项长效管理标准,将 187 个村庄作为一盘棋统一规划,大力开展环境整治,专门成立风貌管控办,保护好农村的一山一水、一草一木。面对村内污水设施养护和绿化、道路、工程管理精细化等新要求,安吉县多地涌现出颇具特色的村庄长效管理机制,如村庄保洁服务外包、村庄自主治理等模式,有效助推了村庄长效管理工作。

(一)保洁服务外包

随着社会分工越来越细,让专业的人做专业的事成为发展的必然趋势。服务外包经营模式随之产生,保洁服务外包便是其中的一种。保洁服务外

① 蔡志军. 开创物业服务标准化建设新局面[J]. 中国物业管理,2019(7):60-61.

② 习近平致第 39 届国际标准化组织大会的贺信[N]. 人民日报,2016-09-09.

包模式因其规范化管理、市场化运行、常态化工作、高效率的特征,逐渐被越来越多的人接受,并广泛地运用到各行各业。伴随市场化进程,安吉县大多农村社区顺应时代潮流,将村庄保洁外包给物业公司进行管理。即经过公开招标的方式,择优挑选实力较强、管理规范的保洁公司,由保洁公司负责保洁员选聘,对片区村庄大小巷道、河坡实行保洁,确保河坡无杂物、无乱草,巷道保持清洁,垃圾日清日运并按指定地点进行处理,物业同时负责在保洁区添置环卫设施。

村庄根据保洁面积、保洁强度等标准支付给保洁公司一定的物业管理费用。同时,由村庄组织专门人员进行"拉网式"作业检查与督促考核,规范制定环境卫生考核管理实施意见,明确考核对象、内容、方式和考核奖惩、考核具体工作机制,并建立相应的业务管理台账,考核结果与物业费用支付挂钩,以激励保洁热情、保障保洁质量。

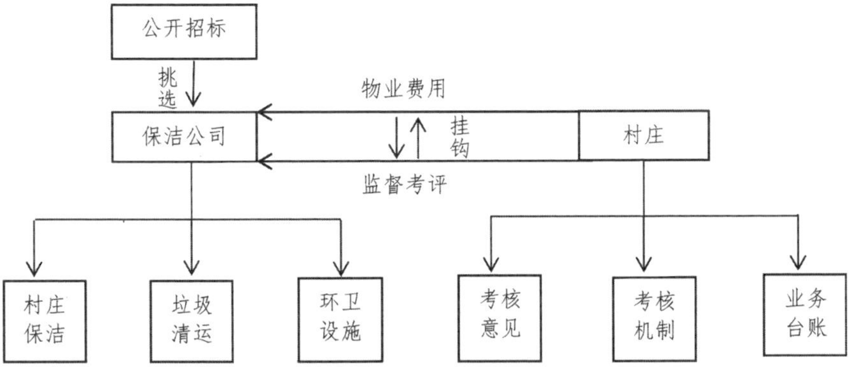

图 4-5　保洁服务外包运作模式

保洁外包市场化运作,改变了以往"家里人管家里人"的管理模式,使工作时间常态化、保洁范围无死角,有效推动了保洁作业向规范化、科学化、市场化的管理目标迈进,提高了环卫工作质量与管理水平,使得在保洁面积不变、保洁人员不变甚至有所减少的情况下,村庄环境整治水平大幅提升,村庄整体环境得到明显改善。

(二)村庄自主治理

与大多数村庄通过外聘保洁公司进行村庄保洁不同,位于天子湖镇的高禹村立足村情实际,于 2012 年正式成立天禹物业管理有限公司,形成了具备自主管理和运作的村庄内生组织,实现了自我管理、自我服务、自我盈利。

天禹物业管理有限公司为村集体资产,属于村庄扩展业务、为集体创收的项目。公司董事长由村支部书记担任,日常运作由党委委员负责,主要负责承接本村的长效保洁工作。随着集镇发展、人口增多,村民对环境质量需求日益增长,物业公司先后购置了洒水车、工业垃圾清运车、生活垃圾清运车、垃圾分类车等设备,现有固定职工60多人,如今已成为该村的支柱产业。物业公司的成立,不仅维护了村庄环境,也成了集体增收的一大来源,实现了环境保护与经济发展的双赢。近年来,公司逐步接管了集镇、园区企业及所有安置小区的物业管理,并逐步承接其他村的绿化养护、市政工程、管网运维等物业管理。

此外,位于梅溪镇的荆湾村也采取自主治理模式进行村庄物业保洁。2013年,该村启动清水入湖应急工程,湖长总共10公里,花费金额10余万元;2018年,村路面保洁招标金额为54.7万元,村庄基础设施维护费用高达180万元。高昂的维护费用激励该村村“两委”思索新的村庄长效管理模式。

在村委不断探索下,荆湾村于2018年4月成立荆溪湾物业有限公司。同时,成立梦里水乡旅游发展有限公司,负责物业公司招商引资、项目对接等工作。村庄负责物业公司的基础建设资金和后期运营资金,目前村庄已为其投入建设资金20万元。物业公司为独立法人,法人由村支书兼任,总经理由村庄委派,自负盈亏。由村庄出钱建立公司,并由村干部负责公司后期运作,公司盈利归村庄所有,盈利转换为村集体经济后,用于村庄公共设施建设。2019年4月1日,荆溪湾物业有限公司开始接手荆湾物业,公司主要负责应急站10公里的长效保洁工作。2019年5月,公司全盘负责垃圾分类、垃圾清运等一系列村庄保洁工作。公司经营范围由应急站保洁工作扩展为路面保洁、绿化、园林建设、家政服务等。

荆湾村通过村庄自建物业公司模式,对本村保洁进行规范管理,公司盈利转换为村集体经济,集体经济又为村庄基础设施建设提供资金支持。由此,该村创新了村庄经营管理模式,实现了自我管理。

表4-5 安吉县两种物业管理模式

模式	主体	主导力量	特征
保洁外包	保洁公司	保洁公司	规范化、市场化、常态化、高效率。
自建模式	荆溪湾物业有限公司;天禹物业管理有限公司	村庄	经营范围涵盖本村及外村,在自我服务、自我管理基础上,实现盈利。

资料来源:根据相关资料整理而成。

安吉县这两种物业管理模式运作方式不同，各具特色（见表4-5）。保洁服务外包模式的运作主体和责任主体均为保洁公司，即由保洁公司负责具体的村庄保洁事务，同时也要承担保洁不力给村庄带来的损失和责任。该模式具有运行规范、市场化竞争、管理机制常态化、保洁工作效率高等特征。村庄自建模式是由村庄自己成立物业管理公司，在成立组织的基础上，逐步扩大经营范围，实现自我服务和盈利的双重结合，将村庄自然资源、人力资源以及外部资本等各类资源整合到村庄建设中来，促成村庄物质和资本的良性积累，由此维护村庄建设的既有成果，同时为后续发展打下坚实基础，进而实现新时代背景下村庄的良性运转。

四、传播平台，传扬新时代新思想

随着农村社区的建设和发展，宣传工作逐渐成为增强村庄发展动力的一项重要工作。为适应新时代新形势，村庄宣传工作必须创新工作理念，不断丰富内容，采取多种形式，灵活转换方法，适应差异化、多样化宣传趋势，加快构建村庄宣传新格局，借助传播平台优势，推动融合发展。传播平台是农村社区发展的重要载体，是村庄对外宣传的展示窗口，是传播发展理念、输出建设经验、打造本地品牌的重要媒介，加强平台建设是进一步加强和完善农村社区治理的关键举措。

在实验区创建过程中，为扩大本地影响力、打造“两山”品牌，安吉县致力于建设各种传播平台，积极对外输出“绿水青山就是金山银山”理念，传播绿水青山转化为金山银山最新实践成果，分享安吉美丽乡村发展经验，为其他地区发展提供参考。

（一）鲁家两山学院，传播“两山”理念

2005年，“绿水青山就是金山银山”的科学论断，为安吉未来的发展指明了方向。如今十多年过去了，安吉在“两山”理论的指引下，获得了经济、生态“双丰收”，实现了飞跃式发展。在发展的基础上，安吉县不断思考和探索如何进一步把绿水青山转换成金山银山。从2016年起，安吉县率先成为浙江省首批创建“两山”理论实践示范县，后又被环保部列为“绿水青山就是金山银山”理论实践试点县。安吉县在把“两山”重要思想诞生地建设成践行“两山”重要思想的“样板地”“模范生”、建设中国最美县域的道路

上阔步前行。

鲁家两山学院正是安吉践行“两山”理论的实际行动之一。位于递铺街道的鲁家村，从改变村庄环境到规划18个家庭农场，再到村庄经营模式，逐步从一个贫困村蜕变成环境优美、产业兴旺、百姓幸福的美丽乡村，成为乡村振兴“两山”实践地[①]。随着名声大振，越来越多的考察团涌向鲁家村。为此，鲁家村于2016年底成立美丽乡村培训学院，该学院是鲁家田园综合体项目的重要内容之一，其所有开支由田园综合体承担。2017年，浙江省委副书记来鲁家村考察后，将其改名为安吉鲁家两山学院，其性质是一个以研学为基础的学术机构，其宗旨是打造一个集“两山”学院规划展、鲁家整体发展介绍展、多功能室、会议中心于一体的“两山”理论政治学院，最终使其成为“两山”理论的研学基地和“两山”转化最新实践成果的传播基地。

该学院由原鲁家木艺文化馆改建而成，项目总投资1200万元，占地面积2400平方米，划分会议室、展示厅、贵宾接待室、多功能室、茶歇间等10个不同的功能区，其中，大、小会议室共计6个，最大的多功能厅可一次性容纳200余人。学院教室设备齐全，现代化气息浓厚，整体风格以鲁家山水、竹、茶等特色资源为设计元素，在灯光设置上，融入大量竹元素，个性鲜明；同时，配电采用全自动化，设备配置先进，采取多媒体全息投影、LED全彩显示系统、同声传译系统及相应的保暖和降温措施等，完善的基础设施为学院增色不少。

图4-6　鲁家两山学院

① 柯凤华，杨强．产业兴旺推进乡村振兴战略实现的路径研究——以鲁家村为例[J]．农村金融研究，2019(1)：56-60.

两山学院在承接考察团、培训团的同时，与省委党校、市委党校以及省内外高校开展深入合作，聘请名师进行授课。为使授课内容更接地气，村庄组建了一支“草根讲师团”，讲师团成员遍布各个层面，既有县农办、递铺街道的相关领导，也有鲁家村干部、经营公司相关人员，还邀请了县里其他村的村干部加入。培训内容除专业知识外，还包括乡村旅游发展、村级项目申报、台账管理等内容。

近年来，鲁家两山学院先后成为浙江省委组织部和省委党校“千名好支书”的现场培训基地，浙江大学、浙江财经大学、上海浦东干部培训学院等各类培训学校的线上培训基地。此外，鲁家还是两山学院“两山”讲习点、浙江生态文明干部学院现场教学基地，浙江财经大学公共管理学院实践教育基地、干部培训现场教学基地。鲁家村通过成立两山学院，以公司为主体输出“鲁家模式”，打造面向全国的乡村振兴“百村联盟”，既可以进一步壮大自身实力，又可以帮助更多村庄走上致富之路，让“两山”理念声名远扬。

（二）美丽乡村研究院，输出“安吉经验”

在鲁家成立两山学院研究并输出“两山”理论的同时，为推广美丽乡村安吉模式，扩大安吉美丽乡村的知名度、认同度和影响力，安吉县于 2017 年成立美丽乡村安吉经验的输出窗口——安吉美丽乡村研究院。这一举措实现了从单个村庄的理论传播到整个县域层面上的美丽乡村建设经验研究，同时将研究范围从安吉扩散到整个中国县域美丽乡村，大大地丰富了美丽乡村建设的内涵，扩大了安吉经验的影响力。

该研究院坐落于灵峰街道横山坞村，由安吉县农办主管，由国内“三农”问题专家、美丽乡村建设领域领军人物和安吉本地长期从事美丽乡村建设、管理与实践的乡土人才共同发起成立。研究院致力于县域美丽乡村研究，以美丽乡村建设、经营、管护为主题，集产、学、研和跨行业、跨区域“一站式”服务于一体，是美丽乡村建设新型智库和综合性开放平台。

图 4-7　安吉美丽乡村研究院

研究院承担“中国美丽乡村发展联盟秘书处”、浙江省委政研室“中国美丽乡村研究中心”日常管理工作，依托中国美丽乡村建设先进地区的现实基础，通过美丽乡村国家标准的推广与运用，集聚人才、资金、政策等优势资源，统筹区域战略合作，从事教育培训、对外合作交流、研究美丽乡村体制机制等工作，向外介绍安吉美丽乡村发展经验，引领美丽乡村发展方向，共享美丽乡村发展成果。2018 年 4 月以来，来自新疆、山东、广东等地的调研团队络绎不绝。研究院逐渐成为美丽乡村安吉模式的传播基地，安吉县在其传播和影响下声名远扬，在全国的知名度和影响力不断扩大。

(三)“两山”讲习所，打响“两山”品牌

作为习近平总书记首次提出“绿水青山就是金山银山”之地，安吉县委县政府始终牢记习总书记教诲，坚持抓生态、谋发展，走出了一条生态经济化、经济生态化的道路，先后荣获联合国人居奖唯一获得县、中国首个生态县等称号，有中国第一竹乡、中国白茶之乡、中国椅业之乡等美誉，成为美丽乡村建设发源地和绿色发展先行地①。近年来，安吉县既注重发展实践，又注重深化理论。继成立鲁家两山学院，传播“两山”理念，成立美丽乡村研究院，输出美丽乡村建设的安吉经验之后，该县继续开阔思路，放宽眼界，将重点放在新时代中国特色社会主义思想上，致力于总结推广安吉“两山”实践经验，于 2017 年 12 月 28 日成立“两山”讲习所，着力打造“两山”研究新阵地，实现理念研究与传播的优化升级。

“两山”讲习所由安吉县委、县政府主办，其性质是以“两山”理念传播和研究为主要任务的干部教育培训机构。讲习所占地面积 100 亩，建筑面积 1.5 万平方米，拥有现代化教学楼、图书馆、报告厅以及能容纳 150 人住宿、300 人就餐的后勤设施。讲习所充分展示该县十多年来坚持举“两山”旗、走“两山”路、创“两山”业的实践成果，培育了余村、鲁家村等 12 个现场教学基地，为“两山”理念提供了安吉样本，也为干部教育培训提供了大量教学案例。讲习所以打造全国性干部教育学院为长期目标，以建设浙江干部教育地方特色基地为阶段目标，以研究“两山”理念、指导“两山”实践、推广“两山”经验为特色，组织党员干部开展“两山”理念专题培训，邀请专家

---

① 李静，闵庆文，吴华武. 安吉生态环境保护与建设实践及其启示[J]. 中国人口 · 资源与环境，2014(2)：151-154.

学者进行"两山"理念系统研究，建成研究"两山"理念的重要阵地和讲述绿色发展故事的有效场所，提升干部绿色发展能力。

图 4-8　安吉"两山"讲习所培训中心

2017 年 12 月，"两山"讲习所邀请 9 位国内知名学者担任顾问，聘请 28 位全国生态文明建设理论和实践领域的专家学者担任特聘专家，汇集 29 位当地业务骨干作为本地专家，已形成特约顾问、特聘教授、本地专家三位一体、各具所长的师资体系。同时，围绕"发展生态经济""弘扬生态文化""构建生态社会""改善生态环境"4 大讲习主题，相继开发出"习总书记关于生态文明建设的重要论述"等 4 个主体课程，"中国美丽乡村建设的安吉实践与启示""'两山'理念转化为现实生产力的路径探究"等 36 门选修课程，着力构建课堂讲授、现场学习、集中研讨的教学链和不同教学模块，以满足不同层次的培训需求。

"两山"讲习所的成立，是深入贯彻落实党的十九大精神，积极践行习近平总书记"两山"理念的生动实践。讲习所以习近平新时代中国特色社会主义思想为指引，突出"两山"理念这一最大特色，坚持专业化、特色化、品牌化办学方向，整合教学资源、创新培训方式、开发精品课程、建强师资力量，逐步成为生态文明建设领域具有影响力的新型干部学院。在实践过程中，该讲习所立足干部教育培训，不断完善体制机制建设，提升余村现场教学点，以点带线推进全县面上的"两山"实践现场教学，努力当好"两山"理念的传播者、研究者、实践者，为展现"两山"特色、总结"两山"实践经验、打响安吉"两山"品牌发挥了巨大作用。

五、文创平台，助力创意经济起飞

文化创意产业是一种在经济全球化背景下产生的，以创造力为核心的新兴产业，是一种主体文化或文化因素依靠个人(团队)，通过技术、创意和产业化的方式开发、营销知识产权的行业①。在全球经济、文化快速发展的背景下，文化创意产业是实现国家经济、社会形态转变的重要推动力。文化创意产业具有投入生产要素少、产出产品附加值高的特征。该产业的飞速发展，不仅可以优化产业结构、促进服务业发展，还可以增强社区文化软实力、提升社区整体形象。近年来，我国文化创意产业发展势头强劲，特别是《国家“十一五”时期文化发展规划纲要》明确提出国家发展文化创意产业的主要任务之后，文化创意产业已成为潜力巨大的新型产业形态。

安吉县历史、文化底蕴丰厚，拥有发展文化创意产业得天独厚的基础和优势。如何借助文化创意产业，整合历史、文化、地理、自然等资源，使之成为农村社区治理现代化的重要推动力，是当前的一项重要课题。在实验区创建过程中，安吉县多地大胆创新，着力培育优势新兴产业，加大工作支持，做好一系列对新技术、新模式、新业态的孵化工作，促进文化创意产业步入发展快车道。

(一)文创平台，激发村庄活力

位于天子湖镇的高禹村，由三村(东阳村、和平村、四庄村)合并而成。然而，合村并未将人心并拢，村民之间仍以“你我村”来区分，村庄向心力不足。如何将5千多人凝聚起来，新上任的村“两委”班子提出了“没有文化的村是没有发展潜力的”发展理念。在该理念指导下，村“两委”首次提出“以文化来凝聚人心”，下定了“没有文化，我们种文化，造文化，深度挖掘文化”的决心。

高禹村通过寻根溯源，对历史文化资源开展专题调研和挖掘梳理，确定移民文化为本村特色文化，抓住“一担箩筐下江南”的异乡情怀，建造农民电影院、移民文化博物馆、图书馆、室外文化大舞台等文化载体，通过深挖移民文化内涵，走文旅结合路线，努力将文化转化为产业，打造集高端民宿、餐饮、会议、文旅于一体的产业一条街，从而不断壮大集体经济，擦亮高禹移民文化名片，彰显移民文化风采。

同时，为更好地吸引人才返乡，高禹村积极搭建创业平台，满足年轻人

① 梁明，楚国帅. 中国文化创意产业发展刍议[J]. 广西社会科学，2019(6)：157-159.

创业需求,利用年轻人的聪明才智为村庄建设添砖加瓦。在村内建设一栋大楼,专门作为文创平台,供来此创业的有志青年使用。同时,将青年人的创业与村庄发展结合起来。文创平台根据帮扶政策,一年或者三年免租,将第一层免费租赁给电商,电商将自己的工作与本村农产品对外销售结合起来,为村庄谋利。文创平台的打造,为村庄发展注入了新能量,激发了村庄发展活力。

(二)创意店铺,繁荣文创产业

近年来,乡村旅游迎来了发展的"黄金期",不断兴起的休闲旅游成为推进乡村振兴的有效途径。位于天荒坪镇的余村也因大力发展休闲旅游业发生了翻天覆地的变化,有效实现了促农增收、农业增效的目标。促进乡村旅游与文化创意产业融合发展,是繁荣发展农村文化产业、推动农村一二三产业融合发展的重要着力点①。随着旅游业的发展,村庄不断涌现富有创意的文创作品,但出现了只有好的作品、没有好的展示平台、文创品只能局限在小众认知范围内的问题。为解决该问题,该村于 2018 年成立了荷院文创平台。

图 4-9 余村文创平台产品展示

该平台以改善大众体验为宗旨,以增加文创产品效益、提升文化品牌价值的传播方式为目标。由余村提供平台场地,同时由村委雇请专职工作人员负责平台日常运营及管理,由村民提供销售产品,他们依靠创意和技能,对文化资源、传统文化用品进行改造与提升,产出有附加值的产品,不断充盈文创产品的多元性。

一件好的文创产品需要创意、设计和情怀等依托元素,更需要好的宣传

① 马建云."乡村旅游+文化创意"产业融合发展的发力点[J].人民论坛,2019(16):138-139.

交流平台将其广泛推广，最终实现其文化和经济价值①。平台的创建，为文创产品提供了一个良好的宣传、销售平台，对于激发村民文创积极性，促进文创产业繁荣，增加经济效益具有关键作用。

六、服务平台，便捷服务惠群众

习近平总书记在党的十九大报告中指出，中国共产党要“旗帜鲜明讲政治”“加强基层组织建设……突出政治功能”②。这一要求明确了新时代基层党组织建设的根本原则。政治功能是基层党组织的首要和基本功能，决定着基层党组织建设的方向和效果，关系到中国共产党在基层的执政基础和能力。突出基层党组织政治功能的实质是坚持“以人民为中心”，其核心内涵就是要巩固党的执政基础，加强党的领导核心作用③。这是在新时代背景下，我国应对社会主要矛盾转化、推进全面从严治党向基层延伸的需要。

近年来，位于天子湖镇的高禹村突出基层党建引领功能，坚持以“一个支部是一个坚强的堡垒，一名支书是一个引领的标杆，一名党员是一面飘扬的旗帜”为目标，扎实推进基层党建工作重点任务落实，不断增强基层党组织的组织力和凝聚力，让党员干部接地气，让广大群众得实惠，结合五个平台建设，致力于将党群服务中心打造为新型便民服务平台，发展服务经济，探索服务产业，进一步提升人民满意度和幸福感。

党群服务中心共分为规划展示区、便民服务区、党性教育区、党群活动区、居民娱乐区和儿童教育区等6个功能区。规划展示区作为高禹村对外宣传的重要窗口，以村庄发展为主题，展示村庄党建、文化、经济、养老等各方面内容，向村民以及外来参观者展示高禹村的发展历程及取得的建设成就，展现高禹风采。同时，设置有“五个所有”、组账村管、民主监督、村民议事等村级特色工作的展示牌以及未来规划板块，让村民最大限度地知晓村

---

① 张胜冰，李研汐. 新文创与大消费时代的消费伦理与观念变迁[J]. 出版广角，2019(13)：29-33.

② 习近平. 决胜全面建成小康社会 夺取新时代中国特色社会主义伟大胜利——在中国共产党第十九次全国代表大会上的报告[M]. 北京：人民出版社，2017：43-44.

③ 周光辉，王海荣，彭斌. 突出政治功能：新时代基层党组织建设内涵、意义与实践路径分析[J]. 理论探讨，2019(3)：125-130.

庄规划，架起村委和村民间的沟通桥梁。

图 4-10　高禹村党群服务中心

为更好地开展社区服务工作，为辖区居民提供方便、优质、实惠的便民服务，高禹村在党群服务中心设置便民服务区。按照强化党务、规范村务、优化服务的要求，不断加强对党群服务中心指导管理，村干部到服务中心集中办公，开展"一站式"服务。通过推行一窗受理、一体办结、一天回复、一次满意的"零距离服务"模式，整合基层党建、民政事务、矛盾调解、劳动保障、人口计生等事关群众生活的服务，"一站式"受理群众服务诉求，让群众办事基本达到"只进一扇门、最多跑一次"，真正实现了党群服务中心"能办事、多办事、快办事、办成事"。

党性教育区以党员活动室、远程教育站点为载体，以"两学一做"学习教育主题活动为抓手，定期组织党员开展学习培训、民主评议等活动，进一步提高党员干部的思想政治素质。设置党的十九大金句、大会主题等内容板块，通过深入贯彻党的十九大精神，加强党员的党性修养。充分利用"党员活动日"，组织党员志愿者走访慰问困难党员、贫困群众，党员致富能手传帮带活动，真正让村级党群服务中心成为领航乡村振兴的"红色引擎"。

党群活动区作为加强党员与群众交流沟通、丰富党员组织生活、活跃群众的重要平台，在社区工作中起着举足轻重的重要作用。高禹村本着便民利民服务原则，建成集学习、娱乐、休闲为一体的党群活动室，内设乡贤参事室、监督室、谈心室等，不断扩展党群活动室的综合服务功能，满足社区党组织、党员及群众的活动需求。通过开展强化服务功能，注重作用发挥，使之成为"功能到位、管理有效、作用明显"的党员活动新阵地，党组织联系党员的桥梁纽带，服务党员及群众的关键窗口，资源共享、服务共建的重要平台。

居民娱乐区一方面充分利用文化广场等平台，定期组织开展“文化进万家”等群众喜闻乐见的文体娱乐活动，为居民播放电影、演出节目，丰富居民业余生活。另一方面，不断加强对健身活动室、图书室等设施的建设，同步向群众开放，丰富群众的精神文化生活，引导群众形成良好的精神文明风尚，使党群服务中心成为群众“生活离不开、生产离不了”的新型服务平台。

妇女儿童之家是建立在自然村的基层妇联组织实体形式，也是妇联参与农村社会管理公共服务的重要形式。在全国“会改联”的整体背景下，至2018年初，各地均建立了乡村妇女儿童之家。但“家”的活动内容和组织形式较为单一，工作力量较薄弱，不能满足新时期农村妇女儿童发展的需求。对此，高禹村积极探索建好管好用好妇女儿童之家的新形式、新路子，不断加强服务队伍建设，深化服务阵地建设，增强基层妇女组织的凝聚力和战斗力。妇女儿童之家通过在党群服务中心设置儿童教育区，内设新时代妇女儿童之家、妇女教育活动中心、亲子阅读体验基地、儿童乐园，保障妇女儿童学习有场所、活动有阵地、作用发挥有舞台，为广大基层妇女和儿童提供优质的综合服务，成为广大妇女儿童信赖热爱的“幸福之家”。

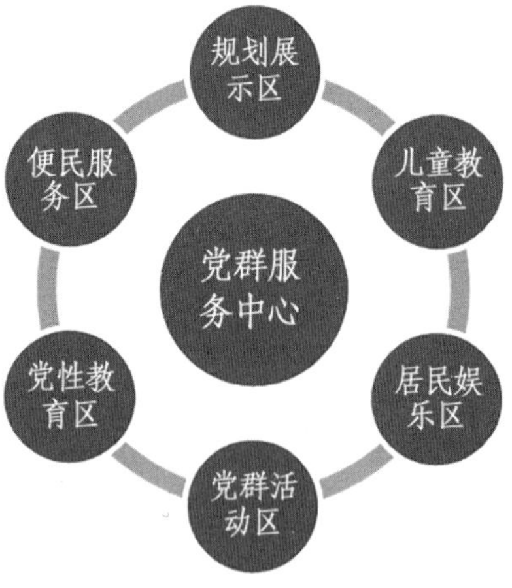

图 4-11 党群服务中心区块

高禹村立足服务好居民的需要，以党群服务中心为试点，综合考虑场所功能设置、服务项目优化、服务形象提升、文体活动阵地建设等内容，优化党群服务中心的功能设置和运营管理，搭建便民服务平台，逐步建设覆盖广泛、集约高效的党群服务和社会治理网络体系，更好地为村民提供优质、便捷服务，不断探索党群服务中心优秀样板，打造独具地方特色的发展模式。

七、智慧平台，促进旅游提档升级

智慧旅游是以云计算为基础，以移动终端应用为核心，以感知互动等高效信息服务为特征的旅游信息化发展新模式，它对于改善旅游体验、规范旅游管理、提高旅游服务品质具有重要作用①。随着大数据时代的到来，智慧旅游平台在旅游业中扮演着越来越重要的角色。2009 年，中共中央、国务院出台《关于加快发展旅游业的意见》，提出“建立健全旅游信息服务平台，促进旅游信息资源共享”，并指出要“以信息化为主要途径，提高旅游服务效率。积极开展旅游在线服务、网络营销、网络预订和网上支付，充分利用社会资源构建旅游数据中心、呼叫中心，全面提升旅游企业、景区和重点旅游城市的旅游信息化服务水平”②。2015 年，原国家旅游局发布的《旅游+互联网行动计划》进一步指出，乡村旅游的智慧化程度影响全国旅游业现代化进程的推进，要推动智慧旅游乡村建设。近年来，随着全域旅游的实施，全国各地不断加大智慧旅游建设步伐。

在实验区创建过程中，安吉县以共建共享为根本，以智慧旅游为抓手，大力推进发展智慧旅游，积极探索景村互融、城旅互通、群众互动的旅游富民路子，推动发展成果更好地惠及广大人民群众，各街道串点成线，以线带面，促成产镇大融合，构建美丽街道全域旅游格局。智慧旅游具有信息化、个性化、便捷化等特点，是发展全域旅游的有效抓手。2018 年，位于递铺街道的鲁家村为配合村庄旅游业的发展，以智慧旅游为抓手，积极开发智慧旅游系统，为鲁家模式注入了新的内涵。

人脸识别系统，实现全域“刷脸游”。相比传统景区，鲁家村属于“一票制、无围墙”的开放式景区，存在客流量监控不准确、游客轨迹不规律、收益分配不明确、安全控管不稳定等一系列问题。为解决上述问题，鲁家村与安吉新闻集团合作，经过不断创新探索，总结出一套适合鲁家特点和现状的智慧旅游新模式。该模式的“灵魂”为综合考虑 18 个家庭农场的收益分配，采用

---

①　岳婧雅. 基于信息技术的智慧旅游体验平台搭建与管理创新模式研究[J]. 管理现代化，2017(2)：41-43.

②　国务院. 关于加快发展旅游业的意见[Z]. 国发〔2009〕41 号，2009-12-01.

时下热门的人脸识别技术为统计途径，建立人脸识别系统，让游客以人脸代替门票刷脸入园。通过人脸识别系统，游客购买门票后，只需在游客中心进行人脸识别绑定，即可乘坐小火车抵达各个家庭农场，体验一票通的便利。

摄像头全覆盖，实现实时精准检测。在全村安装200多个大小不一、样式不同的摄像头，如球机、枪机、鹰眼等。依靠200多个高清摄像头，实现对各个景点的安全状况、游客数量的实时监控。在小火车、电瓶车、停车场等消费点布置人脸识别系统，在各家庭农场出入口安装“隐形监控”，通过人脸对比，分辨进入农场并在村庄消费过的游客。通过实时监控景区总客流，帮助分析客源结构，实现数据的精准统计。

建立管控中心，保障合理分配收益。管控中心可显示200多个摄像头监控到的画面，还可依托景区内的设备，及时准确地计算出景区内的人流数据、游客分析及每位游客的消费数据，方便了景区管理人员的统筹安排和调度。同时，也为18个农场的收益分配提供了数据支撑。以小火车为例，农场收益分配与当日火车总客流量挂钩，在客流量的基础上，结合农场规模、农场投资额三方数据，合理设置比例系数，建立起对18家农场都公平、公正的收益分配体系。此外，管控中心还安装了36个广播，开发虚拟游和语音播报、语音导览等系统。游客通过手机客户端，直接在网上就能提前了解鲁家村旅游的相关情况。

鲁家村以智慧旅游为手段，实行“智慧管理”，从而提高公共管理水平。通过整合政府、村庄、旅游企业资源，打造一体化的综合智能管理平台，避免多主体重复建设造成的资源浪费，实现了资源的共建共享，改变了过去各自为政的管理模式，使整个管理流程更科学、高效。同时，智慧旅游带来的数据、信息集合，使旅游产业的关联带动与产业融合能力更强，有效拉动旅游产业链发展，成为推动旅游融合发展的催化剂。通过发展智慧旅游，在全域形成了各行业积极融入、各部门齐抓共管、居民共同参与的局面，充分利用本村优势资源，为游客提供多方面的体验产品，满足游客全方位体验需求，创新旅游业态，促进鲁家旅游业不断提档升级。

八、“春泥计划”，助推乡村教育提质

未成年人是家庭的希望，是祖国未来的建设者，也是中国特色社会主义

事业的接班人。未成年人的思想道德状况如何,直接关系到中华民族的整体素质,关系到国家前途和民族命运。高度重视对下一代的教育培养,努力提高未成年人思想道德素质,是我们党的优良传统,是党和国家事业后继有人的重要保证①。加强和改进对下一代的教育培育是一项重大而紧迫的工作和任务。

安吉县重视和发展家庭教育,广泛深入开展未成年人道德实践活动,加强乡村教育场所的建设、使用和管理,积极营造有利于未成年人思想道德建设的氛围,净化未成年人成长环境,切实加强对未成年人思想道德建设工作的领导。通过不断探索,该县在农村未成年人思想道德建设工作方面积累了许多宝贵经验。其中,开展新时代文明实践——“春泥计划”是其典型之作。

“春泥计划”是根据农村未成年人思想道德建设的现状特点,在总结吸收各地成功经验基础上,以农村行政村为单位,加强农村未成年人思想道德建设的一项重点工程②。在实施过程中,安吉县各村结合当地实际,充分调动和发挥相关部门和社会力量,开展形式多样的道德实践和社会体验活动,丰富农村未成年人课外生活,优化农村未成年人成长环境,取得了“孩子开心、家长省心、学校称心、社会放心”的显著成效,得到了广大家长和村民的欢迎,促进了乡风民情的改善,加强了新农村建设。

为解决中小学生暑期无人照看的问题,关注未成年人健康成长,并给大学生提供社会实践平台,位于天荒坪镇的高禹村每年暑期开展“春泥计划”,鼓励大学生积极参与。大一、大二学生辅导“小候鸟”;大三学生到便民服务大厅实习;大四学生走村入户听建议、做调研,献计村庄发展。村里的大学生志愿者成了孩子们的代教老师、村庄的实习生,这不仅给孩子们带来丰富多彩的暑假时光,也让大学生们为村庄发展贡献力量。

“春泥计划”分为两个主题:一是实践类;二是理论类。实践类活动有军训活动,通过军训,锻炼儿童意志,增强儿童体质。理论类活动设有礼仪班、讲解班、环保班、表演班四个班。礼仪班,传授学生一些基本的礼仪知

---

① 中共中央,国务院.关于进一步加强和改进未成年人思想道德建设的若干意见[Z].中发〔2004〕8号,2004-02-26.

② 王晓东.“春泥计划”创新模式的实践与探索——以瑞安市图书馆暑期快乐营活动为例[J].图书馆杂志,2016(2):42-47.

识,教育学生崇尚礼仪,提高儿童素质,培养文明有礼的新一代。讲解班,让孩子们学习唱歌和朗诵,锻炼孩子们的胆量。环保班,让孩子们利用废弃的冰棒棍、塑料瓶、塑料盖等素材制作自己喜欢的玩具,提高孩子们的动手能力,增强环保意识。表演班,让孩子们学习古诗词、朗诵等,发展孩子们的创造性发散思维。高禹村通过“春泥计划”,为小学生提供照看、学习和成长的平台,为大学生提供锻炼、实践、发展的机会,既有助于促进未成年人的健康成长,又有利于提高大学生的实践能力。

九、农业平台,促进农业业态多元

在中国,农业历来被认为是安天下、稳民心的主导产业,是提供支撑国民经济建设与发展的基础产业,是食物之源、生存之本①。没有农业生产的发展,就没有整个国民经济的繁荣,就没有社会的和谐稳定。推进农业绿色发展,是加快农业现代化、促进农业可持续发展的重大举措,是守住绿水青山、建设美丽中国的时代担当②,对于保障国家食物安全、资源安全和生态安全,增进当代人福祉和保障子孙后代永续发展具有重大意义。在农村社区建设过程中,要提高农业的基础性和关键性地位的重视程度,采取多种措施,大力推动和支持农业发展。位于天子湖镇的高禹村自发展之初就认识到农业的重要性,高度重视农业发展,将农业视为村庄建设强有力的支柱,通过土地整治、土地流转、招商引资等多种方式,转变农业发展模式,大力推动农业高质量发展。

随着新农村建设、集镇建设的发展,土地闲置和浪费现象突出。农村土地整治是一项与群众利益息息相关的社会工程,在增加耕地面积、改善耕地质量、推进农村产业化发展、改善农村综合环境等方面起着积极的推进作用。近年来,高禹村进一步加大农村土地综合整治力度。目前,该村已完成26个村民组的农村土地综合治理工作,拆迁近1000户,土地综合整治工作增加了可耕种面积,提高了农田抗灾能力。

农旅产业是近年来兴起的农业与旅游业深度融合的新型业态,是深化

---

① 周诚.正确认识和阐述“农业是国民经济的基础”之规律[N].中国经济时报,2012-05-16.

② 中共中央办公厅,国务院办公厅.关于创新体制机制推进农业绿色发展的意见[Z].2017-09-30.

农业供给侧结构性改革、促进农业农村转型发展，加快全域旅游、城乡一体化建设步伐、实现乡村振兴的重要抓手。为更好地经营土地，发展农旅结合新业态，高禹村“两委”按照绿色农旅产业发展规划，以水果、花卉、农作物进行整体招商，引进工商资本。现已流转土地5000多亩，引进金果农业、大樱桃园、美维农业等大企业，并借势成立天禹粮食专业合作社，将全村土地进行流转，编制产业规划，进行整体经营，打造集产、供、销为一体的农业观光园，形成独具特色的农业产业。2017年，实现农业收入50万元。通过发展农旅产业，有效提高了农业综合效益，使农业从单纯农产品生产销售，向生态涵养、观光旅游、休闲体验、文化传承等多功能拓展，推动农业转型升级，带动三产服务等相关产业发展，延伸产业链条，促进三产融合发展。同时推动了农产品的生产销售和附加值提升，从而带动农业增效、农民增收。

下一步，高禹村准备将花卉养殖、采摘等系列休闲观光园区串联起来，建成“农旅观光带”，做足“绿色”经济，打造可看、可玩、可品尝的旅游业态，成立农业、旅游业发展公司，整体打造电商平台，做出自己的农业特色。通过不断拓展农业功能，让游客领略田园风光、品味农业情调、体验收获乐趣、欣赏农业文化、感知农业科技；丰富乡村旅游内涵，让游客体验别样的乡村休闲生活。加大旅游项目开发力度，增强农民环保意识和提高农民素质，使美丽乡村和农家庭院变成丰富市民生活、增加农业收入的“农旅观光带”，促进农业经济不断壮大。

十、筏竹长廊，培育乡风文明新风尚

乡风文明是乡村振兴的灵魂与保障。自《“十一五”规划纲要》将乡风文明建设提升到农村发展战略层面以来，党中央先后出台一系列关于“三农”问题的政策制度，就乡风文明建设作出了重要部署。党的十九大提出实施乡村振兴战略，将“产业兴旺、生态宜居、乡风文明、治理有效、生活富裕”作为新时代乡村振兴的总体要求。中共中央、国务院印发的《乡村振兴战略规划（2018—2022年）》也明确指出：“乡村振兴，乡风文明是保障。必须坚持物质文明与精神文明一起抓，提升农民精神风貌，培育文明乡风、良好家风、淳朴民风，不断提高乡村社会文明程度。”①近年来，文明乡风建设在安吉县荆湾村如火如荼地开展着。

① 中共中央，国务院. 乡村振兴战略规划（2018—2022年）[Z]. 2018-09-26.

悠悠的苕溪，在这儿转了一个弯，弯出了好一片“诗画绣江南，苕溪绕荆湾”的醉心美景。临港水乡，美丽乡村荆湾，位于安吉县的东北部，西苕溪北岸，碧水潆洄，沃土良田，恬静娟秀地细细描绘着淳朴的乡村画卷。为创建中国美丽乡村精品示范村，荆湾村积极响应上级政府号召，按照村庄总体规划布局，打造筏竹长廊，在提升村庄品味的同时，利用长廊涵养新时代乡风文明，在碧水良田中建设文明和谐的新荆湾。

荆湾村竹筏历史悠久，20 世纪六七十年代以前，安吉大批毛竹运输主要靠西苕溪河水路，由上游扎成竹排顺流漂到荆湾。一千多年的历史文化沉淀，勤劳智慧的放排工人对毛竹的运输有着独特的经验。他们先把毛竹按大小分类，二十根一帖，用竹索扎起来(撬排)，仅两三个放排工就足够把上百帖毛竹接龙般地叠加在一起，长达数百米，推入水中，像条蛟龙，缓缓地游走在西苕溪上，竹篙轻轻一点，竹排畅走如流，再由拖轮拖至湖州、上海等地。

如今，随着时代进步和科技发展，竹筏渐渐被大型船只取代，但荆湾村的筏竹长廊并没有随着竹筏的消失而丧失风采，反而显得愈加重要。2018 年，荆湾村将原有的筏竹长廊由两个增加到三个。每条长廊的内容、风格都不尽相同，通过艺术化形式，把当地的精神文明建设成果、乡贤名人、特色文化，以壁画的形式在长廊中呈现出来。此外，该村还在筏竹长廊中加入了廉政文化以及本村的重点工作，根据实际情况及时不断地更新展示内容。筏竹长廊采用通俗易懂的宣传形式，以生动的语言、丰富的图片，让群众轻松了解乡风民俗和精神文明建设成果。筏竹长廊不仅是老百姓茶余饭后沿溪散步、休憩畅聊的场所，还是推动移风易俗、树立乡风文明的全新阵地，村民在长廊里休憩畅谈，文明在无形中涵养焕发的良好氛围在荆湾大地上逐渐形成。

十一、民兵平台，护佑平安和谐家园

民兵是中国共产党领导的群众武装组织，是中华人民共和国武装力量的重要组成部分，在基层社会稳定方面发挥着重要作用。民兵工作是一项地方性很强的军事工作，同时也是一项系统性、综合性、动态性的工作①。如何在发展社会主义市场经济的新形势下，提高民兵基层建设水平，做到民

① 孟凡清. 倾力打造与军队现代化相适应的基干民兵队伍[J]. 国防，2018(7)：59-61.

兵工作既服从于经济建设大局，又适应国防建设要求和当前军事斗争准备的需要，是目前的一个课题。近年来，位于孝丰镇的城东社区通过成立民兵活动之家，不断做强民兵工作，充分发挥民兵作用。

图4-12　城东社区青年民兵之家

城东社区的青年民兵之家以"优质、俭朴、管用"为活动原则，以"服务在平时、解难在关键"为服务宗旨，致力于将青年民兵之家打造成为青年民兵学习知识的课堂、开展文体活动的舞台以及基层民兵思想政治建设的基本阵地。青年民兵之家成员以广大青年民兵为主体，广泛吸收青年团员参与，通过不断拓宽服务范围，增强青年民兵之家的吸引力。青年民兵之家内部设置学习教育区、文体活动区和荣誉展示区。学习教育区以传播国防知识，进行民兵教育为主，兼顾进行法律知识、科学文化及农业科普知识讲座、组织开展适合青年民兵特点的活动，以提高民兵科学文化知识，加强民兵思想政治建设。文体活动区主要开展军事、文娱活动，并适时组织民兵进行国防知识竞赛、小型军事比武、抢险演练，举行演唱会、报告会、体育比赛等多种形式的活动，以丰富民兵业余生活。荣誉展示区主要展示近年来民兵活动成果，展示民兵风采。

城东社区通过把青年民兵之家作为普及国防教育、传播先进文化、服务社区居民的前沿阵地来打造，定期有组织、有计划地开展国防法规讲座、实用技能培训、文体娱乐活动，使青年民兵之家真正成为广大民兵和群众学习的稳固阵地。

十二、志愿平台，弘扬无私奉献精神

2017年，习近平总书记在党的十九大报告中指出，"推进诚信建设和志愿服务制度化，强化社会责任意识、规则意识、奉献意识”①。志愿精神无论是对个人健康成长和全面发展，还是对社会融洽和谐都具有重要意义。志愿服务是每个文明社会不可缺少的一部分，是社会发展进步水平的重要标志。农村社区既是人民群众共同生活的家园，也是发展志愿者服务的重要平台。为弘扬“奉献、友爱、互助、进步”的志愿精神，促进志愿服务活动，安吉县在全县范围内打造学习雷锋志愿服务站，从服务对象需求出发，开展各种无偿公益服务。

该志愿服务站由县文明委、志工委领导，由县文明办、团县委指导，由所在党组织牵头，在多主体共同配合之下，开展公益活动。平台主体为志愿者、各专业志愿服务团队、社会公益组织，志愿者需在志愿汇 APP 登记或在本志愿者服务站登记并获得同意，自愿为他人和社会提供无偿服务。其成员必须热心公益事业、不怕困难、具有奉献精神，同时，需具备与所参加的志愿服务项目及活动相适应的基本素质。成员可根据自身愿望和条件选择一个及以上的志愿服务项目，从事一定时间的志愿服务工作。要在法律法规规定的范围内开展志愿服务，开展志愿服务时应当统一着志愿者服装或佩戴统一的标志，维护志愿者和志愿者组织的声誉和形象，保证服务质量；同时，需使用志愿汇 APP 记录服务时长。成员主要负责本区域志愿服务需求摸排、设计志愿者招募登记、活动记录、志愿者星级认定等各项工作。

位于天荒坪镇的余村大力开展党群心连心志愿服务活动，通过组建一支由热衷于志愿服务、具有无私奉献精神的村民组成的志愿服务队，设置志愿服务队固定服务日，为村民开展无偿志愿服务。志愿活动涉及内容广泛，活动形式多样。在关爱老人方面，在固定点为七十周岁以上老人免费理发、修剪指甲，为老人带上黄手环，无论老人在哪里，都可以帮老人回家；在服务村民方面，为村民免费维修手表等机械；在健康方面，免费量血压、测血糖，讲解健康小知识，守护村民健康；在以法治村方面，为村民讲解“三小车”停放管理细则；在金融方面，上门优惠办理农业银行和农商银行 ETC、介绍银行优惠活动、普及防止金融诈骗小知识。每个月的固定服务日已经变成余村一道亮丽的风景线，为村民处理问题、解决实事，志愿者们通过开展多种

---

① 习近平. 决胜全面建成小康社会 夺取新时代中国特色社会主义伟大胜利——在中国共产党第十九次全国代表大会上的报告[M]. 北京：人民出版社，2017：46.

志愿活动，携手共建“管理有序、服务完善、文明祥和”的美丽余村。

围绕培育和践行社会主义核心价值观，安吉县将学雷锋活动与志愿服务相结合，着力扩大志愿服务覆盖面，推动志愿服务制度化、常态化，不断提升城市文明的高度，在传承中不断赋予雷锋精神新的时代内涵，使其焕发出旺盛的生机与活力，努力营造向上向善、诚信互助的社会风尚，形成人人践行核心价值观、人人争当新时代楷模的生动局面。

第二节　共扩治理队伍：事务分类治理的力量聚合

治国安邦，人才为要。实现乡村有效治理，最重要的是发挥好人才的作用。2019 年，中共中央办公厅、国务院办公厅印发的《关于加强和改进乡村治理的指导意见》（以下简称《意见》），明确推进乡村治理的总体要求、具体任务和组织实施，为广大干部治理乡村、发展乡村经济提供了方针和思路。《意见》指出，“各级党委和政府要加强乡村治理人才队伍建设，充实基层治理力量，聚合各类人才资源，引导农村致富能手等在乡村治理中发挥积极作用”[①]。农村社区是基层社会治理的神经末梢。加强农村社区人才队伍建设，是构建文明社区、促进社会和谐的要求，是创新基层社会治理、提高服务水平的需要[②]。在农村社区建设过程中，要不断扩大治理队伍，为乡村治理提供源源不断的人才支撑，让乡村治理充满生机与活力。

近年来，安吉县围绕乡村“治理有效”目标要求，不断扩大治理队伍，致力于打造一支以乡镇干部、驻村工作队、村“两委”班子为主体，以党员、村民代表以及妇女、青年、乡贤、老干部等人员广泛参与的乡村治理人才队伍。根据村庄事务分类，扩大治理队伍，凝聚各方力量，组建各类组织，以促进农业全面升级、推动农村全面进步、实现农民全面发展，共同推进农村社区治理和服务现代化。

一、抓好关键队伍，夯实组织保障

乡村治理，重在抓好队伍建设。位于天子湖镇的高禹村，高度重视人才

---

① 中共中央办公厅，国务院办公厅. 关于加强和改进乡村治理的指导意见［Z］. 2019-06-23.

② 王文成. 为乡村振兴提供人才“引擎”［J］. 人民论坛，2018（30）：70-71.

队伍建设。该村以乡村治理为切入点,以基层党建为引领,以文化引领为抓手,充分发挥骨干作用,通过抓好党员、村民代表、妇女群体、乡贤及年轻人这五支队伍,聚合治理力量,不断深化自治、德治、法治“三治结合”的乡村治理体系,逐步夯实村庄治理的组织保障。

队伍构成。管好党员队伍是前提。为调动党员积极性,充分发挥基层党员在农村社区治理过程中的先锋模范带头作用,党员队伍为该村的第一支队伍;由村民小组长、村民代表、老干部、民主监督理事会成员等组成的村民代表队伍是该村的第二支队伍,该队伍是村庄建设的中坚力量;为充分发挥妇女“半边天”的作用,该村成立了妇女队伍,该队伍主要负责在乡村文明中抓好传统德育作用的发挥,抓好精神文明建设,为该村的第三支队伍;由青年组成的青年队伍是该村的第四支队伍,该队伍通过吸引有志青年返乡创业,为乡村振兴的持续发展提供强大后劲;负责调动乡贤积极性参与村级事务,为村庄发展建言献策的乡贤队伍,为该村的第五支队伍。

图 4-13　高禹村五支队伍架构

队伍职责。党员队伍建设是党的建设的基础,党员肩负着联系群众、服务群众的责任,是宣传党的主张、贯彻党的决定、领导基层治理、团结动员群众的中坚力量。加强党员队伍建设,有利于巩固党的群众基础,夯实党的执政根基。因此,各级党组织要加强党员队伍建设,不断提升党员整体素质。高禹村通过团结带领全村党员骨干,充分发挥党员先锋模范带头作用,带头学、带头说、带头做,为广大农民群众树立良好榜样。为规范党员管理,该村制定了《高禹村党员管理手册》,严格执行《天子湖镇党员三线管理办法》,

发挥党员在绿色殡葬、酒席减负等文明乡风塑造中的先行示范和模范表率作用，带动广大群众共同参与，形成党组织领导、党员干部带头、广大群众参与的良好局面。

村民代表。村民代表是管理农村基层社会事务的重要力量。高禹村通过召开村民组长会、村民骨干会、户主会等方式，保障村民代表监督村级事务，参与村务管理，充分听取各方意见建议，发挥村民代表的影响力和带动力。村里重大决策、重要资金分配等实行会议集体决策，坚持“众人事情、众人商量”原则，让村民当场发表意见，村“两委”根据大多数人的意见办理村务，切实做到集众人之智、聚村民之力。

妇女队伍。妇女是好家风的引领者、美丽庭院的建设者、精神文化的引导者以及乡风文明的推动者。高禹村妇女通过自编自导自演的舞蹈、快板等形式，广泛宣传和引导村民参与乡风文明建设；参加巾帼志愿服务活动，成立巾帼护水队、巾帼战队、好家风联合社等妇女组织，使妇女全面参与环境整治、“三改一拆”（即旧住宅、旧厂房、城中村改造和违法建筑拆除）、“五水共治”（即治污水、防洪水、排涝水、保供水、抓节水）公益宣传等村级重点工作中，充分发挥妇女“半边天”的作用。

青年队伍。青年思维活跃、精力充沛、求知欲强、具有创新精神，是最富有朝气、最具有创造力和生命力的群体。只有青年人才不断涌现，村庄才有持续发展的美好前景。高禹村在全村 47 个生产小组选出青年代表，为村里青年发声。采取“线上了解+线下解决”模式，通过微信了解青年需求，解决青年困难。结合“小候鸟”活动，连续 6 年为返乡大学生提供假期实践平台，让青年大学生从实践中不断成长；成立创客中心，吸引本地青年回乡创业；实施一系列优惠政策，为外地人才提供资金及平台，吸引人才在高禹安家落户，集青年的聪明才智为本村的建设和发展贡献智慧和力量。

乡贤队伍。乡贤队伍是一支汇聚智慧和力量的强大生力军，乡贤文化是一股凝聚向上向善的巨大正能量。在推进乡村振兴、美丽乡村建设等方面，乡贤的示范和引领影响深远。高禹村为本地乡贤提供乡村治理平台，成立由机关任职干部、在外经商能人、退休回乡教师等 30 余人组成的乡贤智囊团，为村庄发展出谋划策；成立乡贤理事会，带领全村乡贤能人协助村

“两委”推动落实村规民约、调解农村矛盾纠纷、弘扬传播传统文化、组织村民代表集中议事，带动乡贤参与村级事务，为村庄发展注入能量。

高禹村通过抓好五支队伍，有效凝聚民心，让老百姓有更强的参与意识和责任意识，激发村庄内生发展动能，实现干群关系融洽，形成了齐心协力谋发展的良好氛围，营造了民风清正的社会生态。

二、监督力量扩充，强化群众监督

群众监督是最好的“防腐剂”①。工作开展到哪里，权力运行就要监督到哪里。当前，乡村振兴已进入全面施工阶段，各项涉农、惠农、支农、强农等专项资金的支撑力度将进一步加大，农村产业样态将更加多样，农村集体经济将进一步壮大。在此背景下，强化对村支部书记和村委会主任等“关键少数”的有效监督，让权力在阳光下运行，显得尤为重要。为强化对村级组织的有效监督，助力村级组织廉政建设，高禹村结合村情实际，积极探索民主监督的有效形式，于 2017 年 8 月创建民主监督理事会。理事会在扩大监督主体、延长监督流程、规范监督内容等方面发挥了重要作用。

推选监督组织，为群众利益充当“守护神”。一是成立民主监督理事会。成员由村民小组民主推选产生，均为有时间、肯说话、能积极参与村及村民小组事务的村民。其中 200 人以上的村民小组推选 2 名，200 人以下的村民小组推选 1 名。推选产生后，由村民代表大会表决确定，任期三年。民主监督理事会设理事长 1 名，副理事长 2 名。根据村务监督需要，分设村务监督小组、民主理财监督小组、工程管理监督小组、村务公开监督小组 4 个小组。

二是突出组成人员群众身份。为保证监督效果，扩大监督主体，村民组长、会计、出纳和妇女代表等不得担任监理会成员，任何组织和个人不得指定、委派监理会成员。高禹村从 47 个村民小组中，推选出 52 名民主监督理事会成员，组成 4 个监督小组，形成了一套村党委领导村监委，村监委领导民主监督理事会的综合监督体系架构，实现村级监督主体扩容增效，充当了群众利益的“守护神”，更好地践行了“清廉乡村”的良好作风。

① 陈志刚. 用村务监督遏制群众身边的微腐败[J]. 人民论坛，2018(21)：97-99.

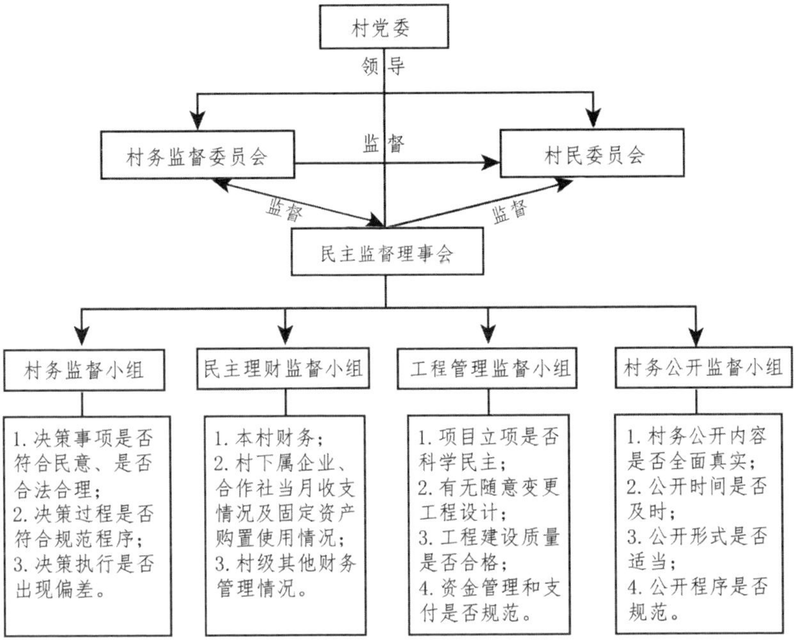

图 4-14　高禹村综合监督组织架构

明确监督事项，给村级事务装上"显微镜"。根据村情实际，细化民主监督理事会具体职责。通过明确监督事项，给村级事务装上监督的"显微镜"，让不端行为无处遁形。

一是村务监督小组监督村务决策情况。内容涉及村务决策事项是否符合民意、是否合法合理；决策过程是否符合规范程序，重大事项是否提请村民会议（村民代表会议）讨论通过；决策执行过程是否出现个人擅自改变集体决定现象，执行是否出现偏差。村务监督小组应及时指出和纠正违反决策程序的行为。村务监督小组成员视情况不定期列席相关会议。如本人提出，可随时列席会议。二是民主理财监督小组监督民主理财情况。每月月末固定理财，民主理财监督小组成员分批次参会。内容涉及本村财务及村下属企业、合作社，具体为高禹村经济合作社、安吉县天禹物业管理有限公司、安吉县天禹粮食专业合作社三个单位当月收支情况及固定资产购买、使用情况，村级其他财务管理情况。三是工程管理监督小组监督村工程项目建设情况。内容涉及项目立项是否科学民主、是否按有关规定进行招投标、有无随意变更工程设计、工程建设质量是否合格、资金管理和支付是否规范等。村内所涉工程,村监委成员必须事前参与、事中监督、事后审查,严禁事前不参与,事后签字等情况。工程管理监督小组成员须不定时、不定期进行监督检查。四是村务公开监督小组监督村务公开情况。内容涉及村务公开内容是否全面真实、公开时间是否及时、公开形式是否适当、公开程序是否规范,并负责向村民通报本村重大事项,宣传法律法规和政策,向群众宣传解释村委会研究决定的事项。

高禹村民主监督理事会自建立以来,实现了从为民作主到由民作主,扩大了监督主体;变事后追究为全程监管,延长监督流程;变规章约束为群众监督,彰显了共治力量。民主监督理事会既夯实了基层民主自治基础,又促进了“三治融合”的村庄治理机制不断完善,对促进村干部能够心无旁骛搞发展,村民安居乐业享生活,乡风清廉大和谐起到了重要作用。

三、妇联组织重构,发挥妇女作用

妇女是物质文明和精神文明的重要创造者,是推动社会发展进步、促进家庭文明和谐的重要力量。妇女事业的发展水平是社会发展的标志,也是衡量社会文明进步的尺度①。2018 年 11 月 2 日,习近平总书记在中南海同全国妇联新一届领导班子成员集体谈话时强调,要“促进男女平等,发挥妇女在各个方面的积极作用,组织动员妇女走在时代前列,在改革发展稳定第一线建功立业”②。

妇女作为乡村社会的主体之一,是推动乡村治理的重要力量。持续推进乡村治理工作,必须最大限度地调动妇女的积极性、主动性、创造性,充分发挥妇女“半边天”作用③。农村妇女组织是凝聚和服务妇女群众的第一阵地,加强农村妇女组织建设,是激活农村社区自治动能的第一步④。为响应中央号召,贯彻落实中央、省、市群团工作会议精神,安吉县深入开展妇联工

---

① 李乾坤,王晶. 新时代妇女地位作用的新定位——基于习近平关于妇女发展问题重要论述的分析[J]. 学术交流,2018(11):52-58.

② 习近平:组织动员妇女走在时代前列建功立业[EB/OL].[2018-11-02]. http://news.sina.com/o/2018-11-02/doc-ihnfikve8976728.shtml.

③ 海莉娟. 从经济精英到治理精英:农村妇女参与村庄治理的路径[J]. 西北农林科技大学学报(社会科学版),2019(5):48-56.

④ 张凤华,魏红英. 村庄治理中的妇女组织化参与[J]. 社会主义研究,2014(5):90-94.

作,重构妇联组织结构,激活组织"末梢",加强妇联组织覆盖的广度和深度,增强妇联组织的先进性和群众性,激发妇女组织参与农村社区治理热情,充分发挥妇女在农村治理中的作用和功能。改革前,村妇代会由1名主任、1名副主任和极少数执行委员会成员组成,组织结构单一使人才和资源无法聚集起来,群众力量难以发挥。针对这些问题,安吉县以"激活升温创优"活动为契机,出台《关于印发〈关于深化妇联基层组织"激活升温创优"工作实施方案〉的通知》,按不同功能和服务需求建立各种妇女小组,形成纵横结合的立体化、多层面网络格局,推动妇女积极参与农村社区治理。

以递铺街道鲁家村为例。该村于2016年10月14日实施会改联,成立了全县首个村级妇联——鲁家村妇女联合会。经31名妇女代表投票,选举产生鲁家村妇女联合会第一届执委11名,其中主席1名,副主席2名。由执行委员会牵头,分别建立了巾帼家庭农场联谊会、鲁家嫂关爱团、巾帼护水队、巾帼护绿队、星级美丽家庭模范队、阿鲁阿家讲解队等8支个性化巾帼服务队,将服务触角延伸到每家每户,凝结农村社区妇女力量。

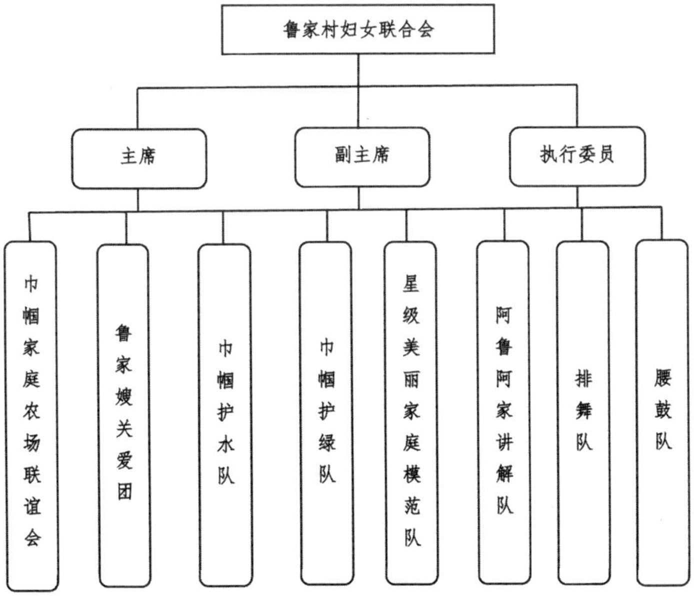

图4-15　递铺街道鲁家村妇女联合会组织架构

发挥妇女作用,拓展服务功能。会改联后,妇联功能实现由单一变多样的转变主要体现在执委这一组织上。执委成员人数由原来的1—3名扩增至9—15名,吸纳了更多不同行业的、具有不同特长的优秀妇女代表加入村妇联组织。以天子湖镇为例,该镇充分发挥执委功能,凝聚优秀女性工作者,充分发挥她们的特长,使群众受益。例如从事法律工作的孟云霞成为天子湖镇妇联执委后,以个人名义成立了孟云霞执委工作室,承接法律讲座等公益活动,向社区女性普及维权知识;帮助社区制定合同文本,成为社区法律咨询专家。执委成员的扩增不仅壮大了组织队伍,而且凝结了优秀的人才资源,为妇联组织增添了新活力和新能量。

会改联后,全县村(社区)妇联副主席共有350人,妇联执委2663人,是上届人数的3.5倍,壮大了组织队伍;建立网络型妇女小组4345个,功能型妇女小组670个,深化了组织的服务功能。乡镇(街道)妇联干部也从原来的15人扩大至66人,执委扩增至218人,并吸纳女企业家、女大学生村官、女劳动能手等优秀女性代表,优化了干部队伍建设。在各农村社区建立起妇女组织,将组织触角延伸到每家每户,广泛团结和组织农村妇女力量,将社区女性动员起来、凝聚起来,推动广大妇女群众参与农村社区治理。

四、护水队伍建立,营造良好环境

探寻有效的农村环境参与式治理,既是保障村民合法生态权益的现实需要,也是乡村振兴战略之生态宜居目标实现的客观要求。社会组织是社区治理的重要力量①。充分发挥社区内生性社会组织参与农村社区环境治理,是农村社区治理的应有之义②。实验区创建过程中,为营造社区共同治水的良好氛围,打造宜居生态环境,位于昌硕街道的双一村充分发挥村民的主体作用,积极组织村庄妇女和青少年等力量,成立以保护水资源为目标的微组织——家庭护水督察队。通过丰富水资源治理主体,优化治理机制,不断改善水环境、修复水生态、提升水质量,助推居民主体性的重塑和多元治理力量的汇聚。

成立多主体构成的微组织。巾帼护水队由妇联牵头,妇联主任兼任队

---

① 沈费伟.农村环境参与式治理的实现路径考察——基于浙北荻港村的个案研究[J].农业经济问题,2019(8):30-39.

② 周学荣.社会组织参与社会治理的理论思考与提升治理能力的路径研究[J].湖北大学学报(哲学社会科学版),2018(6):109-115.

长，成员为经户代表推荐产生的6名有责任心、有爱心的妇女。巾帼护水队是家庭护水督察队的主要力量，按照就近原则划分负责水域。村委会与负责水域督察的妇女签订有关水域保洁、垃圾清理和制止垃圾倾倒等方面的协议。青少年护水队由青少年与村团支部成员共同组成，由2—3名村委人员担任组长，成员为表现积极、热心村集体事务的10名青少年。青少年护水队每月对村庄河道的水质及卫生状态进行监督并在检查后在项目墙上公示，对村庄卫生整治起到监督警示作用。

制定自组织执行的微公约。为打造院洁、岸绿、水清的美好村居环境，营造“人人参与，人人有责”的良好治水氛围，双一村制定了详细的家庭护水公约。内容包括：护河爱河，减少污染排放。主动清理道路上、河道边的废弃塑料袋、塑料瓶等杂物，维护村（社区）环境；积极参与村（社区）组织的河道垃圾清理等各项治水活动，为美丽家园建设作贡献。自觉行动，参与环境整治。门前垃圾及时清理，居住环境整洁卫生、清新舒适；房前屋后地面平整，杂物不乱堆放，不乱搭建、乱晾晒、乱悬挂、乱停放。房前屋后利用空地栽树种花，美化庭院；保护好门前的公共设施，培植好门前的公共花草树木。互促互比，加强日常监督。对发生在身边乱扔乱排、乱搭乱建、乱停乱放、乱贴乱画的“四乱”行为以及占用河道、破坏公共设施、折损绿化苗木等行为及时制止等。对发现有向河道排放污水、破坏河道设施等破坏水环境的现象及时向村（社区）举报；相互监督，开展家庭互评，对发现的问题督促及时整改、主动整改、共同整改。

强化常态化护河的微行动。双一村积极发挥微组织的治理能量，解决发生在村民身边的微小事情，满足村民生产生活生态需求，促使村庄环境不断改变。明确微职责，落实工作制度。家庭护水督察队就各户执行《家庭护水公约》情况开展巡查，对各类不文明行为、破坏水环境行为进行劝阻，及时向村委会反映巡查中发现的河道设施、水质受损现象。做好微治理，实现环境转变。巾帼护水队每天不定时对村庄环境进行检查，不仅负责责任水域保洁，还要监督村民改变不良习惯，形成人人爱水护水的良好氛围。青少年护水队也利用空闲时间对河道、整个村庄环境进行巡查，对不符合规定的行为予以公示并督促整改。

通过成立微组织、制定微公约、强化微行动，双一村将共建、共治、共享的治理思想付诸实践。组织社区居民参与爱水护河行动使该村水体保洁工作得到落实,改善了水环境,修复了水生态,提升了水质量,实现了水污染可持续化治理,满足了社区居民日益增长的美好生活需求。微行动的开展,使农村社区事务的治理得以良性循环,社区居民在参与社区事务治理的过程中真正意识到了社区是居民的,激发了其参与社区公共事务治理的自主性和积极性,形成了社区治理“人人参与,人人尽责”的良好局面,促使多元主体共同参与农村社区治理,推动共建、共治、共享治理格局的形成。

五、平安队伍组建,打造平安社区

念平安、盼平安、报平安,是老百姓的朴素向往。习近平总书记曾深刻指出,公共安全连着千家万户,确保公共安全事关人民群众生命财产安全,事关改革发展稳定大局[①]。农村社区安全作为和谐社会、全面小康社会建设的重要组成部分,事关农村社区居民根本利益,承担着化解灾害风险、处置突发事件、保护人民群众生命财产的重任,对于实现社会安全具有重要意义[②]。乡村治理是根基,农村社区安全是重点,只有不断减少农村社区不和谐、不安全因素,才能有力维护社会安定和民众安宁。

2019 年 1 月,中共中央、国务院下发的《关于坚持农业农村优先发展做好“三农”工作的若干意见》指出,要整合配优基层一线平安建设力量,加强乡村消防、公共卫生等公共安全事件易发领域隐患排查和专项治理,持续推进平安乡村建设[③]。在实验区创建过程中,安吉县高度重视安全建设,多地成立护村队、义务消防队等组织,维护村庄安全,打造平安社区。

(一)成立护村队,为百姓安全护航

位于灵峰街道的横山坞村地处城乡接合部,一边连着安吉最大的工业平台——塘浦工业园区,一边连着安吉排名第四的田园家乐湖景区。由于城乡接合部的属性,该村外来人口众多,高达 4000 多人。众多的外来人口,为本地村民增加房租收入的同时,也给村庄带来了管理困难、安全隐患等问

---

① “平语”近人——习近平这样诠释“平安”[EB/OL].(2015-09-25)[2019-09-01]. http://www.xinhuanet.com/politics/2015-09/25/c_128264962.htm.

② 彭文静. 城乡融合视野下农村社区公共安全管理面临的挑战与对策[J]. 农业经济,2018(10):17-19.

③ 中共中央 国务院关于坚持农业农村优先发展做好“三农”工作的若干意见[EB/OL].(2019-01-02)[2019-09-01]. http://www.gov.cn/zhengce/2019-02/19/content_5366917.htm.

题。为响应“平安安吉”建设,发动群众力量参与社会治安管理,横山坞村于2006年成立护村队,开展治安巡逻、矛盾调处、应急抢险、抗洪救灾、森林防火等工作,把问题和矛盾处理在基层,把不安全因素消除在萌芽状态。

护村队由村干部、民兵、护林员、治安积极分子等组成,主要负责治安巡逻防控、化解矛盾纠纷、参与守护绿水青山等工作。在治安方面,开展区域性日常治安巡逻,密切掌握本村治安动态,预防和制止各种治安紧急事件的发生,并积极协助公安机关开展工作。关于矛盾调解,则向广大群众进行遵纪守法、安全防范、平安创建的宣传教育,提高群众自防自治能力,协助做好治安防范和平安创建活动;配合党委、政府中心工作的推进,做好政策宣传,发生矛盾纠纷时,积极配合做好疏导调解工作。为守护绿水青山,排查掌握本辖区水源地污染、破坏林业资源、破坏矿产土地资源的违法犯罪线索及时上报街道及派出所,守护辖区绿水青山。对于应急抢险问题,如发生火灾、重大自然灾害事故等突发性事件时,则充分发挥应急力量的作用,协助做好抢险救灾工作。

护村队接受灵峰街道综治办和派出所的双重领导。为便于管理,成立护村队工作领导小组。领导小组设组长1名,副组长和成员各2名,负责护村队的日常管理工作;领导小组下设办公室,办公室设主任1名、副主任1名,成员3名,具体负责组织、协调和指挥工作及护村队日常管理。每月进行情况汇总,点评工作取得的成效和存在的问题,安排下一步工作。年终进行总结表彰,对成绩突出、战果显著的单位和个人予以表彰奖励,对工作拖拉、推进不力的单位和个人进行通报批评。护村队日常运转经费以及考核奖励由灵峰街道和各村承担。

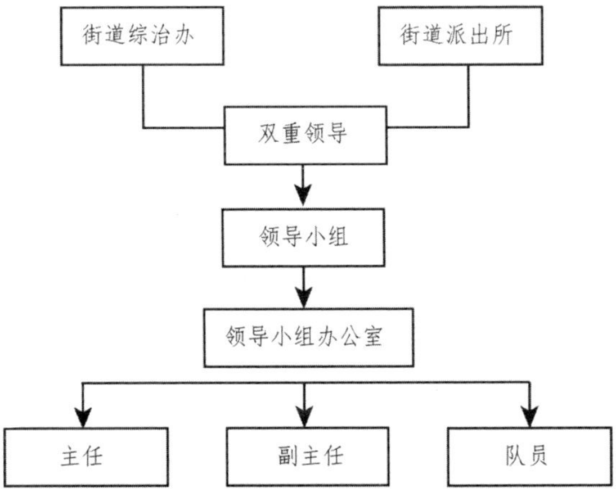

图4-16　横山坞村护村队组织架构

横山坞村护村队成立以来,在巡防、调解、守护和应急等方面取得了良好效果。在巡防方面,参与“护卫平安”行动20余次,检查出租私房200多家,发现治安、消防安全隐患100多处,发放防范电信网络诈骗资料3000余份,第一时间介入20多起矛盾纠纷的化解工作,将小纠纷化解在萌芽阶段,防止大问题的发生。2016年,横山坞村刑事发案同比下降25%,电信网络诈骗案件同比下降36%。老百姓都交口称赞,称他们是村里的“编外警察”,只要看到他们在巡逻,心中就有安全感。

同时,护村队还积极配合党委和政府做好“三改一拆”“四边三化”守护绿水青山等中心工作。队员经常到河道、村庄周边巡查,检查河道内有无污染,有无百姓在焚烧秸秆,有无非法捕鱼、乱扔垃圾等现象,对于排查掌握本辖区水源地污染、破坏林业资源、破坏矿产土地资源的违法犯罪线索及时上报街道及派出所,守护辖区内的绿水青山。截至2018年,护村队开展河道巡查20余次,发现并制止焚烧秸秆12人次,发现非法捕鱼6人次。此外,护村队在发生洪涝、台风等重大自然灾害及其他突发性事件时,充分发挥应急力量的作用。如在2017年“灿鸿”台风期间,护村队配合党委政府转移群众23名,救助危困群众12人。2019年河道水位突然上涨期间,帮助解救受困群众3名,受到党委政府和群众的一致好评。

(二)义务消防队,织密消防安全网

对乡村振兴而言,安全是重要保障[①]。横溪坞村位于孝丰镇西北部,面积8.5平方公里,其中山林面积10200亩,距镇中心约5公里,属于典型的山区村。近年来,随着乡村经济的发展,农村用火、用电、用气量逐年增大,存在较大火灾隐患。为进一步加强社区消防安全基础建设,全力整治火灾隐患,努力提高火灾防控能力,横溪坞村成立了一支义务消防队。

义务消防队由村委会管理,日常管理由队长负责。队员招募采取自愿报名、择优录取的方式,值班、训练、灭火等工作不计报酬。经选拔,共13人被录取为义务消防队队员。其中,队长1名,队员12名。队员分为两个小组,每个小组各设组长1名,分别由村委主任和村支部书记担任。两小组分工明确,采用轮流值班制,第一小组逢单日值班,第二小组逢双日值班。

---

① 王江波,苟爱萍.乡村地区消防网格化管理策略研究[J].消防科学与技术,2018(11):1591-1594.

义务消防队首先要熟悉社区的消防重点部位,熟练掌握消防设施和消防器材的使用方法,同时负责检查各消防设备点的维护工作。每月对辖区企业进行一次安全检查,发现隐患及时督促整改;不能及时改正的,进行上报处理。定期向村民家庭发放消防宣传材料,提高群众消防安全意识。在寒暑假期间,专门对本辖区的学生、儿童进行防火教育。为老、弱、病、残和孤寡老人提供消防安全服务。此外,每年定期进行演习,向社区居民展示义务消防队的检查消除火灾隐患能力、扑救初级火灾能力,提高居民消防安全意识。

为方便义务消防队工作,规范队员管理,村委会为消防队建立消防站,配备办公桌椅、报警电话和广播等设备;设立物资仓库,放置消防铁锹、消防桶、消防水带等消防器材;制定《横溪坞村义务消防员职责》及《横溪坞村消防工作职责》等规章制度,使消防工作有章可循;绘制《横溪坞村义务消防队接处警程序图》,对消防队接处警程序进行明确和规范。

义务消防队建立以来,不断加强对队员的消防安全培训,并组织开展相关知识的讲解和灭火演练,加强队员防火、灭火技能。通过织密消防安全网,防范火灾隐患于未然,更好地维护了社区的消防安全,让居民有一个平安和谐的社区居住环境。

六、乡风评议委员会,文明"扑面香"

乡风文明既包括乡村整体的道德风尚和良好风气,也包括村民个体良好的思想状态、精神风貌、文化素养等等①。它既是继承中华传统文化的题中之义,也是创建现代文明风尚的现实要求。良好的农村社会风气对于农民的精神状态有着重要影响,对农村经济社会发展有着巨大的促进作用。因此,良好的社会风气既是农村社区治理的重要目标,又是推进农村社区建设的精神动力。

近年来,安吉县大力开展"美丽家庭""美丽庭院"等评选活动。过去,家庭评选活动由村"两委"班子成员决定,透明度低,村民参与度低、参与热情不高、对结果的认可度低,易引发邻里矛盾,甚至导致冲突发生。为防止

① 许晴.弘扬文明乡风 建设和谐新农村[J].江南论坛,2008(1):26-27.

不透明引发的不认可、不积极的被动局面,真正实现“村民自觉参与、自主创建、自己评选”,激发村民参与农村社区治理热情,安吉县各农村社区妇联组织在“美丽家庭”“美丽庭院”等评选活动中,坚持“我们家庭我们选”原则,由村民自主创建、自己评选。位于孝丰镇的城东社区,建立乡风评议委员会,进行“美丽家庭”和“特色家庭”的评选,培育文明乡风。

成立乡风评议委员会,促机制完善。该社区乡风评议委员会由妇联负责组织,由村民代表会议选举产生,每三年一届。其成员一般为村民代表、威信较高的党员、德高望重的老干部、热心服务群众的致富能手、妇女骨干等,约30人,分为12个小组,每个小组2—3个人。

推进“美丽家庭”大家评,引文明风尚。乡风评议委员会成员参与“五好”家庭、“美丽家庭”、星级文明户等评选活动,根据县级评选标准评出三星级、四星级、五星级“美好家庭”,以此激发群众热情;明确和厘清组织职能,激励广大妇女,引导广大家庭成员弘扬家庭美德、塑造文明新风。

实行重大事项大家议,促村庄发展。城东社区坚持民生领域重大事项优先通过村民议事会的评议,充分听取村民的意见和建议,评议结果再提请村“两委”会或者村民(代表)大会讨论通过;同时,村民议事会对民生工程的实施进行全过程监督,确保全村民生事业良好发展。乡风评议委员会成立后,村里事务村民商讨,发展大计问策于民,有效助推了村庄发展。

城东社区通过建立乡风评议委员会评选“美丽家庭”,不仅充分发挥妇联自身职能作用,引导和带领广大妇女自觉接受文明教育,提升文明程度,而且真正实现了群众参与创建、群众参与评定,解决了以往由于评选而产生的邻里冲突问题。在塑造友好邻里的居住环境的同时,还提高了群众参与村级事务的热情和积极性,引导农民群众树立文明新风尚,建设和谐新农村。

七、人民调解委员会,化矛盾促和谐

人民调解作为一项具有中国特色的法律制度,是在继承和发扬我国民间调解优良传统基础上发展起来的,是公共法律服务体系的重要组成部分,在矛盾纠纷多元化解机制中发挥着基础性作用①。人民调解员是人民调解

① 中共中央,国务院.关于加强人民调解员队伍建设的意见[N].新华日报,2018-04-27.

工作的承担者,肩负着宣传法治、化解矛盾、维护稳定、促进和谐的职责使命。加强人民调解员队伍建设,建设一支热心公益、正直公道、作风正派的人民调解员队伍,对于推进平安中国、法治中国建设,实现国家治理体系与治理能力现代化具有重要意义。为化解村民矛盾,建设和谐社区,位于孝丰镇的城东社区高度重视人民调解工作,建立了以人民调解委员会为主体的多元矛盾化解机制,明确各类组织的职责、工作程序及相互关系,提高调解工作效率,维护社区稳定,促进社区和谐。

该社区调解委员会由3—9名委员组成,设主任1名,主任由分管综治的村主任担任,委员由社区小组长、网格员担任。成员主要为退休干部、热心乡贤等,由村民(代表)会议推选产生;每届任期3年,可连选连任。调解委员会下设调解信息员或纠纷信息员,采用网格化管理,网格员包括村民组长、党员小组长。通过构建完善的调解网格体系,随时监控并解决纠纷情况。

调解委员会主要负责调解民间纠纷,防止民间纠纷激化。通过调解工作宣传相关法律、法规和政策,教育村民遵纪守法,遵守社会公德,预防民间纠纷发生;向村民委员会所在单位和基层人民政府反映民间纠纷和调解工作的情况。民间纠纷包括发生在公民和公民之间、公民与法人和其他社会组织之间涉及民事权利义务争议的各种纠纷;民间纠纷由纠纷当事人所在地或纠纷发生地的调委会调解;疑难、复杂、跨地区的矛盾纠纷由基层调委会上报乡镇调委会受理调解。

城东社区人民调解委员会牢固树立"发展是第一要务,稳定是第一责任"思想,认真贯彻"调防结合、以防为主"的方针,坚持把矛盾化解在基层、把问题解决在当地、把隐患消除在萌芽。通过定期对辖区内矛盾纠纷进行排摸、登记、分类处理,及时掌握信息、防止激化,及时有效地调解纠纷、化解矛盾,对构建和谐社区起到了重要的助推作用。

八、老年协会,老人生活"有名堂"

尊老敬老是中华民族世代传承不息的文化血脉和伦理美德,是调节代际关系、形成代际和谐的精神品质和价值观念,在中华文明体系中占有着独特的地位并有着重要的影响①。扶老助老,是我们薪火相传的共同责任。

① 王泽应,李永芬.敬老伦理及其建设路径[J].郑州大学学报(哲学社会科学版),2018(5):21-24.

老年人是宝贵的财富,切实维护好老年人合法权益,保障老年人“老有所养、老有所医、老有所教、老有所学、老有所为、老有所乐”,是社会文明进步的重要体现,是建设和谐社区的必然要求①。在实验区创建过程中,位于昌硕街道的双一村不断加强自身规范化建设,引导全村老年人投身农村社区建设,在丰富老年人精神生活、维护老年人合法权益、倡导乡风文明、培养社会新风尚等方面发挥了重要作用。

1991 年,双一村老年协会成立。协会共有 5 人,其中会长 1 名,副会长 1 名,秘书长 1 名,理事 2 名。成员主要是村里退休的村干部。老年协会带领全村老年人参与中国特色社会主义物质、精神文明建设,保护老年人的合法权利,反映老年人的诉求,开展老年人系列工作。2005 年后,安吉县实施失地农民养老保险,土地被征用的 70 岁以上老年人可每年拿到 3000 元保险金。从此,老年协会的工作重点不再仅仅局限于解决老年人的吃穿住行问题,而是扩展到关注老年人的精神、心理等多方面需求,努力实现老有所养、老有所乐、老有所学的农村养老目标,甚至单身老年人愿意再婚的,老年协会也可为其做红娘。此外,老年协会还组织老年人外出旅游,丰富老年人业余生活。2006 年,双一村老年协会被评为镇先进集体,获奖金 600 元。2007 年,双一村老年协会被评为县先进集体,老年活动室被评为县三星级老年活动室。2015 年,老年协会不断发展壮大,协会会员达 645 人。

老年协会的活动内容主要有:一是保护老年人权益。提高老年人的法律意识和自我保护能力,反映老年人的意见和要求,提供法律援助,为老年人营造安享晚年的社区环境。为进一步维护老年人合法权益,弘扬中华民族敬老、爱老、助老的传统美德,老年协会利用黑板报、宣传栏等阵地,使《老年人合法权益保障法》等方针政策、法律法规家喻户晓,深入人心。二是处理老年人事务。老年协会成员帮助村里老年人调解、处理住房、邻里纠纷及家庭成员矛盾,一些虽经协调仍解决不了的违法行为,协会帮助老年人向法院起诉。三是开展老年活动。为充实老年人生活,开展外出观光旅游、文体竞赛、知识讲座等符合老年人生活特点和需求的文体活动,以丰富的内容调动老年人参与积极性,促进社区老年事业的发展。

---

① 肖辉.老年人权益保障的路径对策及模式[J].河北学刊,2012(2):119-123.

老年协会的资金主要有三个来源，即政府补贴、村庄补贴、活动获奖。政府补贴。为扎实推进基层老龄事业发展，健全和完善基层老年协会活动设施，促进基层老年协会规范化建设，发挥老年协会的桥梁纽带作用，改善提升农村老年群体的精神生活，安吉县民政局会下拨一定的补助经费，供协会开展活动使用。村庄补贴。老年协会外出参加省市级比赛，村里以劳务补贴的形式给协会补贴费用，每人每天 130 元。活动获奖。老年队伍比赛获奖时获得的奖金，作为协会的活动资金。

在新时代背景下，双一村将老年协会建设作为创新社区治理和加强本村老年工作的重要内容，充分发挥其在维护老年人权益、参与社会公益事务、组织老年群众参与村庄建设及开展各类文体活动等方面的积极作用。目前，双一村老年协会在环境治理、治安维护、村民纠纷调解、有关政策落实、促进生产等方面，已成为村委会的得力帮手。

九、乡贤参事会，乡村治理新能量

梁漱溟指出：乡村问题的解决，第一固然要靠乡村人为主力；第二亦必须靠有知识、有眼光、有新方法、新技术的人与他结合起来，方能解决问题①。参与式发展理论强调，要在“外来者”的协助下，通过当地民众积极主动地参与，从而才能实现可持续发展。乡贤参与乡村治理是乡贤以其非体制权威嵌入乡村治理、辅助其他治理主体促进乡村善治的行为，具有民间性、志愿性、辅助性的特点②。乡贤文化是乡村连接故土、维系乡情的精神纽带，是传承传统文化的精神动力，更是参与乡村治理的一股重要力量。因此，要发挥好乡贤的桥梁与纽带作用，激发乡贤参与乡村公共事务的热情，调解乡村社会的矛盾纠纷，为乡村治理注入新能量。

在实验区创建过程中，安吉县以乡情乡愁为纽带，搭建交流平台，凝聚乡贤智慧和力量，发挥乡贤在乡村治理中的参谋建议、示范引领、桥梁纽带作用，助力乡村振兴。从 2017 年开始，安吉县启动“美丽乡贤”工程，在全县范围内全面启动以乡镇街道党委班子、村委成员、乡贤人士组成的“三级

---

① 梁漱溟. 乡村建设理论[A]//. 梁漱溟全集：第二卷[C]. 济南：山东人民出版社，1989：52.

② 孙丽珍. 新乡贤参与乡村治理探析——以浙江省为例[J]. 江西社会科学，2019（8）：225-233.

联动"乡贤参事会建设,深入挖掘、用好乡贤统战资源,凝聚乡贤人士的智慧和力量,引导他们积极参与美丽乡村建设,助力乡村振兴。截至目前,该县已建立100余个村级乡贤参事会,发展参事会成员1000多名。

规定入会条件。根据安吉县委统战部对乡贤的定义,本村的老党员、老干部、道德模范、经济文化能人、社会工作者、教育科研人员、创业投资精英等都属于乡贤。参事会成员主要从以上人员中挑选,人数为6—10人,其中会长1名,副会长2名。成员应作风正派、勤奋敬业,热心为本村经济社会建设服务,遵守村庄规章制度,支持、配合村里各项工作,能起到模范带头作用。

确定参事范围。成员要在日常生活中了解村情民意,反馈群众意见、建议,为本村经济社会发展相关的重大事务和重要决定提出意见、建议。同时,参与本村民生项目和公共事务的管理、传统文化的发展、乡风文明的建设、村规民约的制定等;参加慈善公益、扶贫济困、奖教助学活动;协调邻里关系,促进村庄和谐稳定。

明确参事方式。参事方式多样,主要有以下4种:会议参事。在党员会议、村民会议或村民代表会议期间,就全面工作和专项事务通过会议的方式进行参事。书面参事。经调研,就某一问题或特定事项通过递交书面意见、建议的方式参事。网络参事。根据实际情况,通过手机短信、微信、微博等方式参事。恳谈参事。以走访座谈、约请面谈等形式,就某些问题或特定事项或个别问题进行恳谈,沟通情况,交流意见。

规定参事程序。提出议题。由基层党组织根据自身年度工作重点及各方面反映相对集中的问题,研究确定参事议题。精心准备。提前通知相关单位和人员,提供相关资料,支持他们做好调研等准备工作。组织活动。参会人员围绕议题开展协商讨论、发表各自主张,参事会集中各方智慧,达成共识。成果使用。协商成果提交相关单位,供其参考采纳,并做好后续解释沟通工作。建档立案。对每次参事会工作进行客观记录以保证其可靠和有效。注意保密。参事的意见或建议在被相关单位采纳前,需注意对相关人员的参事活动进行保密。

在"美丽乡贤"工程推进过程中,安吉县多个村庄形成了独具特色的模式。灵峰街道积极培育乡贤争当乡村振兴助推员,协助村委解决民生实事

50余件；在天子湖镇，每周六会安排乡贤人员驻村接待群众来访，乡贤成为村民贴心的“老娘舅”（即主要参与矛盾调解的乡贤），面对面谈心谈事达到100余人次；天荒坪镇通过建立乡贤招商引资联络员队伍，先后为本村引进3个项目，引资金额高达4亿元。南北湖村发挥乡村精英在社会治理、公共服务中的作用，坚持在基层党组织的领导下，建立健全乡贤参事会的运行机制，由乡联村镇干部任参事长，村书记兼任秘书长，成员由五位乡贤组成，以乡贤带动居民民主意识和参与村级事务管理能力的提升。安吉县通过搭建乡贤参事会平台，凝聚乡贤人士的智慧和力量，畅通乡贤为家乡建设献策出力的渠道，使之成为美丽乡村建设中的一支生力军、一种新能量。

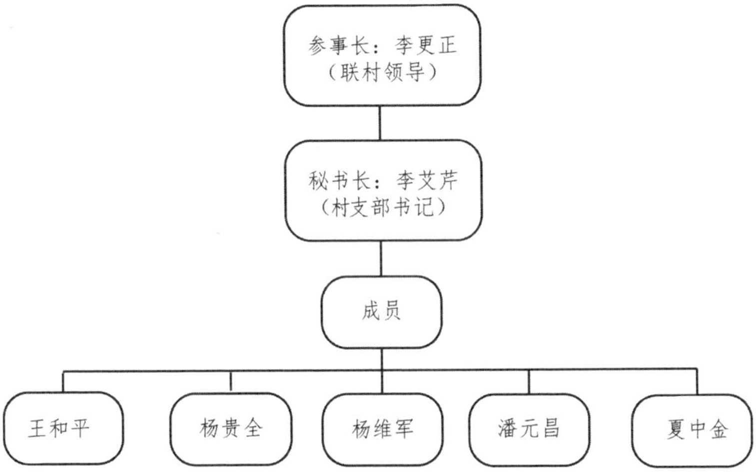

图4-17　南北湖村乡贤参事会组织架构

十、志愿组织，营造社区和谐氛围

社区是居民生活和休闲娱乐的家园，是居民离不开的港湾[①]。社区的和谐稳定直接关系到居民的生活和工作。为更好地弘扬雷锋精神，传播志愿服务理念，推动社区志愿服务的深入开展，安吉县致力于打造特色志愿者队伍，以“服务社区，奉献社会”为宗旨，积极组织辖区志愿者团队开展多项活动，把居民的正能量凝聚起来、释放出来，利用志愿者团队力量，更全面地服务辖区居民。通过开展多种多样的志愿服务活动，激发社区居民向上向

① 魏君安．加强社区志愿者队伍建设的思考与实践[J]．山东社会科学，2015(12)：16-17．

善的内在动力,鼓励居民走出家门,走进社区大家庭,服务和奉献社会,营造共建和谐、共享和谐的良好社区氛围,打造文明和谐社区。

孝老爱亲志愿者,关爱老人传温暖。为弘扬"奉献、友爱、互助、进步"的志愿者精神,关爱空巢老人,位于孝丰镇的城东社区于2014年成立孝老爱亲志愿者队伍。该队伍由立志于从事社会服务事业、富有同情心和责任感、有空余时间的人员组成。目前,共有成员66名,年龄在18—40周岁。志愿者队伍本着"志愿、无偿、服务"原则,以"弘扬孝文化,传递正能量"为主题,以关爱空巢老人为内容,与孝丰镇各村留守老人对接,定期向空巢老人送关怀,献爱心,做一些力所能及的家务,让空巢老人感受人情温暖,远离空巢悲哀。

依托志愿者队伍,构建包片联户网格。为最大限度地发挥志愿者队伍作用,位于报福镇的洪家村依托巾帼保洁队、护河队、青年文明宣传队、平安综治护卫队等志愿者队伍,由党员、队长、村民代表等骨干组成包片联户网格,每人负责联系4—5户家庭,定人定点开展活动,发挥志愿者在美丽家庭建设、沿线沿路保洁、庭院美化、垃圾分类、不文明行为规劝等各类活动中的积极作用。

各类志愿者队伍的多样化实践。随着志愿者队伍的深入建设,一系列有特色、有活力、有影响的志愿活动在各地不断开展。位于溪龙乡的黄杜村成立了夕阳红志愿者队伍,队伍下设老年排舞队和青年排舞队,通过组织开展日常娱乐活动,让老年人参与调解矛盾、监督村级工程设施质量、担任村庄大型文体活动(如文化体育节)评委、充当活动服务工作者等,充分发挥老年人的余热。位于天荒坪镇的港口村建立多支志愿者队伍,深入开展网格化服务、环保义务活动、年度最美评比等活动。为保障村民人身财产安全,位于昌硕街道的双一村成立村级义务抗灾队,配备安全设施器材室一间,制定各种灾害应急预案,设村避灾安置点一处,积极发挥抗灾队的抗灾救险作用,为村庄安全保驾护航。位于孝丰镇的长潭村组建巾帼志愿者队伍,负责垃圾分类、垃圾不落地等村级重点工作的开展与宣传,发挥妇女志愿者作用,营造美丽整洁的幸福家园。

安吉县通过动员全县各类志愿组织主动参与到社区建设和治理中来,提高了社区管理水平和居民文明意识,营造了社区治理"人人参与、人人有责、人人受益”的良好氛围。各具特色的志愿服务队伍不仅彰显了志愿者活动的亮点,也推动了志愿者服务多元化、专业化、标准化、常态化和长效化,为营造“全民志愿”的良好氛围打下了坚实基础。

十一、文体队伍,涵养优秀社区文化

乡村文化是乡村振兴的精神动力,缺乏繁荣发展的乡村文化,难以真正实现乡村振兴的战略目标①。因此,要实现乡村振兴,必须文化先行。社区文体活动是基层群众文化建设的重要内容和有效载体,也是弘扬优秀文化的生动体现,搞好群众文化建设必须加强乡村文体队伍建设。乡村文体队伍是农村社区文化发展的主要载体,积极开展群众喜闻乐见的文体活动,弘扬先进文化,凝聚正能量,正是乡村文体队伍的重要职责。大力建设文体队伍对于促进群众文化发展、提升农村精神文明具有重要意义②。

安吉县高度重视文体队伍建设,大力建设特色文体队伍,满足辖区群众多层次、多样化需求,调动不同年龄、不同性别、不同学历、不同职业的村民积极参与社区文化活动,让广大村民成为培育建设、传播发展优秀社区文化的中坚力量,共建和谐文明社区。

(一)文体队伍,丰富社区群众生活

位于孝丰镇的城东社区成立了 5 支文体队伍,这 5 支队伍在特定的节日开展文体活动,丰富居民业余生活。如每年举办农民体育节,让居民参与其中,在提高居民身体素质的同时,丰富居民的精神文化生活。为进一步丰富社区居民的业余文化生活,积极营造健康向上的文化氛围,位于溪龙乡的黄杜村组建了业余健身队、篮球队和女子排舞队,为社区群众提供展示才华的活动空间,得到了群众的广泛参与和一致好评。位于天荒坪镇的港口村组建篮球、排舞、戏曲等文体团队,深入开展形式多样的群众性文体活动,组织文化走亲,培养居民的审美情趣,提升村民的整体素质。

安吉县通过建设各类群众性文体团队,积极打造丰富多彩、喜闻乐见、健康向上、寓教于乐的特色社区文化,促进了社区文化的繁荣和发展,增强了村庄的凝聚力和向心力,提升了辖区群众的归属感和幸福感。

---

① 李静.乡村振兴视域下的乡村文化发展[J].农村经济与科技,2019(15):272-273.

② 王飞.推进沙湾县乡村文体队伍建设的调研报告[J].农民致富之友,2016(16):11.

(二)民间艺术团,以文化助推发展

文化自信,是更基本、更深沉、更持久的力量。位于天子湖镇的高禹村之所以能够实现快速发展,不仅是因为不断壮大的村集体经济,更深层的原因是文化自信带来的助力,老百姓带着高禹村的自豪感和自信心,团结奋进、共同发展。民间艺术团体是民间艺术活动的主体,传承着中华民族的优秀文化①。高禹村以文化引领为抓手,致力于促进文化产业转型,丰富村民业余文化生活,通过建立天禹民间艺术团,不断整合文化资源,增强村民凝聚力,打造高禹特色文化品牌。

队伍创新。集合本村热爱文艺活动的人员,组成一支文艺队伍。同时,突破区域局限,引进外村优秀艺术人才,不断壮大队伍。邀请专业人员指导培训,逐步形成一支精干、坚强的文艺骨干队伍。机制创新。天禹民间艺术团在满足本村群众文化需求的同时,做好与市场接轨的文章,定期开展有偿表演,丰富职工业余生活,增加团队经费收入。作品创新。深入挖掘和整合高禹村文化、非遗等资源,打造一批能反映本地文化、有影响的作品,通过表演的形式向外界展示高禹风采,提高艺术团知名度和美誉度。

天禹民间艺术团的成立,进一步丰富了居民文化生活,扩大对外宣传,打造移民文化品牌,树立高禹新形象。通过不断树立文化自信,强大精神力量,以文化助推村庄建设和发展。高禹村把艺术团打造成为广大居民参与文化活动、展示精神面貌的窗口,通过文化活动改变居民们的精神面貌,营造和谐幸福的生活氛围,将高禹村打造成为新时代文化社区。

第三节 共制治理规则:精细治理事务的规则建构

规则是特定场域中约束行为主体行动规范的基本准则,是对何种行为是必需的、禁止的或者准许的强制性规定②。乡村社会场域中的治理规则,既囊括了国家有关乡村社会经济和政治等结构安排的关于集体经济、村民

---

① 张瑜,王楠. 民间艺术团体的传承与发展——鄂伦春白银纳艺术团为例[J]. 北方音乐,2016(1):202.

② Elinor Ostrom. Understanding Institutional Diversity[M]. Princeton: Princeton University Press, 2005:18.

自治等法律法规，也包括村规民约、文化传统和伦理道德等非正式规定，它们共同构成村民生产生活中的基本行为规范。

作为国家治理的基本单元，农村社区治理事务繁多且复杂，涉及居民生产、生活和生态等多个领域。与国家关于农村社区的法律制度具有明显的强制性不同，孕育于乡村社会中的非正式制度具有明显的柔性特质。社区对这样的"软法"具有较强认同度和可行性，不但可以弥补正式制度难以涉及的真空地带，而且在维系居民情感、集聚行动力量和形成社区文化中起着不可或缺的作用。

规则是行动的基础条件和基本保障，也是产生社会秩序与权威认同的前提和基础。乡村"公共规则"是指能够有效规约村民行为、调节日常纠纷，增强村民之间一致合作、减少冲突摩擦、整合社区的规则体系①，具体包括村规民约、家规家训、专项公约等。近年来，安吉县以精细化治理为导向，围绕社区生态环境保护、乡风文明建设、社区秩序维持和日常事务管理，着力社区公共事务的治理规则建构，形成了村规民约、家规家训和专项公约等富有安吉特色的治理规则类型。

一、村规民约制(修)定中的政村联动

2018 年 12 月，民政部、中组部、全国妇联等 7 部门联合出台《关于做好村规民约和居民公约工作的指导意见》。文件指出，"各级党委组织部门、政府民政部门要牵头协调……到 2020 年全国所有村、社区普遍制定或修订形成务实管用的村规民约、居民公约"。安吉县历来重视村规民约的制定和修订工作。自 1987 年我国的《村民委员会组织法(试行)》和 1998 年《村民委员会组织法》颁布实施起，该县就积极开展村规民约的制定工作。进入新世纪，安吉县更加重视村规民约制定和修订工作。2013 年以来，安吉县在村级组织换届完成后，县法制办、民政局和司法局根据经济社会发展新需要、农村治理工作新要求和居民美好生活新期待，共同组织研究村规民约的制定和修订工作，为各村村规民约的制定和修订提供参照范本。5 年间，该县先后 4 次对全县村规民约进行了修订完善。

① 张良. 乡村公共规则的解体与重建[J]. 浙江社会科学，2016(6)：74-79.

作为完善村民自治的有效途径,该县村规民约制定和修订工作坚持因地制宜和务求实效原则,充分结合县域发展重点和民情实际,注重将美丽乡村建设、生态环境保护和乡风文明治理等内容纳入其中。目前,安吉县村规民约内容涉及农业生产、集体土地管理、林业生产管理、村级财务管理、工程基建管理、村庄治保调节、辖区企业管理、生态文明建设和绿色殡葬管理以及农村其他常见事务。安吉县高度重视村规民约制定和修订中的村民主体作用,形成了“政府指导、社区主导、村民主体”的政村联动机制。具体体现在动态修订村规民约文本内容、合理确定村规民约修订主体、科学完善村规民约修订程序和全面增强村规民约执行效度四个方面。

(一)合理确定村规民约修订主体

在村规民约制定过程中,该县按照“县级指导、乡镇(街道)主导、村(社区)主抓、群众主体”原则确定村规民约修订主体。一是合理确定村规民约修订主体。由县民政局和组织部负责牵头,村委全程主持制定或修订,村支部强化政治引领和方向把控,村民作为协商主体通过村民小组会议和村民代表大会等渠道反馈修改意见,在村规民约正式落地后,参与过程监督;二是落实监督主体。为促进村规民约有效落实,在乡镇层面,当地党委、政府(街道党工委、办事处)定期对村规民约和居民公约的落实情况进行督促检查。如将其作为基层组织建设的经常性工作,纳入村(社区)“两委”班子目标责任考核内容。同时,在村级层面,村务监督委员会不断强化对村规民约、居民公约遵守情况的监督。此外,村(社区)“两委”成员、人民调解员、村(社区)妇联执委和德高望重、办事公道的群众代表共同参与监督,以不断提高村规民约的执行效度。

(二)科学完善村规民约修订程序

1. 调查研究

村党组织、村民委员会前期通过召开村民小组会议、入户走访、村级广播、民情恳谈等形式,调查研究村民需求,广泛征求群众意见,围绕规范日常行为、维护公共秩序、调解群众纠纷和引导民风民俗等方面收集有关村规民约制定的具体内容与意见。

2. 拟定草案

村“两委”就提出的问题和事项,组织群众广泛协商,成立由村委、村务监督委员会和村民代表组成的村规民约修订小组。根据群众意见拟定村规民约草案，同时听取村民代表会议、群团组织、社会组织和驻村党代表等的意见建议。将初步拟定的文本交法律顾问进行审查，对违反法律的条款提出修改意见，采用合法有效的措施来保障村规民约实施。

3. 提请审核

村党组织、村民委员会根据有关意见修改完善村规民约以后，提交乡镇党委、政府组织进行合法性审查。乡镇党委、政府组织就内容合法性、完整性、可操作性等提出具体修改意见。

4. 审议表决

村党组织、村民委员会根据乡镇党委、政府组织的审核意见，进一步修改形成审议稿，提交村班子审议，审议后请村民小组长逐条讨论，然后由小组长组织召开村小组户主会议讨论，根据讨论意见修订完善后提交村民会议依据《中华人民共和国村民委员会组织法》相关章程表决通过。

5. 备案公布

在村民会议表决通过后，社区党组织、村民委员会第一时间将通过的村规民约、居民公约报乡镇党委、政府备案，在乡镇党委、政府严格把关后利用村务公开栏和网上政府平台进行宣传公示，让群众广泛知晓（具体流程见图4-18）。

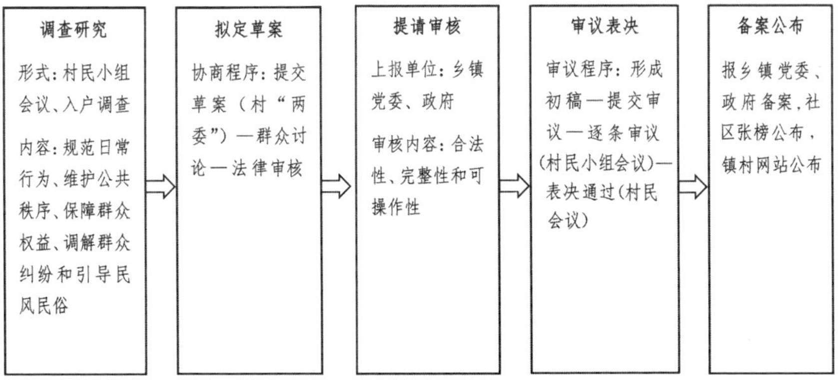

图4-18　安吉县村规民约制定流程

（三）动态修订村规民约文本内容

安吉县制定的村规民约主要包括名称、正文、审议主体和日期四个部分。村规民约名称主要以各村村名来命名，如《高禹村村规民约》。正文围绕规范日常行为、维护公共秩序、保障群众权益、调解群众纠纷和引导民风民俗五个方面来确定条约框架，规约内容通俗易懂，多以三字语、顺口溜、山歌民歌等形式来表现。具体而言，横溪坞村制定的《横溪坞村村规民约》，规范村民言行，反对赌博、迷信、浪费等不良习俗；《高家堂村优秀村民评选、表彰方案》对党员、好婆媳的标准进行了明确规定；高禹村的《农户喜宴要求和标准》，遏制了攀比陋习；剑山村村规民约内容丰富全面，涉及土地管理、农林业生产管理、企业管理、婚姻家庭、社会治安、乡风文明、安全生产、邻里关系等各个方面。此外，村民会议为规约审议主体，即规约后期的修订仍旧需要召开村民会议表决审议。规约的落款日期主要是村民会议表决通过日期和实施生效日期，进一步增强规约的合法性和时效性。

公约选登

余村村村规民约

1. 为巩固扩大全国文明村创建成果，全面提升群众自主治理水平，打造“村强、民富、景美、人和”新余村，争当践行“两山”理念的样板地、模范生，特制定本公约。

2. 全体村民应积极参加健康向上的文化娱乐活动，热心参与社会公益活动，勇于承担社会责任，踊跃参加志愿服务活动，支持配合村级中心工作，自觉服从发展大局。

3. 实施垃圾不落地清运，推行垃圾分类处理，严格按规定时间投放垃圾，严禁随意倾倒垃圾、偷排污水。

4. 严格实施封山育林、保田节地，严格保护珍稀动植物资源，严禁乱砍滥伐、毁林开荒、毁竹种茶、抛荒占地，严禁使用剧毒有害农药，逐步减少化肥使用，禁止私自狩猎、捕鱼，禁止焚烧秸秆、垃圾。

5. 不提倡饲养家禽家畜；自觉做好圈养、拴养；及时清除污水粪便；严禁随意散养、放养，一经发现视为无主处理，由此造成的损失村委会概不负责。

6. 全年禁放烟花爆竹，如有违反者须缴纳村庄保洁费 100—500 元，仍不听劝告擅自燃放者，将被全村通报曝光，并酌情减少直至取消相关普惠性待遇。

7. 倡导文明施工,私人建房须做好围挡工作,严禁建筑材料随意堆放,严禁任意挤占道路、绿化景观等公共空间,严禁重型车辆超载进出,自觉维护建筑工地整洁有序。

8. 主动管理好自家房前屋后,保持庭院洁净美丽,严禁私搭乱接,严禁乱堆乱丢,严禁乱停乱放,严禁私设标牌。

9. 厉行勤俭节约,禁止大操大办、奢侈浪费,禁止相互攀比、肆意挥霍。酒席控制在20桌以内,每桌菜品不超过16个,不提倡使用高档烟酒,不提倡互送明显超过承受能力的礼金、礼品,礼包以实用为主。提倡少摆酒、不摆酒,党员干部带头禁止巧立名目置办酒席,禁止操办除婚丧嫁娶外的其他类型酒宴。

10. 大力弘扬孝老敬亲、家庭和睦、邻里和谐等优良风尚,倡导相互沟通、谦让包容、互尊互助,严禁打架斗殴、粗俗用语和无原则、无休止纠纷。依法理性表达利益诉求,正确疏导情绪,严禁无理缠访闹访、非法越级信访。

11. 推行文明治丧,倡导厚养薄葬,推崇绿色环保殡葬,坚持村级公墓集中安葬,严禁骨灰装棺土葬。严禁搞封建迷信活动,严禁抛撒焚烧冥币纸钱,严禁鸣放电子炮。

12. 农家乐、民宿等必须明码标价,设置文明餐桌、光盘行动、厉行节约等宣传标识,提供无偿打包服务。

13. 村委会安排专人管理维护自来水,任何人不得私自接管连网,否则按盗用行为处理。严格节约用水,推行村民限额免费、经营单位有偿用水,主动缴纳超额用水调节费。

14. 严格按村庄统一规划审批建房,严格户宅制度,严禁未批先建、少批多建、建新不拆旧和非法占用永久基本农田,坚决遏制违法建筑。

15. 倡导文明待客、诚信经营、优质服务,严禁强买强卖、拉客宰客、敲诈勒索和恶意压价等扰乱市场经营秩序的行为。

16. 推行绿色低碳的生产生活方式,自觉节约资源、保护环境,鼓励循环利用,倡导变废为宝,推广清洁能源。

17. 加强户籍管理,独生子女户原则上不得办理与父母分户手续,年龄18周岁以上两兄弟分户须首先妥善解决老人赡养、财产继承等问题,对因婚嫁、赡养迁入的外地居民,享受利益分配须经所在队组集体决定。特殊复杂户口关系变动且涉及集体利润再分配等重大问题,须经村民代表大会集体表决。

18. 村集体根据发展需要依法流转农户土地承包经营权时,坚持少数服从多数原则,经三分之二以上户主或村民(选民)签字同意并形成书面决议即为有效。

19. 农户对外出租用房,须督促承租方遵守村规民约,按时足额缴纳相关公共费用。

20. 本公约适用于全体村民,自公布之日起施行。如有违反,将给予一定处罚,直至上报司法机关依法追究法律责任。

余村村规民约涉及环境整治、宴席减负、公益参与、设施维护、土地流转、矛盾调解等方面,村"两委"按照"立村规、广宣传、严落实、后完善"的规范流程引导村民积极参与村庄卫生整治和社会公益活动,形成崇尚节约、自觉抵制不文明行为、主动参与村庄建设的社区氛围。在丰富群众精神生活的同时也促进了村民之间的交流与融合,逐步达到了"美环境,改陋习,促交流,调矛盾,提素质"的治理效果。余村村规民约成为规范村级事务管理、规范村民自身行为的样本,使村民自治逐步走向良性发展。

安吉县各村通过开展村规民约的制定和修订,建立健全对辖区内村民管理的约束机制,有效提升村民文明素养,使得"三改一拆"、"五水共治"、生态建设、文明治丧等深入人心,极大助推了农村社区的面貌改变,在倡导公序良俗,规范群众言行,调处矛盾纠纷、强化依法治理、促进社会和谐等方面发挥着积极作用,助推了乡村有效治理。

二、家风传承中的时代实践

传统家规家训是中华文化的重要组成部分,影响着中国人的整体心性、价值信仰和观念世界[①]。2016 年 12 月,习近平总书记在会见第一届全国文明家庭代表时曾说,"家风是社会风气的重要组成部分。家庭不只是人们

① 陈振波. 中华优秀传统文化视野下当代家规家训建设的思考[J]. 广西社会主义学院学报, 2018(5):92-95.

身体的住处,更是人们心灵的归宿”[①],这充分强调了家风家教的作用。传统家规家训包含诸多为人处世的智慧,具有德育、引导和管理作用。好的家规家训不仅是家庭和睦、子女成长的重要条件,也是实现社会有效治理的重要基础。安吉县着力从家风传承和宴席减负两个方面来建设乡风文明。

(一)家风传承

为发挥家规家训的教育、引导和管理作用,该县以“美丽家庭”创建为契机,以“三规协同”为目标,坚持教育引导、实践养成、制度保障三管齐下,通过家规编写与宣传、家风传承与教育来弘扬公序良俗。一是组织整理编写家规,宣传展示家训,讲述家风故事,展示家庭梦想。如引导家庭成员通过家信、微信、短信等多种形式“写家书、晒家风”,与亲朋好友分享好家规、好家训。将优秀家规家训挂在家庭门楣厅堂之上,陈列在文化礼堂、宣传橱窗之中来引导群众,展示家庭文明风采。二是弘扬优秀家规家风,汇编优秀家规家训。该县通过建设一批具有地方特色的家规家训家风传承、教育、实践基地,来引导群众继承和发展好家规、好家训和好家风。此外,为更好发挥社会主义核心价值观的引领作用,县民政局将集中评议出的优秀家规家训编纂成《优秀家规家训汇编》,以供全县村民学习借鉴。

昌硕街道双一村为更好地传承家规家训,营造风清气正、和谐有序的社会新风尚,将家规家训真正落实到村民日常生活中。该村村委将朱氏祠堂改建为文化礼堂,成为村民传承历史文化的教育基地。文化礼堂正堂供奉朱氏祖先朱熹画像和龙灯,外墙醒目位置粉刷着《朱氏家规家训》。2019 年清明节,双一村团委、工会、妇联、计生委、老年协会等组织,联合在文化礼堂举办双一村新时代文明实践“清明传家风”活动。在村党支部、村委会的支持下,朱氏后代在朱氏宗祠内,重新恢复集体摆清明酒这一传统风俗。同时,举行公祭活动,缅怀列祖列宗,并重温朱氏家规家训,由长者带领少先队员等若干人宣读家规家训;活动还邀请村“两委”成员、部分乡贤和戴村(中心村)80 岁以上的老人作为嘉宾,分享自己对家规家训的理解和其中的小故事。这一天,10 位小辈还向长辈代表敬茶,以示对长辈的尊敬、爱戴。长辈代表向小辈赠送家规家训,希望下一代传承好朱氏宗族优良的家风家规,

---

① 家风建设,从严治党新抓手[EB/OL].(2017-02-22)[2019-09-12]. http://www.rmlt.com.cn/2017/0222/460831.shtml.

并发扬光大。

此外,该村还将党员队伍建设与家规家训的传承有机结合,"两山儿女学家规"活动的定期开展,使得广大党员干部在文化传承中理解家规家训的深刻内涵,在实际工作中把握家规家训的时代价值,为民服务、提升本领。

双一村通过清明传家风活动的开展,加深了朱氏后人对家规家训的理解,家规家训不再仅仅是一纸空文,而是变成了村民的行为准则、社区的集体记忆,同时也推动了乡风文明的发展。

图 4-19　双一村小辈向长辈敬茶

公约选登

双一村《朱氏家训家规》(2014 年)

一、立身宇宙天地间,全心全意待人家,忠孝节廉守根本,耕读忠厚永家传。

二、尊祖敬宗源流长,孝顺父母首应当,妯娌和睦万事兴,家庭团结土变金。

三、邻居乡亲话家常,互帮互学常来往,祖训家规经常讲,传承家规新风尚。

四、敬老爱幼家常事,与人和善不可忘,助人为乐心胸阔,宽厚待人乐安康。

五、洁身自好是本分,遵纪守法意识强,富不持势贫自强,举止稳重要大方。

六、待人和气要诚信,勤俭持家记心上,勿信邪教和谗言,知恩感恩意义长。

《朱氏宗谱》摘录

（二）宴席减负

具有成文形式的乡规民约是对习惯的“双重制度化”。制度化后的乡规民约不仅继续确认、保障传统社会的固有习惯，同时也衔接国家法律，体现国家在村庄治理中的基本要求[①]。因此，在乡村治理中通过乡规民约改变陈旧风俗习惯、推进移风易俗也就成为可能。

以天子湖镇高禹村为例，该村在村规民约的基础上进一步制定《农户喜宴要求和标准》，旨在净化农村社会大事大办、盲目攀比的社会风气，营造“酒席大减负、近邻不随礼”的良好乡风。该公约具体体现在明确宴请标准、成立评议小组和宣传公约内容三方面。

一是明确宴请要求。公约在明确可举办宴席的事项、酒席规模和花费标准之外，还大力倡导全体村民不送礼、不放鞭炮、不高档消费。如村里提供红白喜事场所，酒席规模不超过 10 桌，每桌菜品不超过 16 个，菜价不超过 400 元，酒水适量。通过执行“办酒标准”，原来动辄摆酒 30 余桌、每桌花费 800 余元，到现在规模压缩到 10 桌以下、每桌花费 300 余元，酒席总体花费也由两三万元下降到三千余元。二是成立评议小组。为确保公约落实，该村成立以村支书为组长，各生产队长、老党员、老干部为组员的乡风评议小组，负责对公约执行情况进行监督和评议，评议结果直接与文明家庭评比挂钩。此外，村“两委”干部和党员群众通过签订承诺书带头做到宴席减负。三是宣传公约内容。净化风气，党员先行。该村专门聘请 7 名德高望重的老党员和村干部组成义务讲解员队伍，按照就地和就近原则，向全体村民宣传公约内容，倡导村民坚决抵制大操大办的歪风陋习。

高禹村借助宴席减负公约的制定和落实，规范村民自身行为，净化农村社会风尚，在全村逐渐形成“厉行勤俭节约、抵制铺张浪费”新风尚的同时，也使乡村风气更加淳朴文明。

---

① 陈寒非，高其才．乡规民约在乡村治理中的积极作用实证研究[J]．清华法学，2018(1)：62-88.

三、专项公约中的群策群力

(一)治水护水,家庭主导

2014年以来,安吉开始在全县展开“五水共治”攻坚战。作为一项系统性极强、综合性极高的社会工程,实施“五水共治”不仅需要设施建设和河道清理,更需要广大群众的积极参与,特别是巾帼力量的发挥,即以家庭为单位,通过发动妇女参与“治污水、防洪水、排涝水、保供水、抓节水”这五项工作,进而带动整个村庄参与“五水共治”。

例如,昌硕街道双一村于2015年5月制定《双一村家庭护水公约》,旨在鼓励村民做好自家门前卫生,减少污水排放,从而降低河流污染,促进生态恢复。公约以家庭为基本单位,以爱水节水为主要理念,以“门前三包”为主要内容来规定村民具体的护水职责和注意事项。爱水节水主要是指不乱排放生活污水和不使用含磷洗衣粉等污染管控措施以及倡导一水多用等节水理念,如养成用水间歇随手关闭水龙头的用水习惯;加强对孩子的节水、护水、爱水行为习惯教育等。“门前三包”即包卫生、包秩序、包绿化,村民特别是妇女需要在做好自家房前屋后卫生工作的基础上主动爱护门前公共基础设施,村民在“五水共治”中的表现会成为美丽家庭评比的重要参考。公约在充分发挥家庭妇女主体地位的同时还注重邻里相互监督,如发现村民存在破坏村庄水域环境、损坏公共用水设施等不文明行为要及时劝导和举报。在全县范围内,相关部门会定期进行电话访谈、意见反馈、实地检查检测公约落实成效,村干部的工作绩效考核也与公约执行效度紧密挂钩。

双一村推广实施家庭护水公约,积极营造人人爱河道、家家齐治水的护水氛围,改变了以前“干部在水中干、群众在岸上看”的状况,促使村民自觉加入治水大军,成为爱水护水实践者,逐步让护水、爱水、洁水成为广大群众和家庭成员的自觉行为。各级领导干部和河长身先士卒、带头示范,群众参与治水的积极性高涨,干群关系因治水而变得更加紧密,涌现出一大批治水先进和模范典型①。安吉县也借助各村家庭护水公约等非正式规则的实施

① 彭佳学.浙江“五水共治”的探索与实践[J].行政管理改革,2018(10):9-14.

和河长制等正式生态保护机制建设的有机结合，使得全县的“五水共治”走在了全省治水工作的前列。

公约选登

双一村家庭护水公约

为共同打造院洁、岸绿、水清的美好村居环境，确保“五水共治”建设成果具有长效性，特制定本家庭护水公约：

一、家庭门前三包

1. 包卫生：垃圾入箱不随手扔，厨、卫、洗涤等污水不乱排放，门前垃圾及时清理，做到居住环境整洁卫生、清新舒适。

2. 包秩序：房前屋后地面平整，不乱堆放杂物，不乱搭建、乱晾晒、乱悬挂、乱停放。

3. 包绿化：房前屋后栽花种树，美化庭院；保护好门前公共设施。

二、家家爱水，保护河道

1. 在河道里洗涤要选用无磷洗涤剂，并尽量少用洗涤剂。

2. 不向河道排放生活污水，不往河道倾倒垃圾污物和人、畜、禽排泄物，以及电池等各类有害物、污染物。

3. 自觉保护堤坝、沟渠等河道设施，不人为损坏，不侵占河道，不在河道沿岸乱搭乱建，不破坏污水处理设施。

三、家家监督，相互劝导

1. 对发生在身边的乱扔乱排、乱搭乱建、乱停乱放、乱贴乱画等“四乱”行为以及占用河道、破坏公共设施、折损绿化苗木等破坏环境行为，主动劝阻。

2. 主动清理道路上、河道边的塑料袋、包装瓶等废弃杂物，维护清洁的村居环境。

3. 发现向河道排放污水、破坏河道设施等破坏水环境的现象，及时向村委会举报。

四、家家配合，共同建设

1. 积极参与河道垃圾清理、环境卫生整治行动，为美丽双一建设作贡献。

2. 顾全大局，主动配合，协助生活污水集中处理等各项治水工程的实施。

3. 争做双一新主人，积极为村委会出主意出点子，共同建设美丽村居。

（二）消防公约，防消结合

农村消防工作是一项系统工程，贯穿农村社区建设的始终。它既关系农民群众的生命财产安全，又关系农村经济发展和社会稳定，因此，提高消防意识、增强消防安全对于维护居民的人身和财产安全至关重要。自2008年《中华人民共和国消防法》颁布以来，就明确提出农村社区需要建立责任管理机制，浙江省和湖州市根据当地实际，提出农村消防工作制度化和常态化的具体要求（见表4-6）。在县级层面，安吉县结合社区建设实际，制定出台《安吉县乡镇（街道）消防工作规范》，明确提出消防工作制度化、考核常态化；加强对公共场合用火管理，落实各村的责任主体。

表4-6 农村消防安全建设相关文件节选

时间	主体	名称	相关主要内容
2008年10月	中共中央办公厅、国务院办公厅	《中华人民共和国消防法》	提出农村社区应当确定消防安全责任人，组织制定防火安全公约，进行防火安全检查。
2010年5月	浙江省办公厅	《浙江省消防条例》	提出建立健全消防安全责任制和消防安全规章制度，落实消防安全的主体责任，加强农村消防基础建设，制定公约，扩大宣传。
2006年12月	安吉县人民政府办公室	《安吉县构筑社会消防安全防火墙工程实施方案》	提出“预防为主，防消结合”的方针，落实主体责任和安全宣传，制定消防公约，实现农村消防工作制度化和常态化。
2011年3月	安吉县人民政府办公室	《安吉县乡镇（街道）消防工作规范》	提出消防工作制度化、考核常态化；加强对公共场合用火管理，落实各村的责任主体。

资料来源：根据相关资料整理而成。

村级层面，为切实加强消防安全管理工作，有效预防和减少火灾的危害,确保村民家庭安全,大竹园村顺应村民期盼,立足村情民意,制定了《大竹园村村民防火公约》,倡导村民主动学习消防知识,特别强调公共场合用火用电安全以及了解有关农村社区中的涉火涉电禁止事项。具体而言,一是加强知识学习。村民需要学习农村消防的相关法律法规及如何正确维护和使用消防器材,要及时劝止村民的不安全用火用电行为,特别是要熟知公约中的有关用火用电的禁止行为,如严禁占用、堵塞公共消防通道,不得乱拉乱接电气线路,不准用铁丝、铜丝代替保险丝,杜绝超负荷用电。二是高度重视公共场合的用火用电安全。该公约在规定村民日常用火用电注意事项的同时,还将目光聚焦到农家乐等公共场所。公约明确规定农家乐经营户必须严格遵守国家消防安全规定,严禁超限额接待游客。此外,公约还关注独居老人的用火用电安全,突出对村民个人权益的维护。三是加强政策宣传。在公约生效后,当地村委充分利用信息公示栏和其他宣传平台加强政策宣传,通过村级消防安全队伍建设落实农村社区消防安全的主体责任,推进消防工作的常态化和规范化。该《公约》的出台,对于提高村民消防安全意识,加强全村消防安全工作,消除火灾隐患,预防和减少火灾危害,提升全村防御火灾能力起到了积极作用,切实发挥了非正式规则在农村社区治理中的协同治理作用。

公约选登

大竹园村村民防火公约

为控制和减少火灾事故,确保村民家庭的防火安全,按照国家有关消防法律法规的要求,特制定本公约,望广大村民自觉遵守,并共同监督执行。

一、自觉遵守消防法律法规,服从村委会管理,坚决同消防违法违章行为作斗争。

二、认真学习有关消防知识,正确使用消防器材,不挪用、圈占、埋压、损坏消防设施。

三、严禁违章搭建改建、擅自装修,不得在居住建筑内堆放可燃物,严禁占用、堵塞公共消防通道。

四、不违章贮存、经营、使用易燃易爆化学危险物品,严禁倒灌液化气和乱倒液化气残液。

五、不得乱拉乱接电气线路，不准用铁丝、铜丝代替保险丝，杜绝超负荷用电。

六、教育儿童不玩火，慎用电。不燃放烟花爆竹，不玩弄电器设备；关注独居老人、残疾人等群体的消防安全。

七、农家乐经营户应严格遵守国家消防安全规定，严禁超额接待游客。

（三）生态建设，规则先行

生态文明建设与中国特色社会主义建设具有内在统一性，是发展中国特色社会主义的必然选择，是我国应对全球生态问题的重大战略，是新时代中国特色社会主义道路的重大创新①。生态建设的有效推进离不开正式制度的保障，也离不开非正式规范的协同。作为“联合国人居奖”唯一获得县，安吉县生态文明建设一直走在前列。近年来，该县始终坚持生态立县不动摇，为巩固领先优势，实现示范目标，提高县民生态意识，该县于 2013 年出台《生态安吉县民守则》，这部“新三字经”，成为 46 万安吉县民共同遵守的行为规范。

通俗的文字表述。为方便记忆、容易理解，最后确定的《生态安吉县民守则》共 8 句、48 个字，主要以生态、绿色环保为主题，以“建好生态县，人人出一分力”为宗旨。安吉县将美德传承、文化教育、生态建设等写进县民守则，重点抓生态建设，不断激发社区发展的内在动力。

多样的宣传方式。《守则》出台后，采取了多种传播和宣传方式。通过走进村庄，将其纳入村规民约；通过走入校园，将其融入班规班纪；通过走进家庭，将其注入家规家训。如天子湖镇高禹村在《守则》出台后，高禹小学分管德育工作的副校长每天晨课会带领全体师生诵读《守则》，带动全体学生学习守则，并倡导在日常生活中落实守则内容。

经过一系列举措，该县将环境保护、生态建设等观念深深烙印在每个安吉人心里，使保护绿水青山成为安吉人的自觉行为。《生态安吉县民守则》的出炉，对于约束县民行为，更好地维护美丽乡村的发展起到了重要的推进

① 李钰. 新时代我国生态文明建设的作用、创新及特色发展[J]. 重庆社会科学，2019(9)：70-81.

作用，同时，对于安吉生态文明建设更加规范化、制度化、长效化发展具有重要作用。

公约选登

生态安吉县民守则

生态县，人人建；爱环境，洁家园；
禁毁林，多植绿；吃穿用，莫浪费；
废弃物，分类投；守交规，文明行；
重文教，倡礼孝；勤创业，享幸福。

（四）小区公约，文明你我

近年来，居民在生活品质得到不断提高的同时，也存在许多不文明行为，如不关楼道门、楼道里杂物乱堆放、车辆乱停等陋习，这些乱象让众多居民头疼不已，不仅破坏了环境，还影响了邻里关系。为改善社区环境，针对小区出现的问题和现状，天子湖镇高禹村组织居民自制了一纸居民公约，从我做起，倡导社会正能量。

村民联动制定公约。为了提高公约制定的民主性和科学性，该村通过张贴告示向居民收集小区迫切需要改进的问题，再由每个楼栋长对居民意见进行收集整理，统一交给村委会。经过各楼栋居民充分讨论协商，针对反映突出的问题，筛选制定出一份居民公约表决稿，最后交由村民代表大会进行审议表决。目前该村已制定《小区管理自律公约》《农村新社区环境自律公约》等专项公约，以此来规范村民行为，维护社区秩序。

奖罚共助公约落地。《小区管理自律公约》内容全面，涉及村民个人言行规范、小区环境保护、公共设施维护、公共秩序建设和移风易俗等五个方面。《农村新社区环境自律公约》旨在引导村民履行好自身的责任与义务，为农村人居环境整治作出自己的应有贡献，如不随地吐痰、不乱扔烟头、不随地大小便、不踩踏绿化带内植物以及实行门前“三包”等。在执行过程中，村委会采取相应的激励措施以动员更多的居民主动保护社区环境，维护社区秩序。具体而言，居民如果认真按照公约要求做好卫生工作，一方面，村里将在村报、宣传栏、短信平台上进行通报表扬，并将其作为评选“美丽家庭"的重要参考,在年底会发放粮油、生活用品等对其进行表彰;另一方面,也可根据居民对小区环境公约的遵守情况,在一定程度上减免物业费,从而激发居民遵守公约的积极性。比如村民在乔迁之日没有燃放烟花爆竹,村委会送上一盆鲜花当作鼓励。如果做法不当或者屡教不改,村内将会组织村监委、志愿者团体等对其进行联合评估,根据结果给予相应的处罚。

作为中国传统社会形成的本土文化资源和社会资本,村(乡)规民约是现代法治社会建设的有效补充,以准制度、准法治的外在形式,推进农村社会治理法治化、现代化①。高禹村公约的制定,为加强小区规范管理、维护小区日常秩序、促进小区文明建设、营造整洁舒适安全的居住环境,打下了坚实基础,同时也进一步推进了农村社会的法治化和现代化建设。

(五)积分兑换,激发动力

1. 政民企三方联动共助垃圾平台建设

为加强生活垃圾管理,改善城乡环境,保障公民健康,推动经济社会可持续发展,递铺街道鲁家村出台《垃圾分类环保积分办法》,通过建立激励机制,提高居民参与垃圾分类工作的主动性和积极性,引导居民养成垃圾分类的习惯,切实提升居民生活垃圾处理能力和循环经济发展水平。

政企联动进行积分认定。为方便对村民投放垃圾的管理和规范村民投放行为,该县相关部门与农村商业银行共同开发和运行智能垃圾回收平台。该平台由政府和农村商业银行共同负责运行,利用二维码、RFID 等技术,实现银行卡积分与垃圾分类两项工作的结合,具体包括积分认定与积分获得两方面。一是积分认定。鲁家村的垃圾积分包括日常行为规范和垃圾称重得分两类。其中,前者按照垃圾是否分类、公共设施的完善程度、保洁区的卫生状况等细化评分标准,如村民家中厨余垃圾分类错误为 0 分,反之则加 10 分。村委会每天根据量化标准进行相应评分并汇总(具体标准见表 4-7)。二是积分获得。村民将垃圾投放到指定区域,在自助管理平台上使用社保卡登录系统,选择对应的垃圾类型,打印条形码贴在垃圾袋上再进行投放,系统会根据垃圾称重重量换算成相应的积分,然后回馈到村民的社保卡里,村民可凭借该卡积分进行抵现消费。

---

① 赖先进. 发挥村规民约在社会治理中的耦合协同效应和作用[J]. 科学社会主义,2017(2):120-124.

表 4-7　鲁家村垃圾分类评分标准

序号	分类标准	评分结果	
1	厨余垃圾是否分类正确	没有	一般
		0 分/天	10 分/天
2	垃圾桶及桶盖设施破损是否严重	破损严重	未破损
		0 分/天	10 分/天
3	垃圾桶外表及周边是否干净	不干净	干净
		0 分/天	10 分/天
4	摆放位置情况	不到位	到位
		0 分/天	10 分/天
5	按称重计算换取积分	（最高 10 分/天）	

资料来源：递铺街道鲁家村《垃圾分类环保积分办法》。

居民参与积分消费与兑换。每月月底，村民可根据积分兑换礼品的规则到安吉农商银行网点、丰收驿站或者指定超市进行礼品兑换或消费抵现。兑换礼品主要为家庭生活用品，如食用油、酱油、洗衣粉、肥皂、卫生纸、纸杯等。

社区负责积分统计与公开。收集员对参与居民的垃圾分类情况进行考核并实时上传，信息平台和相关部门工作人员在管理后台统计，并按月在街道、村公示栏上公布。参与垃圾分类的居民可通过"安裕环境"软件查询垃圾考核积分情况。

垃圾分类回收银行卡积分平台是政民企三方联动把绿色发展理念行动化、具体化的表现之一。通过智能平台的引导和运行规范居民的垃圾投放行为，同时使之获得一定的物质奖励，更好地调动了居民参与生态文明建设的积极性和主动性。

2. 党员先行示范

为发挥党员志愿者作用，奉献爱心，弘扬社会正能量，引导广大基层党员参与村级事务管理，天子湖镇高禹村成立"红色驿站"，该驿站负责党员志愿者服务的内容和时长统计以及后期的积分管理等事宜。该村党员志愿者可申请加入“红色驿站”管理中心。在资格审查合格后,管理中心给合格党员颁发“红色驿站”登记证或“红色驿站”志愿者证。在日常生活中,党员可主动参与志愿服务、捐款捐物等志愿活动。驿站会累计统计党员志愿者的服务时间作为“爱心”以此换算成相应的红色积分,“返还”给每位党员。每年年底,党员可使用积分兑换书籍、日常生活用品等实物(见表4-8)。一般而言,积分兑换按年进行,特殊情况下可跨年兑换。此外,党员自身需要相应的服务,需先向村支部申请,经审核、批准后,以自己的积分换取“等价”的志愿服务,与此同时,参与提供志愿服务的其他党员可获得等值的红色积分。

表4-8　高禹村“红色驿站”党员积分兑换标准

实物兑换		服务兑换
积分(分)	可兑换奖品	
3	牙刷/牙膏/香皂	当需要他人帮助时,党员以扣除积分的方式获得志愿者的帮助,同时志愿者可以获得相应积分。
5	图书/水果盘/洗衣粉	
10	保温杯/保温饭盒/洗衣液	
20	台灯/电水壶/充电宝	
说明:党员志愿者每参与一次志愿活动,或者捐款100元、捐献物品价值150元可获得1分。		

资料来源:天子湖镇高禹村“红色驿站”。

高禹村通过“红色驿站”信息管理实现高禹村党员、群众“爱心”共享互换,在调动党员积极参与志愿活动的同时,也形成了甘于奉献的良好风尚。

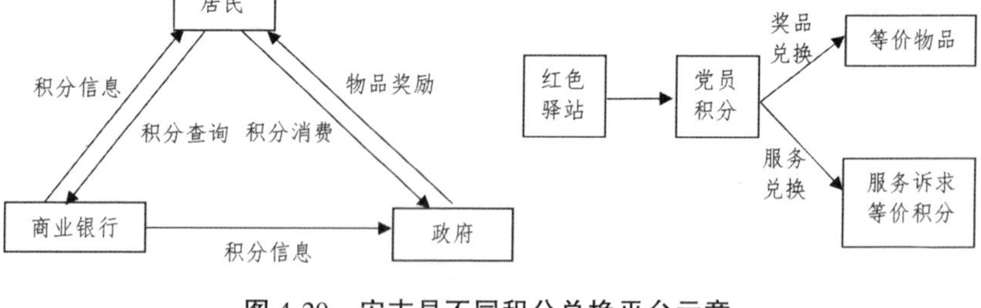

图4-20　安吉县不同积分兑换平台示意

村规民约重在通过道德教化规范社会行为,实现对乡村的治理,它具有以传统家教文化形成家庭美德、以日常生活伦理培育个人品德、以扬善惩恶方式弘扬社会公德的德治功能特征[①]。安吉县在实验区的创建过程中，将“三规协同”融入社区建设，围绕社区移风易俗和秩序稳定，通过村规民约、家规家训、专项公约等规约着力社区公共事务规则的建构与完善，充分动员不同的社会力量，逐步达到规范社区居民行为，实现乡村社会和谐稳定的治理目标。

第四节　共创常态机制：服务机制创新的多维探索

实施乡村振兴战略，是党的十九大作出的重大决策部署，是决胜全面建设小康社会、全面建设社会主义现代化国家的重大历史任务[②]。乡村振兴不仅需要有效动员治理主体和创新探索治理方式，还需要政府自身能力的不断提高。服务型政府将满足公民需求作为最高目标，不仅要求强化社会管理和公共服务职能，更需要通过体制机制创新来促进公共服务的有效供给[③]。近年来，安吉县在“两山”理念指引下，以美丽乡村建设为载体，不断加快提升农村社区建设、管理、服务水平。在创建过程中，该县围绕党建创新和治理服务等领域，推进系列服务机制改革和创新。服务机制的创新，推动了农村社区和谐稳定的发展，促进了社区服务功能的改善。

一、党建引领机制

党建引领乡村振兴，契合新时代党的使命与责任，既是遵循基层党组织的意图与能力的经验要求，也是提升乡村振兴实效的需要[④]。在实验区的创建过程中，安吉县不断提高党员服务能力、夯实党在农村的执政基础，坚持将党的建设融入社区建设中，坚持以党建吸纳与整合多源人才来壮大乡村振兴组织力量，以重塑农村基层党组织的权威来促进农民主体的参与，以

① 高艳芳，黄永林．论村规民约的德治功能及其当代价值——以建立“三治结合”的乡村治理体系为视角［J］．社会主义研究，2019（2）：102-109.

② 沈莉莉．实施乡村振兴战略加快推进农村现代化建设［J］．现代营销（经营版），2019（11）：25.

③ 郁建兴，吴玉霞．公共服务供给机制创新：一个新的分析框架［J］．学术月刊，2009（12）：12-18.

④ 梅立润，唐皇凤．党建引领乡村振兴：证成和思路［J］．理论月刊，2019（7）：5-12.

凝聚共识与合作来提高乡村振兴的资源配置效度，充分发挥党组织战斗堡垒作用和党员先锋模范作用，为农村社区建设提供坚强政治和组织保证。

(一)功能党小组，激发党员服务群众热情

农村基层党组织是服务群众的组织，是带领群众脱贫致富的主心骨和领头羊。而作为基层党组织的组成部分和“神经末梢”的基层党小组，则在激发基层活力、密切联系服务基层群众等方面发挥着重要作用。因此，新时代加强党的农村基层组织建设，应切实按照建设基层服务型党组织的要求，在村级党组织下科学设置党小组，充分激发党员服务群众的主动性、能动性和创造性。近年来，随着美丽乡村建设的推进和深入，针对农村基层党组织存在的若干问题，安吉县部分村镇积极创新党组织服务群众形式。以延伸党建工作、加强组织建设、优化队伍结构、增强服务意识为目标，通过“细胞重组”、职责厘定和活动延伸，打破传统基层党组织设置模式，形成扎实为群众做好事、办实事、解难事的基层党建新局面。

改变党小组设置模式，变“地域设置”为“功能设置”实现“细胞重组”。安吉县部分村庄积极适应美丽乡村建设新形势，打破“将党小组设在村民小组上”的传统模式，不再单纯地依靠村民小组的分布和人口密度设置党小组。根据核心工作需要，按照有利于功能发挥原则，优化党小组设置方案，调整完善党小组设置模式。根据基层党员技能特长、年龄特征和从业情况，把技能特长相当、年龄段相近的党员编入同一党小组，使党组织服务群众更有针对性。以上墅乡刘家塘村为例，该村按照有利于党员参加活动、有利于党员发挥作用、有利于推动工作的原则，打破原有地域划分模式，根据美丽乡村项目建设情况设立 5 个功能党小组，即项目推进组、民生服务组、保障服务组、宗旨服务组和宣传监督组。通过打破传统地域设置模式，按年龄、行业及功能等设置党小组，使党小组覆盖到农村社区的各个领域、各个方面，使党组织的控制力和影响力也得到相应延伸，管理更加到位。再以孝丰镇横溪坞村为例，该村在划分党员六大岗位后，党员可以根据自身的能力、特长、兴趣等条件，民主认领适合自己的岗位，明确认领范围及相应的职责，肩负起该岗位的职责并做好相关工作(见表 4-9)。

明晰党小组服务职责，由“虚责”到“实职”达到各施所长。“知责才能尽责”,安吉县部分乡村以美丽乡村建设为契机,以农村社区治理实验区建设为抓手,重点做好农村基层党组织的党员队伍建设、组织生活建设,将口号落实为具体职责,积极搭建服务群众平台,着力打通联系群众“最后一公里”。在章村镇,“党员天天见”工程已成为该镇基层党建工作的一大亮点。章村镇在每个行政村集中区域设立大屏幕,大屏幕每天滚动播放村内党员视频,视频内容涉及党员姓名和服务承诺等内容。试点村党员通过视频“亮身份、作承诺、比服务”,进一步促进党员在环境治理、村级发展、服务群众、抗险救灾等工作中发挥先锋引领作用。

扩展党小组功能范围,从“室内”到“室外”强化服务责任。安吉县各村以农村社区治理为契机,根据自身实际情况,不断拓展活动范围,丰富活动形式,使广大党员对组织生活产生浓厚兴趣,主动参与组织活动。以递铺镇鲁家村为例,该村将现有的90名党员组成4个党小组,每个党小组在就近农场里建立一个活动阵地。村委会为党小组配备开展活动所需设备,党小组可以定期不定期地到这里开展活动。不仅党员可以就近开展工作,大大节约活动时间,同时,群众也可及时向党小组反映困难和需求,基层党组织可以切切实实地为群众解决政策上的难题,实实在在地发挥党员的先锋模范作用。

表4-9　安吉县孝丰镇横溪坞党员六大岗职责

岗位	职责
党员政治岗	负责政治学习,内容涉及政治理论、政策法规等的学习宣传。
工程建设监督岗	负责美丽乡村建设工程监管,内容涉及有无随意变更工程设计、工程建设质量是否合格,确保工程质量。
材料管理岗	负责项目材料购买,内容涉及跑市场、比价格、比货源。
政策处理岗	负责政策处理,内容涉及向群众作政策解读,对不配合工作的群众做思想工作。
乡村创建岗	负责美丽乡村创建,内容涉及美丽乡村创建工作的宣传等工作。
乡村贡献岗	负责志愿服务,内容涉及茶叶产销旺季义务帮工、开展义务巡逻、志愿打扫村庄、组织清理河道等。

资料来源:根据相关资料整理而成。

功能型党小组的建立,有效克服了因组织单元过大而造成的弊端,使党在农村的组织工作更加深入,基层党员干部活力得到极大激发,任务执行更加有力,执政基础更加牢固,促使基层社区治理水平得到极大提高。

(二)网格化管理,提升党员群众服务意识

和谐社会并非无矛盾,而是能够有效疏解矛盾。和谐社会的构建有利于进一步解决好人民群众最关心、最直接、最现实的利益问题,实现好、维护好、发展好最广大人民的根本利益,维护农村社区的稳定。孝丰镇潴口溪村本着“矛盾不上交,大事不出村,小事不出户”原则,在乡村治理中因村制宜,积极寻找解决纠纷的“本土资源”,将党建与社区治理有机结合。

划分全村网格,明确成员职责。该村结合本村实际将全村分为四个网格,并在网格内分设党小组长、网格长、网格指导员、专职网格员、党建特派员、村民组长、平安特派员七类专门人员参加网格化管理,将党员和村干部引进治理网格中,参与社区协同治理。当社区居民之间产生矛盾纠纷或需要民生服务时,网格中的各成员按照群众的实际需求提供相应的服务,将党员自身的能力建设与村庄治理、服务有机结合,探索“党建+治理”新机制,设立专门的党建特派员,协助社区党组织做好基层党建工作。另外,该村在网格划分的基础上,明确各类网格员的工作职责,积极协同配合,努力为社区居民服务(见表4-10)。比如,村民组长主要履行平安宣传、信息收集、矛盾调解、提供服务等职责,此外还需要积极配合村委会做好其他工作。

表4-10　安吉县孝丰镇潴口溪村网格员职责

岗位	职责
网格长	协调组织专兼职网格员开展服务,履行上下联络、信息采集、隐患排查、矛盾调解、民生服务等。
专职网格员	做好信息收集、隐患排查、矛盾调解、民生服务等。
网格指导员	指导网格员开展工作并帮助解决网格问题等。
党建特派员	具体协助网格长加强网格内党员管理服务工作,带领党员主动参与社会治理等。
村民组长	做好平安宣传、信息收集、矛盾调解、社会管理、惠民服务及其他工作等。
平安特派员	协助网格长做好对责任网格内的人、事、地、物、组织等基本治安要素的管理。
党小组长	领导和协调作用,安排网格区域各职能人员工作,监督工作等。

资料来源:根据相关资料整理而成。

规范工作流程,及时处理问题。为规范网格化管理各项工作,该村“两委”严格按照“收集问题—了解问题—处理问题—反馈结果”这一程序开展工作,并在执行过程中要求村委主动接受村民监督,及时了解群众意见,改进工作方法。比如,该村明确要求当场可以办理的事情务必现场办结,无法现场办理的事务对接单位限定时间办结。短期内难以处理的事情,负责办理的村干部向村综合信息指挥中心汇报,由村综合信息指挥中心协调处理。在网格化管理中,七类网格员联合联动,互通有无,及时发现过程漏洞,反馈处理结果,努力做到“凡事有交代,事事有着落,件件有回音。”

潴口溪村通过“党建+治理”机制的创建,实现党建与治理两手抓,该机制在锻炼广大党员工作能力的基础上,不断提升党员和村干部为民服务的水平,有效解决邻里纠纷,维护农村和谐,实现社区长治久安。

（三）考核与监督,规范党员自身工作行为

2019 年中央一号文件指出,“强化农村基层党组织领导作用,抓实建强农村基层党组织,以提升组织力为重点,突出政治功能,持续加强农村基层党组织体系建设”①。作为党的执政根基,基层党组织只有政治上坚强有力,才能切实发挥战斗堡垒作用②。作为一项系统的工程,农村基层组织政治建设是推动国家治理体系和治理能力现代化的重要维度。近年来,上墅乡刘家塘村高度重视基层党组织建设,在党的组织建设中探索出党员先锋考核机制,通过对党员履职能力、联系群众情况和个人品德等的定期综合考核,及时发现问题党员、组织问题,有效整顿软弱涣散的村党组织,着力提升党员队伍的整体服务水平。

实行星级评分。为加强对基层党员工作考核,及时发现党员自身问题,该村对党员考核实行星级评分。该评分机制将党员星级分为一星到五星不等,五星为优秀党员,三星到五星为合格党员,三星以下为不合格党员。主要围绕参加学习教育等活动、农村综合治理、政策宣传,服务提供和群众路线几个方面对党员进行考核。比如政策宣传包括党员分发宣传单、张贴宣传画和入户讲解政策,每记录一次得一分,最高十分。村党组织会给表现优

---

① 中共中央 国务院关于坚持农业农村优先发展做好“三农”工作的若干意见[EB/OL].(2019-01-02)[2019-09-01]. http://www.gov.cn/zhengce/2019-02/19/content_5366917.htm.

② 朱宜.推进农村基层党组织政治建设的现实路径[J].人民论坛,2019(22):100-101.

秀的党员加分，以鼓励更多党员努力做好本职工作；对考核不合格的党员进行谈话教育，情节严重者予以警告，帮助问题党员发现自身不足，提出整改建议，从而更好地服务人民。此外，村党委定期将党员的星级评分情况在村公示栏进行公示，以督促党员切实履行自身职责。

调整考评频率。潴口溪村在实行星级评分的同时，还针对党员自身的懒散和党组织存在的纪律涣散等问题动态调整党员考核周期。自2018年开始，党员考核由每季度一次改为每半年一次，同时进一步细化党员考核标准，增添新的内容，如将党员参加志愿服务活动写进新标准，明确要求每月定期去关心留守儿童和走访孤寡老人。考核周期的延长并不意味着考核工作的松懈，而是从更长的时间段去考核党员工作绩效和党建机制创新效果。

规范请假制度。一是规范请假程序。该村进一步加强党员会议制度建设，规范党员请假程序，整顿村党组织。如明确要求因故无法参加党员会议的党员必须提前向村党组织请假，说明理由，经党组织批准后方可请假。二是严禁多次故意请假。为杜绝党员故意多次请假不参加党组织活动的现象，结合党员先锋考核机制，对故意多次请假的党员进行扣分，并按年度星级评分结果进行相应的教育。

刘家塘村通过“党员先锋考评机制”的创建和实行，有效地提升了党组织的组织能力和党员个人的责任心，把村党组织建设成了坚强的战斗堡垒，广大党员不仅积极参加党的组织会议建言献策，还努力提升自己建设乡村的服务水平。

（四）党员先锋队，助力乡村全面协调发展

1. 党建引领“三联三带”机制

党的十九大报告指出，要加强基层组织建设。要以提升组织力为重点，突出政治功能，把农村基层党组织建设成为宣传党的主张、贯彻党的决定、领导基层治理、团结动员群众、推动改革发展的坚强战斗堡垒①。近年来，安吉县多个村庄以党建为引领、以美丽乡村建设为契机，积极推行“三联三带”工作模式，通过村“两委”联系党小组带领发展村户经济、村党小组联系党员带班参与乡村治理、党员联系群众带头倡导乡风文明等举措，着力激活

① 习近平. 决胜全面建成小康社会 夺取新时代中国特色社会伟大胜利——在中国共产党第十九次全国代表大会上的报告[M]. 北京：人民出版社，2017：46.

党组织的“神经末梢”，进一步夯实了党在农村的领导基础，激发了党员服务群众干事动力，密切了党群关系，打通了党服务群众的“最后一公里”。

“三联三带”引领产业致富。刘家塘村地处上墅乡北大门，由于交通便利，2007 年上墅乡在该村成立工业功能区，全乡 50% 以上的企业聚集在这里。工业区的成立在为该村带来就业机会的同时，也埋下了环境污染的隐患，刘家塘村“两委”开始寻求经济发展与生态环境相平衡的产业。2013 年，该村“两委”根据村里实际状况，组织开展以“村‘两委’联系党小组，带领发展村户经济；党小组联系党员，带班参与乡村治理；党员联系群众，带头倡导乡风文明”为主要内容的“三联三带”活动，充分发挥党员的带头作用，积极搭建党员联系群众的新平台。

在党员们的带头引领下，刘家塘村先后建起大塘岭绿岛广场、森博园慢生活主题公园、狮子石休闲旅游区、沙町岛、富硒田园等。通过 10 公里休闲环村线，将这些公园、景点“串点成线”，形成了完整的刘家塘村域大景区。在打造景区的同时，村里还鼓励村民办民宿，让游客来了能玩也能住。如今，刘家塘已有 20 多户村民将自家房子改建成了农庄，接待外来游客。

“三联三带”助力乡村建设。随着 2014 年美丽乡村精品示范村建设的展开和推进以及村民对农村基础设施、生态环境、乡风文明等要求的不断提高，转变党员思想观念，发挥党员先锋模范作用成了刘家塘村“两委”亟须解决的难题。通过“三联三带”党建新模式的引领，在美丽乡村精品示范村创建过程中，涉及全村范围的公益事业（包括污水管网埋设、道路拓宽、公共绿岛及河道防洪埂新建等）有序推进。

在党员的带领下，村里硬化路面长达 7800 余米，实现“户户通”；为丰富村民生活，新建 1200 余平方米文化礼堂，村民休闲娱乐需求得到充分满足；为完善村庄水利设施，修建水利工程，实现生活污水治理全覆盖。刘家塘村于 2015 年成功创建“中国美丽乡村”精品示范村。通过数年实践，“三联三带”党建新模式已经成为长效工作机制，同时也成为该村村治的一个品牌，为加快实施党的十九大提出的乡村振兴战略打下了坚实的基础。

刘家塘村通过实施“三联三带”活动，组织党员自觉运用先进思想教育群众，在平时工作中，发挥帮带作用服务群众，树立良好形象以身示范影响群众，全面展现党员风采，释放服务群众新能量，助推群众奔小康。

2. 服务协同,"四会四带头"

保持共产党员的先进性是马克思主义建党学说的重要原则,是经受新考验、实现新任务的迫切要求,是提高党的凝聚力和战斗力的迫切需要①。在实验区创建过程中,安吉县注意充分发挥党员的先锋作用,始终保持党员的先进性,不断提高党员的自身素质和能力。灵峰街道横山坞村于2018年提出"四会四带头"工作机制,该村党委将全年的活动主题确定为"四会",即会张嘴、会弯腰、会微笑、会明察。通过"四会"主题活动的开展着力引导农村党员发挥先锋模范作用,规范党员自身的行为,助力村庄建设。

一是会张嘴。横山坞村以"两山"学院为载体推进美丽乡村建设,党员在乡村旅游事业的建设中要充分发挥自身作用,必须清楚了解本村的具体情况,对于游客提出的有关村情村事等方面问题力求做到积极回应。同时,党员还必须能够向游客主动推介本村,努力当好村庄的解说员。二是会弯腰。即要求党员看到地面垃圾主动弯腰捡起,在日常工作和生活中发现村民或游客有乱丢乱放的行为能够及时劝止,努力当好村庄的保洁员。三是会微笑。旨在提高党员自身的服务意识,构建和谐的干群关系。该村要求党员用热情洋溢的态度对待每位村民,努力做好服务村民的各项工作。在工作中要用微笑来服务每位村民和游客,努力做好村庄的服务员。四是会明察。为加强对其他党员的监督,净化党员队伍,该村要求全体党员能够在工作和学习中及时发现党组织和党员自身存在的问题,成为党组织的一双"鹰眼"。通过党员大会及时向组织汇报,党组织可以及时发现队伍中的问题党员以便更好进行教育整改,努力做好村庄的纠错员。

此外,为了进一步发挥党员自身先锋模范作用,更好地贯彻落实群众路线,真真切切地将党的建设与村庄治理紧密结合,该村党委在"四会"的基础上提出"四带头"新要求。一是带头参与工程监督。为确保美丽乡村建设中的各项建筑工程如期完成并保证工程质量,横山坞村党委研究决定在村集体工程建设中设置党员专项督查员,广大党员作为工程监督员需要深入现场了解各项工程实际进度,通过对比项目规划、与工人交流或随机抽查等方式发现工程建设中存在的各种问题,当场提出整改意见以此推动工程

① 宋福范. 论保持共产党员先进性[J]. 中国特色社会主义研究,2005(2):24-28.

如期完成并保证工程质量。二是带头参与公益活动。即明确要求党员在做好自身工作的同时,要积极参加社区内公益活动,如走访贫困户、看望留守儿童,以此形成示范效应,动员更多的普通村民主动投入社区各项公益活动。此外,党员参与社区公益活动也作为考核指标纳入对党员的工作考核。三是带头联系群众。为进一步贯彻群众工作的方针与路线,营造和谐的干群关系,该村党委要求党员遇到问题时能够带头与群众沟通,发现问题,并帮助解决问题。同时,在平时工作中要坚持群众路线,多与自己负责对接的群众联系,定期走访了解群众需求,解决群众困难。比如党员在村民发生矛盾纠纷时能够主动站出来,帮助村干部妥善解决。四是带头美化环境。该村在要求广大党员"会弯腰"的基础上,进一步提出党员要带头美化环境。党员不仅自己要做到不乱丢乱放,还要带动身边群众,通过政策宣传动员全体村民争做村庄保洁员,更重要的是形成美化环境的常态机制。比如,每周周末,村党委组织党员开展环境清理的志愿活动。

"四会四带头"主题活动的开展与落实创新了组织活动方式,能有效发挥党员的先锋模范作用,拓展农村社区建设中的主体队伍,提升了党员素质,增强了服务能力,加强了组织建设,有利于逐步实现把农村基层党组织建成坚强战斗堡垒。

二、服务治理机制

党的十九大报告指出,要加强完善社会治理制度,以制度建设为核心,完善相关体制机制,提高社会治理水平。通过完善农村服务治理机制,不断改善农村生产和生活条件,逐步缩小城乡差距,为全面建成小康社会打下坚实基础。近年来,安吉县突出治理重点,注重治理实效,促进乡村治理横向拓展、纵向发展,提高乡村治理社会化、法治化、智能化、专业化水平。乡村振兴,有效治理是保障。该县总结地方治理经验,发展地方治理新理念,通过明确责任主体,建立责任机制,充分调动群众积极性,带领群众主动投身乡村振兴实践,使群众有更多的获得感和幸福感。

(一)"导师"帮带制

党的十九大报告指出,中国特色社会主义进入新时代,我国社会主要矛盾已经转化为人民日益增长的美好生活需要和不平衡不充分的发展之间的矛盾。同时,在广大农村地区发展过程中,也存在村际发展不平衡不充分问题,村际之间经济、民生、生态、党建等仍存在差距。为帮助解决农村社区群众日益增长的美好生活需要和不平衡不充分的发展之间的矛盾,进一步提升群众的获得感、幸福感、安全感,安吉县上墅乡创新开展“导师”帮带制工作。“导师”帮带制在农村社区建设、集体经济发展、矛盾纠纷调解等领域取得明显成效。

瞄准多元帮带需求,明确发展问题和发展需求。安吉县部分村(社区)在美丽乡村建设过程中,村支部建设、年轻干部培养和村集体经济发展等方面还存在差距,迫切需要明确农村社区发展中个人与集体的发展问题和发展需求,精准定位“导师”帮扶机制。梳理发现,年轻干部主要存在对村庄情况熟悉不够、群众工作本领不强、工作知识体系不全、推动发展能力不足等问题,增强知识、强化技能和丰富经验是其主要需求。在推进村级党建工作时,村支部主要在工作理念、工作作风及组织建设等方面存在问题,迫切需要转变工作理念,充分发挥党员的先锋带头作用;改变工作作风,寻找切实为民生服务途径;优化组织建设,发挥组织在振兴乡村中的堡垒作用。在农村集体经济发展上,主要存在克服自然条件局限、乡村经营模式单一和创新发展精神不足;需要强化村庄的发展意识、挖掘村庄潜在优势和拓展集体收入渠道。

依据上述问题与需求,安吉县形成多元化导师库。一是丰富年轻干部经验导师库。如上墅乡为提高年轻干部的工作经验与工作能力,年轻干部可根据自身需求申请相应的老干部作为自身导师,建立师徒帮带关系,增加自身基层工作经验和本领。二是助力村级党建工作导师库。村支部建设薄弱村庄寻求党建先进村庄为导师,通过组织村“两委”班子、党员进驻学习等方式共同探讨党建模式、传授村庄管理经验,助力村级党建工作。三是帮扶集体经济发展导师库。村集体经济落后村庄寻找“导师村”帮助挖掘村庄特色亮点,找准定位点,改变形式单一的旅游型农家乐乡村经营模式;帮扶受助村“两委”干部创新发展精神及开拓招商引资思路。

聚焦多元帮带内容,为帮扶对象传经送宝。通过传、帮、带三种形式全面推进“导师”经验、业务、作风传送。在村庄内部,重点开展传经验与带作风活动,村与村之间重点开展帮业务活动。传经验。针对年轻干部的薄弱环节，“导师”重点传授群众工作必备知识和方法，具体讲解基层工作政策法规、传授基层工作适用知识与技能；指导把握突发事件处置和矛盾纠纷调解的基本原则、方法和技巧；帮助提高组织协调、人际沟通以及复杂问题处理能力。如安吉县施阮老村干部蒋利善将自己几十年的群众纠纷调解经验倾囊相授给年轻干部顾界新，让顾界新迅速成长为一个善于为群众解忧的好干部。带作风。村庄优秀党员通过以身作则、言传身教方式带动全村村民养成爱岗敬业、艰苦奋斗、无私奉献等优良作风。如余村村党支部积极探索“党群互助创业会”机制，成立农家乐协会，采取一带多形式，由协会中党员中心户帮带其他规模较小的创业户以及低收入农户共同发展，切实提升农家乐从业人员的服务能力和服务水平，养成爱岗敬业、艰苦奋斗等优良作风。帮业务。“导师”根据村庄存在的业务问题，帮扶“受助村”党建工作、村级基础建设、村容村貌改善以及发展模式创新。如刘家塘村多次组织村“两委”班子及其他党员进驻董岭村，进行乡村建设、垃圾不落地、村容村貌改善等各方面的先进特色的村庄管理经验帮带指导。

创新帮带方式，为村庄发展增能量。在帮带过程中，“导师”根据自身工作经验与帮带对象特点，改变以往“一对一”简单结对形式，实施“一带一”“一带多”“多带一”“集体带集体”模式。因材施教，多种教学办法并重。如布置作业法，要求每个年轻干部深入农村，走访农户进行调研，写出详实的调研报告，为开展工作打好基础。案件处理法，在处理山林利润调节、土地整理、换届选举、征地拆迁、民事纠纷等具体问题时，“导师”自始自终带着年轻干部，让其看、导其听、帮其做，让年轻干部在亲力亲为中感悟。放手实践法，“导师”根据受助者工作能力提高情况，适时放手压担，让其独立处理问题，提高其独当一面的工作本领。交流提高法，让受助者做好工作回头看，共同分析案例、总结提炼，将实践经验升华到理性认识。头脑风暴法，针对受助者目前所遇到的热点、难点问题，组织学员充分研讨，激发创新思维。情境模拟法，组织学员深入学习区，通过实地参观、现场接待、模拟教学，在实践中提供咨询和指导。

安吉县通过推广“导师”帮带制，取得了较大的工作成效。帮带制不仅发挥了“老一辈”余热，加强了村与村之间的联系，还有效地促进了村庄的全面发展。

(二)保洁区块竞争制

实施乡村振兴战略,要坚定走“生产发展、生活富裕、生态良好”的文明发展道路。建设美丽乡村,生态文明建设必须摆在突出地位,从而实现乡村更美、环境更好的目标。安吉县为推动美丽乡村建设,自2012年以来,每年对各个村进行长效卫生考核,考核层级分为“好”“较好”“一般”“差”四个等级,并将卫生长效管理补助直接与考核结果挂钩。作为村庄卫生长效管理的主要人员,保洁人员自身的责任心和能力在卫生保障方面发挥着重要作用。为充分调动保洁人员积极性,孝丰镇横溪坞村采取保洁区块竞争制,明确各区块保洁人员的责任,让美丽环境成为村庄常态。

卫生保洁区块化。为做好村庄卫生长效保洁工作,有效推动美丽乡村建设,实现“文明横溪坞”的目标,该村以村主道为界限将村庄划分为6大区块,每个区块安排一个保洁员。保洁员的主要工作任务是及时清理路面沙土、落叶以及路面两侧的杂物、杂草等。村“两委”定期进行卫生检查,根据检查结果进行考核,考核结果会张榜公布。

公开招聘保洁员。为进一步增强保洁员的责任心,落实环境卫生日常保洁工作,推进美丽乡村建设再上新台阶,该村决定借鉴企业用人机制,面向社会公开招聘保洁员,并实行竞聘上岗制。横溪坞通过“竞聘制”择优建立保洁队伍,保洁员录用坚持看态度和能力,不讲村籍人情,以用好人保障村域环境美丽、有序发展。

保洁工资绩效化。为进一步调动保洁员的积极性,彻底改变村庄的环境面貌,该村把卫生整治状况与保洁员的工资、奖金绩效挂钩,对保洁员采取制度化、常态化的奖惩管理。该村通过对各区块卫生进行整体评比,划分出不同等级,保洁员根据评比等级,工资从600—1000元不等,从而改变了保洁员“吃大锅饭”的状态。

自横溪坞实行保洁队和保洁区块制度以来,在安吉县连续7年的考核中,该村连续被评为10个好,先后荣获省级文明村、市级生态村、省级卫生村、省级文化示范村、安吉美丽乡村精品示范村的称号。

(三)“五议两公开”

为增强居民的责任感,调动广大居民的积极性和主动性,安吉县根据村情实际创造性地提出和推行“五议两公开”工作法,即村党支部提议、村“两委”商议、党员大会审议、村民代表会议决议、群众公开评议,书面决议公开、执行结果公开。对于决议的议题、过程和实施结果及时公开,在此基础上,进一步建立决策责任追究制度。“五议两公开”工作法突破了农村传统的管理模式,实现以乡镇干部为管理主体向村组干部为管理主体的转变,实现群众参与决策、监督决策、检验决策的目标。

村党支部提议。为强化农村基层党组织领导作用,完善村党组织领导乡村治理的体制机制,该县明确规定,村里重大决策、重大项目安排和大额资金使用等事项应经村党支部充分论证、酝酿沟通后,提出初步计划,再将此作为商议内容提交“两委”班子商议,共同决定村级事务。

村“两委”商议。一是成立联席会议。该县规定在村党支部将初步计划提交村“两委”后,村“两委”推选人员组成协商议事联席会议,该会议由党支部书记主持,并由会前提议参加讨论的班子成员向会议作出议题说明。二是进行专门讨论。在村“两委”班子成员说明相关事宜后,由联席会议安排时间组织与会人员对议题进行充分讨论。三是进行初步表决。议题讨论完后,联席会议将讨论结果提交村“两委”进行初步表决,赞成人员必须超过村“两委”成员半数以上,方可进入下一程序。

党员大会审议。初步表决通过后,经由村务监督委员会核议同意,由村党委负责召开党员大会进行审议,赞成人数必须达到有表决权党员人数的半数以上,审议才能获得通过。

村民代表会议决议。为充分发扬民主,保障村民民主权利,该县明确规定村支部或村“两委”主要领导向村民代表报告村“两委”的决议,村民代表就村“两委”审议通过的决议充分发表观点并进行集体表决,待表决通过后将决议在公示栏公开。

群众公开评议。安吉县以“群众满不满意、认不认可、答不答应”为标准来检验工作成效。通过召开群众座谈会、专题评议会、民主评议大会、设立征求意见箱、发放群众满意程度调查表、开设网上邮箱、热线电话等形式,广泛征求群众意见,对党员领导干部决议执行情况进行公开评议。

书面决议公开。经过“五议”所决定的工作在实施过程中,将每一个环节进行公开,公开内容包括:工作进展情况、资金使用情况、下阶段工作如何开展情况,让广大群众对该情况进行了解,以方便农民群众和村务监督委员会对村级事务进行监督。

执行结果公开。加强对村级事务的成果检验，对于工程项目而言，在项目结束后，将该项项目的进度和资金使用明细以及主要负责人等情况全方位向公众公开，以保证项目资金真正“取之于民，用之于民”。

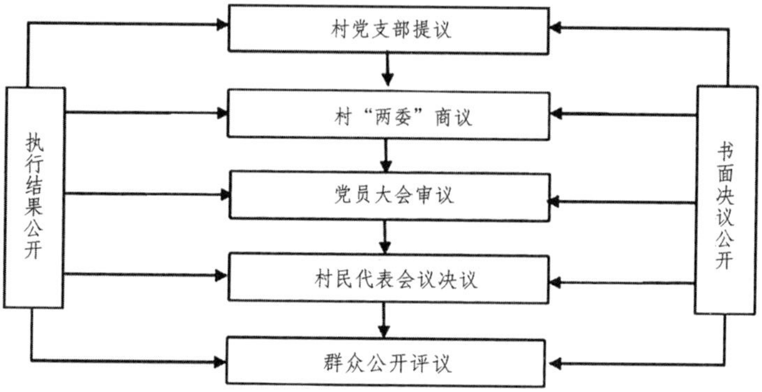

图 4-21 安吉县工程项目“五议两公开”示意图

安吉县通过“五议两公开”的创造性提出和实践，充分发挥了村级各组织在建设农村社区中的主体作用，为各级村组织参与协同治理打造充满活力、和谐有序的善治乡村，形成共建共治共享的乡村治理格局积累了丰富经验。

（四）农村基层小微权力清单

近年来，安吉县认真落实中央提出的依法治国、推进基层治理法治化的要求，以改革创新精神，紧紧抓住农村基层权力运行不规范、不民主等突出问题，探索实施村务权力清单制度，把小微权力关进笼子。作为我国村级小微权力清单制度的先行探索者、实践引领者，该县于 2018 年 9 月 10 日出台《关于推行村级“小微权力”清单制度的实施意见》（安社〔2018〕1 号），通过科学确权、规范用权、严格控权，标本兼治推进农村基层依法治理。

厘清村干部权力边界，建立村级权力清单。安吉县在农村社区的建设中，直面农村社区存在的问题和矛盾，针对存在的权力边界模糊、决策随意、执行失范、监督薄弱等情况，本着村民自治、公开透明、便民利民的原则，结合部门涉村事项，编制村级“小微权力清单”，涵盖村级重大事项决策、项目招投标、“三务”公开、“三资”处置、便民服务等 11 项公共权力事项，厘清村干部权力边界，基本实现村级权力全覆盖，明确“清单之外再无权力”。

绘制小微权力流程图，编织小微权力笼子。为规范村级权力运行流程，防止出现权力滥用的问题，该县围绕 11 项村级小微权力事项，按照操作环节绘制形成 23 张权力运行流程图，明确每项村级权力事项的名称、责任主体、运行流程、公开公示等方面内容，做到“一切工作有程序，一切程序有控制，一切控制有规范，一切规范有依据”。此外，在村一级构建“上级党委与政府—村监委会—群众监督”三级监督体制，不断加强事中监督和事前监督，编织小微权力笼子。

打造智慧监管平台，实现清单无缝监督。为规范村级小微权力运行，落实各项民生事业，该县在加强制度建设的同时，还积极将大数据与云平台引入村庄治理中，以推进“三务”公开为契机，进一步明确村庄干部各项违规行为和责任追究标准，村民可通过“三务”公开软件了解工作动态、干部履职情况，做到及时反馈，确保各个环节可追溯、可查证、可监督。

广泛深入宣传发动，确保清单入村入户。为使群众更熟悉“权力清单”，发挥主体监督作用，该县不断丰富宣传形式，增强宣传效果，通过清单上墙、清单入村和联村干部上门宣传等形式开展广泛宣传，打牢群众基础。此外，还积极引导各村结合实际将清单内容通过村民会议纳入村民自治章程，使清单真真切切融入到村庄各项工作和事业中来。

安吉县通过推行村级“小微权力清单”制度，对村干部依法承担的党务、村务、财务、工程项目等事务进行梳理，以清单式、流程化的形式明晰固定，规范村级组织运行和村干部的履职用权行为。利用完善的制度和机制堵塞乡村治理的漏洞，着力解决“办事不公、财务不清、作风不实”等问题，维护村集体和群众合法权益，为构建和谐乡村打下了坚实基础。

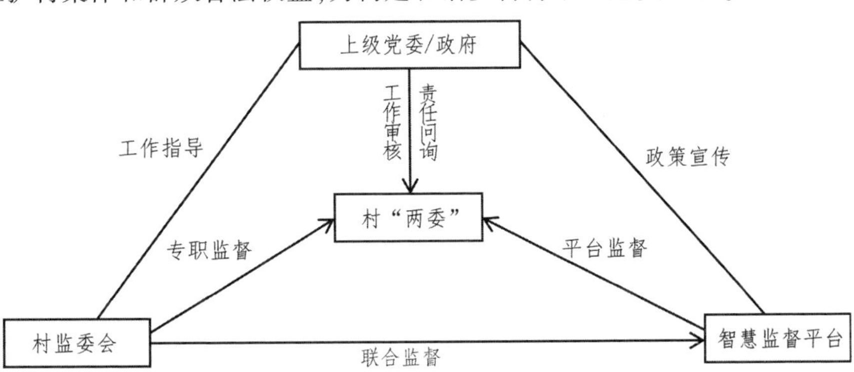

图 4-22 安吉县“小微权力清单”监督体制

(五)“四诺履职”痕迹管理

安吉县深入贯彻落实习近平总书记的讲话和重要批示精神,始终重视政治建设和组织建设,按照《美丽乡村民主法治建设规范》要求,紧紧抓住村“两委”这一关键。近年来,该县兴起了一股“自查风”,187个村的支委和村委干部依据年初的“一纸诺言”,核对完成的项目以及梳理未完成的工作。为进一步规范村“两委”履职,强化村干部责任担当意识,灵峰街道实施“四诺履职”。在实施过程中,该街道要求各村“两委”干部(包括后备干部)围绕夯实基层党建、发展集体经济、落实民生工程、维护社会稳定等作出承诺,每季度开展自查,年中由街道党委督查,年终进行综合考核。通过实施“四诺履职”,村民的生活难题及时得到解决,村“两委”服务意识和服务能力有了明显提高。

年初对岗“定诺”。一是按职责敲定承诺。每年年初,该街道7个村的村“两委”围绕乡镇中心工作和重点工程、村级集体经济发展、社会稳定、便民服务等内容,对照岗位职责列出工作清单,作出履职承诺。其中,每名党员村干部承诺的党建工作事项不得少于三分之一。二是通过平台公开承诺。承诺确定后经过乡镇党委梳理汇总审核,通过村务公开栏、信息平台等进行公示,接受社会监督。通过承诺监督,各村村干部明确自己的任务,强化责任意识,真正将承诺落到实处。该街道7个村的村“两委”干部每人都有一份具体的季度表,大到民宿项目建设、精品示范村复评等,具体到白茶证补办、失地保险名单统计等,详细记录了村“两委”干部在每个具体时间段内需要实现的目标。

每月依标“践诺”。一是村干部制订月度计划。每月初,该街道明确要求各村干部对照工作清单目标要求,制订月度工作计划,明确阶段性工作任务及举措并进行公示。通过挨家挨户的走访、电话访谈以及书面调查等方式,梳理出群众当前关心的热点难点问题,把服务落到实处,真正做到为民服务。二是街道领导强化过程监督。为加强对村干部履职能力的培养,街道联村领导每月带班深入联系各村,一方面,检查村干部工作计划是否制订、工作任务是否清晰、工作举措是否实在,进行现场指导;另一方面,督促村干部按照计划,有序推进工作。村干部通过不断自省,使谋官不谋事、不践诺等现象得到改变,以前“等、靠、要、推、托”等状态得到转变。以大竹园村为例,为了推进美丽乡村精品示范村建设、建设省级农房规划设计试点村,该村党支部书记把“启动中心村房屋拆迁和违建拆除”列为自己的季度任务目标,通过不断与村民沟通,1 户人家同意搬迁,3 户同意进行协商。

季度按绩“点诺”。一是座谈会看进度。为进一步跟进村干部的工作进度,部署下一步工作,每季度街道领导干部都会召集联系各村干部开座谈会,对村庄资金的流动情况、村级组织规范化运行情况等进行跟进督查,听取村干部季度履诺践诺情况及下一步打算。二是依评议定优劣。座谈会结束后,联村领导通过召开农村党员和村民会议、发放民主评议表、个别访谈走访、村干部互评等形式,对村“两委”班子和村干部个人履职践诺情况逐个进行点评,充分肯定成绩,并按村干部人数的三分之一左右比例评选出季度“岗位先锋”予以表彰。对于履诺不力、表现不佳的村干部,联村干部采取及时提醒,指出不足的方式,督促抓好推进落实。

年度述职“评诺”。每年年底,街道联村工作组赴村开展述职评议,每名村干部对照年初工作清单及承诺进行述职,各级党代表、党员、村民代表围绕村干部个人履职情况、日常行为表现和个人有关事项报告三大块内容进行评议。而后综合四个季度的总体评分分值,汇总季度获得“岗位先锋”情况及年底评议,综合评定“优秀、合格、警示、不合格”四个等次。对于表现优秀的村干部,适当提高报酬待遇,并且进行宣传表扬。对于成绩一般的村干部,进行及时督促、限期整改。对年度目标不兑现的、评议不合格的村干部,取消绩效,并且进行诫勉谈话。通过“四诺履职”这一管理方式,安吉县规范了村干部自身履职行为,全方位、多角度打通了执行力建设“最后一公里”,打造了一支“政治坚定、党风纯正、干事创业、群众满意”的基层干部队伍。

(六)村级后备干部选拔

乡村振兴战略是系统工程,打造人才“引擎”是乡村振兴的关键[①]。人才振兴是实施乡村振兴战略的必备要素和重要资源,是落实产业旺盛、生态宜居、乡风文明、治理有效、生活富裕的推动力量和重要保障。近年来,灵峰街道坚持人才引领战略,本着公平、公正、公开的原则,充分挖掘各村(社区)优质人才资源。该街道下辖的横山坞村、大竹园村、碧门村、霞泉村通

① 曹中秋. 打造人才引擎助力乡村振兴[J]. 人民论坛,2019(23):70-71.

过开展后备干部选拔工作,有力推动农村产业发展,为助力美丽乡村建设提供了人才保障。

规定报名条件。为了提升基层领导干部自身的思想素质和治理水平,加强干部队伍建设,灵峰街道对后备干部的素质标准提出了严格的要求。参选对象必须是具有本村户籍且年龄在40周岁以下的村民,拥有良好的思想政治素质和群众基础,拥护党的基本路线、方针和政策,在为人处世方面公道正派,遵守法律法规。在工作方面,参选人员必须有较强的事业心和责任感,热爱农村工作,致力于为乡村发展服务,具备一定的组织协调能力和市场经济知识。在学历方面,参选人员必须为全日制高中(中专)及以上学历。在日常工作开展方面,参选人员必须能够自觉执行党的政策和遵守各项法律法规,积极支持配合村“两委”的工作。

确定报名方式。该街道全面贯彻湖州市党代会提出的“四新”主题实践和安吉县“拼、比、争”主题活动要求,围绕“两聚一美”工作目标,进一步完善村级干部队伍梯队建设,采用组织推荐、联村推荐和个人自荐的方式选拔后备干部。其中组织推荐主要是以村党组织和村委会提名方式进行。联村推荐和个人自荐分别以联村组的名义和个人到街道或村委办公室报名的方式进行。

规范选拔程序。为规范后备干部的选拔程序,选出人民满意的后备干部队伍,灵峰街道制定了“宣传发动—公开报名—资格审查—笔试—面试—组织考察—公示确定”的选拔程序。对于公示无异议的,由上级政府确定为后备干部后街道党委以适当方式反馈其所在(社区)党组织。若群众反映有问题的,街道党委及时予以核实,查证属实的不予确认。

明确政策待遇。为激发村级后备干部的责任感、使命感和争优创先的意识,规范后备干部管理工作,村级后备干部一旦录用,培养、使用、管理政策严格按照有关文件执行。灵峰街道通过村级后备干部的规范选拔有力提升了干部队伍的整体素质,为基层干部队伍注入了新鲜血液,适应了新时代培养造就一支懂农业、爱农村、爱农民的三农工作队伍的要求,使得安吉县在实验区创建过程中的干部和人才机制建设更加规范化和制度化。

(七)“四联机制”会议

“四联机制”会议为梅溪镇推行的工作机制,即联合党支部、村委会、村监委、理财小组四个主体，共同商议村庄事务的一种机制。为了规范美丽乡村建设管理行为，提升农村生态环境质量，促进美丽乡村建设，湖州市根据有关法律法规，结合本市实际，制定了《湖州市美丽乡村建设管理条例（草案）》，指出美丽乡村建设管理应当遵循政府主导、村民主体、因地制宜、建管并重的原则。梅溪镇充分发挥村级各类组织作用，通过"四联机制"理清村级各类组织功能定位，实现各类基层组织按需设置、按职履责、有人办事、有章理事。

固定会议时间。为充分发挥村级组织参与乡村建设的主体作用，梅溪镇每个月定期召开"四联机制"会议来商议村里的重大事项，加强对村务党务的公开监督，议题主要涉及村里重大事项表决、村务汇报和预算以及下一月计划审议。

明确会议内容。一是进行决策表决。为充分发扬民主，保障村民民主权利，四联会议将村里的重大项目安排和重大决策作为表决议题，在会议上通过村民和党员进行表决。另外，除保密性事务，其他村务都要求在会议上公开。如每到月末，理财小组都在会议上通报本月的财务预算和执行情况。二是报告年度工作。在年末会议上，村"两委"选出代表对本年度的工作情况进行总结，并联合表决下一年度的工作计划。

公开会议结果。在会议结束后，村"两委"要将"四联机制"会议通过的议题在村庄公示墙上进行公示，并通过信息平台发布相关信息，以便村民及时了解村庄事务。同时充分集民智，在会议结束后征求村民意见，以便作出下一步工作调整。

安吉县借助"四联机制"会议强化政策、资源和力量配备，加强工作指导，做好协同配合，形成工作合力。在规范各项议程运行程序基础上充分保障村民民主权利，加强对涉村事务的监督，不断推进实验区建设。

（八）美丽乡村长效考核机制

党的十九大报告指出，要加快生态文明体制改革，建设美丽中国①。美丽乡村建设是美丽中国建设的重要组成部分，也是实现农村全面建设小康社会的重要内容②。安吉县自 2008 年开始全面开展"中国美丽乡村"建设

---

① 党的十九大文件汇编[C].北京：党建读物出版社，2017：51-52.

② 杨园争.乡村振兴视角下美丽乡村建设的困境与突围——以 H 省为例[J].西北师大学报（社会科学版），2019(3)：137-144.

行动,并呈现出一村一品、一村一韵、一村一景的大格局,形成了美丽乡村的“安吉模式”。为巩固和提高美丽乡村建设成果,进一步推动美丽乡村长效管理工作,安吉县孝丰镇在2012年开始实施美丽乡村长效管理考核办法。为确保美丽乡村标准化建设富有成效,该镇严格按照《“中国美丽乡村”标准化示范村建设实施方案》《安吉县建设“中国美丽乡村”考核指标和验收办法》等工作细则,对照标准体系查找改进空间。通过美丽乡村长效管理机制建设,扎实推进乡村建设,加快补齐农村人居环境短板。

多元考核,明确考核内容。为检查各个社区美丽乡村建设的实际情况,孝丰镇除采取自评和互评的方式以外,还采取定期检查和不定期明察暗访等各种形式,对全镇15个行政村、3个农村社区进行检查。主要围绕是否建立由主要领导分管的领导体制;是否建立与镇对应的专业管理机构;门前三包落实、保洁运输人员责任区域、绿化养护及公共设施维护人员责任是否明确;经费保障筹集率;是否建立监督机制;保洁、绿化养护及公共设施养护及运行长效管理质量等六个方面内容进行百分制量化考核。

专门奖励,拓展考核范围。就专门奖励而言,为鼓励农民积极参与农村环境保护,建设美丽整洁的村居环境,安吉县对考核达标的家庭实行以奖代补。根据“美丽家庭”评比结果设立一、二、三等奖。其中一等奖奖励200元,二等奖奖励160元,三等奖奖励120元。在拓展考核范围方面,为进一步推进“美丽家庭”的建设与评选,安吉县不断丰富考核内容,把“美丽家庭”评选纳入对美丽乡村长效管理机制的考核。

安吉县通过美丽乡村长效考核机制的建设与完善,不少村庄的“美丽家庭”比例已经达到80%以上。美丽乡村长效考核机制的实行,不仅美化了乡村环境,也通过“美丽家庭”的建设,助推了乡风文明的建设。

(九)党员服务“四大员”

党的农村基层组织作为党组织体系的“最小细胞”,是密切联系群众的桥梁,是带领群众共建美好生活的主心骨,是保障乡村振兴战略顺利实施、实现国家富裕的有效抓手①。在农村社区治理实验区的创建过程中,灵峰街道剑山村依托现有资源,率先提出建设党员服务“四大员”这一机制,着

① 赵岩.打造乡村振兴的党建“引擎”[J].人民论坛,2018(32):70-71.

力引导社区党员发挥先锋作用，助力乡村建设。

重大事项监督员。为加强对村内重大工程项目的监督，保证各项工程按时按质按量完成，剑山村从党员队伍中抽调专人组成重大事项监督队。该监督队设调解员1名，队员5名。监督队成员认真履行自身职责，义务监督村内重点工程建设以及村民关心的各项建设项目，跟进建设进程，抽检工程质量，核验工程款项，指出存在问题，提出整改建议并及时向村“两委”反馈检查结果。

责任路段管理员。为推进美丽乡村建设，集中整治农村居住环境，该村还抽调党员组成专门的责任路段管理队，该管理队设调解员1名，队员5名，主要负责责任区环境卫生管理工作，包括杂物堆放、家禽养殖、河道沟渠巡查、绿化美化、公物使用、水塘卫生等。

美丽乡村讲解员。剑山村近年来依托当地资源优势，发展乡村特色旅游。旅游业的发展给村庄带来经济效益的同时，也给村庄管理和秩序维护带来了诸多的挑战。为了提供更好的服务，维护村庄秩序，该村“两委”适时抽调党员组成讲解队。该队设讲解员1名，队员5名。队员们主要承担中心村、蔓塘里自然村的导游讲解和环境保护劝导工作，积极向游客介绍村庄特色，做好旅游宣传工作。

矛盾纠纷调解员。改革开放40多年以来，经济快速发展，社会关系变化，广大农村社区存在的家庭解体和邻里疏离的现实问题日益突出。剑山村在实验区的创建过程中，通过党员矛盾纠纷调解员的设置健全乡村矛盾纠纷调处化解机制，维护邻里和睦、社区稳定。该队设调解员1名，队员5名。负责调解村民邻里矛盾、家庭婚姻矛盾以及土地、治安、消防、交通管理等方面的矛盾纠纷，为建设和谐社区贡献自己的力量。

剑山村通过党员服务“四大员”这一机制，强化了对村里重大项目工程的监督，营造了干净整洁的乡村环境，维护了农村社区的和谐稳定，助推了乡村旅游的蓬勃发展，真正把党的农村基层组织建设成了人民群众的连心桥，乡村建设的主力军。

（十）联系服务群众“五个一”

基层党组织建设要以提升组织力为重点，突出其政治功能。农村基层党组织是党在农村的全部工作和战斗力基础，是党联系群众的直接纽带。

为加强党员与群众的联系，密切党群关系，天荒坪镇余村探索出联系服务群众"五个一"机制，即"一块联村'责任田'、一本民情记录本、一份服务承诺书、一册《百姓小灵通》、一套手绘地图册"。该村通过"五个一"机制的建设，社区服务功能显著提高，社区治理体制有所完善，百姓办事更加方便，干部行为也更加规范化。

一块联村"责任田"。一是划分联村工作"网格化管理、组团式服务"责任区。该村按照居住片区，将整个村分为8组，每组16—46户不等，根据每组户数配备5—9名党员。二是选派专人指导，及时补充成员。划分完责任区片后，镇政府下派11名专职网格员负总责到各村带队指导；同时适时补充事业单位、站所以及重点企业负责人加入联村工作团队。联村工作队伍按照联村工作职责，明确服务对象、内容及方式，参与到为民服务的队列中来，有效提高管理的效率，增强服务密度。

一本民情记录本。为加强干部作风建设，深入了解民情村情，及时解决村民困难，该村给每位干部配备统一格式的民情记录本，用于及时记录和反馈意见，村"两委"会定期收缴抽查。该村还针对记录情况进行督查通报，真正将村民意见与要求落到实处。该村干部通过这个小本子，把群众的需求作为第一需求，坚持"任务在一线、问题在一线、情况在一线"的做法，使看民生和听民意并行，抓调研和做服务同步，不断提高干部队伍的服务能力。

一份服务承诺书。为增强乡村治理中的机制创新，落实服务型社区的建设，余村"两委"通过"进百家门、拉家常事、知百姓情"的方法，根据干部工作实际分工调整，更新全村干部服务承诺书，使承诺书真正成为为民服务的"保证书"。其次，该村要求每名干部对个人年度任务、走访计划及在本职范围内可为群众提供相应服务等内容，向群众作出承诺并公开接受监督，防止出现承诺"空对空"的状况。在季度和年度结束时，村委对照承诺书内容和实际完成情况对村干部进行考核，真正提高了村民对村"两委"的信任。同时，该村通过加强微信平台建设，主动接受投诉和群众监督，确保群众反映的问题件件有回音、事事有落实。

一册《百姓小灵通》。为解决村中居民之间、居民与政府部门之间信息沟通不畅的问题，该村充分利用安吉县整合的便民指南手册《百姓小灵通》，清楚了解全镇19个部门的便民工作内容、负责人、办公地点、电话号码、手机号码等信息，办事效率有了很大的提高。该村还充分利用市村联网—镇务网—村务网，大力推进电子政务，实现信息动态化管理。村民可以通过电话咨询、网上查询约定办事时间，提高办事效率，改善了干群关系；通过村民之间的电话以及网上联系，村中的旅游业务形成一条龙服务，村民的收入不断提高。

一套手绘地图册。为了增强服务主体与服务对象的交流，该村以村民小组为单位，采用一村一图的方式编印成册。该村"两委"成员按照图册，采用上门走访、电话联系、蹲点住家等方式，与村民展开经常性联系。通过这种直接的交流，村委成员与村民彼此间信息对称，农村居民的服务需求得到了更好的反映，从而使农村服务供给实现由"被动"到"主动"的质变。

（十一）"521工作法"

乡村振兴，"治理有效"是基础。乡村"治理有效"是乡村振兴战略总要求的重要组成部分，也是国家治理体系和治理能力现代化的内在要求①。人口流动是社会经济发展的必然结果，也是工业化和城市化的必然产物。天荒坪镇因建设亚洲第一水电站——江南天池抽水蓄能电站，大量务工人口涌入。针对外来人口管理和村庄各项事业发展，银坑村于2018年探索出"521工作法"。

"五型优秀"。为进一步提升银坑生态环境品质，巩固美丽乡村成果，充分激发广大党员、村干部和村民的积极性，该村每年开展"五型优秀"评比活动。通过村民组推荐和自我推荐相结合的方式完成申报工作，评选出优秀党员、优秀骨干、优秀村民户、优秀保洁户和优秀家风五项优秀荣誉（见表4-10），在评选结束后，由村委利用微信等平台对获评家庭和个人进行通报表彰并宣传。

表4-11　安吉县天荒坪镇银坑村"五型优秀"评选

"五型优秀"	评选对象	评选标准
优秀党员	本村在册正式党员	遵守党的纪律、履行岗位职责和支持集体建设

① 程瑞山，任明明．乡村"治理有效"的意蕴与考量［J］．科学社会主义，2019（3）：116-121.

续表

“五型优秀”	评选对象	评选标准
优秀骨干	本村的党小组长、村民组长、全体村民代表及预备党员	在岗位履职能力和村集体建设中表现良好
优秀村民户	本村在册全体村民户	在村规民约、家风建设以及支持村委会工作方面所做的努力
优秀保洁户	本村在册全体家庭户	对垃圾分类、场地卫生、污水排放三个方面进行评比
优秀家风	全体在册村民	根据公民个人美德(爱岗敬业、尊老爱幼、热爱集体)等进行评比

资料来源:根据相关资料整理而成。

两条规则。为了加强对党员队伍和村民的管理,更好地建设美丽银坑,村“两委”提出利用党员20条守则和村规民约来规范广大党员和村民的行为。村规民约涉及村风民风、土地房屋和农林管理三大板块。通过三大板块的实施,村民明确自身在参与经营时应遵循的规范。在党员规范方面,该村通过党员20条守则对党员自身职责、素质和个人行为等方面进行约束,以20条守则作为评选“优秀党员”和“优秀骨干”的标准。

一张社会治理网。为加强对村民的管理,强化村“两委”服务能力建设,该村开始实行“网格化管理+组团式服务”。一是网格化管理。该村“两委”把整个村(包括7个自然村、6个村民组)分为六个区块,进行精细化管理和人性化服务。该村通过网格化管理,整合现有资源,确保该村工作规范、高效、有序开展。二是组团式服务。通过网格划分,将群众划分为不同的区块,在每一区块设置服务团队,满足群众的需求。通过整合公共资源,为网格群众提供多方位的动态管理和多元化、人性化、即时化、精细化服务,解决民生困难,就地化解矛盾①。每个网格配备相对固定的管理服务团队,主要是“村委+村民+老干部劝导队+巾帼志愿者服务队+其他”。网格服务团队定期或者不定期深入网格“听民情、释民惑、解民忧、带民意”,发挥社

① 胡重明.再组织化与中国社会管理创新——以浙江舟山“网格化管理、组团式服务”为例[J].公共管理学报,2013(1):63-70.

情民意调研、矛盾纠纷化解、政策法规宣传、民主制度监督、惠民便民服务等作用。

银坑村通过“521 工作法”，推动了乡风文明建设，增强了村民的获得感和幸福感，实现了村庄文明乡风、良好家风、淳朴民风互促共进，该村相继被评为市级文明村、县级平安示范村、民主法治示范村。

（十二）“五个所有”，规范村级权力运行

习近平总书记多次指出：“社区治理的重心必须落到城乡社区。社区服务和管理能力强了，社会治理的基础就实了。”为规范村级权力运行，构建全员参与、齐抓共管的基层治理良好格局，天子湖镇高禹村将原来的“所有决策村民定”发展为“五个所有”，即“所有决策村民定、所有讨论可参与、所有决定都签字、所有干部不碰钱、所有财务均公开”。“五个所有”在防止贪腐行为发生、推动乡村可持续发展和调动村民积极性等方面发挥着重要作用，对深化安吉美丽乡村建设、打造美丽县域、提升基层社会治理现代化水平具有重要意义。

所有决策村民定，明确治理内容。一是明晰决策内容。为充分发扬民主，保障村民民主权利，该村明确规定村民决定村级经济社会发展、村庄建设等规划的制定和全年工作目标的确定，村级集体经济项目的规划、立项、承包方案及有关资金的筹措，土地、山林、房屋等集体资源、资产运营所得收益的分配使用和资产处置等多个方面内容。二是设定决策程序。通过村民代表会议、村民组长会、村民户主会等收集民意，筛选事关村庄民生实际的实施项目。按照村干部动议、村“两委”讨论提交，党员大会、村民代表会议决策实施等程序，由村民代表会议或村民会议采取举手表决或无记名投票的方式实行民主决策。

所有讨论可参与，拓展治理形式。一是打造参与平台。结合参与主体情况和具体协商事项，采取村民议事会、村民理事会、村民决策听证、民主评议等形式，设立民情恳谈日和村民论坛等平台。二是营造参与氛围。为充分发扬民主，鼓励村民参与各项讨论，该村开展灵活多样的协商决策活动，确保村级各项议事规程村民可参与讨论决定，从而实现基层治理多元主体参与。

所有决定都签字，规范治理程序。一是明确签字内容。为保证村级权力健康有序运行,该村将签字范围明确为村民代表会议或村民会议上确定的所有事项、村“两委”班子会议上确定的所有事项。二是规范监督程序。为实现村务有序监督,该村强化档案规范化管理,确保所有村级重大决策都有资料、有台账、有签字,以此实现管理方式从举手表决向痕迹化转变。

所有干部不碰钱,减少治理弊病。一是变革财务手续。为有效预防腐败问题,所有的村级财务收支均采取银行划转形式,不得提取现金,做到账钱分离、管办分离。二是创新财务机制。为还老百姓一本“明白账”,村级财务实行“组账村管”机制,村民小组每一笔资金的进出都需经过村里审核,做到所有村民小组长不碰钱。

所有财务都公开,提高治理成效。一是拓展公开范围。村民小组的租金、征用款、村级财务分配、开销等以报告单的形式公示,供村民核对。为实现所有财务都公开,创新成立民主监督理事会,每月对财务发票进行审核监督。不仅采取公开栏张贴等形式,还主动投递到户或运用新媒体公开,力求实现财务公开阳光、透明。村民小组每年清理一次财务,清理结果张榜公布,让村民小组的财权受到制约和监督,真正达到阳光运行。二是规范公开程序。每周一例会为财务付款申报日,每周五为财务固定付款日,同步实行“账目上报月报制、每月理财集体审核制、工程档案保管制”,通过规范报账管理、更新理财管理、规范工程程序等,让村级财务管理规范走出一条新路。

高禹村通过创新治理机制,变“一个所有”为“五个所有”,使得治理内容更加细致,决策过程更加规范。“五个所有”实施以来,村级事务民主管理明显加强,干群关系明显转变,村级党组织政治引领力明显提升,管理水平更加科学化、民主化、制度化。通过坚持“众商众评”原则,积极营造了“有事大家议,决策大家定”的浓厚氛围,实现了乡村发展和群众幸福感提升的互促互进。

(十三)“四民工作法”

新形势下践行党的群众路线,建设服务型组织的一项重要任务是发动和依靠群众做好群众工作,从而提高居民的积极性,推动社区治理现代化。近年来,灵峰街道横山坞村在农村社区治理实验区的创建过程中,把改进作风作为重要切入点,谋划好党的群众路线教育实践活动,全面推行以“学民言、知民情、用民方、请民评”为主要内容的“四民工作法”,促进干部走遍农户、倾听民声和解决民困，较好地解决了联系服务群众“最后一米”的问题。

学民言，说百姓话拉近干群距离。为进一步拉近干群距离，和谐干群关系，更好地开展村里的各项党务工作，该村党支部明确规定党员要学会说百姓话，平时和群众打成一片。在和群众的交流过程中要学会放下身段，不说大话空话和官话，以诚恳的语言与群众交流，以服务的姿态服务村民。

知民情，知晓民情融入群众生活。为进一步了解农民需求，及时解决人民群众的困难，横山坞村党支部定期开展村民大走访活动，组织党员深入千家万户，与村民聊家常、谈发展，第一时间了解群众生活，帮助解决实际困难。在走访结束后第一时间向党组织汇报走访情况，填写走访记录，规范走访机制。

用民方，集聚民智提升服务水平。一是参与村务决策。为发挥村民在乡村振兴中的主体作用，保证村民自治落到实处，该村党支部在有关村里重大事项和重大决策的商议过程中认真听取村民意见，集聚民智助推乡村建设。二是参与村务监督。在各项工作的开展过程中，村民通过村务监督委员会等监督渠道监督党员干部，及时提出自己的整改建议。

请民评，围绕目标赢取基层民心。横山坞村党支部每年将党员的工作目标和村里的重大项目，利用村里的公示栏等平台进行公示，在工作完成或项目结束后村民结合先前的计划对党员工作开展评价，评价结果与党员的年度考核直接挂钩，充分体现村民参与民主管理的作用。

横山坞村党支部通过“四民工作法”的落实，充分尊重农民意愿，切实发挥农民在乡村振兴中的主体作用，调动了广大农民的积极性、主动性、创造性。该工作法把维护农民群众根本利益作为出发点和落脚点，促进农民参与乡村建设，不断提升农民的获得感、幸福感、安全感。

搞好社区服务，是社区治理创新的客观要求，是回应居民期待的重要抓手，是促进社会和谐稳定的重要保障。近年来，安吉县把加强基层党的建设和创新服务治理机制作为贯穿社区治理和基层建设的主线，以改革创新精神探索社会治理新路子，对推进基层社区治理能力和治理体系现代化具有重要的示范作用，为全国农村基层社区治理创新提供了鲜活的经验。

第五节　共谋美丽经济：创建绿色家园的创新实践

经济发展与生态环境密不可分,良好的生态环境是可持续发展的重要基础①。随着社会经济的快速发展,生态环境与经济发展之间的矛盾越来越明显②。绿色是安吉县的主要底色,也是安吉县经济发展的优势资源。面对生态环境保护与经济发展之间的矛盾,安吉县以“绿水青山就是金山银山”为行动指南,以“生态立县”为战略,以生态产业化和产业生态化为抓手,不断探索美丽资源向美丽经济的转化机制,走出了一条安吉特色农村经济发展道路。一是将生态作为村庄集体经济发展的产业业态,开发生态这一沉睡的经济资源,让农村生态环境变成聚宝盆,发展以乡村旅游业、农家乐等为主要业态的生态产业。二是推动乡村产业结构调整,让产业结构适应生态保护需求,大力倡导发展绿色农业,加快构建乡村绿色产业链,让生态优势为产业塑牌赋值,从而带来经济与生态效益的双重提升。

一、产业生态化

绿色发展是美丽乡村建设的根本途径③,美丽乡村建设必须把生态文明建设放在村庄发展的突出位置。在发展绿色产业过程中,安吉县将生态资源保护和环境承载力评估作为一种刚性要求,为自然资源的开发和恢复留下充足空间,培育新兴产业、改造传统产业、淘汰落后产能。同时,该县以生态产业园区的形式,将上下游产业布局到特定区域内,将绿色循环发展从产业内拓展到产业间。

(一)田园综合体的鲁家实践

位于安吉县东北部递铺街道的鲁家村,在壮大集体经济过程中,将生态建设放在首位,用生态发展带动经济发展,从而实现经济的可持续增长。

建设美丽乡村,保护绿色资源。美丽乡村建设是保护、开发和整合美丽

---

① 李静,闵庆文,吴华武.安吉生态环境保护与建设实践及其启示[J].中国人口·资源与环境,2014(2):151-154.

② 林新波.生态环境对经济发展制约的主要表现[J].生态经济,2011(7):81-83.

③ 黄娟.五大发展理念:美丽乡村建设的根本指导思想[J].求实,2016(12):78-86.

资源的过程[①]。鲁家村认识到良好的生态环境是发展美丽经济的优势,着力推进农业转型、基础设施建设和卫生环境的改善。2008 年,安吉县聚焦美丽环境,着力打造精品示范村建设。鲁家村"两委"抓住契机,响应县委号召,加大村庄环境整治,完善基础设施建设。村里拆除原有的违章建筑、建起化粪池和污水处理池、硬化道路、修建办公楼以及篮球场、清理原来被垃圾填满的鲁家溪。

吸引大量资金,发展美丽经济。美丽经济需要形成产业化链条,需要有大量的资本投入。鲁家村通过闲置土地变现、老旧场所改建出租、外出创业人员捐献以及财政对精品示范村的补助(共 375 万元),共筹得资金近 1000 万元。在美丽经济发展过程中,鲁家村通过整体规划,实现了资源的区块化和特色化发展。该村出资 300 万元聘请广东和上海两家双甲级设计公司,将村庄按照旅游景区标准进行规划,把原来没有任何文化底蕴、没有古村落名人故居作为支撑的小村庄打造成了田园景区。

调整产业结构,发展特色农业。家庭农场是美丽乡村建设的重要成果。2013 年,鲁家村根据中央一号文件"家庭牧场"的概念,充分利用本村 4000 多亩低丘缓坡,逐步划分出了家庭农场聚居区,在全村范围内建设 18 家具有不同特点的农场。18 家农场分别以种植野山茶、蔬菜果园、绿化苗木、药材和养殖特种野山羊等产业为主。以湖田农场为例,该村为了更好地贯彻"绿水青山就是金山银山"理念,推进第一二三产业融合发展,在 2017 年将原来的野猪农场升级成为湖田农场。该农场以蝶恋花为主体,引梁祝文化为核心,以情侣、家庭为主要客户群体,强调亲近自然和体验爱情的主题,将环保、观光、商业融为一体。

引进外资企业,促进产业生态化。一是与外商合作,发展特色旅游业。鲁家村与浙江省农科院合作打造属于自己的农业高新产业园区,将创意农业与旅游业相结合。该村注重生态圈的建设,在农场沿线修建观光小火车轨道,将铁路沿线按照四季变化设置不同的绿化内容。此外,在火车沿线设置二十四节气盘,使游客充分了解我国传统的节气。同时,沿线分布有农家乐、民宿、农副产品采摘园等,实现了观光游乐服务一体化。目前该村已有 30 多

---

① 张丙宣,李程琳,陈其颖.经营生态:美丽经济发展的逻辑[J].治理研究,2019(2):50-57.

家农户将住宅改建成精品民宿,每户年收入达到了20多万元,60多位村民在村里面开起了各具特色的店铺。鲁家村不断创新体系建设,以游客区为中心,以观光火车和观光电瓶车为环线,以东西南北四个区域为区块,形成一心二环四区的格局。二是美丽经济市场化,采用“公司+村+家庭农场”的组织运营模式,鲁家村依据全村规划对外进行招商引资,将美丽经济推向市场。与各地工业招商引资不同,鲁家村对招商引资有严格的准入标准,保证项目与环境共容。该村以市场为主导、以企业为主体,采用“公司+村+家庭农场(1+1+1)”的组织运营模式,与浙北灵峰旅游公司共同投资成立安吉乡土农业发展有限公司、安吉浙北灵峰有限公司分公司。2011—2016年,鲁家村集体经济年收入从1.8万元增至286万元;农民人均纯收入由1.95万元增至3.28万元。截至2016年末,该村集体总资产超过1亿元。

打造鲁家模式,共谋鲁家未来。鲁家村以建设生态文明示范为己任,努力践行“两山”理念。2017年,鲁家村入围首批国家田园综合体试点项目。作为浙江省首座休闲娱乐中心,该村充分运用国家以及地方政府配套的资金资助(各1.5亿元),以“三统三共”为准则,以统分结合、双层经营为新体系,以两山书院为教育平台,以鲁家村、义士塔、南北庄和赤芝村为主体,努力将本村打造成国内田园综合体标杆。

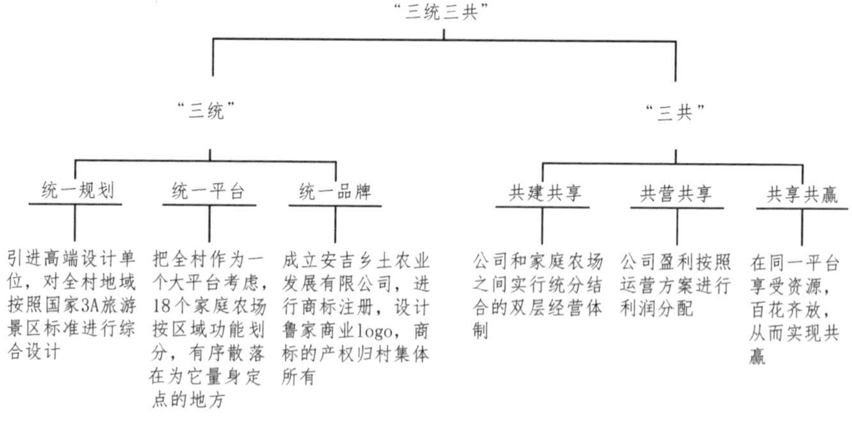

图4-23　鲁家村“三统三共”

(二)以茶为媒,脱贫致富

党的十九大将“乡村振兴”上升至国家战略,并将“产业兴旺”放在乡村振兴目标中的首要地位。2019 年 1 月,中央农办、农业农村部等 5 部门联合发布的《关于统筹推进村庄规划工作的意见》进一步指出,“结合村庄资源禀赋和区位条件,引导产业集聚发展,尽可能把产业链留在乡村,让农民就近就地就业增收”①。安吉县结合《“中国美丽乡村”建设项目管理办法》,根据乡村资源禀赋,因地制宜进行村庄规划,突出地域特色,倡导“一村一品”“一县一业”。近年来,位于溪龙乡的黄杜村充分发挥生态特色和农业资源优势,围绕“安吉白茶第一村”品牌,大力发展本地特色产业——白茶产业和乡村旅游,不断拓宽农业的休闲旅游、生态保护以及文化传承的功能,被国家授予“中国美丽乡村精品村”等称号。2017 年,全村人均收入超过 3.85 万元,其中九成来自白茶收入。

调整产业结构。黄杜村按照生态文明的原则、要求和理念,根据地方的自然禀赋和生态环境条件合理确定产业结构。该村位于亚热带季风性气候区,具有雨量充足的特点,具备茶叶生产的优良条件。村干部改变以往种植毛竹、杨梅、板栗、辣椒以及菊花等产业模式,大面积种植白茶。自 20 世纪 90 年代至今,该村白茶种植面积从 0.19 万亩增至 17 万亩,年产量从 1 吨增至 1860 吨,产值从 0.02 亿元上升至 24.74 亿元,村民年均收入由原来不足 1000 元到如今的 3.85 万元。

优化产业结构。白茶是黄杜村的主导产业,茶园是黄杜村的主要亮点。黄杜村在发展白茶产业的同时,始终践行“绿水青山就是金山银山”理念,对 4000 亩白茶进行了套种保绿,启动“生态茶园”“休闲茶园”建设。在完成生态修复的基础上,在茶园种植广玉兰、银杏树、桂花树等遮阴作物,打造“茶在林中,林下有茶”的景观。此外,还在园区安装杀虫灯、完善喷灌滴灌设备,不断完善基础设施。

拓展产业模式。黄杜村通过发展白茶产业,实现生态建设与经济发展之间的良性循环,实现生态资源的保值升值。该村现已拥有中国驰名商标 1 个,省著名商标名牌产品 3 个、市级品牌 11 个,23 家白茶企业通过 QS 认证。在发展生态茶园的基础上,黄杜村充分挖掘白茶的附加产业值,按照“一村一品”的思路,发展村级特色农业。通过与媒体合作,开展具有茶文

---

① 关于统筹推进村庄规划工作的意见 [Z]. 农规发〔2019〕1 号,2019-01-04.

化特色的诗灯节、石雕刻、主题公园等活动，营造白茶文化氛围，扩大白茶影响力，推动旅游业发展，带动居民致富。“中国白茶看安吉，安吉白茶看黄杜。”黄杜村坚持立足产业优势，做优特色文章，不断激发旅游业的活力和魅力，全力做足农旅相结合的乡村旅游。该村的民宿产业、餐饮行业、白茶培训产业、茶家乐等产业开始兴起。据估算，民宿村落投入运营后，每年能给村里带来七八十万元的分红，村集体经常性收入能达到200万元。黄杜村利用当地的自然优势，将资源优势转化为产业优势，实现生态的产业化，实现了经济效益和生态效益的统一。

推动产业市场化。美丽经济的发展需要产业生态化，更需要产业资本化。黄杜村抓住土地开发的集体所有权，确保村民在美丽经济发展中应有的权利，实现村民在美丽经济中分享利益。该村拒绝许多社会工商资本的投资，坚持将资源牢牢掌握在自己手中。黄杜村通过招商，引进了2亿元左右的帐篷客酒店和2.2亿元的CASA溪龙精品酒店项目。自帐篷客落地以来，该村的垂钓、篝火烧烤、茶吧、茶园等酒店休闲娱乐项目随即开展。自行车绿道的开放、千道湾公司的茶事体验活动也吸引了大量游客的到来。以旅游业为支撑，黄杜村推出20多亩的优质杨梅采摘区和30多亩的板栗采摘区，形成春采白茶、夏摘杨梅、秋收板栗的农事体验活动链。

黄杜村发展美丽经济，坚持以人民为中心，抓住美丽经济发展的关键资源，抓住并充分利用美丽资源的开发主导权，通过市场机制实现美丽资源的产业化、资本化、金融化，将绿水青山转化为金山银山。

二、生态产业化

为贯彻落实中央决策部署，打造生态文明美丽蓝图，安吉县结合当地实际情况，充分利用当地的自然资源，走出一条符合本地实际的路子。绿水青山作为自然资源及其具有的自然价值，是一切财富的源泉，是更具有基础性和本源性的财富。中国美，必须农村美。该县依托当地丰富的生态资源，将绿水青山转变成金山银山，真正实现将生态优势转化为经济优势，实现人与自然和谐发展。

（一）一村万树保环境，绿色产业谋经济

近年来，位于报福镇的景溪村坚持“一村一景”的战略方针，大力发展绿色

生态经济，探索“生态建设产业化，产业发展生态化”的发展新路。该村以生态环境、休闲旅游、文化教育等产业协调发展为着力点，持续改善村庄面貌、生产方式以及人居环境，在促进生态保护与村民富裕双赢上取得良好进展。

立足村庄资源禀赋，延长绿色产业链。景溪村山林面积为16090亩，绿色覆盖率达到92%以上，宜居的生态环境是该村的最大优势。该村借助生态优势，不断调整产业结构，推动产业经济绿色循环发展。利用自然资源的优势，景溪村大力发展效益农业，种植毛竹、板栗、花木、吊瓜以及高山有机茶等作物，绿色产业产量提升明显。其中，毛竹年产值达到600多万元。近年来，全村新增茶叶2100亩，花卉苗木100亩，已有1400亩茶叶被浙江省农业厅认定为无公害农产品，为农户增收100万元以上。

借助绿色生态，推动资源产业化。景溪村将独特的水资源禀赋和优美的生态环境作为特殊的生态资本来经营，有序开发，合理利用，将生态资源转化为物质财富。早在2010年，该村就按照“一村一景”理念，依托本村的罗家费水库和景溪河，通过村集体、村民和企业三方共建模式，大力发展水上漂流项目。2011年，景溪村以支部牵头、村民参与的方式，筹集资金500万元，成立安吉县景溪坞旅游开发有限公司。2012年，景溪村吸引游客2万多人次，人均分红达到700多元。为推动美丽经济发展，景溪村以村集体为单位进行招商引资。2013年，通过项目外包形式，该村以水上漂流项目为依托，打造成以溪涧漂流、人工冲浪、快乐水屋等为主题的多元娱乐村。水上漂流不仅给村民带来红利，也带动了当地旅游业的发展。

漂流项目为基，推动产业结构多元化。一是村企合作，打造特色旅游业。景溪村利用水上漂流项目，不断丰富生态经济发展模式，打造特色生态经济品牌，推动生态经济持续发展。2014年，该村与杭州布雷克公司合作，将枫林山风景区打造成标准民宿聚居区，树立“景溪民宿”品牌。2016年，民宿接待游客15万余人次，旅游产值1300余万元，村集体收入213万元，农民人均收入超3万元。该村致力于集体经济增收和村民收益双保证，通过市场化、规模化经营，推动资源变资产、资金变股金、村民变股民，从而带动其他生态产业发展。二是借助旅游业，形成多元特色业态。近年来，景溪村不断改善生态环境，加大村庄环境整治力度，改善村庄入口盆景园面貌，提升枫林山民宿的居住环境，增设户外运动基地以及花海景观，形成了以中心河溪为中心轴，以河东为传统文化基地，以河西为休闲度假片区，以五个自然村为景观节点旅游环线的生态水文化休闲度假村。景溪村通过改善农村生态环境，让生态成为村庄的摇钱树，让田园风光、湖光山色、秀美乡村成为村庄的聚宝盆，让美丽经济成为村庄的亮丽名片。

（二）村企联建促发展，凝心聚力谋共赢

“生态兴则文明兴，生态衰则文明衰。”近年来，安吉县将生态和文化元素融入经济发展，延长生态文化产业链条，增加生态文化产品的附加值，将生态文化转变成财富来源。在发展生态文化过程中，安吉县按照以企带村、以村促企、村企共赢的发展理念，大力发展村企联建模式。通过村企联建，将农村分散的生产要素汇聚到统一平台，实现产业规模化生产，提高了农业产业化发展水平。

户外天堂，乡野大里。美丽乡村强调村强、民富、景美、人和。位于山川乡的大里村结合自身发展优势，以“户外天堂、乡野大里”为品牌定位，将资源优势与政策导向有机结合，大力发展户外休闲旅游与农事体验活动。一是村企联建，共建共赢。大里村借助临近杭州的区位优势，通过招商选资形式，引进12个高端休闲项目，总投资额高达几个亿。村庄开始转变经济发展模式，用现代旅游业代替传统农业。从2013年到2018年，村集体经济收入由不到30万上升到260万元，农民收入翻了一番。大里村自高端休闲项目落地以来，游客接待数量多达30多万人次。村庄借助旅游业的影响，开始发展农家乐，目前村里农家乐已经达到36家，年收入多则可达60万元；同时，村庄的漂流项目也得到了发展。二是探索集体经济“自行建设+委托经营”新模式。大里村通过盘活村级集体土地，依靠上级项目及村级自筹资金，建成安吉县青少年教育实践基地。该基地设有人防教育、军事训练、体能拓展、家政厨艺、农事体验、手工实践六大区域，可供400名学生同时开展人防演练、禁毒等主题教育；同时还开设了中国结艺、丝网花等手工制作、亲子农场等活动。项目建成后，大里村委托安吉大里教育投资管理有限公司负责经营，并引进一家合作企业。企业投资占股30%，村集体占股70%，经营收入按股份分红。此外，大里村还建有国防教育基地以及室内体育馆，拓展了村庄的产业项目。大里村将生态资源变成产业优势，既实现了环境保护，又促进了经济发展。

人间仙境,魅力高家堂。山川乡高家堂村全村面积7平方公里,其中山林面积为9729亩,水面积386亩,具有良好的自然环境以及竹林资源。该村一是依托竹林资源发展竹子产业。根据园区建设重点不同,将园区划分为竹林培育基地、竹子高新技术产业园、竹林生态特色旅游区三大块。通过三大板块的建设,将竹林培育基地建成以竹子生产为特色、技术先进、资源产出和经济效益显著、社会和生态效益优良的竹子生产基地。二是农旅结合,开拓旅游发展新路。高家堂村以"生态立村一生态经济村"为行动载体,在保护生态环境的基础上,将生态资源转化成经济优势,大力发展旅游业。高家堂将竹林培育、生态养殖以及农家乐有机结合,大力发展第三产业。通过开展让游客自己上山挖笋、捕鸡、做饭等活动,促进农家生活与观光旅游的融合。改善生态环境就是发展生产力。该村在发展竹林产业的同时,也注重对林业的保护。2003年,该村投资130万元建设环境水库——仙龙湖,对生态公益林水源涵养起到了很大的作用。该村充分发掘山水文化、山民文化、浪漫风情等旅游资源,形成"一园一谷一湖一街一中心"的村休闲产业带。三是村企联建,共谋经济发展。高家堂以村集体为单位与蝶兰风情旅游公司进行合作经营。其中,村集体负责基础设施建设,蝶兰风情旅游公司负责景区的整体运营。通过采取这种可持续经营模式,高家堂景区旅游收入不断增加。2017年村集体经济收入达到了144万元,农民人均纯收入3.5万元。

绿色基地,文化尚书圩。一是依托生态文化资源,发展第三产业。孝源街道尚书圩村竹林覆盖率为75%,森林覆盖率达78%,植被覆盖率达到92%,有"绿色氧吧"的称号。该村借助美丽乡村建设打下的良好基础,依托丰富的生态资源,大力发展尚书文化,将尚书文化教育事业与休闲旅游农业相结合,创新农业农村产业发展链条。该村将原村大礼堂改造成接待外来游客、进行尚书文化教育的场所,并在礼堂内设有休闲茶吧,供游客休憩参观。同时,尚书圩村大量种植向日葵以及观赏性较高的瓜果,形成了葵园基地以及农业观光长廊。尚书圩村在保护和改善生态环境的基础上,借助第一产业,大力推动第三产业的发展,实现了人与自然的和谐发展。二是实行村企联建,提高旅游竞争力。尚书圩村引进市场机制,采取村企合作方式,与安吉竹缘旅行社有限公司、杭州新世界创意文化有限公司、上海纳扬国际贸易有限公司、驴妈妈门户网站、同城网等共同合作,引进旅游项目,开发休闲旅游产业。其中,上海纳扬国际贸易公司建设了山地越野车训练基地;利用景域国际旅游运营集团(驴妈妈旅游网),与网上旅游团合作,进行景区宣传,带动客流量的增长;杭州新世界创意文化有限公司负责旅游项目开发、葫芦岛的建设规划、活动策划等。通过村企合作的方式,促进了尚书圩村旅游业的蓬勃发展。2017年,村里共接待游客5万人次,旅游收入达200多万元。

安吉县作为美丽乡村的建设发源地和实践模式,利用当地最大优势、最美品牌和最强卖点——生态,转变经济发展方式,大力发展乡村旅游业,既保留了乡村风貌,又留住了青山绿水,找到了一条符合乡村发展规律的新路径。

第六节　共促公益事业:公益服务为民的多样实践

党的十九大报告指出,要“在幼有所育、学有所教、劳有所得、病有所医、老有所养、住有所居、弱有所扶上不断取得新进展”①。公益事业发展与社会进步相辅相成,公益精神的培育和践行,是新时代人们追求美好生活的重要途径,也是社会文明和谐的重要标志②。农村社区是基层社会治理的基本单元,发展农村公益事业更是改善农民的生产生活条件,培育和践行公益精神,建设和谐农村社区,最终推进农村经济社会全面协调发展的重要举措。在实验区创建过程中,安吉县着力从银龄养老、儿童关爱、助学助困等方面着手,大力推进农村社区公益事业的发展,为群众提供多样化的服务,以不断提高群众的获得感、幸福感、安全感。

一、共担银龄养老

目前,我国农村公共服务和社会事业发展达到了新水平,然而老龄化和“空心”村给农村养老事业带来了新的挑战。为满足老年人对美好生活的追求,探索新的养老服务合作模式,安吉县民政局提出联合社会组织和企业、社区共担养老职责,为老年人在饮食起居、医疗休闲等方面提供优质的服务。老有所养、老有所乐、老有所依的和谐画面在安吉大地上逐渐展开。

(一)四方协同共筑幸福驿站

智慧养老是以互联网为媒介,通过人工智能、物联网、云计算、大数据等

① 习近平.决胜全面建成小康社会 夺取新时代中国特色社会主义伟大胜利——在中国共产党第十九次全国代表大会上的报告[M].北京:人民出版社,2017:23-24.

② 孙春晨.新时代的公益精神培育与公益行动选择——评卓高生新著《当代中国公益精神及培育研究》[J].山东社会科学,2019(6):2.

新一代信息技术和智能硬件等产品，在养老服务领域深度应用形成的以居家为基础、社区为依托、机构为补充、医养相结合的养老服务体系①。为满足老年人多样化养老服务需求，安吉县民政局鼓励各社区不断探索适合本地实际的养老服务新模式。以天荒坪镇余村为例，2019 年 1 月 1 日，在县民政局的主导下，该村率先与当地电信部门合作，创建了一个集智能家庭生活、居家养老服务功能于一体的“幸福驿站”，平台采用“互联网+”模式，旨在为余村老年人提供多样化养老服务。该项目分为智慧点餐、智慧休闲和智慧医疗三个模块。县民政局提供财政支持，电信部门负责经费投入、平台运行与后期维护，社会组织负责照顾老年人的日常起居饮食，村庄负责提供场地、老年人信息和配套设备。

智慧点餐，老有所食。智慧点餐主要是县民政局、村委、电信部门和快餐店的四方联动行为。首先，村委会搜集并整理老年人的相关信息，包括老年人的姓名、年龄、电话、家庭住址、子女电话等，然后将信息提供给负责运营“幸福驿站”的电信公司，电信公司将老年人信息全部输入驿站智能平台，需要点餐的老年人只需前往驿站扫脸，就能够享受清单式点餐服务。在老年人点餐后，对接的餐饮店便会立即收到订餐信息，在规定时间内将餐饮配送到位，使得老年人足不出户便可以坐享美食。县民政局会根据不同年龄段的老年人提供不同标准的用餐补助，如 60—70 岁的老年人如果预定了 15 元的套餐，县民政局将补助老年人 10 元，老年人自己承担 5 元；70 岁以上老年人则享受免费的订餐服务。

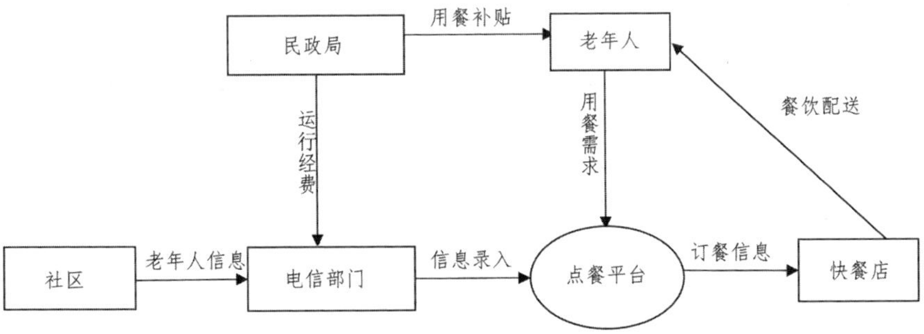

图 4-24　余村“幸福驿站”智慧点餐平台运行流程

① 王晓慧，向运华. 智慧养老发展实践与反思[J]. 广西社会科学，2019(7)：81-88.

智慧休闲，老有所乐，随着经济社会的发展与进步，休闲活动作为居民日常生活的一部分，其重要性日益凸显①。智慧休闲是现代科学技术与古代养生理念的激情碰撞，更是余村村“两委”关心养老、重视养老的重要体现。智慧休闲以村服务中心为载体，该服务中心一楼建有音乐吧，老人们可在音乐吧内听音乐、闲话家常，放松心情。二楼建有阳光厅、电视厅、余村VR展示厅，配备多种类型的养生设备为老人们提供智慧化、多样化养老服务，如按摩椅、艾灸仪、无水式泡脚桶等。阳光大厅可供老年人看书、读报、晒太阳；在电视厅里，村“两委”将村子里的重大事项和日常工作等信息录入智能平台，老人们可以通过观看电视的形式了解村情村务，参与村级事务监督；余村VR展示厅通过VR一体机，让老人们足不出户便可遍览全村美景。另外，驿站为方便老人无障碍地使用设备，将机器人小爱与配套设备连接，并取消驿站里设备的所有开关，老年人只需将需求告知小爱便能轻松使用智能化器械。

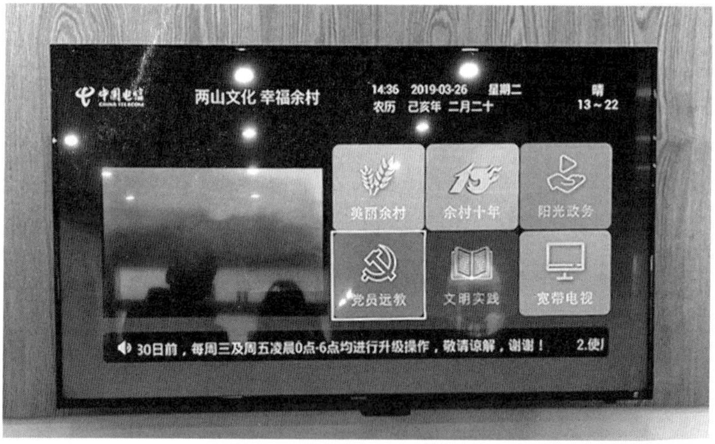

图4-25 余村“幸福驿站”智能平台

智慧医疗，老有所医。智慧医疗通过“四个一”来为老年人的身体健康保驾护航。一个公众号，即老年人信息公众号。“幸福驿站”将收集到的老年人信息交由电信公司来创建专属的公众号，其中除了老年人的个人信息外，还包含老年人身体健康信息。一块屏幕，即智能化检测屏幕。屏幕能够

---

① 尹罡，甄峰.城市智慧休闲的理论、机制及框架建构研究[J].现代城市研究，2015(1)：37-41.

检测老年人的基本身体信息，老年人们可站在屏幕前通过扫描自己的专属二维码来获取相关信息。一套健康检测仪，即血糖、血脂四项检测仪。“幸福驿站”配备有血糖、血脂四项检测仪，便于老人们免费使用，自我检查身体血糖、血脂情况，充分了解自身身体状态。一个平台，即微医通平台。微医通平台通过智能设备与全国各地医生、县中医院、人民医院和县部分药房对接，发挥优势互补，为老年人提供精准医疗服务。如老年人有身体不适，可通过微医通链接医生或专家进行免费诊断，或老年人在知道自己的病情状况下，通过微医通预约医生、专家进行付费治疗，使得老年人可以及时发现病情，及时治疗。

以“幸福驿站”为平台，余村养老服务供给结构不断优化，社会有效投资明显扩大，养老服务质量持续改善，养老服务消费潜力得到充分释放，有效满足了老年人多样化、多层次养老服务需求，老年人及其子女幸福感显著提高。

图 4-26　天荒坪镇余村“幸福驿站”外景

（二）“三社联动”共助银龄幸福

在实验区创建过程中，该县不仅借助现代科技来打造新的养老服务体系，而且致力于打造“三社联动”机制，以社区为平台、养老服务类社会组织为载体、社会工作者为支撑，大力支持志愿养老服务，积极探索互助养老服务。目前，该县养老职能主要由鱼鹰、新兴、乐享人生三大社会组织共同承接，以派驻专门社工和参与养老服务机构日常运营来助力银龄幸福生活。目前三个组织共用一个平台，分片区对安吉县低保家庭以及完全失能、失智老人进行服务。

“鱼鹰”助力，共助银龄。鱼鹰社区养老服务主要涵盖该县4个乡镇的社区居家养老服务项目和两个乡镇中各村庄养老照料中心的社会化运行，包括照顾老年人的饮食起居、组织文娱活动、精神关爱等。2018 年春节前夕，该县遭遇大雪，“鱼鹰”第一时间组织志愿者，给负责区域内行动不便的孤寡老人送来八宝粥和棉鞋等物品，并在护理微信群里时刻提醒老年人注意出行安全。与此同时，他们还联合村庄妇女志愿者主动去老年人家里帮助他们打扫卫生，给老年人送来肉和蔬菜等年货，邀请村里的孤寡老人到文化礼堂包饺子、话家常、看春晚，共度传统佳节。

智慧养老，乐享人生。乐享人生在积极参与社区养老服务的同时，还致力于将现代科学技术与居家养老有机结合，主要有 SOS 呼叫、暖巢行动等项目。SOS 呼叫即机构免费为服务对象安装 SOS 报警系统，服务对象在出现突发状况时，可按下报警键进行求助。此外，系统利用红外线监测老年人生命迹象，若在一定时间内未监测到，系统后台会自动报警，中心工作人员会第一时间联系党员志愿者入户查看老年人情况。暖巢行动旨在为老年人提供精准化、个性化养老服务，通过互联网形式，形成老年人的个性化健康档案并根据老年人的服务需求制定个性化服务方案。动员邻里，实现邻里互助，在服务对象居住所在村(社区)进行志愿者招募工作，提供专业培训，进行结对帮扶。

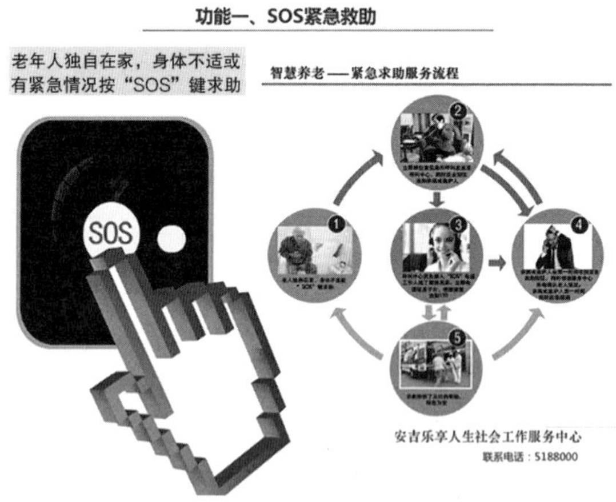

图 4-27 乐享人生社会工作服务中心 SOS 紧急救助系统

新兴服务，有效监管。该村的新兴社会工作服务中心一方面致力于为社区老人提供精细化、多样化服务，另一方面也高度重视服务质量的提升。该组织借助共同平台加强事中监督，实现对参与服务人员的精准指导、精准定位和精准记录。精准指导即邀请专家现场培训与指导，考核合格后方可上岗，在服务过程中根据老人自身的需求和情况再进行专门指导。精准定位和精准记录即利用智能平台记录社工的工作内容，从而不断改进自身服务。社工在开始工作时需在平台上扫码选择服务类型，在服务结束后再次扫码，这样的计时扫码使得管理中心可以及时掌握服务总体情况，并在服务结束后由老年人或家属对其进行打分评价或电话回访的形式，反馈意见并与社工的个人绩效和后期考核直接挂钩。

在积极推进嵌入式“三社联动”的同时，该县还将养老服务质量交由第三方进行评估，即由安吉县民政局、市场监管局和人民银行共同对三大组织的服务质量进行分阶段考核。将养老服务项目经费分为两大板块，基本运行经费与项目奖励经费，政府前期预拨70%的运行经费给社会组织，到合同期满时政府委托老年协会对各村养老照料中心的运行状况进行考核，政府参照考核结果拨付剩余经费。

表4-12　安吉社会组织参与社区养老情况

组织名称	鱼鹰	新兴	乐享人生
主要职责	社会化运行、组织文娱活动	居家养老服务、组织文娱活动	社会化运行、医疗服务
组织活动	戏曲表演、代购食物等	健康讲座、义诊等	暖巢行动、“有求必应”
组织概况	机构目前有专职社工1名，兼职社工15名，志愿者150余人。		机构目前有专职社工12名，兼职社工15名，专职护理员71名，志愿者200多名。

备注：社会化运行指社会组织具体负责服务中心的日常管理工作，如定时开关门、为老人烧水以及扫地等事务；
居家养老服务主要包括代买服务、家政服务、护理服务等。

资料来源：根据相关资料整理而成。

在发展农村社区养老事业中，安吉县因村制宜不断探索新的模式，通过村企联合、社区组织的入驻和“互联网+养老”等模式，使得老年人真正享受到了老有所养、老有所医、老有所乐、老有所食，党委领导、政府负责、社会协同、公众参与、法治保障、科技支撑的现代农村社区养老格局正在逐步形成。

二、共助教育进步

做好农村留守儿童关爱保护工作,关系到未成年人健康成长,关系到家庭幸福与社会和谐,关系到全面建成小康社会大局①。爱心扶苗壮,春泥护花香。为促进农村儿童的健康成长与全面发展,浙江省自2008年开始实行“春泥计划”,该工作以行政村为单位,依托现有各类活动场所,整合社会资源,在中小学寒暑假、传统节日和双休日等校外时间,组织引导农村未成年人开展道德实践、社会体验、能力提升、文体游戏等活动。安吉县积极响应上级政府号召,结合本地实际开展不同主题的教育活动,关爱儿童成长。

兴趣培养:因人而异创设活动内容。天子湖镇高禹村于2013年启动“春泥计划”。村委每年招收一百名年龄在5—14周岁的儿童并邀请20名返乡大学生参与儿童兴趣培训。“春泥计划”在暑假开设礼仪班、讲解班和环保班三个教学班,由大学生志愿者作为老师来服务这些“小候鸟”,因人而异创设活动内容。礼仪班负责教小孩礼仪知识;讲解班主要是为小孩讲解古代传统美德和美德故事;环保班主要是让小孩学会变废为宝,树立环保意识。该计划分为军训—教学—汇报总结三个阶段。小孩入班之前进行军训,军训结束后参加不同班级的课堂学习,一个月后由村里提供舞台,师生提供节目进行汇报表演,以展示本阶段的学习成果。高禹村借助“春泥计划”这一平台在加强当代大学生和基层农村社区联系的同时,也促进了农村社区儿童的兴趣培养与全面发展。

道德实践:因地制宜建立活动阵地。在“春泥计划”的开展中,孝丰镇横溪坞村注重将儿童的思想道德建设与家规家训的传承相结合,结合村落特色文化,因地制宜建立活动阵地。每年暑假,孩子们会在村里的文化礼堂开展家规家训的系列教育活动,负责活动对接的浙江工业大学的大学生志愿者会为孩子们讲述家规故事,学习乡贤人士品德,阐释家规家训的具体含义,让孩子们了解家规,努力学会在自己的实际行动中传承家规。在家规家训的教育之余,还会安排学生参加当地的乡村振兴、全国文明城市创建、美丽乡村建设等活动,利用周末组织孩子们走上街头,开展文明劝导活动,劝

---

① 国务院关于加强农村留守儿童关爱保护工作的意见[J].中华人民共和国国务院公报,2016(6):42-47.

导村民和游客保护环境,不随手乱丢垃圾。横溪坞村借助“春泥计划”的开展,使村中儿童进一步了解村庄历史和孝文化,提高了孩子们的思想道德素质,为农村儿童思想建设奠定了坚实基础。

寓教于乐:专兼结合组建人才队伍。近年来,该县不仅关注儿童的成长与发展,也关注高年级学生自身的心理健康与情绪管理,并积极引进专业人才与团队参与指导。为减轻学生学习压力,促进学生快乐学习,昌硕街道新街桥社区在 2019 年暑期开展“快乐学习,健康成长——中学生压力应对训练营”活动。社区特地邀请省中医院精神卫生科专家团,由高静芳主任带队现场指导学生学习减压。活动设有沟通技巧训练营、压力应对训练营和情绪管理营。沟通技巧训练营让学生学习沟通技巧,提升自信;压力应对训练营通过运动减压、音乐减压和芳香减压等方法,帮助学生学会有效应对压力;情绪管理营在知识讲解的基础上现场开展活动,让学生认识情绪、管理情绪。此外,还以开学第一课的形式,为高三学生开展以“快乐学习,健康成长——中学生压力应对与情绪管理策略”为主题的大讲堂。

“春泥计划”的开展是农村社区文化建设的重要环节,也是助力青少年成人成才的重要一步。该计划帮助家长解决了暑假无暇照顾孩子的难题,同时也让孩子在快乐中学到了知识。政府引领,社区工作人员负责和大学生志愿者与专家团队的积极参与,共同推进了农村社区教育公益事业的发展。

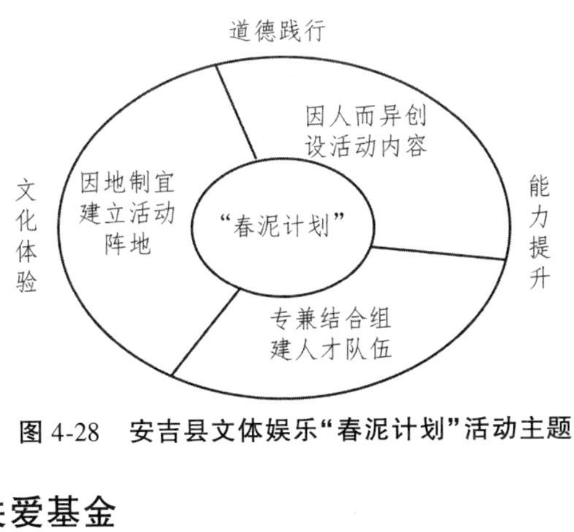

图 4-28 安吉县文体娱乐“春泥计划”活动主题

三、共捐关爱基金

党的十九大报告明确提出,要推动城乡义务教育一体化发展,高度重视农村义务教育，努力让每个孩子都能享有公平而有质量的教育[①]。位于昌硕街道的双一村历来就重视儿童和教育问题。近年来，更是通过设立关爱基金来解决村里孩子上学难和贫困户生活难这两个问题，该基金已帮助许多困难青年走进大学，帮助贫困家庭缓解生活压力。

双一村关爱基金设立前就有了专门的制度与实践。双一村自古以来就有助学的传统，朱氏家规第四条“若稍为有力，其资可读者，尤宜延师启迪，以图上进”和第十二条“同宗相助，彼此相持，固亲亲之谊也”，明确提出了同宗互助、教育助学的要求。双一村村志显示，早在20世纪60年代，该村就已经开办了一所初中，学生可以免费食宿、学习。到了20世纪80年代，该村设立旨在资助村中贫困生的奖励资金，具体制度如下：1982年起，凡考取大专以上的学生奖励400元，考取中专奖励250元，后大专增至700元，中专增至500元；考取全乡第一名者奖600元、第二名奖400元、第三名奖200元。2009年，村里成立了核心为关心下一代的工作委员会，关工委旨在开展关心下一代的日常工作。2014年，村关工委设立关爱基金会，以资助学生教育。

双一村关爱基金设立后受到了村民的欢迎与支持。2014年，关爱基金会共收到来自社会各界的捐款15万元。参与捐款的主要是双一村的企业代表、双一村村委和其他社会人士。村里的企业代表在致富之后积极关心村里贫困生的生活和学习。双一村村委也始终牵挂村里贫困户和困难儿童的生活，以集体名义出资关心困难家庭学子。其他村民在村规民约和家规家训的感召下也纷纷捐款，帮助贫困孩子渡过难关。

双一村的关爱基金入账后进行了科学管理与使用。捐资人以各种方式捐款给双一村关爱基金会，然后基金会将这笔钱交由县慈善总会管理，县慈善总会每年以8%的年息返还给村关工委，用于资助本村困难学生和困难家庭。双一村关爱基金会根据村里家庭的实际情况确定受助人，对于考上大学但无法承担学费的大学生，村关工委将给予资助直至其毕业。这使得每年春节慰问送温暖资金也有了保障，该村每年春节会给困难家庭送温暖。

双一村的关爱基金启动后取得了良好声誉与效益。在关爱基金的支持

① 习近平.决胜全面建成小康社会 夺取新时代中国特色社会主义伟大胜利——在中国共产党第十九次全国代表大会上的报告[M].北京：人民出版社，2017：23-24.

下,双一村许多青年学生终于踏入了理想的高等学府,受到资助的学生刻苦学习,学成归来后投入家乡的建设中,如志愿参加“春泥计划”服务“小候鸟”。许多困难家庭也在村集体的关心下,生活水平得到了一定程度的改善。双一村关爱基金也得到了政府的肯定,2009 年和 2013 年,村关工委分别被县关工委评为年度先进集体;2015 年,村关工委被评为县五好村关工委。

双一村以设立基金、助学助困的形式积极服务村民、关爱和帮扶困难群众,汇聚社会爱心人士,以感恩之心回报社会,积极融入社会各方力量共同参与农村社区公益事业的建设。

第五章　共治：多方联动与协同推进

充分激活和引导社会各界力量参与社区治理，是完善农村社区治理体系和提升农村社区治理能力的应有之义。中国特色社会主义进入新时代，农村社区居民需求日渐多元，对社区环境、医疗卫生、居民服务等都提出了新的更高要求。单一行政力量难以有效满足居民需求的日益多元化、个性化，难以解决农村社区复杂多样的公共事务。因此，迫切需要改变政府主导的管理体制，重新明晰政府、企业、社会组织和公民等主体的权、责、利边界，赋予主体一定的权力，并让其承担相应的责任①，从单纯的政府负责转向"人人有责、人人尽责"。并以农村社区治理制度建设来整合各方资源。积极发挥社会、社区和居民等多元力量共同参与农村社区事务治理，进而实现从单纯的多元主体共治提升为社会治理共同体。

在农村社区治理过程中，安吉县为充分满足农村社区居民对宜居的优美生态环境、对引领向上的文明乡风需求以及协同参与的有效治理需求，积极发挥多元力量，以村民参与为保障，调动政府、社会组织、企业等各类人员参与农村社区治理的积极性和创造性。在创建过程中，该实验区不断将资源、服务、管理下放到基层，通过建设村级法治长廊、制定村规民约与家规家训等方式不断健全党组织领导的自治、法治、德治相结合的城乡基层治理体系，持续提升农村社区治理的法治化水平；通过引进社会组织专业人才提高农村社区治理的科学化水准；通过精准对接群众需求、规范与细化乡村治理

---

① 陈晓春，肖雪. 共建共治共享：中国城乡社区治理的理论逻辑与创新路径[J]. 湖湘论坛，2018(6)：43.

工作要求以及推行网格化管理和服务等为群众提供精准化、精细化服务，实现农村社区治理精细化；通过组建治水志愿者队伍、乡风评议小组、专职网格员等组织推进农村社区治理组织化进程。

安吉县不断创新治理手段，激活了多元治理主体内在动力，持续丰富和完善了农村社区治理内容。该县以群众共同利益诉求为导向，完善了群众参与基层社会治理制度与机制，强化了村民主人翁意识，增强了群众的公共责任感、提高了基层群众的自我组织意愿以及群众组织起来履行责任的能力，有效提升农村社区治理效能，形成由基层党组织领导、政府主导、社会参与、多方协同的农村社区共同治理格局。

第一节　共治生态环境：打造生态宜居型农村社区

作为人类赖以生存和发展的基础，建设生态文明是中华民族永续发展的千年大计。生态治理是全球面临的课题。党的十八大以来，党中央、国务院高度重视生态治理工作，将生态文明建设提升到和经济建设、政治建设、文化建设以及社会建设同一个高度上①，“四位一体”的现代化建设格局正式转变为经济、政治、文化、社会、生态“五位一体”的建设格局，生态建设成为现代化建设的基础条件。对一个有着约 5.6 亿农业人口的大国来说，良好的生态环境是广大农民最普惠的民生福祉，良好的生态优势也能转化为生态农业、生态工业、生态旅游业等经济优势，为广大农民带来经济效益。农村人居环境和生态环境的治理关系着村民的生产生活，也关系着农村社区居民的幸福感。但目前，农村生态环境还存在垃圾围村、水污染严重以及自然生态系统保护制度不够完善等问题。如果日益严峻的生态问题不能从根本上得到扭转，人民群众对美好生活向往的现实需求得不到满足，那么我们不仅难以实现经济的持续发展，还可能引发严重的社会矛盾②。因此，新时代推进农村社区生态治理，必须坚持“绿水青山就是金山银山”的发展理念，明确各阶段任务与各行动者行动目标及行动方式，将相关行动者聚集到一起，共同参与农村社区生态治理，持续推动人与自然和谐共生，不断满足

① 王雪梅. 共生理论视阈下的生态治理方式研究[J]. 理论月刊，2018(3)：159.

② 谭文华. 论习近平生态文明思想的基本内涵及时代价值[J]. 社会主义研究，2019(5)：1.

群众日益增长的美好生态环境需要。

安吉县作为“两山”理念的发源地和实践地，坚持保护环境就是保护生产力、改善环境就是发展生产力这一观念，不断加强实验区生态环境治理。为满足人民日益增长的优美生态环境需要①，该实验区积极争当“两山”重要思想样板地和模范生，坚持治理好环境污染，创建优美的生态环境。在人居环境保护方面，通过调动多元主体精细化治理垃圾、污水，促进了村容村貌提升，实现了“村村优美”的人居环境治理目标；在自然生态保护方面，通过林长制、河长制、护水运动、护山行动等实现全方位、全地域、全过程开展自然资源保护生态发展目标，满足了农村社区居民美好生产生活需要。

一、人居环境改善的精细化治理

农村人居环境治理是统筹推进乡村振兴和建设美丽中国的基础性工作。优美的农村人居环境有助于提高农民群众的生活质量和健康水平，增强农民群众的获得感和幸福感。2007 年以来，围绕农村社区人居环境治理中存在的规划不合理、资金支持不足、基础设施建设不完善等问题，党中央、国务院出台了系列文件（见表 5-1）。通过规划引领、试点带动、资金支持、基础设施完善等途径，破除制约农村人居环境改善的体制机制问题，满足群众日益增长的优美生态环境需要。

表 5-1　2007 年以来中央关于改善人居环境部分文件

发布时间	发布机关	文件名称	重要内容
2007 年 1 月	中共中央国务院	《中央一号文件》	治理农村人居环境，搞好村庄治理规划和试点，节约农村建设用地。
2009 年 3 月	国务院办公厅	《关于实行“以奖促治”加快解决突出的农村环境问题的实施方案》	实行“以奖促治”政策，以激励和促进地方人民政府及社会各界加大农村环境保护投入，稳步推进农村环境综合整治。

① 冯俊. 习近平生态文明思想专题研究[J]. 中国井冈山干部学院学报，2019(12)：5.

续表

发布时间	发布机关	文件名称	重要内容
2009 年 4 月	环境保护部 财政部	《中央农村环境保护专项资金管理暂行办法》	中央财政为支持农村环境保护，鼓励各地有效解决危害群众身体健康的突出问题，促进农村生态示范建设而设立专项补助资金，规范中央农村环境保护专项资金管理，提高资金使用效益。
2012 年 11 月	中共中央	《中国共产党第十八次全国代表大会报告》	建设生态文明，把生态文明建设放在突出地位，努力建设美丽中国。
2014 年 6 月	国务院办公厅	《关于改善农村人居环境的指导意见》	当前和今后一个时期我国农村人居环境改善的主要任务就是完善生活基础设施和治理村庄环境。
2015 年 1 月	中共中央 国务院	《中央一号文件》	强化规划引领作用，加快提升农村基础设施水平，推进城乡基本公共服务均等化，让农村成为农民安居乐业的美丽家园。
2017 年 2 月	中共中央 国务院	《关于深入推进农业供给侧结构性改革 加快培育农业农村发展新动能的若干意见》	深入开展农村人居环境治理和美丽宜居乡村建设。
2018 年 2 月	中共中央 国务院	《农村人居环境整治三年行动方案》	把改善农村人居环境作为社会主义新农村建设的重要内容，大力推进农村基础设施建设和城乡基本公共服务均等化。
2018 年 6 月	中共中央 国务院	《关于全面加强生态环境保护 坚决打好污染防治攻坚战的意见》	全面加强生态环境保护，打好污染防治攻坚战，提升生态文明，建设美丽中国。

资料来源：根据相关材料整理而成。

按照中央要求,浙江省政府出台了系列环境保护政策(见表5-2),从制定环境保护制度入手,通过解决突出环境问题,加大生态系统保护力度,深化生态环境监管体制改革等方式统筹城乡环境治理,更高水平推进美丽浙江建设。

表5-2 2009年以来浙江省关于改善人居环境部分文件

发布时间	发布机关	文件名称	重要内容
2009年9月	浙江省政府办公厅	《关于进一步加强农村环境保护工作的意见》	着力解决农村地区突出的环境污染问题,着力加强农村环保基础设施建设,着力加快农村环境保护制度创新、管理创新和科技创新,着力推进农村生态文明建设。
2012年7月	浙江省政府办公厅	《浙江省环境保护"十二五"规划》	深入实施治水、治气、治土"三大战役",实施最严格的环境保护制度,大力推进环境风险防范、生态保护修复、治理能力建设"三大工程"。
2017年1月	浙江省政府办公厅	《浙江省环境保护"十三五"规划》	建设生态文明,把生态文明建设放在突出地位,努力建设美丽中国。
2018年7月	浙江省政府办公厅	《浙江省生态文明示范创建行动计划》	实施农村人居环境提升行动,高水平打造生态宜居农村环境。

资料来源:根据相关材料整理而成。

在浙江省的带动作用下,湖州市相继出台系列配套的环境保护政策文件(见表5-3),要求各县政府从垃圾处理、污水治理、村庄环境美化等方面着手,完善环境保护体制,不断增强环境治理能力,改善农村人居环境和生态环境,力图高水平打造生态宜居的农村环境。

在此背景下,安吉县高度重视农村环境治理能力提升和治理体系建设,以"千万"工程和美丽乡村建设为契机,持续改善农村人居环境。在推进农村人居环境改善过程中,安吉县普遍改造了村容村貌,但仍然存在着垃圾和废水有效处置率低、村民环保意识不强,长效管理机制欠缺等问题,这些问题深刻地制约着绿水青山向金山银山的有效转化。

在实验区创建过程中,安吉县坚持强化政府引导作用,调动农民主体和市场主体力量，继续深化“门前三包”和垃圾分类积分制等机制建设，激发农民群众的积极性、主动性和创造性。同时，通过购买服务等方式，吸引市场主体参与环境治理，通过宣传、表彰等方式，引导社会各界关心支持农村人居环境改善。该县坚持以绿色发展理念引领农村人居环境综合整治，将可持续、绿色发展理念贯穿于改善农村人居环境的各阶段各环节全过程，扎实持续改善农村人居环境①。

表 5-3　2016 年以来湖州市关于改善人居环境部分文件

发布时间	发布机关	文件名称	重要内容
2016 年 6 月	湖州市国有资产监督管理委员会	《湖州市生态文明先行示范区建设条例》	实施农村环境综合整治，推进城乡供水、垃圾处理、污水治理一体化，保护乡村自然文化遗产，改善农村人居环境。
2017 年 1 月	湖州市政府办公室	《关于印发湖州市生态环境保护“十三五”规划的通知》	要求生态环境和人居环境明显改善，环境风险得到有效管控，环境治理能力不断增强，环境保护体制机制不断完善，生态文明先行示范区建设取得显著成效。
2018 年 7 月	湖州市政府办公室	《关于印发湖州市生态文明示范创建行动计划（2018—2022）的通知》	实施农村人居环境提升行动，高水平打造生态宜居农村环境。
2019 年 10 月	湖州市场监督管理局	《湖州市美丽乡村建设条例》	从农村生活垃圾分类、畜禽管理、污水治理、村庄环境美化等方面加强改善农村人居环境。

资料来源：根据相关材料整理而成。

（一）垃圾治理

农村生活垃圾治理是建设美丽宜居乡村的基础，也是农村社区治理的

① 中共中央办公厅 国务院办公厅转发《中央农办、农业农村部、国家发展改革委关于深入学习浙江“千村示范、万村整治”工程经验扎实推进农村人居环境整治工作的报告》[J]. 农村工作通讯，2019(6)：7.

重点与难点,它直接关系着农民的幸福感、获得感与安全感。加强农村污染治理,不仅是建设美丽宜居乡村的基础,更是关乎农村居民健康的重大民生问题①。随着我国农村经济的迅速发展,村民生产、生活方式的改变增加了农村生活垃圾的种类和数量,"垃圾山""垃圾围村""垃圾围坝"现象愈演愈烈。满足农村居民对生态宜居乡村的需求,必须通过标准化和规范化操作,补齐农村垃圾治理工作存在的治理能力不足、群众参与意愿不强以及基础设施建设不完善等短板。

为提高美丽乡村建设质量与聚焦生态环境治理,该县自 2013 年以来,先后出台了《安吉县农村生活垃圾分类处理实施办法》《农村生活垃圾不落地收集管理标准》《安吉县垃圾分类推进工作方案》等多个文件(见表 5-4)。文件明确了农村生活垃圾分类投放、分类收集、分类运输、分类处置标准,要求坚持就近就地就农利用,引导群众广泛参与,让农民成为农村生活垃圾处理的主力军,实现农村生活垃圾源头减量。

表 5-4　2014 年以来安吉县关于垃圾处理部分文件

发布时间	发布机关	文件名称	重要内容
2014 年 4 月	中共安吉县委办公室 安吉县人民政府办公室	《安吉县农村生活垃圾分类处理实施办法》	通过垃圾分类处理减少农村废弃垃圾总量,提高农村生活垃圾中可利用资源的回收利用率,降低农村生活垃圾对环境的负面影响。
2019 年 9 月	中共安吉县委办公室 安吉县人民政府办公室	《安吉县垃圾分类推进工作方案》	要求结合安吉实际,做到全县域、全行业、全覆盖、全方位、全过程推进垃圾分类。

资料来源:根据相关材料整理而成。

以此为契机,安吉县不断升级垃圾处理模式,从"垃圾分类"处理到"垃圾不落地"再转向推进"垃圾不出村"工程,该县全方位、各领域、全过程不断深入推进垃圾分类。同时,为进一步改善人居环境,促进农村社区精细化

① 郑雪梅,王申成. 农村污染治理的经验借鉴及促进对策[J]. 大连干部学刊,2016(7):61.

管理,该县以垃圾治理为契机,延伸开展“双禁”(禁售、禁放烟花爆竹)、畜禽管理等工作。

1. 垃圾分类的村域探索

做好垃圾分类投放、分类收集、分类运输、分类处理是一项系统性很强的社会治理工作,拷问着政府社会治理能力,也考验着国民生活理念、生活习惯的养成①。为了改善百姓的生活环境,强化百姓垃圾分类意识,安吉县于2013年在农村社区开展垃圾分类活动。南北湖村作为安吉县首批垃圾分类试点,根据自身特点,因地制宜,积极带动党员、农户参与垃圾分类,积累了一套具有村庄特色的垃圾分类经验。

在开展垃圾分类之初,南北湖村委会先行投入50万元资金建立起村级小型垃圾中转站。中转站的建立,为垃圾分类集中处理提供了设施平台。垃圾终端处理站建好后,村“两委”召开农户代表大会,请保洁员向农户讲解该村垃圾种类、分类的重要性以及如何进行垃圾分类。在此基础上,村干部进行入户宣传,向农户发放垃圾分类宣传单,宣传垃圾分类意义及垃圾分类方法,确保农户充分知晓并主动参与到垃圾分类当中。在日常管理过程中,村庄保洁员每天都会将村子里分类好的垃圾集中回收至垃圾中转站。对于未按分类要求投放的垃圾,垃圾管理员会进行重新分类投放,同时对相关村民进行批评教育。

垃圾分类处理过程中,该村还将垃圾分类与党员教育相结合,推行党员分片包干制。具体而言,按照就地就近和便于监督原则,该村共划分为几大片区,要求每位党员负责3—5户,利用自身空闲时间监督责任区划内的垃圾分类,并将其登记在相应的记录册中。

报福镇为实现农村垃圾分类智慧化管理,与安吉农商银行进行合作,建立了银行卡垃圾分类回收平台,创建了“垃圾分类积分制”。以报福镇景溪村为例,村民使用安吉农商银行卡在垃圾分类回收平台上操作,根据垃圾种类进行分类和投放,正确投放后平台会将积分返入银行卡中,村民可到安吉农商银行网点、丰收驿站或指定超市用积分兑换礼品、抵现消费。其具体操作流程如下:

① 温宗国.统筹推进“垃圾革命”破解“围城之困”[J].中国党政干部论坛,2019(8):81.

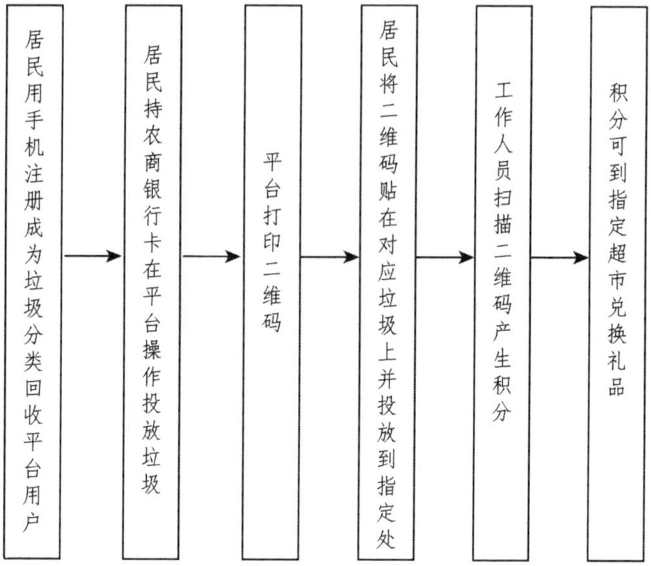

图 5-1 报福镇垃圾分类积分兑换操作流程图

通过生活垃圾分类回收积分制的实施,该县调动起政府、居民、农商银行以及定点超市共同参与到生活垃圾的分类回收当中,提升了居民分类投放的积极性,培育了居民垃圾分类并准确投放垃圾的意识。

图 5-2 景溪村积分垃圾分类回收平台

此外,该村还于 2017 年试点了“厨余垃圾积分制”,即农户家中的厨余垃圾可兑换为积分。首先,村委会在每户村民家门口贴上村民二维码,该二维码代表村民“厨余垃圾分类”的积分账户,账户中积分可用于兑换商品。其次,村庄保洁员在回收农户家中厨余垃圾时,使用智能终端机扫一扫农户家门口的二维码，并根据该农户厨余垃圾分类情况、设施状况、清洁状况、垃圾桶摆放情况、垃圾重量等标准，给农户厨余垃圾分类拍照、打分，通过手中的智能终端机将分类信息录入到报福镇智慧农村服务平台。最后，村庄保洁员将厨余垃圾收集后，统一运至镇资源循环利用中心。

图 5-3　景溪村保洁员回收厨余垃圾

其他村庄也积极探索村庄垃圾分类模式。唐舍村于 2014 年开展垃圾分类活动。该村采用“两桶一筐”方式进行垃圾分类，即村“两委”给每位农户提供两桶一筐。一桶用于收集可回收垃圾，如纸板、纸屑、塑料瓶等；一桶用于收集不可回收垃圾，如灰尘、烟蒂等；一筐用于厨余垃圾收集。在日常垃圾分类管理过程中，由村“两委”班子成员对农户进行垃圾分类辅导，由老干部、妇女代表等组成的义务监督员对农户垃圾分类进行监督。

为促进垃圾分类工作进一步深入，实现垃圾减量化、资源化，更好地保护绿水青山，营造全面参与垃圾分类、共治文明城市的社会环境，安吉县不断进行垃圾分类实践。2019 年 8 月 19 日，马家弄村开展了“新时代实践之百日攻坚大手牵小手，垃圾分类一起行”的主题环保活动。本次环保活动共分为三个主题。首先，宣传垃圾分类。该村组织中小学生与家长在村委报到，报到后由中小学生向各个自然村的农户和农家乐发放垃圾分类的宣传页，向村民们宣传垃圾分类。其次，开展垃圾分类宣讲活动。该村专门邀请老师给学生开展绿色环保垃圾分类主题宣讲活动。活动中，老师向学生介绍了什么是垃圾分类、垃圾分类的优点、如何进行垃圾分类、有害垃圾不分类的危害等知识。最后，变废为宝。为让更多的家庭关注垃圾分类，特别是废旧物品的回收利用，该村还举行了变废为宝的活动，学生和家长把从各自然村捡回来的废旧物品拿到了村委会议室,将各种废旧材料制作成各种漂亮的手工艺品。马家弄村通过这项活动让大家在潜移默化中成为"垃圾分类,变废为宝"的践行者,将垃圾分类由理念转变为行动。

2019年10月19日,该县妇联联合县农业农村局、报福镇人民政府在景溪村山民文化街举行"垃圾分类我先行·美家美妇在行动"暨安吉县《"垃圾分类"家庭守则》现场发布活动,该活动通过发布安吉县《"垃圾分类"家庭守则》、为垃圾积分兑换达人颁发"垃圾分类"达人标识牌以及"我倡议、我行动、我分享"串讲等现场活动积极宣传垃圾分类知识,引导居民积极参与垃圾分类活动。

该县在实施垃圾分类工作过程中,不断以社会化的方式引领公共生活,通过细化分类知识教育、实地考察及日常指导培训等方式使垃圾分类工作更加深入人心,成为创建绿色生活和社区生态治理的特色品牌。

2."垃圾不落地"

为改善群众的生活环境,提高群众的生活质量,促进农村人居环境治理提档升级,安吉县在农村垃圾分类的基础上试点"垃圾不落地"。余村和上墅乡作为"垃圾不落地"的先行试点村,根据村情实际开展"垃圾不落地"工程并形成具有村域特色的余村方式和上墅乡方式(见表5-5)。其中,余村主要采取定点投放方式,而上墅乡则采用全天候循环收集方式。

表5-5 安吉县村域"垃圾不落地"两种方式

村庄	经验
余村	由环卫工人员每天定时上门收集垃圾,采取音乐响铃、吹哨等方式,通知农户及沿街门店将分类好的垃圾倾倒在垃圾收集车内。
上墅乡	由农户和沿街门店将垃圾分类后,定时定点投放,由村或乡镇(街道)按时摆放和撤除垃圾桶,定时清运、调车对接,密闭运输。

资料来源:根据相关资料整理而成。

收集后的垃圾将会被分为有害垃圾、可回收垃圾、厨余垃圾和其他垃圾。其中有害垃圾将中转至环卫部门指定的场所进行处理;可回收垃圾由农户自主分拣交售或在乡镇(街道)垃圾中转站由环卫工人分拣交售;厨余垃圾由村或乡镇(街道)集中处理;其他垃圾中转至县集中处理。

图 5-4 上墅乡全天候循环收集垃圾

自 2016 年安吉县试点“垃圾不落地”工作以来，该县便开启了一场绿色生活方式的变革，共有 88 个行政村做到了垃圾不落地。截至 2018 年，该县“垃圾不落地”的实施村已经达到 156 个，占全部行政村 80% 以上，天荒坪镇、上墅乡等 9 个乡镇达到全覆盖，占乡镇总数的 60%。“垃圾不落地”工作提升了村民环境保护意识，激发了其参与环境治理的积极性，共同助力打造生态宜居的人居环境。

3. 垃圾不出村

安吉在全县农村推行“垃圾不落地”以来，村内的垃圾池、垃圾桶消失了，农村环境也得到了改善。然而，因资源化利用不到位，除厨余垃圾以外的大量垃圾，仍需统一清运到乡镇中转站，环境负担与处置成本依旧不小。为此，安吉县开始进一步升级垃圾处理模式，在农村社区开始推行“垃圾不出村”。2018 年 7 月，横溪坞成为首个“垃圾不出村”试点村。该村在县农办的指导下，按照“三步走”思路，引导全村 320 户农户全部参与到工程当中，其具体做法如下：

前期积淀，外出考察。横溪坞村在前期筹备过程中，由村庄妇女队长带领团队外出考察学习，回村后开始筹备宣传资料、完善基础设施等工作。该村将村内一间占地 800 平方米的废旧厂房改为工艺加工厂——蛹工坊，并新建了多处沼气处理池，为该村实施“垃圾不出村”工程奠定基础。

中期宣传，联户共担。在充分准备后，该村组织党员和村民代表进行

"垃圾不出村"宣传。横溪坞共有 8 个自然村,50 个村民代表,即每个自然村有 5—7 名村民代表,每位村民代表联系 3—5 家农户。在进行"垃圾不出村"工作宣传时,村"两委"召开村民代表大会,对村民代表进行培训,宣传"垃圾不出村"的重要性及其做法。再由村民代表负责联系对接的农户,进行上门宣传,确保"垃圾不出村"工程顺利推行。

后期实施,分类使用。横溪坞村将垃圾分为可回收垃圾、不可回收垃圾、厨余垃圾以及有害垃圾。该村给每户发放两个垃圾桶和一个小木筐,绿色垃圾桶放厨余垃圾,黑色垃圾桶放不可回收垃圾,木筐则用来收集塑料瓶之类的可回收垃圾。对于可回收垃圾的处理,该村与杭州一家公益组织开展合作,把可回收垃圾进行创意改造,将其加工成工艺品等用于村庄装饰或出售,尽量做到回收再利用;对于厨余垃圾,该村将其输送至村庄沼气池进行处理,沼气提供给村民;对于不可回收垃圾,则提倡从根源上解决,减少塑料袋等不可回收垃圾的使用。

图 5-5　横溪坞村旧物利用

横溪坞村通过"垃圾不出村",自我消化了村内 90% 的生活垃圾,将绿色生活理念不断融入村民生活,增强了村民的垃圾分类和环保的意识。

4. 双禁

为减少烟花爆竹燃放造成的噪音和空气污染,保障人民群众生命财产安全,助力全国文明城市创建和"中国最美县域"建设,安吉县于 2018 年 6 月 1 日在全县范围内推行"双禁"工作,要求本县行政区域内任何单位和个人不得违法销售、燃放和生产(加工)、储存、运输、携带烟花爆竹。以景溪村为例,该村依据《安吉县全县禁止销售燃放烟花爆竹实施方案》要求开展

“双禁”工作，加强引导和管控，确保“双禁”工作在本村顺利推行。在引导方面，该村采用了以锣鼓、音响代替烟花爆竹的方式。如，村民在村内办红白喜事时，村委会将为其送上锣鼓音乐，引导居民不使用烟花爆竹。在管控方面，该村成立了巡逻劝导队伍，每天不间断巡逻劝导；在年三十、初一、初五、元宵等节点，还增加了巡逻防控力度。

为进一步推进烟花爆竹禁售禁放工作，安吉县于2019年1月9日召开全县禁售禁放烟花爆竹工作推进会。以此为契机，该县相关职能部门及乡镇（街道）利用多种渠道、方式宣传“双禁”。如县气象台向全县居民发布“禁止燃放烟花爆竹，促进文明城市建设”信息；县综合执法局昌硕执法所以沿街商铺为重点，70名队员通过网格行动，广泛发放宣传资料。截至1月9日下午，该执法所共发放宣传资料1600余份，10日上午已实现辖区沿街商户知晓全覆盖；此外，梅溪镇工作人员、执法所队员开着宣传车，利用广播对居民进行宣传，还发放了《致全县居民的一封信》，号召大家理解、支持“双禁”。

该县组织相关部门、执法部门和村（社区），在全县范围内做了全方位的宣传、巡查等工作，加深了群众对“双禁”工作的理解，扩大影响力，提高知晓度；通过联合公安局、综合执法局等部门收集“双禁”违法案例，在《平安安吉》电视节目、《律师评案》专栏、安吉普法微信及其他的宣传平台进行发布解析，用以案释法的形式警示群众，增强了群众对规定的理解，提高了“双禁”工作实效。

5. 畜禽养殖管理

该实验区在创建过程中积极开展畜禽养殖污染治理，推动村民养成绿色环保的生产生活习惯。以上墅乡刘家塘为例，该村积极开展畜禽养殖污染治理，通过推广绿色环保的生产生活方式促进村民形成减少畜禽养殖污染的意识；通过村规民约约束村民养殖畜禽行为，从而减少畜禽对村庄公共环境的污染。

该实验区积极调动农村社区居民、企业等主体参与农村垃圾治理，在治理过程中，该实验区根据村情实际进行垃圾治理，在不同村域内形成了“垃圾分类”“垃圾不落地”以及“垃圾不出村”等垃圾治理经验；同时延展了“双禁”、畜禽养殖管理等改善人居环境的实践。通过垃圾分类处理等实践，该实验区的县域环境得到明显改善，垃圾资源得到再生利用，美丽乡村长效管理体系得到进一步深化,实现了"村村优美"的建设目标。

(二)"五水共治"

水是生命之源、生产之要,生态之基。目前我国农村水污染、水资源浪费等问题较为严重,对农村人民生活、生产以及生态环境都产生了极大的影响。为此,浙江省委十三届四中全会提出"五水共治"这一项重大战略决策,要求全面开展治污水、防洪水、排涝水、保供水、抓节水,改善浙江省的水环境①。该项工程意在遵循协同治水理念,创新运用"五位一体"协同水管理模式,通过河长制及多样化的公众参与途径②,持续推进水环境污染综合整治,带动城乡环境面貌提升。

"七山一水二分田"是安吉县自然环境的真实写照。新型城镇化进程的快速推进对生态环境造成了极大的破坏。为满足人民用水需求,营造整洁优美的生活环境,促进县域内生态系统稳定健康发展,该县于 2013 年开始实行"五水共治",其中污水是"五水共治"的主要对象。为此,该县先后发布了系列治理污水的政策文件(见表 5-6),要求建立河长制,明确水治理责任主体,并充分调动各主体参与农村生活污水治理的积极性和主动性。

表 5-6 2015 年以来安吉县关于"五水共治"部分文件

发布时间	发布机关	文件名称	重要内容
2015 年 4 月	安吉县人民政府	《关于印发安吉县农村生活污水治理工作先进村考核评选与奖励办法的通知》	通过制定考核评选办法,调动各行政村治理污水的积极性和主动性,加快推进全县农村生活污水治理。
2016 年 9 月	安吉县生态文明建设工作领导小组	《关于印发安吉县 2016 年度"五水共治"考核评价指标体系的通知》	安吉县"五水共治"工作考核体系。

① 许光建,卢允子. 论"五水共治"的治理经验与未来——基于协同治理理论的视角[J]. 行政管理改革,2019(2):33.

② 许光建,卢允子. 论"五水共治"的治理经验与未来——基于协同治理理论的视角[J]. 行政管理改革,2019(2):33.

续表

发布时间	发布机关	文件名称	重要内容
2016年2月	安吉县生态文明建设工作领导小组	《关于进一步加强河长制工作的通知》	通过构建县级河长统筹、镇级河长推进、村级河长监管,推进河长制工作,发挥河长作用。

资料来源:根据相关材料整理而成。

按照文件要求,安吉县形成了政府、社区、企业等多主体力量协同治理的经验。该县通过建立三级河长制,落实河长包干责任,强化生态治水责任落实机制;以工青妇和社会组织为依托,建立治水志愿者队伍,广泛开展多种形式的公益活动,促动政府、企业、社团、公众等各方力量优势互补;积极引导民营企业投身"五水共治",鼓励社会资本参与治水。"五水共治"的举措不仅全方位促进水环境质量改善,还辐射带动部分村庄开展"小微水体(塘、渠)"治理,为绿水青山转化为金山银山提供了重要途径。

1. 全面推进河长制管理制度

作为一种治理模式,河长制由地方各级党政主要领导担任本行政区域内河流的河长,落实地方政府环境保护主体责任,负责相关河流水资源保护、水域岸线管理、水污染防治和水环境管理工作,为维护河湖健康生态、实现河湖功能永续利用提供制度保障。该县在生态文明建设工作领导小组办公室的指导下,全面推进河长制。

为持续深化河长制,完善治水长效机制,该县运用掌上基层 APP 进一步完善县级河长统筹引领、镇级河长落实推进、村级河长常态监管、河道警长执法查处、民兵连长应急联动的治理格局。以双一村为例,双一村村主任作为基层河长,每星期至少一次按照掌上基层 APP 所规定的路线进行巡河,巡河时间不少于十分钟。在巡河期间,村主任要拍摄河道排污口、河道环境等照片和视频上传至 APP,每月由昌硕街道进行考核。昌硕街道每月需将该辖区河道情况交至县里进行考核评价。

2. 社区参与的协同实践

实现"五水共治"目标,除政府主导外,还需社会参与。只有将非政府组织、企业、公民个人等子系统纳入治水的整体系统中,才能最终达到最大限度地维护和增进治水成效的目的①。为此,该县在“五水共治”中,创新采用多种公众参与渠道和方式,积极引导不同主体参与“五水共治”。

宣传“五水共治”,引导青少年参与河道治理。在学校,由老师不断向学生宣传“五水”种类、危害及“五水共治”的重要性,让青少年充分知晓“五水共治”的重要意义并引导其积极参与水环境治理。荆湾村开展了红领巾分组巡河活动,该村召集村内三所学校百名红领巾前往河岸边,清理河道垃圾,利用自带装备检测水的酸碱度等数据,为消灭劣V类水贡献力量。

南北湖村成立了河道“小保姆”,通过“寻找最美水源”活动,将河道“走访”中的所见所闻,通过宣讲、征文等方式,向身边的同学、家长宣传水环境保护小窍门。以“小手拉大手”方式,发动全民参与生态建设,并联合辖区内学校举办以山塘水沟、小微水体污染曝光等亮剑行动,让孩子和家长一起参与,共同监督水资源保护。

成立志愿护水队,引导多方共治“五水”。一是成立多样化护水志愿队,积极引导村民参与治水。双一村成立护水协会,该协会由村妇女主任为总负责人,共分为三个护水队,分别为巾帼护水队、少年护水队以及青年护水队,护水协会以巾帼护水队为主力。巾帼护水队主要由村民小组的妇女组长组成;少年护水队由村团支部书记为组长,吸纳部分青年团员为主要成员;青年护水队则是从每个村民小组中选出4—5人作为主要成员。护水协会对河流水进行管理,清除河流垃圾、确保河流水质,村“两委”班子每月将对河流水的水质、卫生状况进行督查。

此外,其他村庄也积极成立护水队,参与村庄污水治理。荆湾村“巾帼队”闻“曝”而动。该村于2017年4月在村内上线了一款集曝光、反馈、联动、治理于一体的“主妇曝光台”治水软件,村内妇女都可通过该软件对村庄存在的水问题进行曝光,曝光后由村巾帼志愿队根据曝光情况进行及时诊治。银坑村成立的巾帼护水队由村庄妇女自愿参加,没有固定人员。其工作主要为定期巡查河道、清理河道垃圾,并倡导不要在河道内清洗衣物等。

企业积极承担社会责任,积极参与水环境治理。在“五水共治”过程

① 许光建,卢允子.论“五水共治”的治理经验与未来——基于协同治理理论的视角[J].行政管理改革,2019(2):35.

中，该县积极调动企业参与“五水共治”。如，2017 年 5 月 17 日，天子湖镇“河小二”团队携手安吉县团委发起了湖州首个剿劣基金会。该基金会积极引导企业参与 V 类水治理，在活动过程中共有 22 家企业捐资、捐物，获捐 300 多万元定向用于天子河治理。

此外，天子湖镇膨润土企业主动“捐土”治水，该镇南店村完成上坝河整治、清淤工作后急需改善河道水质，天子湖环保所了解到膨润土有助于治理 V 类水且不会造成二次污染，就动员该镇 10 余家膨润土企业积极报名参与“捐土”，其中天子湖矿业有限公司和安吉天湖膨润土经营有限公司共计捐土 100 吨。

3. 小微水体（塘、渠）治理

作为农村水环境的重要组成部分，农村小微水体在蓄水、排水、保水、净水等方面发挥着重要作用。小微水体有效治理有利于改善人居环境，提升居住品质。以大竹园村为例，该村对村内的小微水体采用塘长、渠长监督管理的方式，即设立村级塘长、民间塘长以及塘嫂对小微水体（塘、渠）进行管理与监督，从而实现小微水体水面无漂浮物，水岸无垃圾、水质达标。

该县通过建立河长制、鼓励多主体参与等方式全面开展农村污水治理，强化了农村水环境综合治理，进一步延伸了美丽乡村建设的深度，提升了美丽乡村建设水平，加快走出绿水青山就是金山银山发展新路。

（三）厕所保洁

厕所问题不是小事情，直接关系农民群众生活品质。农村厕所的脏、乱、差是影响我国农村发展的严重问题。为此，要将厕所治理问题作为实施乡村振兴战略的一项具体工作来推进。要从农民群众最切身的利益出发①，加速推进农村厕所治理，让农民享受到卫生清洁无害化的如厕环境。

自确立“中国美丽乡村”建设目标以来，厕所整治一直是该县农村社区治理的一项重要任务。根据《乡村治理工作规范》《农村厕所建设和服务规范》等文件要求，该县不断加强农村厕所管理与治理。

以横溪坞村公厕管理为例，横溪坞村公厕由村委统一管理，并制定公厕长效管理机制。村民应自觉维护公厕卫生、爱护公厕设施，服从公厕管理制度。

---

① 余欣荣委员谈农村人居环境：必须要从农民群众最切身的利益出发[N]. 人民日报，2019-10-24.

自美丽乡村建设以来,安吉县持续开展农村人居环境整治行动,实现了全县行政村环境整治全覆盖,通过垃圾整治、“五水共治”、厕所改革等方式基本解决了农村的垃圾、污水、厕所问题,为老百姓留住了鸟语花香的田园风光①。

二、自然环境保护的类型化区分

自然环境是生态环境的重要组成部分,优美的自然环境有助于增强人民的幸福感和满足感,是广大人民的急切期盼。为满足人民对美好生态的需求和向往,党和政府高度重视生态环境保护,把节约资源和保护环境确立为基本国策②,坚定不移地推进生态环境治理体系和治理能力现代化,促进人与自然和谐共生,形成人与自然和谐发展的现代化建设新格局③。

在美丽乡村建设过程中,安吉县自然环境得到了持续改善,但仍存在水资源浪费严重、乱砍滥伐以及山体破坏严重等问题。这些问题深刻影响了人与自然的和谐共生。为此,在实验区创建过程中,安吉县坚持节约优先、保护优先、自然恢复为主的方针④,以“两山”理念引领农村自然环境治理,坚持“党委领导、政府主导、农民主体、部门协作、社会参与”的原则,充分调动农民群众的积极性和主动性,把建设美丽乡村的主动权交到农民手中⑤,实现人人学习生态知识,人人树立生态意识,人人建设生态家园⑥。

(一)护山

作为一个典型的山区县,安吉县将护山作为自然环境治理的重要工作。余村积极践行“两山”理念,开展矿山整治。首先,转变发展思路。2003 年,余村关闭矿山后村集体经济收入锐减,但余村迅速转变发展思路,坚持以“两山”理念为引领,认真分析客观形势和自身资源特点,对村庄发展规划

---

① 推动我国生态文明建设迈上新台阶[N].光明日报,2018-05-18.

② 推动我国生态文明建设迈上新台阶[N].光明日报,2018-05-18.

③ 秦书生,于欣.改革开放后党的人与自然和谐共生思想的历史演进[J].哈尔滨工业大学学报,2019(4):116.

④ 推动我国生态文明建设迈上新台阶[N].光明日报,2018-05-18.

⑤ 柯福艳.美丽乡村安吉[M].杭州:浙江大学出版社,2012:25.

⑥ 柯福艳.美丽乡村安吉[M].杭州:浙江大学出版社,2012:46.

进行重新调整。其次,恢复矿山植被。关闭矿山后,余村对废弃的矿山进行复耕复绿。在裸露的山体种上绿色植被,用砾石回填矿底。关闭矿山提升了余村环境总体质量。此外,杭垓镇组织文明护山员和巾帼志愿者参与护山行动,文明护山员和巾帼志愿者共同劝导游客文明进山,勿盗挖野樱花、映山红等野生植物。

(二)护水

作为长三角地区重要的水源地,水资源是安吉县发展的潜在优势,也是美丽乡村建设的重要资源。水资源的污染、短缺将会严重制约农村社区居民的生产和生活。为此,必须发挥村民主动性,合理用水、节约用水、有效保护水资源,坚持绿色治理原则,把污水治理和农业生产及生活有机联系起来[①]。

以刘家塘村为例,该村成立了家庭护水督察队。家庭护水督查队队长由村妇代会主任担任,队员由所有家庭推荐产生。家庭护水督察队每周一组织全体队员对每个家庭《家庭护水公约》的执行情况进行巡查,对各类不文明、不卫生行为及破坏水环境行为等进行劝阻,并协助村妇代会主任做好家庭护水之星的评选。同时,在巡查中发现河道设施、水质受损的现象及时向村“两委”会反映。

公约选登

刘家塘村家庭护水公约

为共同打造院洁、岸绿、水清的美好村居环境,确保“五水共治”的建设成果的长效性,特制定以下家庭护水公约:

家庭落实门前三包

包卫生。垃圾入箱不随手扔,厨卫、洗涤等生活污水不乱排放,门前垃圾及时处理,居住环境整洁卫生、清新舒适;

包秩序。房前屋后地面平整,杂物不乱堆放,不乱搭建、乱晾晒、乱悬挂、乱停放;

包绿化。房前屋后栽树种花,美化庭院。保护好门前的公共设施,

① 余欣荣委员谈农村人居环境:必须要从农民群众最切身的利益出发[N].人民日报,2019-10-24.

培植好门前花草树木。

家家爱水保护河道

河道里洗涤要选用无磷洗衣粉和洗涤剂,尽量少用洗涤剂;

不向河道排放生活污水,不往河道倾倒垃圾污物以及人、畜、禽排泄物,不向河道丢弃电池等各类有害及污染物;

自觉保护堤坝、沟渠等河道设施,不人为破坏,不侵占河道,不在河道沿岸乱搭乱建,不破坏污水处理设施。

家家惜水节约使用

定期检查抽水马桶、水池、水龙头或其他水管接头以及墙壁或地下管道是否有漏水的现象,发现漏水马上报修;

提倡使用节水型产品,倡议一水多用、盆接洗涤等节水行为,养成用水间歇随手关掉水龙头的良好用水习惯;

加强孩子节水、护水、爱水行为习惯的培养。

家家监督相互劝导

在道路上、河道边发现有废弃物、塑料袋、包装瓶等杂物,主动清理,维护清洁的村居环境;

发现有向河道排放污水、破坏河道设施等破坏水环境的现象及时向村委会举报。

家家配合共同建设

积极参与河道垃圾清理、环境卫生整治行为,为建设美丽刘家塘出力作贡献;

顾全大局,主动配合做好农村生活污水集中处理工程等各项治水工程的实施。

该村调动村民积极性,将村庄护水要求细化为《刘家塘村家庭护水公约》,内容涉及护河、爱河、减少污染排放、自觉参与河道管理、保护水生态环境、节约用水、维护水利设施及日常监管等方面,通过护水公约的实施明确了村民禁止做和必须做的事情,进一步增强了村民保护水资源的责任意识,提升了该村的水环境质量。

（三）护林

安吉县是浙江省重点林区县之一，全县森林覆盖率71.1%，林地面积202万亩，是国家首个生态县。为巩固生态建设成果，减少破坏森林资源等行为，2016年底，安吉县开始探索制定林长制林区管理体系，建立健全森林生态安全治理长效机制。

该机制是以属地管理为主的三级林长制，覆盖全县范围内的所有林区：各级林长是所负责林区森林资源保护和森林消防工作的责任人。一级林长由联系乡镇（街道）的县领导担任，二级林长由所在乡镇（街道）的领导担任，三级林长由所在行政村（社区）的领导担任。

以上墅乡为例，乡级林长由乡长担任，林长组织全乡31名网格员共同参与森林管护，形成一张严密完善的防护网，并在每周三、周五带领护林员一起巡山。

此外，唐舍村为宣传森林资源保护，制止林区野外用火、毁林开垦行为，也建立了村级林长制，负责发动干部群众参与到森林的生态保护中。

图5-6 唐舍村三级林长公示牌

安吉县在自然环境治理过程中积极倡导环保意识、生态意识，构建全社会共同参与的环境治理体系①。在实验区建设过程中，该县通过志愿者、护水队、护山队等队伍建设调动村民积极参与村庄山体、森林、水体等自然资源的生态保护，深化了尊重自然、顺应自然、保护自然的生态理念。

作为“两山”理论发源地和模范生，安吉县在实践过程中充分认识到了

① 习近平.共谋绿色生活，共建美丽家园[N].光明日报，2019-04-29.

绿水青山的内涵,在人居环境的精细化治理和自然环境类型化保护过程中,该县大力培育全民的生态环保意识,提升生态环保素养[①],使生态文明理念不断深入人心,充分发挥政府、企业、公众等不同主体的主动性和创造性参与自然环境和人居环境改善,有效提升了农村人居环境品质,促进了自然环境美化,实现了人与自然和谐共生。

第二节 共护平安家园:人居安全防护的村域化探索

社会稳定是社会主义现代化建设的重要前提。2019 年中央一号文件指出,要完善乡村治理机制,保持农村社会和谐稳定[②]。稳定是第一要务,如何构建安全的乡村人居环境,事关乡村和谐,攸关人民福祉。近年来,我国乡村安全建设取得长足进步,设施更为完备,理念更加创新,治理更显有序。但从整体上看,乡村人居安全防护工作与农民群众的期盼和全面建成小康社会的要求还存在一定差距,仍然是乡村经济社会发展的短板。为贯彻落实中央农村工作会议精神,回应广大人民群众期望,建设富裕、和谐、幸福乡村,安吉县以党对“三农”工作指示为指引,不断完善乡村治理机制,加强基层党组织建设,积极发挥人民群众力量,着力聚焦自然灾害与人居安全防护工作,从而有效地构建起和谐稳定乡村人居环境,探索并形成了一系列好思路、好做法、好经验。

一、自然灾害防治

防治自然灾害,保护群众利益,是党和政府宗旨的体现,是基层治理的重大课题。2018 年 10 月,习近平总书记在中央财经委员会第三次会议上强调,加强自然灾害防治关系国计民生,要建立高效科学的自然灾害防治体系,提高全社会自然灾害防治能力,为保护人民群众生命财产安全和国家安

① 谭文华. 论习近平生态文明思想的基本内涵及时代价值[J]. 社会主义研究,2019(5):6.

② 中共中央 国务院关于坚持农业农村优先发展做好“三农”工作的若干意见[EB/OL].(2019-01-02)[2019-09-01]. http://www.gov.cn/zhengce/2019-02/19/content_5366917.htm.

全提供有力保障①。根据中央、省市有关自然灾害防治的精神,安吉县将火灾、洪涝、暴雨、台风、干旱、低温、冰冻等自然灾害防治工作有机融合,开展了富有成效的工作。

(一)防火灾

近年来,溪龙乡黄杜村大力发展以季节性茶叶粗加工为主的农副产业,该产业生产周期短、用工量大,容易引发消防安全隐患。为确保安全生产,营造良好经济发展环境,黄杜村把火灾防治作为灾害防范的中心,坚持预防为主、宽严相济的工作思路,建立起了集检查、宣传、惩戒于一体的工作机制。

配置防火设施。村委会组织人员前往每个茶厂,检查生产设备、工人住房、水电设施的安全程度;对于重点安全区域与存在安全隐患的地方,配备灭火设施,不留盲区。宣传防火知识。村委会通过微信等网络工具,定时向村民宣讲有关安全知识,如用水、用电、上山下山等方面的安全要求。形成防火意识。为消除火灾隐患,村委会以与农户签订安全责任书、防火协议书等形式,杜绝农户在工人宿舍铺垫海绵等隐患行为,倒逼茶厂、农户养成防范火灾意识。

组建消防队伍。孝丰镇横溪坞村为实现消防工作的专业化、科学化、现代化,在该村建立了义务消防队。义务消防队是在村党支部、村委会共同领导下,由村党支部书记、村委会主任带头,村民自愿参与的公益性组织。义务消防队下设两个小组,每组有组长 1 名,队员 5 名,实行队长负责制。义务消防队的日常工作主要围绕保障本村消防安全展开,包括制定消防安全制度、维护消防公共设施、提高消防实战能力、普及消防责任意识等方面。小组采取单双日工作机制,第一组由村委会主任担任组长,逢单日工作;第二组由村党支部书记担任组长,逢双日工作。目前,横溪坞村义务消防队正朝着科学化、制度化方向发展。

消防队的日常管理。义务消防队接受村委会领导与管理,具体日常事务由队长负责。组织具有公益性质,由队长与队员构成,队员招募采用自愿报名、择优录取方式;凡加入组织者,应服从管理,做好日常的值班、训练、演

① 习近平主持召开中央财经委员会第三次会议[N].新华日报,2018-10-10.

练、装备保养等工作。在接到群众的火灾报警或110指令后,组织应当立即出动,并及时向增援力量通报火场情况。

消防队的工作职责。为贯彻上级会议精神,构建平安生产生活环境,义务消防队结合本村实际,明确使命与任务,明确工作内容。一是器材维护,保障公共消防设施、器材以及消防安全标志完好有效。二是每日值班,队员每天交接班时对自己分管的器材进行检查,确保完整好用,如若发现损坏,须及时报告队长。三是定期检查,每周对机动泵进行出水试车,每月对水带、战斗服进行晾晒折叠。四是模拟演练,定期组织训练,切实提高实战水平。五是教育督导,一方面组织队员进行全村消防检查,及时消除火灾隐患;另一方面组织队员深入基层,对村民进行消防安全宣传教育。

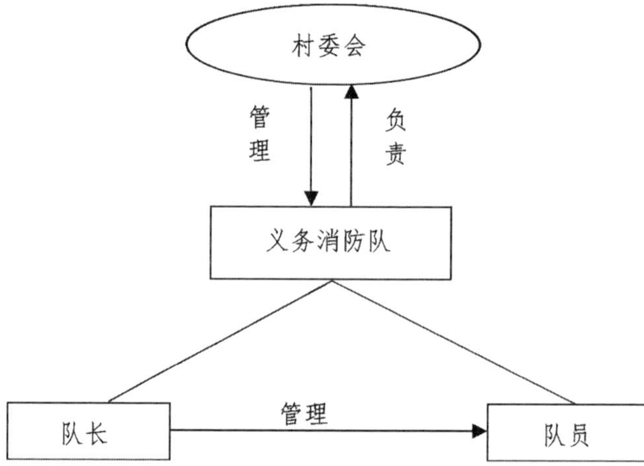

图5-7 横溪坞义务消防队组织架构

安吉县防范火灾的做法,反映出该县党委与政府坚持生命至上、安全为先的施政理念,表现出落实责任、细化责任的工作态度。这也是治理模式的转变过程;即从“硬件”依赖到“软硬件”结合,从单部门行动到多部门统筹协调,从政府单一型到社会多主体型。转变的目的,一是加强组织领导,让各级党委政府扛起责任,将责任落实到个人,防止官僚主义与形式主义;二是实现多元参与,在党委政府领导下,发挥公众积极性,探索多元善治模式。

(二)防台汛

浙江省委、省政府历来高度重视防汛防台工作,始终把防御洪涝、台风灾害放在保障浙江经济社会可持续发展的重要战略位置①。安吉县积极响应浙江省委、省政府号召，大力推进基层防汛防台体系建设，全面建立和完善基层防汛防台体系，提高防灾减灾综合能力。

以唐舍村为例，该村为提高抢险抗灾的能力，切实保障人民群众生命财产安全，成立了服务全村、权责清晰的防汛小组。防汛小组是在县防汛防旱指挥部领导下，以党员为主要成员、以服务村民为宗旨的公益性、服务性组织。小组由驻村干部、村"两委"主要领导等构成，都具有较好的思想政治素养，具有一定的专业知识与技能。小组实行责任包干工作制，将防汛工作划分为监测预警、人员转移、抢险救援三个工作小组，每个小组由 2—3 名成员组成。此外，小组还结合本村实际，划分了防汛工作重点区域，分别是山洪灾害危险区、村里危房、物资仓库、避灾安置场所，每个区域均设有 1 名成员专门负责。唐舍村防汛小组的成立，使党的领导核心作用得到充分体现，使农村服务型党组织得到进一步加强，使全村防汛工作更加规范有序。

防范台风、杜绝隐患是重要民生工作。为进一步加强防台抢险能力，充分发挥人民群众力量，安吉县已在乡镇、村(社区)中实施推广"党组织+社会组织"的工作模式，该模式已在排解安全隐患、动员干部群众、减小灾害损失等方面取得明显的成效。

专职网格员抗台风。递铺镇鲁家村村委会高度重视抗台抢险工作，通过发挥专职网格员的力量，切实增进全村抵御台风的能力。专职网格员是服务村民的基本力量，在处置台风灾害过程中，专职网格员主动采集人口、房屋、水文等各类基础信息并及时上报；与群众保持联系，帮助上级政府和村"两委"做好清理、疏通等服务工作；加强对单元网格的巡查，做到及时监督和处置，对于不服从调度、扰乱救灾计划的村民，网格员有权酌情处置。

2019 年 8 月 9 日，台风利奇马来袭，鲁家村受灾严重。该村村民朱雪银家有三口人，房屋属于危房状态。为确保其家庭安全，鲁家村专职网格员张云姣、方旭东劝朱雪银一家离开其住所，并承诺为其安排住所，但他们不愿意离开；傍晚 6 时半，该家房屋已开始漏雨，工作人员再次进行劝离，未果；晚上 9 时许，第三次上门进行劝离，仍未果；晚上 10 时，经过工作人员一

---

① 浙江省水利厅. 浙江省：实施"强塘固房"工程 构筑防汛防台体系[J]. 中国水利，2011(6)：156.

番苦劝,朱雪银一家被打动,同意转移,当即,工作人员将朱雪银母亲抱离险境。

平安卫队抗台风。递铺街道三官村、灵峰街道霞泉村通过动员群众,组建起平安家园卫队,在抗台工作中发挥了重要作用。平安家园卫队接受村“两委”领导,由具有公益精神与救灾能力的人员组成。平安卫队的工作内容,一是灾情上报,在接收村“两委”信息后,及时与施工队联络,并召集增援力量;二是一线救灾,开展清理淤泥、疏通道路、疏导车辆等工作,使广大群众切实增强安全感;三是督导巡查,及时赶赴重点场所实施检查,做到定时定点、排除隐患、不留死角。

2019年8月10日上午,递铺街道三官村平安家园卫队王欢、郑兰在督导巡查时,发现路边一棵大树被台风刮倒,斜卧于马路中,堵塞了交通。他们立即将险情告知村委会及综合信息指挥室,村委会随即联络施工队,社会治理办刘泽有主任当即赶往现场。为防止交通瘫痪,他们冒着狂风暴雨,坚持在道路两旁疏导来往车辆,持续近一小时,直至施工队赶赴现场,将大树切割分段、装车运走,道路交通才恢复正常(见图5-8)。

图5-8　平安家园卫队疏交通、战台风

二、人居安全防护

人居安全事关人民福祉。构建平安、和谐的人居环境,有利于保障人民群众的生命财产安全,有利于巩固党和政府的政权基础,有利于维护社会的稳定与正义。2018年中央一号文件指出,要构建乡村治理新体系,建设平安乡村,落实社会综治领导责任制,推进农村治安防控体系建设,推动农村治安防控力量下沉①。为贯彻落实中央精神，提高乡村治理体系和治理能力现代化，健全乡村人居安全防护机制，切实保障村民的人身权与财产权，安吉县努力构建以社区为主导、居民主动参与的防护机制，营造安全稳定、文明和谐的人居氛围，把人居安全作为可持续发展战略和建设社会主义和谐社会的重要内容之一②，从而实现组织有力和治理有序的乡村治理目标。

（一）平安家园卫士

守护平安，人人有责。近年来，为加强基层社会管理，提升百姓满意度、安全感，安吉县大力发展平安家园卫队组织。该组织围绕"项目覆盖、人员覆盖"要求，充分动员党员、医生、教师、律师、企业员工、退休职工、广大村民等多群体参与，涵盖就业、安保、医疗多个领域，积极组织群众参与辖区群防群治工作，着力将综治网络延伸至每家每户。

全域"双禁"，人人参与。为全面助力"双禁"，自 2018 年以来，鄣吴镇 47 支平安家园卫队活跃在全镇的每一个角落，队员以积极行动，推动全域"双禁"工作开展。一是积极宣传，由党员、乡镇干部、公安民警、普通群众等组成的家园卫士队伍，通过短信平台与微信群等形式，向全镇上下宣传"双禁"政策。二是开展活动，家园卫士在全镇设置若干置换点，开展"实物换烟花"活动，鼓励附近村民积极参与，以此鼓励广大群众积极配合"双禁"工作。三是辅助检查，由于鄣吴地处皖浙交界，家园卫士队员积极辅助民警对过境车辆进行检查，全力杜绝烟花爆竹等违禁物品从外省流入辖区内。

为践行"我的家园我守护，我的邻里我守望"治理理念，建成规范化治理机制，章村镇平安家园卫队实现"双覆盖"。首先是辖区全覆盖，该镇在每个行政村组建起一支平安家园卫队，每队成员 20 至 50 人不等，负责治安巡逻、宣传等基础治理工作。其次是治理对象全覆盖，该镇结合自身实际，在平安家园卫队基础上，创新建立了护河卫队、护林卫队、护雏卫队、护企卫队等，从而确保全镇每家每户、每条河流、每座山林、每家企业都纳入社会综治网络，着力构建起全镇平安家园卫队防控体系，全力提升乡镇治理水平。

杭垓镇唐舍村的平安家园卫队是由镇政府和村"两委"领导、由村民自

---

① 中共中央 国务院关于实施乡村振兴战略的意见[N]. 人民日报，2018-02-05.

② 陈国阶. 论人居安全及其构建[J]. 科技与管理，2008(6)：4.

愿加入的以村庄人居安全为中心工作的专门组织。该组织由村主任、组长、网格专员组成,分设六个工作小组,每组由一名组长定点负责。成员具有较好的思想政治素质和一定的专业素养与技术水平。该组织的日常工作主要围绕邻里走访、对接村民、问题上报等方面展开,目标在于减少村民与政府之间的若干行政环节,充分体现村民的主体地位。围绕村民需求和应急处理等内容,该组织形成了一套科学的工作方案。一是分点组队。村主任根据该村实际,将全村分割为若干点(区域),每个点(区域)选出组长,实行责任分片,联系片内村民,并向片内村民负责。二是回应村民。组长与片内村民对接,村民如遇供水供电等问题,可将情况反馈至组长,再由组长将情况反馈至镇里的指挥平台。三是平台处理。指挥平台根据上报问题的属性,指定由哪个单位或部门具体负责,由该单位或部门主动联系村民,实施上门服务。四是网络员下沉。村内设立专门的网格员,实行全天候服务,网格员通过邻里走访形式获取群众需求信息。村民可将问题反馈至网格员,实现互动。

灵峰街道剑山村平安家园卫队是在护村队基础上组建而成的,成员在百人以上,担负着治安巡查、平安宣传、隐患排查等工作。从护村队到平安家园卫队,队伍成员人数更多、巡逻频率更高、处突能力更强,不断朝专业性、正规化、现代化等方向迈进。正是基于这些进步,剑山村社会风气更加优化,人居环境更加和谐。

2019 年 5 月 15 日晚上,剑山村平安家园卫队协助灵峰街道派出所,对全村流动人口进行巡查。队员们在进行巡查的同时,还向辖区村民宣传有关扫黑除恶政策。巡查至某一出租房时,队员发现房内一男子神情慌张、语焉不详、情绪反常且极不配合。队员当即意识到这个男子有问题!当时,该队员一边稳住男子,一边悄悄向民警求援。接到警情后,灵峰街道派出所立即组织民警赶赴现场。经过核查,该男子刘某,41 岁,安徽人,涉嫌诈骗罪被黑龙江警方通缉,系网上逃犯。在掌握充分证据后,民警当场对刘某实施抓捕(图 5-9)。灵峰街道平安家园卫队自 2018 年 10 月成立至 2019 年 5 月,累计向灵峰街道派出所提供各类线索 14 条,调解各类纠纷 60 余起,发现安全隐患 22 处,劝散聚众赌博等非法活动 15 次,开展平安宣传 36 场次。

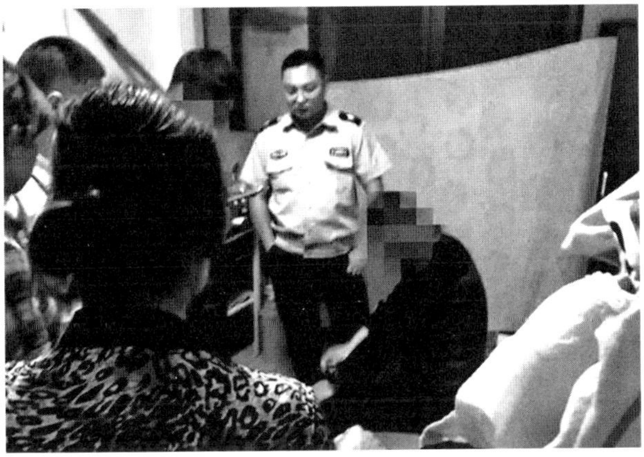

图 5-9 民警在平安家园卫队协助下抓获逃犯

(二)流动人口管理

安吉县区位优势明显、生活环境宜居、乡村产业发达,各乡镇(街道)结合自身实际,开展了建立特色产业、优化工作待遇以及打造特色旅游等各具特色的工作。这些工作在促进经济发展、扩大对外交流、树立区域品牌等方面发挥着重要的作用。但某种程度上,也为各乡镇(街道)流动人口管理工作带来了难度,形成了一定的治安隐患。为有效加强流动人口服务管理工作,推动平安县城、平安乡镇(街道)、平安农村(社区)建设,安吉县通过发动群众、配置设施、部门联动等方式,在流动人口管理上收到了良好的效果。

从县级层面看,为加强流动人口管理,吸引、留住高素质人才,安吉县于2019 年实施新居民积分管理制度,并推出《安吉县新居民积分管理计分标准》,着力使新制度易理解、可操作、能落地。积分制度面向全县近 20 万外来登记在册居民,旨在解决新居民家庭入住与子女入学问题。新居民家庭入住和子女入学机会直接与积分挂钩,积分越多,获取入住入学机会越高。积分管理分为加分与扣分两部分,其中加分部分由基础分项目与附加分项目共计 13 项组成。新居民在向各地派出所提交积分申请资料后,系统将按新居民积分高低情况拟定准入学校拟录取名单,并在各乡镇(街道)公示。

与此同时,各乡镇(街道)也从本地实际出发,不断加强社会综合治理,着力推动创新治理。以递铺街道为例,该街道现有常住人口 7 万余,流动人口 10 万余,既是安吉县经济发展主阵地,又是全县综治维稳、综合治理主战场。为突破综合治理过程中基层力量不足的瓶颈,努力推动新递铺建设,该街道创造性推出二级街道治理模式。该模式将全街道划分为安城、双河、塘浦与雾山寺四个二级街道,各二级街道对照管理工作要求,承担本辖区城市、城镇、乡村与园区管理四类任务,将管理效果纳入考核。此类新模式的推出,旨在破解社会治理中"小马拉大车"的困局,从而努力打通社会治理"神经末梢"。

从村级层面看,安吉县从现实需要着手,坚持多部门参与、多主体参与原则,推动管理力量下沉。以孝丰镇城东社区为例,为加强社会综治、提升流动人口管理质量,该社区推出了独具特色的"雪亮工程"。该工程由村集体实施,全体村民参与,工程资金来自村集体经济收入。该工程在乡村各个路段、大小路口、各家各户安装监控设施,密织"天罗地网",形成震慑效应。该工程由公共安全监控设施和农户家庭监控设施两部分构成。其中,前者由村集体经济出资在村庄公共场合安装,后者遵循村民自愿原则,在农户家中安装。安装监控设备的农户,社区补贴 800 元,其余支出由农户自行承担。"雪亮工程"的开展,使得城东社区的社会治安状况有了明显改善。

另以天荒坪镇银坑村为例,该村为加强流动人口管理与服务工作,引入了公安、城管等部门力量,通过部门联动,强化对外来流动人口的摸排与登记工作,从而有效掌握外来人口数量、分布等情况,再根据摸排与登记情况划分管理片区,每个片区设立管理小组,实行定向式管理。与此同时,该社区建立起出租屋房户联合体。该联合体是居民自我管理、自我服务的群众性自治组织,社区出租户通过建立房户微信群形式,向外来租户宣传法制、卫生、生育管理等方面知识,从而增加租户的安全感与满意度,树立社区以人为本、服务至上的形象。

(三)群策群防群治

群策、群防与群治是平安建设的基础,是实现长治久安的关键。为充分发挥人民群众主动性、积极性与创造性,鼓励群众参与到社会治理中,安吉县各村(社区)对标实际,着力构建管理网络,大力推动群策、群防与群治工作,创建打防结合、以防为主、全民动员、共同参与、共保平安的群防群治机制,以消除社会治安的薄弱环节①。

---

① 曾治军.群防群治 共保平安——万丰派出所创建平安社区纪实[J].改革与战略,2004(10):126.

以灵峰街道横山坞村为例，该村不断改善营商环境，持续优化经济结构，逐步凸显产业优势。大量工商资本在该村集聚，在不断增加就业机会和壮大集体经济的同时，也使得大量外来人口流入该村。如何强化流动人口管理，成为该村有效治理的重要内容。为鼓励村民参与村庄流动人口管理，强化村民在村级治理中的积极作用，实现基层治理民主化、体系化与现代化，横山坞村结合自身实际建立了护村队。该组织是在政府资助下、由村"两委"领导、以退伍回乡人员为主的群众性自治组织。护村队采取人员招募的形式，由规则意识强、奉献精神强与工作能力强的人员组成。组织接受灵峰街道综治办和派出所双重领导，下设工作领导小组办公室，直接负责、指挥护村队的日常工作事务。小组办公室每月开展情况会商，点评工作取得的成效和存在的问题，安排下一步工作。每年年底，小组办公室开展总结考核工作，对业绩突出、成果显著的单位与个人予以表彰，对工作不力、成效低下的单位与个人将通报批评。

护村队主要围绕政策宣传、治安检查、生态保护等方面展开工作。政策宣传。成员面向广大村民开展遵纪守法、安全防范、平安创建等方面的宣传教育活动，提高群众自防自治能力，协助做好治安防范与"平安创建"工作。治安检查。开展区域性日常治安巡逻，密切掌握本村治安动态，协助处置各种紧急治安事件，积极协助公安机关的工作。生态保护。守护辖区绿水青山，排查、掌握辖区内破坏水资源、破坏林业资源、破坏土地矿产资源的违法犯罪线索，及时将情况上报至街道及派出所；在发生火灾、重大自然灾害事故等突发性事件时，充分发挥应急力量的作用，协作做好抢险救灾工作。

第三节 共访民情实际：回应群众诉求的创新实践

人民是历史的创造者，是决定党和国家前途命运的根本力量①。习近平总书记指出，我们要坚持党的群众路线，坚持人民主体地位，时刻把群众安危冷暖放在心上，及时准确了解群众所思、所盼、所忧、所急，把群众工作

① 习近平.决胜全面建成小康社会 夺取新时代中国特色社会主义伟大胜利——在中国共产党第十九次全国代表大会上的报告[M].北京：人民出版社，2017：23-24.

做实、做深、做细、做透①。在农村社区治理的过程中，安吉县着力农村基层党建创新，以满足群众需求为目标，通过访民情、听民意解决实际工作中存在的问题。

一、密切联系群众

党的十八大报告明确提出，要加强基层社会管理和服务体系建设②。推行农村网格化管理，是新的历史条件下提高党在基层执政能力和改善民生、维护社会和谐稳定的一种创新和探索。为不断提升为民服务能力，全面提升基层组织建设整体水平，提高广大党员干部服务基层群众的意识和能力，安吉县建立健全“四必到四必访”工作机制，深入开展“四联四服务”活动，积极推行“五联五必到”制度，准确掌握社情民情，夯实基层组织决策的民意基础，健全基层党组织服务群众的长效机制。

（一）“四必到四必访”

为提升为民服务能力，安吉县不断加强农村基层党组织建设，通过建立健全“四必到四必访”工作机制，加强基层干部与群众的联系，着力打通联系群众“最后一公里”。以唐舍村为例，该村建立网格化管理模式，力求以组团方式推进基层服务创新。

小组网格化，干部定点化。唐舍村按照地域相近原则，将全村划分为4个网格。村支部书记梅明星任联村领导，每个网格配有一名联村干部（见表5-7）。其中，第一网格为坑坞组、岭脚组、石柱组，由张婷担任联村干部；由横塔组、乐龄组、深坑组、三步龄组、桥头组、施家山组组成第二网格，吴菁担任联村干部；阳山组、长龙坞组、新屋组、八字门组、卢家组、白景组是第三网格的组成部分，由林辉担任联村干部；第四网格包括山村组、唐舍关组、槐树组、铁力坞组，由黄灿担任联村干部。网络化的构建旨在以网格的形式将网格里干部和群众联系在一起。小组网格化为干部联系群众、听取民意和服务民众提供了载体。

---

① 习近平. 在党的群众路线教育实践活动总结大会上的讲话[C/OL].（2014-10-08）[2019-08-26]. http://www. xinhuanet. com//politics/2014-10/08/c_1112740663. htm.

② 胡锦涛. 坚定不移沿着中国特色社会主义道路前进 为全面建成小康社会而奋斗[N]. 人民日报，2012-11-08.

表 5-7　安吉县唐舍村网格分组

联村干部		组成部分(小组)
第一网格	张婷	坑坞、岭脚、石柱
第二网格	吴菁	横塔、乐龄、深坑、三步龄、桥头、施家山
第三网格	林辉	阳山、长龙坞、新屋、八字门、卢家、白景
第四网格	黄灿	山村、唐舍关、槐树、铁力坞

资料来源:根据相关资料整理而成。

联系不漏户,党群心贴心。切实做到村干部"四必到四必访",即出现群众有不满情绪、存在突发事件、发生矛盾纠纷和操办红白喜事的情况,要求基层党员干部必须到场;针对困难家庭、危重病人、空巢老人及留守儿童家庭和信访户,要求村干部必须入户走访慰问。践行全心全意为人民服务的宗旨,将群众认可度和满意度作为评判党组织服务能力和服务效果的标准,通过党组织送温暖的实际活动,解决群众在日常生活中最基本、最关心、最切实的问题。

(二)"四联四服务"

鄣吴镇从机制和制度入手,深化"四联四服务"活动,即党委委员联系党代表、党代表联系党员、党员联系群众、镇机关干部联系企业;镇党委为各党支部服务、各党支部为党员服务、党员为群众服务、镇机关干部为企业服务。通过建立完善的联系网络,贯彻党的群众路线,转变党政干部的工作作风,密切与群众的联系,提升服务水平,将服务群众和推动发展落到实处。

找准联系对象。每位党委委员分别联系 3—4 名党代表;根据党代表的属地、行业和工作特点,每位县、镇党代表分别联系 3 名党员;凡有帮扶能力的党员,联系带头致富能人、低收入户等各类群众至少 1 户;1 名镇机关干部联系 1 家小企业,要求全年走访联系不少于 3 次。

落实服务工作。通过乡镇联系村组的方式,帮助村级组织理清发展思路,梳理每年创业创新项目,助力村级组织创业创新能力的全面提升;镇党委以党员固定活动日为节点,以创业创新为抓手,着力提高党员党性修养;党员对联系的群众采取创业扶持、结对帮扶等形式,落实帮扶项目;镇机关干部帮其联系的企业出谋划策,协助解决实际困难,帮助企业做大做强。

（三）“五联五必到”

为巩固党的群众路线教育实践活动成果，全面提升基层组织建设整体水平，提高广大党员干部服务基层群众的意识和能力，安吉县灵峰街道大竹园村积极推行“五联五必到”制度，实现联系不漏户，党群心贴心。

以网格化促进精细化。大竹园村共划分5个廉情片区，每个廉情片区安排1名组长和4—6名联络员，其中，联络员主要由村民组长和党小组组长担任，负责联系片区村民。大竹园村在搭建网格和串联网格的过程中，把各个网格作为管理与服务的基本单位，将精确管理与精准服务相结合，促进基层组织建设与服务群众的有效契合。

“五联”编织基层网。“五联”的对象分别是小组长、维稳对象、村级重点企业（项目）、扶贫户和党员创业户。通过“五联”把基层社会中“关键少数”连成一个整体，联系小组长有利于提升小组治理能力；联系维稳对象有助于化解潜在稳定风险；联系重点项目，可以推动项目落地的进展；联系扶贫户，有利于将精准扶贫政策落实到人；联系党员创业户，充分发挥党员干部的模范带头作用，培养先富者来带动后富者，促进共同富裕。

增进意识“五必到”。在举行村“两委”工作会议、党员大会和村民代表会等会议，发生重大突发性事件，上级安排重要工作，村内举行重要活动和村干部要求解决重要问题时，基层党员干部必须到场参加。在不断增强基层服务意识的前提下，认真对待和严肃处理基层工作中的每一项任务。

二、广泛了解民情

安吉县牢固树立全心全意为人民服务的根本宗旨，以察民情、连民心、解民忧为主要目的，不断加强党同人民群众的血肉联系，强化党政干部的责任意识和服务意识，通过民情大走访、建立“民情格子铺”等方式，广泛了解民情，准确把握村情，消除不稳定因素，化解突发危机，持续改进工作作风，推动办事效率提高，加深党员干部与群众感情，重塑民众政治信任，巩固基层政权合法性，为实现经济社会又好又快发展创造和谐稳定的社会环境。

（一）民情大走访

上墅乡为切实做好群众工作，进一步转变干部工作思路和作风，增进干群感情，畅通诉求表达渠道，化解社会矛盾，坚持开展民情大走访活动。

首先,宣传发动。乡党委组织召开主题活动动员大会,广泛开展动员部署。成立由乡党委书记任组长的主题活动领导小组,及时研究和分析活动中存在的问题,进一步压实工作责任。

其次,“五访聚智”。乡镇各联村组及干部通过大回访的形式真实了解农户、项目业主、企业主等重点对象的基本情况和存在问题,也可根据实际情况和工作需要,创新开展“结对走访、座谈约访、组团回访、导师跟访、外出拜访”等多种访问形式。对五访中发现的基本情况和问题需及时记录“民需账本”并及时研究制定解决方案。若暂时不具备解决条件的问题,要及时做好政策解释和群众心理疏导工作。

最后,加强考核。各联村组和行政组通过座谈交流、撰写调研报告等方式形成活动总结和今后工作计划,上报党政办。乡党委对各组、各村活动情况进行信息整理,总结经验和特色,分析问题和不足,结合重点工作推进方案,确保全乡各项工作取得突破。乡纪委进行全程监督,对遇事推诿扯皮、纪律松弛、效率低下、不作为、乱作为等行为严肃处理。

(二)“民情格子铺”

刘家塘村为及时了解和解决群众需求,在便民服务中心创新推出了“民情格子铺”,该格子铺以村民小组为单位,每个格子间都是对应村民小组表达需求的“绿色通道”。该村党支部将每个格子铺贴上项目推进组、民生服务组、保障服务组、综治服务组、宣传监督组五块牌子,村民对村庄事务的意见和建议可以写在纸上投到对应的箱子里。“民情格子铺”在村党支部与村民之间架起了“连心桥”,将大量群众问题解决在了最基层。

(三)“456”实践模式

为切实增强干部的服务意识和群众观念,密切党群干群关系,转变工作作风,提高群众满意度,安吉县实施“456”实践模式,开展“干群一家亲”主题活动,促使干部多下乡,常入户,对自己的联户做到清楚知道其家庭住址、熟悉其家庭成员并建立良好关系。

“4”指采取树立一块公示牌、发放一张便民卡、做好一本知情账簿和写好一篇记录稿的具体措施,将工作责任细化和量化;“5”指通过走访每一个服务对象、组织开展一次民情恳谈会、帮扶一名困难群众、解决一个实际问题和参加一次义务劳动来落实工作任务;“6”的内涵在于通过联系村民代表、村民小组长、党小组长、困难群众、老党员干部和创业青年来完善乡干部分片联户工作制度。

三、切实解决民忧

安吉县为更好服务群众,充分发挥乡镇干部、村党员干部作用,横山坞村按照“走村不漏户、户户见干部”和“联系不漏户、党群心贴心”的要求,建立网格小组,在一线听民声、解民忧,实现大事不出村、小事不出组,缓解矛盾冲突。

以网格化规范管理。横山坞村将村庄划分为5个网格,每个片区安排1个责任人,每个网格由2—3名联村干部、1名网格负责人及2—3名网格管理员组成网格化组织结构。上述组织方式既有联村干部又有网格管理员,有利于把领导干部的领头羊优势和网格员的协同功能共同激发出来。

“联村八条”解民忧。一是当好“八大员”。由政策法规的宣传员、农村实情的调查员、社会矛盾的调解员、为民谋利的办事员、富民强村的服务员、扶贫帮困的联络员、民主建设的监督员和村级组织建设的督导员组成“八大员”;二是做到“五联”。“五联”的对象是小组长(党小组长、村民小组长)、维稳对象、村级重点企业(项目)、困难户、创业大户;三是落实“五必到”。在举行村“两委”工作会议、党员大会和村民代表会等会议,发生重大突发性事件,上级安排重要工作,村内举行重要活动和村干部要求解决重要问题时,党员干部必须到场参加。四是推行“一卡通”。以发放民情联系卡的形式向所联村党员群众公开个人姓名、联系电话,并明确五联对象,方便群众的交流与沟通,主动接受广大群众的监督。五是开展“一线办公”。根据各村实际情况,每季度不少于12天(每周至少一天或一晚)作为联村干部、村干部集中办公日,走访群众,掌握了解实际情况,倾听群众意见;六是落实“联村打卡”制度。联村联户干部要根据工作开展情况做好《联村工作手册》记录,并由村干部签字。七是落实“联村工作例会制度”。联村领导每季度召开一次联村联户工作例会,由联村领导布置联村工作任务。八是“监督检查”制度。由督查办采取定期或不定期、明查或暗访的形式,对联村日常工作开展、重点工作推进、《联村工作手册》记录等情况进行抽查督导。

第四节　共商村庄发展：村民自治“五个民主”深化

乡村治理实质上是一个多元主体协同共治的过程。参与村务决策管理的不只是村干部，在村民自治体制下应当包括所有村民群众①。随着农村经济社会的发展，农村从封闭型社会逐渐转变为开放型社会，职能有限的政府无法满足利益诉求不断增加的村民，村民的主体性意识不断增强，这导致参与农村治理主体不断多元化。满足人民日益增长的美好生活需求，需要健全民主制度，丰富民主形式，拓宽民主渠道，不断引导多元主体参与村级事务治理，在城乡社区治理基层公共事务和公益事业中广泛实行群众自我管理、自我服务、自我教育、自我监督②，通过寻找群众共同的利益诉求来得出群众利益最大公约数，并在此基础上制定共同的行动规则，建立健全共同的商议机制，充分调动多元主体积极性，画出最大同心圆，形成由基层党组织领导、政府主导、社会参与、多方协同的共同治理体系。

为保障人民群众享有更充分、更真实的民主权利，有效维护群众切身利益，安吉县在农村社区治理过程中坚持群众主体，依靠群众解决群众身边问题，从民主管村、民主议事及民主决策三个方面入手，拓宽群众意见和建议的表达渠道，健全广泛的村情民意表达机制及参与机制，引导群众增强自主意识，激发群众活力与能动性，构筑多元参与共治的良好局面，推进基层直接民主制度化、规范化、程序化。

一、民主管村

民主管村就是将民主管理运用到村庄事务管理领域中，积极落实基层自治制度③。党的十七大将“基层群众自治制度”纳入中国特色政治制度范

① 卢福营，高健. 村务监督委员会制度的局限与拓展——写在后陈村村务监督委员会诞生15周年之际[J]. 浙江社会科学，2019(7)：70.

② 中共中央关于坚持和完善中国特色社会主义制度 推进国家治理体系和治理能力现代化若干重大问题的决定[N]，人民日报，2019-11-06.

③ 中国(海南)改革发展研究院编. 政府转型：中国改革下一步[M]. 北京：中国经济出版社，2005：207.

畴以来,党和政府不断要求保证人民当家作主和保障人民享有更多切实的民主权利①。但在基层,仍存在村庄管理村民主体性缺失、民主管理制度不够完善等问题。为此,需不断健全基层群众自治机制,扩大基层群众自治范围,完善民主管理制度,把农村社区建设成为管理有序、服务完善、文明祥和的社会生活共同体。

安吉县部分村庄为促进村民依法自我管理,坚持基层群众自治制度,以“小组治村”“乡贤参事会”等民主管村方式增强村民管村意识,保障村民权益,激发村民参与农村事务民主管理的积极性,确保村民依法通过各种途径和形式管理村级事务,形成具有安吉特色的民主管村经验。

(一)“小组治村”

大里村在推进美丽乡村建设过程中,为激励群众自治,成立了 5 个小组,即项目推进组、政策处理组、质量监管组、材料收集制作组以及材料采购组。项目推进组由党支部管理,负责跟踪并推进村内项目开展;政策处理组由村委会管理,负责将上级政策在村内贯彻落实,同时将村内政策问题及时与上级政府沟通;质量监管组由村监委主任管理,主要负责监督村内工程建设是否合格;材料收集制作组和材料采购组则是由退休老书记管理,老书记由党员大会、村民代表大会推选,负责材料的采购和审核。该村 5 个小组分工配合,引导村民参与村庄建设过程,充分发挥了群众自我管理的作用,维护了群众的切身利益。

(二)“乡贤参事会”

乡村问题的解决,第一固然要以村民为主力;第二必须靠有知识、有眼光、有新方法和新技术的人积极参与,方能解决问题。自 2014 年起,党和政府不断为乡贤参与乡村治理提供方向性指示,要求在乡村治理中积极发挥乡贤作用。

安吉县为激活乡贤资源,发挥乡村精英在社会治理、公共服务中的作用,坚持在基层党组织的领导下,建立健全乡贤参事会的运行机制,以乡贤参事会带动社会个体民主意识和参与村级事务管理能力提升。该县大部分

① 胡锦涛.高举中国特色社会主义伟大旗帜 为夺取全面建设小康社会新胜利而奋斗[M].北京:人民出版社,2007:12.

村庄不断完善乡贤参事会机制,坚持“善用乡贤”[①],充分发挥乡贤在乡风引领、经济发展、纠纷调解等方面的作用。

完善机制,打造阵地。由安吉县委统战部参与指导,各乡镇(街道)党委具体组织,不断完善以乡镇(街道)党委班子、村委成员、乡贤人士组成的“三级联动”乡贤参事体系,制定参事会各项制度。79个村级乡贤参事会均形成个性化制度,做到有章可循,有效引导乡贤服务中心工作、助推农村发展,围绕乡村治理、环境整治、文明乡风等开展活动200余次。同时,以乡贤参事会建设为基础,积极打造乡贤文化阵地,突出乡贤示范引领。梅溪镇开设紫梅乡土讲坛,聘请14位乡贤讲师定期开讲;天子湖镇南北湖村专门设立乡贤园、乡贤廊,增强乡贤们的荣誉感,扩大乡贤参事效应。

联络乡情,建言献策。各村乡贤参事会持续强化乡情乡愁纽带链接,不断挖掘乡贤助推乡村振兴的重要资源和重要力量。天荒坪镇通过乡贤搭桥,引进“布谷鸟”精品酒店项目落户五鹤村、“鸟巢”度假酒店项目落户大溪村,总投资约3亿元,极大促进了当地休闲服务业的发展。2019年春节前后,安吉县委统战部组织新春访乡贤活动,100余名统战干部主动访贤问计,共收集乡贤对乡村治理、乡村振兴等方面的建设性意见建议500余条,针对性进行项目推介,达成20余项发展意向,并着力做好对接,形成实质化推进,带动乡贤人士回报桑梓。

调解纠纷,促进和谐。近年来,乡村社会因征地拆迁、土地流转、房产确权、扶贫救助等问题不断引发的纠纷矛盾,挑战着村“两委”的治理能力和乡村社会的和谐稳定[②]。乡贤作为村庄德高望重者,其权威来自村庄内部,源于居民的认同。因此,乡贤在处理村庄纠纷时,能以协调者与建议者身份权衡各方,调解冲突,消除分歧。以大竹园村为例,该村在美丽乡村精品示范村建设过程中,因村民在征地拆迁时对苗木赔偿存在意见导致了村重点工程——龙王溪东侧道路修建工程停滞不前。该村企业家、安吉新裕竹木工艺品厂老板戴新丰在了解此事后,自愿帮助村“两委”解决该难题。作为一名乡贤,戴

---

① 习近平.干在实处 走在前列——推进浙江新发展的思考与实践[M]北京:中共中央党校出版社,2013:426.

② 孙丽珍.新乡贤参与乡村治理探析——以浙江省为例[J].江西社会科学,2019(8):230.

新丰多次上门劝说，甚至提出自掏腰包，满足村民对苗木的赔偿要求。乡贤的调解，化解了村民与村“两委”之间的分歧，有效促进了乡村和谐。

二、民主议事

农村社区协商治理作为一种有效的社区治理方式，是基层群众自治的实践，是社会主义民主协商制度的重要组成部分和有效实现形式①。随着农村社区的不断发展，利益主体日益多元，利益诉求更加多样，迫切需要通过社区协商的形式解决群众的实际困难和问题，化解矛盾纠纷，从而维护社区和谐稳定。而积极发扬发展基层民主，畅通民主渠道，开展形式多样的基层协商，推进城乡社区协商制度化、规范化和程序化，则成为现实需要。

近年来，安吉县为防止基层民主形式化，坚持以议事为中心，扩大议事群体，丰富议事渠道。根据《乡村治理工作规范》要求，该县依据各农村社区实际情况，通过村级议事会、村企联席议事会、“两山”议事会等方式明确了议事主题、议事主体以及议事方式，并不断引导本村村民、长期居住在本村或热心参与村级事务人士参与村级事务商议，确保了村庄协商议事的群众性基础，形成了共商村级事务，共议村庄发展的局面。

（一）村级议事

长期以来，我国农村基层公共事务主要依托以村民代表大会为权力机构的村民自治组织来管理②，在具体执行上，村民无法有效参与村级公共事务的决策制定和实施过程，缺乏广泛的民主参与和社会监督。为改变这一现状，安吉县改革村级议事方式，于2018年开始实施村级重大事项“五议决策法”，吸纳村民参与村级事务决策。

以高禹村为例，该村为保证村民参与基层公共事务治理的民主权利，成立了村级议事会。该议事会主要由村“两委”、村民代表、村监委及民主监督理事会组成。首先，由村“两委”和村民代表对村庄事务进行提议。村“两委”主要提议涉及村级规划事项，村民代表主要提议涉及村民切身利益的事项；其次，在村“两委”提议后，由联席会议商议，其中包括党员讨论、村

---

① 中共中央办公厅，国务院办公厅. 关于加强城乡社区协商的意见[Z]. 2015-07-22.

② 路征，鲜永一，张义方. 村民视角下村级公共服务制度创新的效果分析——以成都市村民议事会制度为例[J]. 农业现代化研究，2016(1)：137.

民代表讨论并听取民主监督理事会成员、乡贤代表及村民意见；再次，村民代表在村“两委”联席会议结束后，对提议进行表决并将结果公示；最后，村“两委”会组织实施并将实施结果公示，接受群众评议。在村民议事会期间，村监委、民主监督理事会成员从商议到决议实施全过程监督。

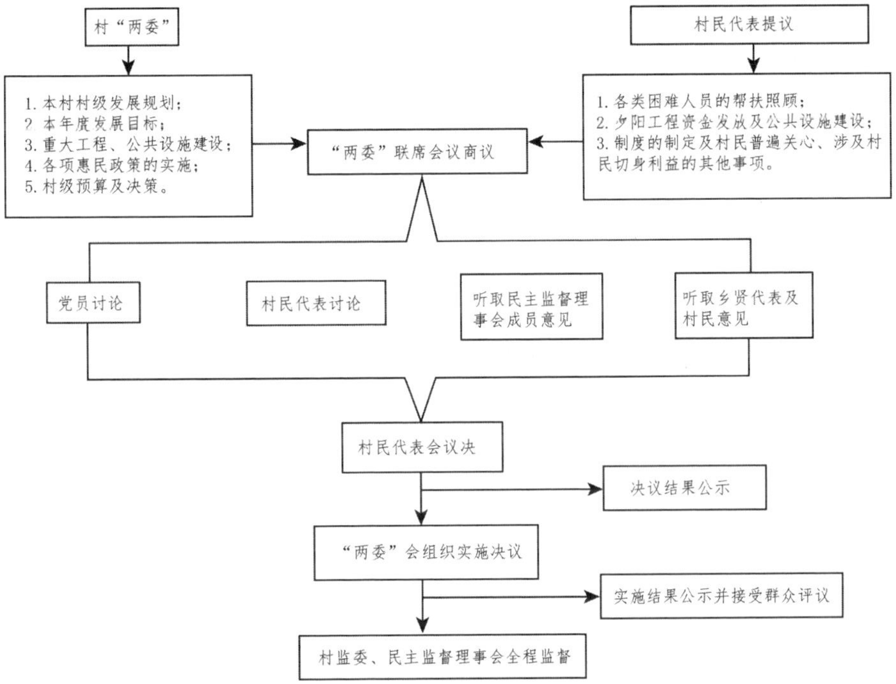

图 5-10　高禹村村级议事流程

不同村庄根据其实际，进一步完善和规范了议事会工作流程和制度，具体就议事会的召集和组织，议题的提出、受理和审查，议事程序、决定的执行和监督进行统一规范，解决议事随意性的问题①，极大限度保障了广大村民的知情权、参与权、决策权和监督权，确保村民议事会议事有规、办事有序、断事有据，有效减少了干群矛盾，推动了农村基层民主政治发展。

（二）村企联席议事

大里村为扩大议事主体，丰富协商渠道，成立了大里村村企联席会。联

---

① 陈艺. 村级治理机制创新的实验探索——四川省成都市“村民议事会”调查[J]. 农村经济，2012(10)：20.

席会议由村支书应忠东担任主席、业主宣志强担任副主席。主要负责研究村企联合工会政治、经济等重大事项，联席会每半年至少召开一次会议，研究总结半年来的工作，布置安排下半年的工作；每半年至少召开一次全体工会干部会议，组织学习，落实上级文件、会议精神；若遇突击性工作，工会主要负责人可随时召集联席会议。在议事过程中，工会班子成员可积极参与议事，形成决议后成员需无条件服从并积极落实。大里村村企联席议事制度规范了大里村村企联席议事会议事流程以及议事规则，扩大了企业参与村庄治理的渠道，有效提升了村级议事的民主性。

（三）常态化民主议事

余村为规范民主议事，成立了“自主提事、按需议事、约请参事、民主评事、跟踪监事”的民主议事决策常态化协商机制——“两山”议事会。该议事会接受村党组织领导，由村党支部、村民委员会召集和主持，通过民主恳谈、村“两委”商议、党员审议、村民代表决议和乡贤评议等一系列步骤和程序，每月一次定期商议村级事务。议事会内容主要包括对村党支部、村民委员会阶段性工作等推进情况进行通报；对村级重大事务和全体村民普遍关心的热点、难点问题进行咨询协商、研究评判、分析论证和建言献策；答复解释，受理处置广大村民反映的现实问题，提出意见建议以及论证全村经济社会发展思路。

此外，“两山”议事会还下设道德评议会、村民议事会、红白理事会及禁赌监督会四个组织。四个组织积极引导村民参与村级事务治理，形成了事前群众当参谋、事中群众来监督、事后群众作评议的农村社区治理方式，构建了大事一起干、好坏大家判、事事有人管的“村事民议、村事民治”基层治理新实践。

道德评议会由乡贤骨干组成，负责对村民在文明圈养、烟花爆竹禁放等方面的做法进行打分，对做法好、得分高的家庭给予奖励；村民议事会主要由退休老干部组成，负责对村级重大事项及村民关心的事情进行咨询协商、研究评判；红白理事会由村民小组长组成，主要负责婚丧嫁娶等移风易俗的新规管理；禁赌监督会由妇女代表组成，负责监督村民赌博行为。

此外，双一村为了让村民更好地参与村庄事务治理，根据村情实际，成立了民主决议常态化机制“祠堂”议事会。“祠堂”议事会主要由乡贤、老党员、老干部组成，负责对村级重大事项进行讨论、决议。

三、民主决策

民主决策是人民当家作主和民主集中制的重要体现[①]。现阶段，中国农村实行村民自治，根据村民自治制度的精神和原则，村民群众拥有对村级社区公共事务的民主决策权。然而，受多种环境因素的影响，当前中国农村村级社区公共决策的实际运作与其制度文本之间存在着较大差距[②]，村庄公共事务的决策权大都由村干部掌握，村民很难享有参与民主决策的机会。为此，在农村社区公共事务决策过程中，要充分发挥村民群众的积极性和创造性，让广大村民群众参与讨论和决策。

安吉县部分农村社区为保障人民群众的利益，通过民主决策方式创新提高民主决策效力，通过“民主决策七步法”“四议决策法”及“大小工程民主决策”等多种途径和形式让广大村民积极参与决策，坚持村民自己当家、自己作主、自己决定[③]。

大竹园村为落实村民参与决策权，在村级事务管理过程中采用“民主决策七步法”，让村民广泛参与村级事务决策。(1)村党(总)支部委员会召开民主会议，在广泛听取意见、认真论证的基础上对村内重大事项和事务提出初步意见和解决方案。(2)村“两委”班子对初步意见和方案进行充分讨论，形成协商意见，再提交党员大会讨论审议。(3)在党员大会审议通过后，由村委会召集村民代表会议或村民会议对事项进行讨论并表决。(4)对村民代表大会表决结果进行公示，同时村“两委”公开承诺并认领责任。(5)组织党员、乡贤、村监委组成项目实施监督小组，对项目进行全程跟踪。(6)召开村民代表大会或者入户走访，对村内重点事项进行结果测评，同时根据测评结果总结满意度，达到90分以上为优质工程，70—90分为合格工程，70分以下为不合格工程。(7)审计单位定期回访，重点了解审计组廉政情况和被审计单位整改落实情况。

---

① 李洪雷.科学决策、民主决策、依法决策——贯穿《重大行政决策程序暂行条例》的红线[J].中国司法，2019(7)：33-35.

② 卢福营.现阶段农村村级社区公共决策探析[J].社会科学，2002(7)：53.

③ 徐勇.中国农村村民自治[M].武汉：华中师范大学出版社，1997：120.

刘家塘村在广泛协商的基础上采用"四议决策法"对村民切身利益相关的村级事务进行协商。首先,村党支部会对本村建设规划、经济和社会发展规划以及年度计划;本村公益事业的兴办、筹资筹劳方案及建设承包方案;本村享受误工补贴人员及补贴标准;村集体经济所得收益的使用方案;土地承包经营方案;村集体经济项目的立项、承包方案;规划小区内宅基地的使用方案;以借贷、租赁、抵押或者其他方式处分村集体财产(含集体举债);涉及村集体和村民利益的其他重大事项等进行提议。其次,村"两委"对提议的事项进行商议;再次,由党员审议后由村民代表大会进行决议,决议结果公示三天。村监委全程进行监督并对实施结果进行公开。

唐舍村为实现村民权利,实行大小工程民主决策。首先由村"两委"提出建议,然后党员大会审议,审议后由村民代表大会进行决议,由村民代表签字按手印对决议结果负责。

安吉县遵循人的发展与社会融合理念,充分保障村民的民主权利,提高了村民对基层民主的信心和参与村庄公共事务的热情。通过积极调动村民、企业等不同主体参与村级事务管理、商议与决策积极性,将多元共治精神植入农村社会,确保了农村社区共同治理有效运转,保障了民众的权益。

第五节 共倡乡风文明:乡风新时尚的创新实践

美丽乡村的协调发展、社会生活的全面进步,离不开文明乡风的有力助推①。2018年中央一号文件对乡村振兴提出了产业兴旺、生态宜居、乡风文明、治理有效与生活富裕五个方面要求,其中乡风文明是乡村振兴的保障,同时也是乡村振兴的重要推动力量与软件基础。随着社会经济的发展,农村居民生活水平已全面接近小康水平。现阶段,不仅要让农民"钱包鼓起、生活富起",还要让农民"素质更高、风貌更好"。为树立模范与典型,发挥先进文化引领作用,充分尊重农民主体地位,促进农民素质与乡村风尚进一步提高,安吉县坚持"以德润村"工作思路,围绕农民需要与乡村实际提供服务,组织内容丰富形式多样的文化活动,着力塑造新时代农民风貌与乡村风尚。

① 高洪洋. 新时期加强乡风文明建设的系统探索[J]. 系统科学学报,2019(4):60.

一、"三治"融合

当前，乡村社会仍然存在治理难题，如何在乡村社会中更好发挥自治、德治、法治作用是亟待解决的问题[①]。党的十九大报告指出，实现乡村振兴战略，要健全自治、法治、德治相结合的乡村治理体系。2019 年 6 月，中共中央办公厅、国务院办公厅印发《关于加强和改进乡村治理的指导意见》，中央农村工作领导小组办公室等六部委联合启动乡村治理体系建设试点工作，其中都指出要坚持"三治"融合的原则。"三治"融合是党在新时期对乡村工作的重要指示，是基层组织实现有效治理的先进理念。近年来，安吉县坚持"三治"融合理念，坚持以自治为基础、以法治为原则、以德治为特色，持续推进"三治"结合，使"三治"有机融合、相得益彰。

（一）法律法规兜底

依法治理是乡村治理的前提，也是依法治国方略的具体要求。美丽乡村建设，要坚守法律法规的底线，划清依法和违法的边界。近年来，安吉县加大法律法规的宣传力度，加强法律教育的阵地建设，不断完善农村法律治理体系，提升农村的治理水平。

在普法宣传方面，安吉县积极开展"宪法进乡村"和"宪法进社区"的主题宣传活动，以民政局牵头，会同相关单位编写宪法知识宣传手册，通过村民委员会发放到全体村民家庭，以保证宣传的广泛性。

在宣传内容上，安吉县以普及《村民委员会组织法》和《居民委员会组织法》为重点，与婚姻、收养、老年人权益保障、社会救助、社会组织、防灾减灾等相关的法律法规齐头并进，辅之以医疗卫生、公共安全、食品安全、兵役法、信访条例等有关内容。根据各地地理环境和人文环境的差异，安吉县各乡镇的法治宣传内容各有侧重。如较早开展垃圾分类的递铺街道，要求居民熟知《环境保护法》；区域地形为山区和半山区、森林资源丰富的上墅乡，《森林法》得到广泛宣传。除此之外，安吉县还根据工作重心选择相应的法律法规进行宣讲，如在推进"三改一拆""五水共治"中重点宣传《环境保护法》；在落实未成年人权益保护时以活动形式宣传《未成年人保护法》，在全

---

① 徐朝卫．"三治"融合实现乡村善治[J]．人民论坛，2019(16)：70.

县形成崇法尚法的整体氛围。

在宣传形式上，以村“两委”、村民小组组长、村民代表等骨干为重要抓手，首先做好骨干的法治教育工作。村“两委”每年集中学法不少于4次，村民代表等骨干每年集中学法不少于2次，由学法骨干带头，以点到面，扩大法治教育影响，让民众在日常生产生活中学法、知法、守法和用法。

在法律教育阵地建设方面，安吉县引导各村结合本地实际，充分挖掘本地特点，建设法治文化宣传阵地。农家书屋、文化广场、文化大礼堂作为重要展示平台，为民众学法提供了固定场所。丰富法治教育活动，如法律知识竞赛、法治主题征文活动、法治巡展、法治文艺演出等，不仅丰富了百姓的文化生活，还提升了民众的法律素养。

安吉县荷花塘村在处理拆迁安置过程中的利益平衡问题，很好地体现了依法治理与本村实际相结合的创新实践。荷花塘村作为一个典型的城乡接合部村，在整体搬迁、异地集中安置工作推进过程中，遇到多种阻力。村民对于自己房屋的价格评估、土地征用赔偿款的意见很大。这不利于村民之间和谐关系的维系和社会的稳定，给村“两委”带来了巨大难题。为解决这一利益分配矛盾，村“两委”多次入户调查、召开座谈会收集民意，结果发现传统思维阻碍着法律的实施。村“两委”随即决定开展关于拆迁的法律法规教育，加深群众对法律的理解，提升群众的法律意识，让群众利用法律来维护自己的合法权益，也让他们知道自己的所作所为是否有法律依据，从而依法理性维权，化解了土地赔偿款利益分配问题。

(二)村规民约协调

自治激发治理活力，它是农村社区治理的基础，也是调动民众参与热情和促进民众民主决策的重要方式。村规民约作为自治规范，源自乡村社会，具有内生性特点和独自发挥作用的空间，并作用于政治、经济、文化、社会等不同领域，能较为全面地调整社会关系，促进经济发展和提高群众生活水平①。美丽乡村的建设，关键在基层作用的发挥，基层要有所作为，村规民约的建立尤为重要。

安吉县民政局自2017年便将村规民约的修订工作纳入民政工作内容

---

① 陈寒非，高其才. 乡规民约在乡村治理中的积极作用实证研究[J]. 清华法学，2018，12(1)：62-88.

中。在下辖的209个村（社区）范围内，参考村（社区）原有的规约，结合“两山”理念的目标导向和新时代“五水共治、三改一拆”等中心工作，发掘各村（社区）治理特色，县民政局已从修订后的村规民约和社区公约中择优选取了22篇，汇编成册，形成了《村规民约》集。

安吉县的村规民约制定主要具有以下特征：

程序正式，约束有力。各村村规民约由民政局、各乡镇领导班子牵头，村“两委”辅助，根据各村实际拟定初稿，再召集村民代表、专家学者等的座谈会，征求各方意见，在进行审查后，将草案进行公布，组织表决，最终通过。通过后的村规民约被印刷成小册子，由村民小组长挨家挨户地进行广泛宣传，并最终由村民签订承诺书。

完整度高，可读性强。安吉县村规民约内容涉及农业生产、集体土地管理、林业生产管理、村级财务管理、工程基建管理、村庄治保调节、辖区企业管理、生态文明建设、绿色殡葬管理和其他农村常见工作，覆盖面广。以余村和潴口溪村为代表的村庄，将村规民约内容浓缩为三字经或者四字经，朗朗上口，易于理解和记忆，便于村民接受。

针对性强，紧扣中心。安吉县修订村规民约，是对创建文明城市、建设最美县域、改善人居环境、巩固“双禁”成果、推进移风易俗等工作目标的积极回应。余村作为“双禁”政策的首创村，曾在开展工作时面临巨大压力，该村通过对村规民约的不断宣传，逐步树立起村民保护环境的意识，并成功达到禁售禁燃烟花爆竹的目标。

与时俱进，监督有效。安吉县自2015年制定村规民约至今，前后经历过三次修订，当前基本做到了“一村一规”。在修订过程中，安吉县通过完善群众参与机制，为村规民约的形成与实施提供了有效监督。此外，各村成立执约小组，通过宣传、巡治和教育等方式，促进村规民约的有效落实。以环境保护为例，各村纷纷将绿色殡葬理念置于村规民约中，以“鲜花换纸钱”的形式，减少纸钱、蜡烛的使用，为实现降低殡葬成本、做好森林防火、保护人居环境等治理目标提供了保障。

（三）家规家训熏陶

用道德力量规范日常行为，是人们言行举止的指南。改革开放以来，在市场化浪潮的冲击下，金钱至上、以利为本的不正观念滋生，优良风气和公序良俗的延续受到一定挑战，吸取优秀的传统文化力量，促进文明乡风的培养迫在眉睫。家规家训作为德治的重要内容,对民众的社会价值观塑造具有积极而深远的意义。古希腊哲学家亚里士多德认为,个人只有突破家庭走向城邦,才能体现“公共善”,成为“大写的人”。不同于古希腊家国两分模式,中国自古讲究“家国一体”,家庭成员行为规范会受到家规家训的约束,家规家训也将影响家庭成员的社会化进程,因此规范公共生活空间行为须从家规家训的重构着手①。

家规家训的发掘是一个凝炼与塑造优秀价值观的过程。在安吉县,各地充分挖掘本土资源,积极与村民沟通交流,使家规家训内容准确且贴合实际。在发掘过程中,使村庄集体和各家各户拥有的道德闪光点被凝炼并表述出来,实现了对家庭以及全村优秀价值观的塑造。安吉县的家规家训具有一个共同点,即以有形的载体作记载与展示,如统一制作载有家规家训的标示牌,置于每户的院落门口。如此一来,家规家训既宣教于家庭内部,又面向全村,形成一个个蕴含优秀文化的辐射单元,着力营造起全体村民自觉提升个人道德素质的文化氛围。

鄣吴镇是晚清民国时期艺术大师吴昌硕故里,自古以来,鄣吴吴氏人才辈出,共有194人获秀才以上功名,46人担任县丞以上官员,这与吴氏家规家训有重要关系。为传承优良家风,延续前人辉煌,鄣吴镇通过开展“开蒙第一课”活动,以正衣冠、行师礼、点朱砂、开笔破蒙、首书“人”字、诵读家规等形式向学童传递“吴氏宗训”,并邀请吴昌硕后代、安吉博物馆负责人系统讲述吴氏家风,使严谨治家、勤俭持家、孝悌传家、睦亲齐家等懿行美德沁入孩子们内心深处。

二、评选优秀

推进乡村振兴,“精神富有”与“口袋富有”同样重要。丰富群众精神文明生活,应坚持群众主体地位,既要重视意识宣传、机构设立、平台建设等“输入”性工作,更要激发群众参与民主评选、民主决策、民主监督等“输出”性工作。近年来,为推进乡风文明建设,使农村居民精神生活更加丰富多彩,安吉县深入开展群众性精神文明创建活动,积极开展“五型优秀”、年度

① 丁社教.家规的社会教化功能及其实现:基于公共生活空间的视角[J].浙江社会科学,2017(6):73-77.

十佳好村民、美丽家庭、星级党员、党员先锋家庭等评选活动，创新发展乡贤文化，吸引各方人士，弘扬真善美、凝聚正能量。

（一）“五型优秀”评选

为树立模范、培育新风，激发全体村民的生活与工作热情，天荒坪镇银坑村围绕“五型”人社工作目标，积极开展“五型优秀”评选活动。评选有两个依据：一是党员20条守则；二是该村村规民约。“五型”即评选的五种优秀类型，村民对照两个依据，从候选人中评选出优秀党员、优秀骨干、优秀村民、优秀好家风与优秀保洁员五类模范。该村“两委”希望通过评选活动，在全村掀起一番“向优学习、向贤看齐”的比学赶超浪潮，推动文明乡风营造，促进农村凝聚力，从而推动农村一体化治理。

（二）评选优秀村民

“评选怎么评，群众说了算。”民主评选，要回应群众呼声，要保证评选质量，要坚持公正原则。近年来，昌硕街道双一村为表彰先进、树立典型、培育新风，先后开展了“最美双一人”“年度十佳好村民”等评选活动。按照“基层观察—逐级推荐—意见征询—张榜公示”程序，保证评选活动在阳光下进行。与此同时，随着社会精神文明建设持续深入，群众对民主评选质量有了新要求与新期待，为进一步提高评选公信力、传播力与影响力。“年度十佳好村民”评选活动以两年为评选周期，在获评范围与激励层面都有更高标准，从而有效提高了评选活动的质量与效能。

天荒坪镇余村在坚持“两山”理念的同时，稳步推动辖区精神文明建设，将解决民生问题与提升村民素质相结合，奋力谱写“村强、民富、景美、人和”的发展新篇章。近年来，该村大力开展“美丽家庭”“余村好人”“星级文明户”与最美系列等评选活动。至2019年4月，累计产生“美丽家庭”71户，选出星级文明户76个，表彰孝老爱亲、邻里和睦、诚实守信等“余村好人”12人。此外，该村每年还评定、奖励表率性党员、模范性骨干、双带型业主、农村新乡贤等14人。余村做法深刻表明，打好生态牌、算好经济账的同时，要将精神文明连同生态保护与经济建设同步推进，努力营造山青、水绿、人美的发展环境。

（三）乡风评议小组

高价风、攀比风与奢侈风在农村一度盛行并且广为诟病，不良风气的背后，反映的是一些村民世界观、人生观与价值观的迷失，如不及时遏制，将败坏社会风气、侵蚀群众心灵。为遏制不良风气、提倡勤俭节约、厚植传统美德、树立先进模范，天子湖镇高禹村深入开展教育实践活动，针对群众反映强烈的滥办酒席、互相攀比、铺张浪费等问题，成立乡风评议小组，推出酒席减负活动，制定酒席办理标准，并将其纳入村规民约。酒席减负令的实施，不仅树立起“党风正、民风淳”的文明风尚，而且在实践中形成了可复制、可推广的好做法与好经验。

一是严程序、定标准，整治奢侈风。村“两委”班子邀请村民代表、党小组长、法律顾问、离任村干部等人员参与起草制定《农户摆宴要求和标准》，按照党支部会提议、村“两委”会商议、党员大会审议、村民代表会议决议，决议公开、实施结果公开的四议两公开方式，将《农户摆宴要求和标准》纳入村规民约。在摆宴标准上，突出“除红白喜事外，其他如周岁、乔迁等不准办理”“内亲外的村民不相互随礼”等“五不准”要求，实施“不提倡消费高档烟酒”等“三不提倡”意见，坚持抵制滥办酒席歪风。

二是强落实、作表率，增强执行力。村“两委”干部、党小组长、生产队长以签订承诺书形式，带头执行酒席减负村规民约。普通党员结合“挂牌亮户”活动，将“五不准”等内容置于家规家训中，发挥党员先锋模范作用，推动党员家庭带邻里，每家每户树新风氛围形成。例如，村党支部书记李更正率先垂范，取消家里乔迁喜宴，以此向全体村民表明村“两委”刹住滥办酒席歪风的决心。截至目前，全村 171 名党员干部均严格履行相关规定，起到模范带头作用。

三是广宣传、深推进，扩大影响面。村“两委”专门聘请村里 7 名德高望重的老党员、老干部与村民代表作为酒席减负义务宣讲员，分片负责全村村民的宣传教育工作，通过上门宣讲、发放资料等形式，为村民算好滥办酒席的“时间账”“经济账”“人情账”，促进树立“厉行勤俭节约、抵制铺张浪费”新风尚。活动开展以来，义务宣讲员已走访宣传 1402 户村民，实现全村覆盖，滥办酒席之风已得到有效遏制。

四是严评议、勤表彰，树好勤俭风。高禹村成立以村支部书记为组长，各生产队长、老党员、老干部为组员的乡风评议小组，负责为摆酒席村民安排“酒席总管”，并严格按照《农户摆宴要求和标准》做好办酒席的相关事务，对执行情况进行评议，并将评议结果同五好家庭和文明户评比结合起来，从而杜绝酒宴超标现象。同时，乡风评议小组通过村务公开栏、村远教入户平台等载体，定期对执行好的家庭进行通报表彰，激发村民执行酒席减负的热情。截至目前，全村已有 33 户村民简办红白喜事，节约资金 60 余万元。

（四）美丽家庭评选

家庭是社会细胞，家庭和睦则社会安定，家庭幸福则社会祥和，家庭文明则社会文明。习近平总书记在会见第一届全国文明家庭代表时强调，对于社会而言，家庭的生活依托不可替代，家庭的社会功能不可替代，家庭的文明作用也不可替代[①]。为大力弘扬中华传统美德，大力倡导社会主义道德，广泛开展学习时代楷模、道德模范、最美人物、身边好人等活动，引导农村群众传承与人为善、孝老爱亲、重义守信、勤俭持家等美德；安吉县通过开展美丽家庭评选活动，表彰先进、树立典型，从而将勤俭节约、尊老爱幼、睦邻友好与文明互助优良家风传递至每户家庭。

递铺街道充分动员新居民家庭主动融入新时代文明实践，推动美丽家庭品牌效应向新居民群体延伸，助力新时代全域美丽新递铺建设，发挥新安吉主妇在家庭建设中的优势作用。2019 年，该街道发挥妇联统筹组织作用，以长乐社区为试点，围绕“整洁美、家教美、文明美、富强美”创建标准，启动新居民美丽家庭创建项目，分步推进 60—100 户新居民家庭创建提升型、达标型、三星级美丽家庭。

一是意识宣传。运用讨论会、动员会、启动仪式等方法启动美丽家庭创建，组织妇女代表、出租屋房东等人员讨论创建方案，确定第一批报名参建家庭户名单；在确立名单后举行启动仪式，联合多部门组成志愿服务队，全方位保障创建。二是情感培养。通过培训、参观等方式宣介美丽家庭，组织创建户代表参观美丽家庭，感受“美”的力量，参与文明实践。三是创建推动。运用检查与指导方式考评美丽家庭，志愿服务队走访出租屋并汇总问题，商议推进创建方法，同时社区妇女小组长组织新居民家庭自评；而后，街道妇联连同关工委、团委、工会、社区等相关部门负责人，对参评美丽家庭的新居民开展第一次入户考评，确定新居民美丽家庭。

---

① 习近平：在会见第一届全国文明家庭代表时的讲话[N]．新华日报，2016-12-15.

递铺街道在美丽家庭活动创建中,总结了一套新居民美丽家庭创建工作经验,形成了一条可供学习、参观、调研的新居民美丽家庭示范带,进而带动长乐社区及周边社区更好地开展美丽家庭评选工作。

城东社区重视传承民族传统家庭美德,通过开展孝顺媳妇、美丽家庭等评选活动,将孝文化与德治、人治、法治有机融合,以好家风支撑起好社风。该社区先后成立妇女联合会与乡风评议委员会,负责孝顺媳妇、美丽家庭等评选工作。乡风评议委员会在妇女联合会的基础上组建而成,由村民代表会议选举产生,每届任期三年,对其负责并受其监督。该委员会现有成员30人左右,覆盖12个村民小组。委员会在评选过程中,以本县文件精神为引领,聚焦家庭和谐、卫生保洁、文化活动、环境整洁等方面,同时结合自身实际,将孝文化纳入考核并赋予一定权重。经过考核、评选、审查等环节,委员会以星级形式呈现评选结果,对先进个人和模范家庭给予精神与物质奖励,从而暖人心、树榜样、传能量。

杭垓镇唐舍村积极响应乡风文明建设号召,村“两委”通过开展美丽家庭评选活动,让评选出的美丽家庭成为全体村民学习的榜样,最大限度发挥引领示范作用。美丽家庭评选活动自创建至今已有12年,由该村妇女主任统筹组织。活动遵照规定的程序和流程,将家庭卫生情况作为主要评价指标,要求参评家庭落实门前门后“卫生三包”要求,并据此设置三个评选等级。此外,活动还设置了相应物质奖励,如肥皂、毛巾、电饭锅等,从而进一步激励更多家庭投入美丽家庭评比与美丽乡村建设之中。

孝源街道洛四房村按照《安吉县首批美丽家庭创评办法》,本着推进本村精神风貌宗旨,经过自评、互评、公评与审评等程序,共评选县级美丽家庭31户,美丽家庭创评达标率高达83.8%。此外,该村在美丽乡村精品村创建的基础上,根据“院有花香、室有书香、人有酿香、户有溢香”的“四香”标准,积极建设星级美丽家庭,成为一大工作亮点,推动了该村乡风文明建设与村庄发展。

(五)优秀党员评选

为进一步推动社会主义核心价值观建设,弘扬文明道德新风尚,发挥基层党员示范带头作用,上墅乡刘家塘村通过开展党员星级评比与先锋家庭创评活动,促使基层党员与全体村民形成崇德向善的精神力量。党员星级评比活动由村“两委”成员、普通党员与流动党员等构成参与主体,按照星级管理评定标准，实行量化打分，再按分数高低评选出各星级党员，最后在全村公示。先锋家庭创评活动也是由村“两委”组织，按照成员遵纪守法、内部和睦团结等考核标准，评选出10至15户党员先锋家庭，并予以奖励。刘家塘村通过表彰先进，以“一名党员一份责任，一名党员一面旗帜”为导向，引导基层党员充分发挥先锋模范作用，实现工作目标与家庭创建目标相得益彰，为推动村党建工作与乡风建设不断贡献智慧与力量。

三、矛盾调解

当前，我国社会正处在转型阶段，农村正经历复杂而深刻的变革。村民与外界之间、村民内部之间的经济、文化和社会交往不断扩大，村务活动日益频繁，矛盾纠纷更加多发。为调解邻里纠纷、营造和谐乡风，安吉县着力构建人民调解的“第一道防线”，发挥基层调解委员会、人民调解员与辈分高有声望的“乡村精英”力量，凝心聚力化解农村矛盾纠纷，基本做到了“小事不出村，大事不出乡镇”。

（一）人民调解委员会

发挥群众力量、化解矛盾纠纷，是构建和谐社会的必由之路。通过鼓励社会力量参与调解，有利于进一步发展专、兼结合的人民调解员队伍，有利于进一步提升化解矛盾纠纷的合力，有利于防止因调解不当或调解不及时引发的群体性事件。近年来，安吉县出台《关于加强调解志愿者队伍建设的实施意见》，明确指出要深化多元化解矛盾纠纷体系建设，切实发挥人民群众在维护社会稳定中的“第一道防线”作用，构建起县、乡、村三级联动化解机制与“三层五队”调解志愿者队伍。

在县级层面，建立“导师”和“专调”两支队伍。全县建立“导师”队伍，吸纳心理咨询师、婚姻家庭指导师、社会工作者、律师、法官等方面专家参与全县重大疑难矛盾纠纷化解；建立“专调”队伍，探索法律服务工作者参与县级行业性专业调解组织的调解工作，公开招募一批法律服务工作者，采取聘用的形式派驻相关行业性专业调解组织，参与矛盾纠纷化解。

在乡镇（街道）层面，建立“两代表一委员”调解志愿者队伍和“三长一顾问”调解志愿者队伍两支力量。各乡镇（街道）建立“两代表一委员”调解志愿者队伍，探索实体工作平台建设，参与人民调解工作。此外，发挥“三长一顾问”优势，在乡镇（街道）建立由法庭庭长、派出所所长、司法所所长、法律顾问参加的专业化调解志愿者队伍，指导参与乡镇（街道）层面重大疑难矛盾纠纷化解。

在村（社区）层面，建立乡贤队伍。在村（社区）组织一批由“五老”人员为主的村级调解志愿者队伍，参与村（社区）调解工作。以天荒坪镇余村为例，该村是习总书记“两山”理念发源地与法治思想践行地。为调解矛盾纠纷、营造文明氛围、建设和谐农村，余村通过成立人民调解委员会，着力建立矛盾纠纷多元化解机制。调委会设主任 1 名、调解员 5 名，另由村老干部、法律顾问、片区民警、驻村法官、网格员等人员组成调解志愿者队伍，接受调委会领导。在十九大精神引领下，调委会坚持“村强、民富、景美、人和”的工作目标，秉承不畏困难、耐心劝导、公平公正与真诚奉献的工作态度，主动帮助调解村民间存在的婚姻、赡养、借贷等纠纷。经过全体共同努力，调委会于 2018 年荣获“全国人民调解工作先进集体”荣誉称号。

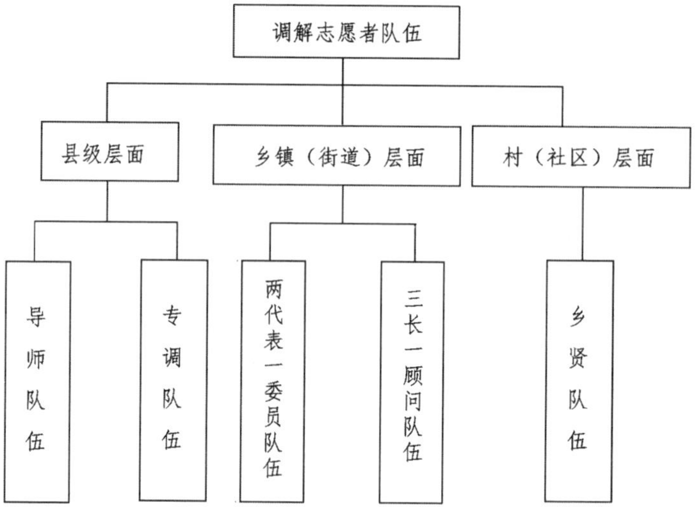

图 5-11 “三层五队”调解志愿者队伍结构

（二）综治调解委员会

着力构建矛盾纠纷化解工作机制，能够促进乡村调解队伍向正规化、体系化、科学化方向发展，从而切实提高群众的信任感。安吉县在《关于加强调解志愿者队伍建设的实施意见》中明确指出，要努力建立调解志愿者队伍的实效化运行机制，按照分层管理原则，县级队伍运行由县综治办牵头、县司法局实施、相关职能部门配合落实;乡镇(街道)队伍由司法所牵头实施、其他站所配合落实;村(社区)队伍由村(社区)调委会牵头实施。此外,县级司法行政部门及基层司法所要加强指导,进一步提升调解志愿者队伍的工作水平。

以天荒坪镇银坑村为例,该村通过建立综治调解委员会,凝聚起调委会成员、村庄乡贤、综治网格长与司法部门等四方力量,努力提高综治调解工作的凝聚力、活动力与影响力。调委会由村支书、村主任、村民委员、老干部、村民组长等人员组成,并借助多方调解力量。一是调委会自身力量,成员秉承竭诚服务态度,主动上门开展矛盾调解工作;二是乡贤力量,乡贤熟悉村规民约,了解社情民意,在村中拥有较高声望,具有良好的黏合作用;三是网格力量,网格员业务知识多、综合能力强,在排查矛盾纠纷、排除治安隐患、宣传综治维稳、加强群防群治方面拥有丰富的经验;四是司法力量,它是矛盾调解工作的最后利器与坚实盾牌。银坑村通过四方力量联动,将自治、法治与德治有机融合,为幸福安吉建设贡献了重要力量。

(三)“老娘舅”俱乐部

随着经济社会进一步发展,农村社区治理越来越呈现出治理内容多样化、范围扩大化和观念多维化等特征。面对社区治理面临的新问题、新特征与新挑战,仅仅依靠村支部与村(居)委会力量还远远不够。党的十九大报告明确指出,要加强社区治理体系建设,推动社会治理重心向基层下移,发挥社会组织作用,实现政府治理和社会调节、居民自治良性互动。“老娘舅”在调解邻里、家庭纠纷中具有重要作用。“老娘舅”俱乐部作为一个社会组织,既是乡村社会治理的参与主体之一,也是德治的重要载体,在乡村治理中具有补位作用,有助于实现基层社会治理工作从“对手多”到“帮手多”、从“被动多”到“主动多”、从“看法多”到“办法多”的转变,促进多元共治局面形成。

以溪龙乡黄杜村为例,该村在村“两委”统筹下,通过组建“老娘舅”俱乐部,成立专门机构,制定工作制度,借助司法力量,促进人民调解工作朝着组织化、规范化、法制化等方向发展,起到了凝民心、聚民力、汇民智的作用。人员构成方面,“老娘舅”俱乐部是调解民间纠纷的群众性组织,接受乡镇司法所指导,设调解委员会(简称“调委会”)作为日常办公部门,负责组织、宣传、培训等工作;另有若干名人民调解员(“老娘舅”),调解员与村“两委”和广大村民保持良好关系,经群众选举或者接受聘任后方可从事工作。工作开展方面,“老娘舅”俱乐部会定期组织调解员学习有关人民调解的法律、法规、制度和政策,主动调解村内事关婚姻、债务、宅基地、林木、水土等常见性与多发性纠纷,宣传、动员村民遵纪守法、遵守公德,预防和妥善处理邻里矛盾。法治建设方面,“老娘舅”俱乐部在法律、法规授权范围内,随时做好民事纠纷受理、调处、结案、转报等资料登记;达成的有民事权利义务内容的调解协议,要制作调解文书,由双方当事人签字或者盖章,当事人自觉履行;调解不成的民事纠纷,调委会将调解情况汇报村委会,由村委会书面向乡镇政府或乡镇司法所反映调解情况,协同调解。

另以城东社区为例,该社区重视并发挥“老娘舅”等社会力量的积极性与主动性,努力推动社会治理重心向基层下移,发挥社会组织作用,实现政府治理和社会调节、居民自治良性互动。至今,该社区“老娘舅”已多次成功调解各种家庭或邻里纠纷,为幸福社区建设贡献了才智与力量。

城东社区的刘某今年已经95岁高龄,刘某的丈夫比其大4岁,夫妻膝下育有两子。由于年事已高,老人生活无法自理,两个儿子便商定让两位老人分居各自家中。去年,刘某丈夫离世,二儿子没有了赡养老人的负担,大儿子于是向弟弟提出轮流赡养母亲的要求,二儿子不同意,于是两兄弟因母亲赡养问题发生了纠纷。在大家的劝导之下,两兄弟拨通了“老娘舅”的调解热线,希望“老娘舅”能帮他们出出主意。城东社区“老娘舅”接到电话后,立马召集“老娘舅”成员、村里有威望的老党员以及能说会道的妇女们,还邀约了附近的街坊邻居,来到两兄弟家中了解情况。“老娘舅”听完双方的陈述,对这件事有了大致的了解,他们站在不同角度,讲事实、摆道理,使二人逐渐意识到了自己的错误。最后提出建议:两兄弟一家一个月轮流照顾母亲的衣食起居,不得再发生矛盾或不快惹老母亲伤心,让母亲有个幸福快乐的晚年。两兄弟都表示愿意接受“老娘舅”的提议,以后会兄弟齐心,把母亲照顾好。在“老娘舅”的客观分析和耐心劝解之下,刘某大儿子当场把母亲接回了家中好好安置,刘某二儿子也当天去哥哥家中探望了母亲,并送去了保健品,两兄弟终于解开了心结,握手言和,重归于好。

四、示范引领

弘扬乡风文明、涵养道德风尚，既要制度保障，也要“硬件”支持。文化传播载体的运用，可以使索然无味的宣传说教借助各种媒介“活”起来，让村民们听得懂、能领会、做得来，从而促进公序良俗在基层落地生根。党的十九大报告中提出乡村振兴战略，其关键在于乡村的经济振兴、文化振兴以及生态振兴。媒介在这一过程中起到重要作用：一方面，媒介可以为乡村文化振兴优化发展环境；另一方面，通过媒介使用与媒介宣传，可以切实提升农民的素质与水平[①]。近年来，安吉县逐步摸索出乡村文化建设新载体，建立了一批乡风文明传播新阵地，坚持用先进文化占领农村思想阵地，让文明之风吹遍千家万户。

（一）家庭教育指导站

家庭教育是一切教育的起点和基点，是提升美丽家庭内涵建设、创建文明城市的重要抓手，是培育和弘扬社会主义核心价值观的关键途径，也是发扬光大中华民族传统家庭美德的重要方式。习近平总书记高度重视家庭、家教与家风问题，他在会见第一届全国文明家庭代表时指出：家庭和睦则社会安定，家庭幸福则社会祥和，家庭文明则社会文明[②]。为塑造乡村文明新风尚、打造乡村文化新名片，安吉县计划于2022年前后实现村（社区）家庭教育指导站全覆盖，营造“家家学家教、立家规；户户比家风、圆家梦”的良好氛围。各乡镇（街道）在落实上级要求的同时，也本着因地制宜原则，探索家庭教育特色化发展模式，努力实现从特色走向优秀、从优秀走向卓越。

鄣吴镇鄣吴村以建立家庭教育指导站的方式，为村民提供优良学习场所。每至周末，家长带领孩子们来指导站里看书学习或练字绘画，共享学习乐趣。此外，考虑到鄣吴是著名书画家吴昌硕故里，指导站以“墨香之家”为主题，主打“古鄣墨香之家”家教品牌，每个月定期邀请非遗传承人或相关领域专家为孩子们授课、对家长培训，充分助力家庭建设、助推优秀文化传承。

---

① 吴卫华．农村公共广播助力乡村振兴的路径分析[J]．中国广播电视学刊，2019(7)：103-105.

② 习近平：在会见第一届全国文明家庭代表时的讲话[N]．新华日报，2016-12-15.

递铺镇长乐社区家庭教育指导站又被称为“家长学校”。该指导站高度重视学前教育与亲子互动,将指导站划分为家长教学区与儿童阅读区,其中儿童阅读区融合动漫、卡通、手工制作、益智游戏等元素,自开放以来,已举办多期亲子活动。此外,为进一步延伸宣传与教育功能,该站还针对 3 周岁以下儿童、育龄妇女及新婚妇女推出系列特色课程。

(二)新时代文明实践工作

建设新时代文明实践站,是面向人民群众开展理论宣讲、主题教育、文化传承的新阵地,是提升思想觉悟、道德水平、文明素养的新平台。2018 年 7 月,中央全面深化改革委员会通过了《关于建设新时代文明实践中心试点工作的指导意见》,明确指出新时代文明实践中心的建设旨在推动习近平新时代中国特色社会主义思想更加深入人心,进一步加强改进农村基层宣传思想文化工作和精神文明建设,打通宣传群众、教育群众、关心群众、服务群众的“最后一公里”①。近年来,安吉县在各乡镇(街道)、各村(社区)广泛设立新时代文明实践站,建立了县、乡镇(街道)、村(社区)三级工作体系,使先进理论学习、主流价值践行、优秀文化传承、歪风陋习纠正、基础科学普及等工作得到加强与提升。

县级层面,建立新时代文明实践中心。中心坚持“政府引导和社会力量相结合”工作思路,通过公益大篷车进社区活动,为居民提供及时、贴心与精准的服务,如全科义诊、垃圾分类、废旧电池换盆栽、消防知识问答、防溺水宣传等,满足社区居民多样化需求。此外,全县通过创新公益创投项目管理机制,为居民提供需求性服务。2019 年,安吉县民政局投入资金 100 万元资助 29 家社会组织创办公益性项目,协助社会组织合理定位、正确导向、提高专业能力,根据居民需求开展针对性服务,提升服务的有效性。通过打造幸福邻里中心服务模式,为居民提供专业性服务。近年来,安吉县共投资 600 余万元资金,整合现有党群服务中心、便民服务中心、社区服务中心、老年人照料中心、卫生服务站、公共文化礼堂等社区服务平台,因地制宜建设了 18 家村级“幸福邻里”中心,积极引进专业社工机构入住运营,并面向社区不同人群开展各种专业化个性服务活动。

① 关于建设新时代文明实践中心试点工作的指导意见[Z].2019-03-28.

乡级与村级层面，安吉县在各乡镇（街道）建立新时代文明实践所，村（社区）建立新时代文明实践站。通过盘活资源、创新方式方法，统筹好县内理论宣讲、教育服务、文化服务、科技科普服务、健身体育服务五大平台，以此提高广大人民群众的思想觉悟、道德水准、文明素养和法治观念，着力将安吉打造成文明实践的时代样板。以天荒坪镇余村为例，该村依托新时代文明实践所，深入开展学习实践科学理论，大力弘扬共筑美好生活梦想的时代新风。实践所积极发挥宣传引领作用，建立一支由基层组织带头人、改革先锋、两山理念宣讲团、道德模范人物，乡村能人、新乡贤等组成的宣传队伍，面向村民开展理论宣讲、政策宣传、文化传播、科普服务等活动。

企业层面，安吉县在部分企业建立新时代文明实践点，开展关心职工、服务职工、教育职工等活动。2019 年，安吉县至少有 120 家企业积极投身建设新时代文明实践点。企业新时代文明实践点主要抓好五大平台建设，即政治引领平台、企业展示平台、关心关爱平台、创新创业平台、社会公益平台。除了平台建设，安吉县总工会还制定了 30 条标准，着力把实践点建设转化成切实可行的具体行动，实现日常工作规范化、制度化、常态化。此外，安吉县同时推出文明素质教育课、文明职工微学堂、爱心奉献微行动等等，不断促进文明风尚塑造，推动文明社会建设。

第六节 共监村级事务：引领新时代清廉乡村新标杆

民主监督是村民自治制度的重要组成部分。党的十九大报告明确指出，要加强对权力运行的制约和监督，让人民监督权力，让权力在阳光下运行①。作为村民自治五大民主之一，农村民主监督是维护农村社会稳定和村民自治有效运行的重要保障。维护和实现村民民主监督的权利，需通过加强基本监督制度建设、规范监督主体、健全监督程序等措施加强村民对村党组织和村委会的监督，加强基层政务公开建设，完善基层民主监督体系和

① 习近平. 决胜全面建成小康社会 夺取新时代中国特色社会主义伟大胜利——在中国共产党第十九次全国代表大会上的报告[M]. 北京：人民出版社，2017：26.

权力监督机制。

安吉县为切实保障人民群众参与基层社会自治的监督权力，强化农村社区人民民主监督的能力，不断创新村务监督制度，建立以村务监督委员会为主体，基层网格、"两山"议事会等自治组织、党员、群众等广泛参与的村务监督体系，对村务决策、村务管理、三务公开等进行全程监督管理。同时，依托移动互联网技术的迭代升级，充分借助微信、网络论坛、手机 APP 等新技术，搭建多元自治主体之间畅通无阻的沟通、参与和互动平台。

一、扩大监督主体

乡村治理实质上是一个多元共治的协调体系。参与村务决策管理的不只是村干部，在村民自治体制下还应当包括所有村民群众①。民主监督是农村社区治理的重要一环，该实验区在创建过程中，为加快农村党风廉政建设，密切干群党群关系，积极扩大监督主体，安吉县始终坚持农民群众的主体地位，通过成立民主监督理事会、村务监督小组等方式充分发动农民群众参与村级事务监督，保障民主监督的有效性，促进农村社会和谐稳定。

（一）理事会民主监督

高禹村为了推进民主监督，强化监督效度，于 2017 年 8 月起，成立了民主监督理事会，该组织主要对村务、财务、工程进行监督。

对重大村务进行监督。民主监督理事会对项目安排、扶贫资金发放等重大决策进行全过程监督。决策前，参与意见征求，反映村情民意；决策中，列席村务会议，了解掌握村务决策的程序和过程，对违反决策程序的，及时提出纠正意见；决策后，监督执行过程，并通过适当形式公布监督结果，保障群众的知情权、参与权和监督权，做到公开、公平、公正。

对财务进行管理监督。民主监督理事会可对村集体财务进行管理监督，每月第二个星期的星期一，监理会成员查看村集体上个月所有收支情况，检查每张发票，对有疑问的账目提出质疑，要求村委会作出解答，且每笔收支经手人都要在会上进行说明，并作留痕处理。高禹村在全县首创"现场盖章+集体签字"双重财务监督制度，监理会刻有公章，理财完毕后，先现

① 卢福营，高健. 村务监督委员会制度的局限与拓展——写在后陈村村务监督委员会诞生 15 周年之际[J]. 浙江社会科学，2018(7)：70.

场盖章，再由理事会成员集体签字，二者缺一则发票无效，实现了每笔账目都清清楚楚，每笔账目都有痕可查，为财务的公开透明提供了有力保障。

对工程建设进行监督。民主监督理事会对村级项目工程进行监督管理。在河滨公园项目建设过程中，该村10余名民主监督理事会成员到村里找出施工图纸与工程招标项目单，实地勘察工程现场，发现几棵行道树外观与规划不符，理事会成员及时通知施工单位进行整改。

（二）村务监督

村务监督是村级民主的有机组成部分①。城东社区以方便群众办事，接受群众监督为出发点，以解决群众普遍关心的热点、难点问题为着力点，设立村务监督小组，切实保障群众参与村级事务民主管理、民主监督的权力。村务监督小组由村民代表会议选举产生，成员必须排除村干部本人及其配偶、直系亲属等，主要负责监督村务、财务和组级账务。

监督村级政务，村务监督小组对村民委员会具体实施的方案和事项，如关于村民代表会议决议事项及实施情况；政府拨付和接受社会捐赠的救灾救助、补贴补助等资金、物资的管理使用情况；村财务收支情况；农村最低生活保障、医疗救助、临时救助等社会保障享受对象、标准和五保供养享受对象；涉及村民利益和村民普遍关心的其他事项等进行监督、审查，审查通过后在相关资料上盖章，坚决做到坚持事前事中和事后监督并用。

监督村级财务，财务监督是村庄治理的重要内容和环节。村务监督小组对村级重大项目资金使用、三资管理情况等进行监督管理，同时，通过村务公开栏等向广大村民作出依制管理违规必究的公开承诺。村民可以随时对村内存在的财务管理违规行为进行举报，督促村务监督小组追究其责任。此外，每月底，小组成员查看村庄上月财政收支情况，对有疑问的地方当场提出质疑，村委会对此作出解答。确定无疑后，村务监督小组对财务账单进行签字、盖章并及时向村民群众公布。

监督组级账务，村务监督小组对小组中的资金使用进行监督，组内一切开支严格按照标准和审批权限逐级审批。小组内每笔资金使用均需通过社区并接受村务监督小组监管。在村务监督小组审核无疑后，社区需将小组

---

① 任建明．村务监督与微腐败治理［J］．人民论坛，2018（21）：100.

每月账务明细张贴公布。将村民小组财务的事后监督变成事前管控,确保组级资金的安全,有效规避组干部乱支滥用的问题。

二、多途径公开村级事务

为推进村级事务公开,加强村民对村级权力的有效监督,安吉县农村社区不断加强载体建设,创新公开形式,畅通公开渠道,形成了集传统公开形式与现代信息技术相配合的多种渠道公开模式。该县农村社区借助多元化的信息公开手段,充分利用信息平台,及时有效公开涉及村民利益相关事项,便于群众了解和监督。

村庄报纸。为保障村民监督权的行使,安吉县多个村庄创办了村报,对村内事务及村民关注的内容进行刊登与公布。如高禹村创办了村报——《高禹村事》,该村报一月一期,每月 15 号送至村民家中。报纸共有四个版面,内容涉及该村政策、文化、财务等方方面面。对于村民关心的村庄财务内容,村“两委”在《高禹村事》的第四版作出详细的说明,内容包括高禹村房租收入、上级补助、老年公寓支出、村干部工作餐费等财政收支。此外,该村报还根据村民反映的情况对村报内容作出相应更改,对村民关心部分着重报道,保障村民的切身利益。

又如横溪坞村创办了《醉美横溪》村报,全面实行“三务”公开,让村里的大事小事都在群众的“眼皮子”底下,保障村民知情权、监督权,提升村民对村庄的满意度。唐舍村创办了《阳光唐舍》村报,村报内容包含村“两委”成员个人述职总结、村财务收支明细以及本村工作计划与总结,实现了村事民监。

多元化媒体监督。安吉县部分村庄利用现代技术的更新升级,充分发挥网络平台、微信平台、电视等信息平台的作用,实现村级事务随时公开,村民随时监督。

高禹村为实现权力在阳光下运行,积极推进阳光工程,在该村设立了“阳光高禹”。该工程以电子政务为主要载体,以电子监察为重要手段,将村庄每一笔收支都公开,做到所有财务详细公示,形成了内容科学、程序严密、配套完备、有效管用的权力阳光运行体系,保障了村民的监督权力。

此外,该村还将村务、财务、党务等信息上传至爱安吉 APP,想要了解高禹“三务”情况的人，可下载爱安吉 APP，在首页处点击“三务公开”板块，输入账号和密码，便可查看相关内容。

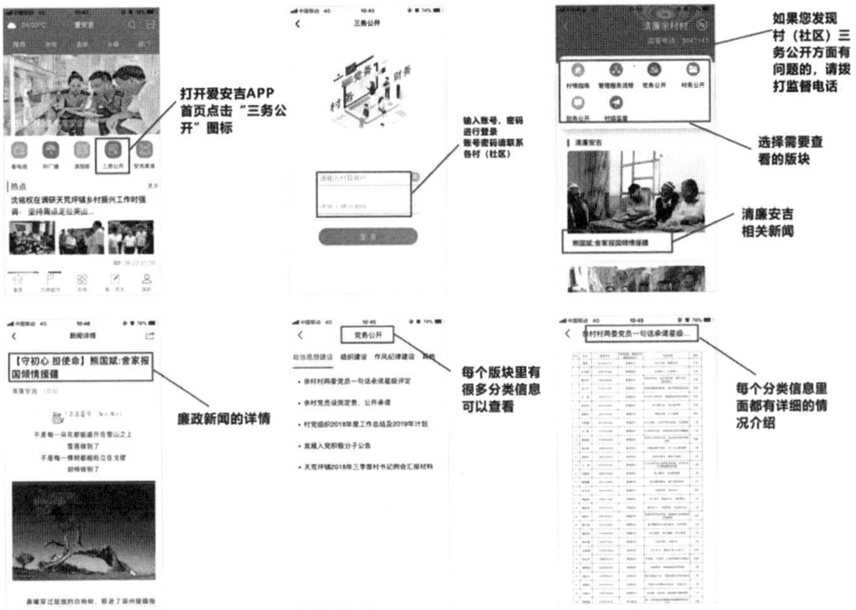

图 5-12　爱安吉 APP——高禹村“三务”公开示意图

施阮村为促进村务阳光透明，创建了阳光村务微信群。该群及时公布村级财政收支详情、村务公告。同时，就村民最为关切的问题，如失地农民养老保险指标、小额项目招投标、低保户申请等，有针对性地进行信息发布，形成了村务信息第一时间公开，村民随时监督的经验和方法。

唐舍村为方便村民对村务进行监督，通过一些技术手段将政务、财务、党务等信息公开至电视村务栏中，让村民坐在家中就能够了解村级事务。

三、拓宽基层监督领域

安吉县在完善农村民主监督组织与制度的基础上，创新民主监督的内容，拓宽民主监督的领域，将与村民自身利益密切相关的方面纳入监督领域。村民小组财务管理一直是农民群众关注的焦点问题。目前，部分村在组账管理上还存在着比较严重的财务管理工作不规范，断头账、糊涂账现象；财务管理制度不健全，组干部随意性大，花钱无所顾忌；组账目长期不公开,收支情况不明晰等问题也时有发生。为确保集体财产安全,改善和规范村民小组的财务管理,高禹村以组为基本核算单位,坚持一组一账,组账村管,并制定了《高禹村组账村管管理手册》,对组账清晰的,直接交由联组会计员进行整理;组账不清晰的进行账目公开整理。

《高禹村组账村管管理手册》明确规定该村组账由村联组会计、组报账员负责。其中村联组会计主要职责包括收据管理;组财务公开;指导各组报账人员记好日记账;归档并管理各类重要资料;按会计制度要求及时进行会计核算以及履行监督职能等。组报账员主要负责管理银行存款;日记账登记;整理收付款票据,向村联组会计报账;登记有关财务备查簿,做好应收、应付等往来款项的登记和债权债务结算;做好各类承包合同的管理、结算、兑现等工作。

规范资金管理。组报账员负责管理组内货币资金,其他任何人员不得经管货币资金,不得代收各种款项。组级只能开立一个基本账户,不准多头开户。实行网银管理,组账务印签章由村民小组会计保管。不准私设小金库,不准公款私存,不准坐支现金,不准擅自出借公款,不准挪用公款,不准为个人和外单位提供经济担保,不准出借、出租银行账户。一切支出,除规定可以用现金支付的以外,应通过银行或信用社进行转账结算。严禁凭非正规收据向有关部门领取款项,有关门也不得凭非正规收据付款。

审批本组财务。由村民小组长在授权范围内负责审核本组的发票。审核额度由高禹村根据本组实际确定,限额以上须经户主代表讨论同意后由组长签字审批。对于重大货币资金支付业务,须经户主代表讨论同意,报村委审批。财务支出必须取得并填报合法的原始凭证,票据要规范。由经手人证明用途,证明人证实,附必要的清单。村民小组长应审核原始凭证的真实性、合规性和完整性,对不符合财务制度的应当拒绝审核。报账员应该凭经手人、证明人、审核人签字的有效凭据付款,手续不齐的应当拒绝支付。联组会计对原始凭证进行合规性、合法性、完整性审核监督,对手续不完备、内容不真实、用途不明确、开支不合规的应拒绝入账。

收支结报管理。组报账员根据业务量的大小进行组账务结报,组账务较多时每半年结报一次,业务量小时每年结报一次,结报后由联组会计进行核算。同时,联组会计应对组报账员的现金日记账、银行存款日记账、账目余额进行核对,并定期对组报账员的货币资金进行盘点。

收据管理。该村各组进行统一的收据管理,由高禹村会计统一负责发放、回收和保管安吉县天子湖镇高禹村经济合作社统一收据。各小组不得使用外购、自制的收据,不得出借、遗失收据,且作废收据不得缺联、缺份。

民主管理和财务公开。村民小组经济活动应当向组民公开,自觉接受组民监督。小组至少每年一次进行财务清理和账目公开。公开的范围、内容要包括各项收支的来龙去脉、各项财产的增减变动等,要求逐笔逐项公开到明细科目或具体对象。

双一村为增加村级财务开支透明度,确保小组财务合理使用,于 2018 年 1 月实行组账村管。组账村管不改变该村各村民小组的资金、资产、资源所有权,组内劳务工资支付、公共事业开支、公益事业安排仍以小组统筹安排、自治管理为主,但资金、账户、公章由村统一管理,小组公章由村“两委”规定人员专管,若需盖章,必须经过村民小组代表、组长同意签字,村分管领导审核同意后方可盖章。村民小组的每一笔开支,必须经过本组村民代表统一签字,党小组组长审核、村民小组组长同意签字,上报村监委主任,由村监委主任提交班子例会统一审批后,方可由出纳支付入账。

组账村管通过由村“两委”聘用具有专业知识的财务人员管理财务,有效规范了各小组财务管理,由村“两委”监督收支,公开组账,有效规范组长责权,防止了用权不公。

四、创新村级监督机制

安吉县为确保权力的规范运行,不断向基层延伸监督触角。2017 年 10 月,该县出台了《关于建设清廉乡村的实施意见》,要求实现乡村村务清、规矩明、干部廉、乡风正的目标。为实现清廉乡村,该县农村建立廉情工作站,创新基层监督机制,打通监督“最后一公里”,切实维护群众权益。

廉情工作站主要负责开展联合监督检查、定期召开联席会议及发现问题联合处理等工作。开展联合监督检查,即村监委成员、廉情监督员及廉情片区长三方不定期组织开展联合监督,检查村各项事务开展情况。定期召开联席会议,即每季至少召开一次廉情工作办公室成员联席会议,定期向镇党委及村党组织报告履职情况,随时报告重要情况或重大问题。发现问题联合处理,涉及村务管理一般性问题,交由村监委负责处理;涉及普通党员、干部一般性问题,交由党组织处理;较复杂问题、涉及村“两委”干部问题及党员干部违纪违法问题,报街道纪委处理。一旦出现问题采取分级交办形式予以处理,同时所有问题向街道纪委报备。

以潴口溪村为例,该村为增强村级监督力量,建立了廉情工作站工作室。工作室由纪委联系员王仙仙、主任梅阿宝、副主任黄美琴负责,下设村监委和廉情监督员,廉情监督员由热心村庄事务、善于监督的普通党员群众担任。其工作内容主要包括以下几个方面:

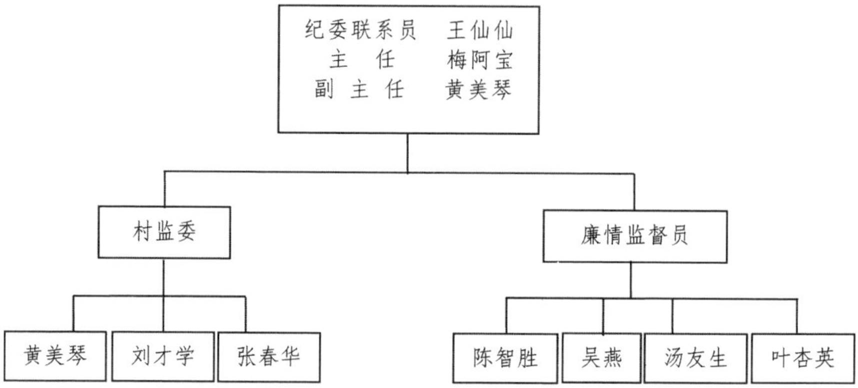

图 5-13 潴口溪村廉情工作站工作室组织架构

廉情监督员三任务。一是收集村情民意。监督员经常性入户走访,了解村各项事务实际运行情况。同时重点关注“三资”管理、工程建设、惠民政策等落实情况,对于可能出现的违纪违法苗头等倾向性问题,做好预防工作。二是对村级事务运行进行监督检查,通过参加相关会议、询问村工作人员、查询资料、现场察看等形式,对村“三资”管理、工程建设、物资采购、公共服务、换届选举等事项开展监督检查。三是情况报告。廉情监督员掌握并定期向街道纪委报告该村贯彻落实党员廉政建设各项制度规定情况,分析研判可能出现的问题,第一时间报告党员、干部可能出现违法违纪的重大问题。

廉情监督员“三必报”。一是对照村监委工作责任清单,监督员每月对村党风廉政建设、村干部履职情况、“三务”公开、“三资”管理、惠民政策落实等方面开展监督检查,每月向村监委汇报监督及整改情况,及时报告村民反映的突出问题和村内党员、干部违纪违法问题。二是廉情监督员每半年向村党组织汇报一次村务监督情况，村党组织认真听取意见，抓好整改。对于日常监督发现的一般问题做到随时反馈，村党组织即知即改。三是廉情监督员每年向村民代表大会报告一次本年工作情况，接受村民代表的民主评议。

廉情监督包干“三重点”。一是监督包干片区内党员、干部的作风建设等情况，重点监督该村党员、干部执行中央八项规定及纠正“四风”问题情况。二是监督包干片区内涉及街道、村级相关事务管理落实情况，同时重点监督村内党员、干部是否存在贪污受贿、滥用职权、玩忽职守、权力寻租、利益输送、徇私舞弊以及浪费国家集体资财等行为。三是加强清廉文化宣传、组织村内党员开展廉政教育，引导党员清正勤勉，同时发动村内党员向村民宣传村规民约、好家风家训等，引导村民家风民风清淳友善。

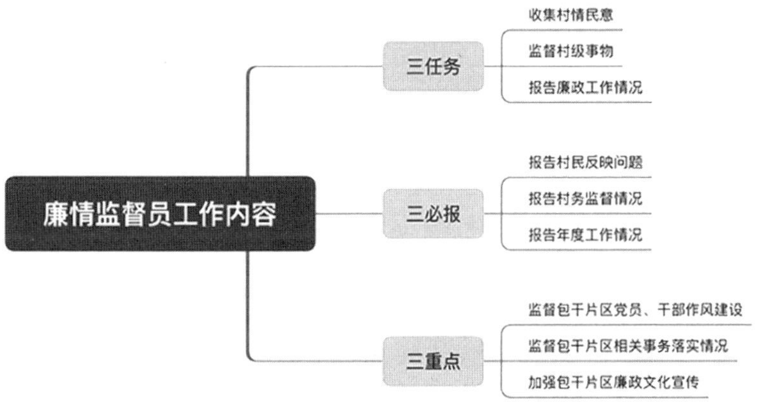

图 5-14　廉情监督员工作内容

安吉县在实验区创建过程中，不断深化和完善基层监督体系，通过扩大监督主体、创新公开载体等方式，消除了村民“不问政事”“少管闲事”及“等靠顺从”等消极观念，激发了村民权利意识与责任意识，引导其在民主监督中积极作为；通过拓宽监督领域以及创新监督机制等，建立了适合村民实行民主监督的软硬约束制度，加强了村民对党组织和村委会监督制约作用，切实保障了村民监督村级事务的权力，构建了不敢腐、不能腐、不想腐的机制体制。

第七节 共担养老责任：稳步推进社会化养老

据国家统计局公布，截至2018年底，中国60周岁及以上人口已达2.5亿，其中65岁及以上人口达到1.67亿，占总人口的11.9%。未来一段时期，中国的人口老龄化进程仍将加速，高龄、空巢和失能老人逐渐增多，养老问题成为我国日益突出的社会问题。为破解养老难题，国务院发布了《关于加快发展养老服务业的若干意见》，指出“养老服务要以政府为主导，发挥社会力量作用，加大政策支持和引导力度，激发各类服务主体活力”①。该文件为社会化养老的发展提供了正式的制度支撑，此后我国社会化养老逐渐兴起，在多元力量的协同作用中，积极应对人口老龄化的挑战。

为深入推进社会化养老模式，鼓励社会力量参与养老服务，安吉县制定了《安吉县人民政府关于加快发展养老服务业的实施意见》，力争全面建成以居家为基础、社区为依托、机构为支撑，功能完善、布局合理、规模适度、覆盖城乡的养老服务体系②。安吉县在社会化养老的实践探索中，结合各农村社区特色与养老服务需求，先后发展了村委会支撑的常规型养老、银龄互帮互助的自助型养老、村企联动的智慧型养老、以社会组织嵌入的购买服务型养老。基于老年群体、社会组织、企业等多元力量的积极参与，有效缓解了政府养老压力，社会化养老模式渐趋成熟。

一、村委助力，推进常规型养老

村民委员会作为村民进行自我管理、自我教育、自我服务的基层群众性自治组织，在农村社区公共事务治理中扮演着重要角色。因此，农村养老事业的推进也需要发挥村委会的支撑性作用。安吉县在探索社会化养老实践中，主要由各村的村民委员会按照村庄的实际情况，出资修建居家养老服务照料中心，并为老年人提供集中就餐、托养、健康、休闲和上门照护等服务。在村委会的引导下，农村养老服务设施普遍建立起来，使老年人生活的社区

---

① 周湘莲，刘英. 社会治理视域中我国养老主体多元化发展[J]. 理论视野，2016(5)：85-87.

② 安吉县人民政府关于加快发展养老服务业的实施意见[Z]. 安政发〔2014〕46号，2014-10-10.

环境显著提升，极大提高了老年群体的幸福感与获得感。

（一）居家养老，照料中心建设

居家养老是兼顾老年人家庭养老需求和社会化养老服务供给的理想模式。2014 年，为进一步推进社会养老服务体系建设，加快“本土养老”步伐，安吉县出台了《关于印发安吉县城乡社区居家养老服务照料中心建设实施方案的通知》，明确提出了城乡社区居家养老服务照料中心的建设标准与运行方式。此后，安吉县在社会化养老实践中，主要以居家养老服务照料中心为载体，积极引导政府、非营利组织、家庭成员及志愿者为老年群体提供多方面的服务，在多元力量协同作用中实现了养老事业的持续性发展。

以天子湖镇高禹村为例。该村为帮助老人安享晚年，于 2013 年推行夕阳安康工程，对支持村里工作的本地老人发放“老年奖”，70 周岁以上的分发 1000 元，90 周岁以上的分发 2000 元。此外，为满足老年人居家养老的需求，经村民代表大会一致通过，于 2013 年开始建造总建筑面积约 13000 平方米的村级养老公寓。老年公寓主体建筑分为三个区域：生活区、娱乐休闲区、托养服务区。生活区为两幢 7 层建筑，共有 89 个房间，可容纳 135 名老人。养老公寓主要服务于村里 60 周岁以上，且家中已经征迁、希望独立居住的老人。住在养老公寓的老人只需入住之前交 2 万元的押金，每月 150 元的物业费，若老人需要在养老公寓吃饭，再交 5—7 元/餐的伙食费，不涉及其他任何费用。

（二）助餐服务，老年食堂投入

农村社区由于青年劳动力的转移，许多年轻人留下父母外出打工，致使空巢老人现象日益严重。留守老人因行动不便，就餐成了最困难的问题。安吉县为解决高龄、孤寡、独居、空巢老人吃饭难问题，切实提升老年人生活品质，并兼顾其他居家养老的老年人用餐问题，在原有照料中心基础上建立了社区老年食堂，同时通过邻里助餐、委托餐饮企业送餐上门等形式，基本解决了 60% 农村社区老年人用餐问题。

以双一村为例，该村在村委会的组织引导下，建立了辐射村域范围的老年食堂。为维持老年食堂的正常运转、提升老年群体的生活品质，该村村委会雇用了专门的厨师为老年人提供一日两餐（午、晚餐）的餐饮服务，该村老人在村里老年食堂每餐用餐所需费用为 90 岁以上 3 元，80 岁以上 4 元，

70岁以上5元,60岁以上6元。老年食堂在实际运行中,根据老年群体的实际情况,形成了就餐、取餐、送餐三种服务模式。老年食堂运转同老年需求精准对接,饭菜保证品质、就餐方式灵活,极大丰富了“老有所养”的具体内容,提高了老年人生活品质。

二、“银龄互助”,实施自助型养老

社会化养老旨在调动社会多元力量参与,以多元协同作用提升养老服务供给效率。在多元养老服务供给者中,低龄健康老人通常发挥着重要作用。就目前农村社区的人口结构来说,低龄健康老人占有较大比例,这类群体具备一定的行动能力,且更易于与高龄老人建立起友好关系,因而是基本养老服务重要的供给者。安吉县在创新养老服务供给实践中,牢牢把握住农村社区的低龄健康老人,通过引导其参与养老服务供给,让其老有所为,在促进养老服务供给中提升其获得感与成就感,有效改善了低龄老年群体的精神面貌。

(一)低龄健康老人参与,以老助老

安吉县在推进本土养老中,组织引导各村建立老年志愿服务队,并进一步建立健全志愿服务制度,以规范村域内低龄健康老人参与养老服务行为。为进一步营造尊老敬老助老的社会氛围,各农村社区纷纷建立了“银龄互助”服务社,截至2014年底,该县基本实现村村全覆盖。县域内低龄健康老人向“银龄互助”服务社集聚,积极贡献自己的力量,形成“一对一”或“多对一”的结对帮扶形式,主要为困难老人提供安全看护、精神慰藉、生活照料等方面的居家养老服务,在扩大养老服务供给的同时也丰富了养老服务内容。

(二)老年协会深化服务,老有所乐

在开展“银龄互助”式养老实践中,安吉县还积极调动基层养老协会的参与,借助基层老年群众组织点多面广的优势,通过引导其规范发展,强化农村养老服务。2014年以来,各老年协会积极深入农村社区开展老年文化娱乐、体育健身等活动,让老年人足不出村就可以享受多彩生活。如上舍村成立的“竹叶龙”协会曾组织老年人去法国旅游;横山坞村老年门球队曾到中国台湾比赛,并赴韩国征战。同时,各协会积极组织开展老年教育,老年电大分校教学点村村全覆盖,2013年全县参加老年电大学习的老年学员达5万多人次。

三、村企联动，探索智慧型养老

企业在现代化发展中掌握着社会资本、先进技术方面的优势，能够对农村社会化养老的实现发挥重要作用。安吉县在引导企业参与社会化养老实践中，进一步发展了农村智慧型养老。2019 年 1 月 1 日，在安吉县民政局的支持下，余村与当地电信部门合作，创建了一个集智能家庭生活、居家养老服务功能于一体的“幸福驿站”，该平台以“互联网+”形式精准对接老年群体的养老服务需求，旨在为当地老年人提供多样化养老服务。

智能化餐饮。余村在发展智能餐饮方面，主要由村“两委”收集 8 个村小组 60 岁以上老年人信息，包括姓名、年龄、电话、家庭住址、子女电话等，将这些信息整理后提供给运营“幸福驿站”的电信公司，电信公司将其信息全部输入“幸福驿站”智能平台。为确保余村老年人舍得用餐，安吉县民政局采取了老年人用餐政府补助一部分，老人承担一部分的机制。具体标准为村中 60—70 岁的老年人预定 15 元的套餐，安吉县民政局将补助老年人 10 元，老年人自己承担 5 元，70 岁以上老年人则享受免费的订餐服务，让老年人舍得用餐，享受智慧化订餐服务。

智能化休闲。为满足老年人多样化的休闲需求，“幸福驿站”引进了娱乐型、养生型等多种休闲器械。在一楼大厅处，设置有音乐吧，老年人能够在这里听喜欢的音乐或与好友畅谈；在二楼设置有阳光厅、电视厅、余村 VR 展示厅及一些养生设备，如按摩椅、艾灸仪、无水式泡脚桶等。阳光大厅可供老年人看书、读报、晒太阳；电视厅便于老年人收看影视节目；余村 VR 展示厅通过 VR 一体机，让老年人享受足不出户观余村；按摩椅、艾灸仪、无水式泡脚桶等智能养生器械为老年人提供智慧化养生服务。为方便老年人无障碍地休闲娱乐，将“小爱”机器人与设备相连，取消了“幸福驿站”所有开关，老年人只需将需求告知“小爱”便能轻松使用智能化器械。

智能化医疗。余村“幸福驿站”为保障老年人的身体健康，采用“一个公众号+一块屏幕+一些健康检测仪+一个平台”的“四个一”模式为老年人身体健康保驾护航。一个公众号，即老年人信息公众号，“幸福驿站”将收集的老年人信息交由电信公司，电信公司为每位老年人设计专属的公众号，其中除了老年人的个人信息外，还包含有老年人身体健康信息。一块屏幕，即智能化检测屏幕,屏幕能够检测老年人的基本身体信息,老年人站在屏幕前扫一扫自己的专属二维码,屏幕就会显示老年人检测到的身体健康信息。一些健康检测仪,“幸福驿站”配备有血糖、血脂等检测仪,使老年人能够免费使用,自我检查身体血糖、血脂,充分了解身体状态。一个平台,即微医通平台,微医通平台通过智能设备链接了全国医生,链接了县中医院和人民医院两家最大的医院,以及县里部分药房,为老年人提供精准医疗服务。如老年人有身体不适,可通过微医通链接医生或专家进行免费诊断,在老年人知道自己的病情状况下,可通过微医通预约医生、专家进行付费治疗。

四、组织嵌入,发展购买型养老

党的十九大报告提出“坚持以人民为中心”的发展理念,强调要大力发展养老事业,提升养老服务质量,以破解养老难题。为此,各地立足地域实际积极探索,其中以购买服务的方式调动社会力量参与社区养老,成为解决社区养老不平衡不充分问题的有效途径。安吉县在推进政府购买养老服务中,以公开招投标的方式,将养老服务工作转交给社会组织。在发展购买型养老服务中,社会组织以需求为导向,从需求的精准定位、人力资源的优化配置到活动内容与形式的创新,再到最后服务效果的规范考核评估,形成了一整套参与社区养老的规范流程。

(一)资源整合,精准对接需求

为推动社会组织参与社区养老的全覆盖,政府以公开招投标的方式整合县域范围内的社会组织。经综合评估,最终由鱼鹰、新兴、乐享人生这三家具有潜力的社会组织共同承接辖区内的养老服务。三大社会组织在进入社区之初,一般会以茶话会、设立留言板的形式同当地老年人进行沟通交流,以良好的互动建立起志愿者与老年人的友好关系,以深入了解老年人需求。社会组织结合老年人需求,优化居家养老服务中的人员配置。与此同时,结合需求进行精准的活动策划,为老年人推出多样化、有针对性的社区活动。

(二)内容充实,创新活动形式

社会组织除了提供日常的上门服务与日间照料中心的管理,还积极送活动进社区,从内容到形式不断创新,不断丰富老年人的社区生活。一是办好常规活动,鱼鹰、新兴以及乐享人生三家社会组织坚持以老年人需求为导向，组织社工及志愿者进社区为老年人修剪手指甲、脚指甲，捶背按摩，打扫卫生，陪老人们谈心等。二是组织节日活动，春节期间安吉鱼鹰社会工作服务中心的社工为社区老人送去“笔墨凝书香、新春送万福”的活动，社区老年人纷纷拿起笔写起了“独家定制”的春联。三是办好休闲活动，如安吉鱼鹰社工组织的工作人员还在横溪坞村等养老服务中心组织社区老人举办了趣味运动会，老人们在参与小李飞镖、百步穿杨等运动中不断展示自我。四是开展专题讲座，2019 年 4 月 23 日，安吉县孝丰镇南台社区社会组织联合会开展“敬老从心开始，助老从我做起”活动，邀请了孝丰镇第三人民医院朱芸医生为社区的 20 位空巢老人科普了高血压的日常防护知识。

（三）考核评估，保证服务质量

采用第三方评估的方式强化对社会组织承接的社区养老服务进行考核监督，政府将养老服务项目经费分为两大板块，基本运行经费与项目奖励经费，政府前期预拨 70% 的运行经费给社会组织，到合同期满时政府委托老年协会对各村日间照料中心的运行状况进行考核，参照考核结果发放剩余经费。受第三方考核的监督约束，社会组织为确保日间照料中心的常态化、规范化、优质化运转，采用社会组织自主化运行管理的方式，招聘专门的管理人员负责日间照料中心的开关门，负责给老人烧水、打扫卫生等，确保老年人在照料中心能够得到优质的护理服务。

第八节　共护群众权益：权益分类保护的层级化实践

“从群众中来，到群众中去”是党始终倡导和坚持的群众路线。维护好群众权益、解决好群众合理合法的利益诉求是维护社会稳定的根本之道。随着社会主义现代化改革的深入推进，群众利益调整难度加大[①]。政府应更加深入群众，实地考察，精准发现群众需求所在，采取一系列维护群众权益的举措，使群众切实感受到权益受到高度重视、利益得到有效维护。

① 谢撼澜．提高维护群众合法权益的能力 消解群体性事件的官员作为［J］．人民论坛，2013（24）：62.

安吉实验区在创建之初,一定程度上存在着企业违规生产、损害消费者权益、损害军人与妇女权益、维权机制不畅等问题。为全力维护群众权益,增进人民福祉,安吉县政府联合安吉县民政局和市场监督管理局等相关部门,凝聚社会组织的力量,从“消费权益、退役军人权益、妇女权益、职工权益”四类权益维护着手,切实保护群众合法权益。

一、消费权益维护

创造和谐的社会生产与消费环境是保障消费者权益的重要途径。自2017年开始实施“放心消费在浙江”以来,安吉县市场监管局着力提升乡村消费环境安全度,在全省率先出台《美丽县域放心消费示范单位创建地方标准》,明确落实生产者、经营者责任,加强政府对示范区消费安全的监管。之后,该县又制定全国首个《放心消费示范村建设与管理规范》,提出加快推进消费环境建设、消费文化建设,引导村民树立正确的消费观,并将“依法经营、货真源清”等生产经营规范写入村规民约,使放心消费与规范生产相结合。从“消除潜在消费安全隐患、明确消费维权站点、创新消费监管模式、整治市场乱象”四方面着手,维护消费者合法权益。

消除潜在消费安全隐患。安吉县政府着力打造本地特色产业,把控生产源头,将可能损害消费者权益的问题消除在萌芽状态。这突出体现在对当地安吉白茶与永艺椅业的生产质量监管上。在安吉白茶的生产方面,县委书记多次走访生产白茶的乡镇(街道)、茶企车间,了解青叶检测、干茶生产、质量检测等各环节情况,排查隐患。反复强调品质管理是安吉白茶的生命线,提醒相关监管人员加大现场检查力度,对损害消费者合法权益的问题查深、查透、查实。在永艺椅业的生产方面,湖州市场监管局以永艺椅业为试点,设立行业首家椅业消费教育基地。该公司严格按照产品质量法、安全生产法等法律法规及领先国际的生产标准生产产品,从原材料、半成品到成品,严格把控各环节质量,有效做到预防在先。此外,公司建立了全员、全过程、全方位的质量安全责任体系,将质量安全责任落实到每一位员工,贯彻到每一个环节,融入每一项工作。公司全面履行质量担保、缺陷产品召回等法定义务,建有完备的顾客投诉处理和快速反应机制,确保客户诉求及时得到反馈,为同类特色产业的发展树立标杆。

此外，安吉县市场监管局在全县范围内开发、推广放心产品。该县最初的放心产品试点单位大多集中在商店、网店、餐饮、景区。近年来，市场监管局将村民广泛关注的药品、农场、影院等领域的经营主体列入放心产品的创建清单，着力打造“放心药店”“放心农场”“放心影院”。截至 2019 年 9 月，全县共建成各类放心产品生产单位 434 家，这些产品将尽可能从源头消除消费安全隐患，更高质量地满足放心消费的需求，提升消费满意度。

明确消费维权站点。安吉县市场监管局除在乡镇服务中心、社区(村)服务中心开设消费维权服务站点外，重点在 13 个 3A 级景区建设独立的消费维权站点，特别针对景区中的旅游购物点开展不定期检查，为游客提供全天候维权服务。其中，鲁家村家庭农场和灵峰旅游度假区的田园嘉乐比游乐园最为著名。鲁家村集中连片的 18 家家庭农场，是递铺街道极富地方特色的旅游景区，每年旅游季都会吸引大量观光游客。市场监管局在鲁家村游客集散中心设立消费维权点，负责检查景区内的经营场所是否存在违规标价、虚假宣传等情况，并处理游客对景区商户的投诉问题。递铺镇灵峰旅游度假区田园嘉乐比游乐园是长三角地区知名的生态休闲观光景区之一，融合果蔬采摘、亲子厨房、游船码头、拓展露营等二十多个游乐项目，深受亲子家庭的青睐。为保证家长和小朋友们玩得开心、玩得放心，市场监管局将景区消费维权站设立于园区中心显著位置，并在多个游客密集处设置维权分中心，划分责任区块，更于 2019 年“五一”小长假之际，安排 24 小时应急联动值班，及时发现问题，解决问题，切实保障消费市场与消费环境稳定，维护消费者合法权益。

创新消费监管模式。安吉县市场监管局运用现代科技，将“互联网+”技术融入放心消费工作，创新消费监管模式。这主要体现在放心消费二维码与厨房革命两项工作中。市场监管局为全县所有放心消费示范单位发放“放心消费扫一扫”二维码，并将这些二维码绘制成“放心消费地图”。消费者不仅可通过扫描地图上任意单位的二维码，查看该单位的生产环境、诚信经营承诺书、营业执照、许可证、价格表，还可通过扫描二维码进行快捷投诉，推进放心消费工作阳光化、便捷化、社会化。始于 2018 年 10 月的“厨房革命”，致力于运用可视厨房与智慧监管平台技术，实现对后厨和餐品食材电子化远程管控。消费者通过下载湖州厨房革命手机软件，在该软件中扫描店铺餐桌上的厨房革命二维码,可清晰看到餐厅后厨制作餐品的全过程,并了解餐品的食材来源地和采购日期等。这样让餐饮单位的后厨从“幕后走到前台”,完善第三方监督和社会公开评价机制,使消费者吃得更放心,同时提升相关部门对餐饮行业的监管整治效率。

整治市场乱象。安吉县市场监管局乱象整治的主要战场在保健品市场和旅游市场。2019 年 1 月以来,市监管局设立稽查大队、基层站所两大执法组,下设 17 个执法小组。将宣称具有预防或治疗效果的食品、保健品列为重点监察品种,将大中型社区、城乡接合部、乡镇、村居、老年人口集中地列为重点监察区域,将以免费体验、养生讲座、专家咨询等为促销手段的商家列为重点监察对象,对本县保健品销售商展开全面检查。行动开展一月之内便出动执法人员 300 余人次,检查保健品商户 68 家,开展行政指导、行政约谈 3 次,查处违法违规行为 6 起,有效净化了保健品市场。在旅游市场方面,安吉县旅委联合县交通局、公安局、市场监管局、综合行政执法局等部门,针对游客所反映的导游私自带队、强制购物及黑店、黑车等有损消费者权益现象,开展相应整治行动。由县旅委严查旅行团与带队导游的资格证书,重点打击不良旅行团强制游客消费的行为;由市场监管局严惩黑店,扫黑除恶;由交通局依法查扣黑车,将无运营资质的车辆依法暂时扣留,对司机采取教育或扣除驾驶证分数等惩罚措施。

二、退役军人权益维护

习近平总书记在 2019 年新年贺词中深情指出:“要关爱退役军人,他们为保家卫国作出了贡献。”退役军人权益维护的关键在于完善退役军人服务体系建设,提升保障效率,褒扬他们为党、国家和人民牺牲奉献的精神风范。积极贯彻落实退役军人的安置工作,一方面有利于保障军人退役后的生活质量,另一方面有利于促进国家稳定、经济繁荣、社会发展和提振军队士气。

安吉县为加快推进县、镇(街道)、村(社区)三级退役军人服务体系建设,在全面做好对退役军人的就业安置、权益保障、慰问接待等服务的同时,在现有服务站的基础上,于各机关部门设立退役军人服务点,就地服务退役军人。简化退役军人申请优待的程序,提升服务效率,保证服务质量。

为准确掌握本辖区退伍军人信息,更高效地对退伍军人进行帮扶与权益保障，县民政局分别在15个乡镇（街道）和209村（社区）建立信息采集点，同时在80个政府部门设立信息集中采集点，详细登记退役军人性别、年龄、家庭住址、家庭状况等信息，对60周岁以上重点优抚对象和老弱病残退役军人实施上门采集。

马家弄村于2019年8月设立退役军人关爱基金，一个月内就募集资金5000余元，当前，资金数额有成倍上涨的趋势。关爱基金一部分将直接用于帮扶本村部分特困退役军人，为困难退役军人家庭开展技能培训、贫困助学等项目；另一部分用于褒奖在国防建设、抢险救灾等方面有突出贡献的优秀退役军人。同时，县民政局通过多元化宣传渠道呼吁社会企业家、爱心人士踊跃捐款、奉献爱心，以自身行动向退役军人表达崇高敬意，帮助他们解决实际困难。

三、妇女权益维护

党的十八大以来，习近平总书记在论及妇女工作时，多次强调要坚决贯彻男女平等的基本国策，推动妇女进步与发展，更好地发挥妇女“半边天”的作用，并明确指出妇女工作的重点在基层，要求妇联组织认真研究现实生活的新变化和妇女工作的新特点①。为此，安吉县妇联紧随中央政策，下设办公室、组宣工作部、城乡妇女发展部、妇女儿童权益部、家庭教育指导中心，统筹全县各级妇联依法依章程开展妇女儿童工作，维护妇女儿童合法权益；宣传选树优秀妇女典型，培养、推荐女性人才；发挥妇女在社会和家庭生活中的独特作用，动员全县妇女群众在新时期经济社会建设中发挥积极作用。

组织特色活动。安吉县各乡镇（街道）妇联顺应时代发展趋势，大力开展具有中国特色的妇联组织活动，激发城乡妇女投身社会建设的积极性、主动性，提升个人价值，成就自身事业。如，县妇联与县社保局开展“2019年春季女性劳动力专场招聘会”，帮助全县剩余女性劳动力自主谋求职业。招聘会提供有缝纫工、检验工、文员、业务员、清洁工等多种岗位，极大满足不同年龄段、不同就业意愿的妇女需求。章村镇妇联组织“小家带大家，巾

---

① 郑吉伟，苏娜．论习近平对中国共产党妇女观的继承与发展［J］．宁夏大学学报（人文社会科学版），2019（4）：107.

帼在行动”专项活动,由各村妇联主任带领全村妇女参与乡镇“理、整、清”活动,在推进城镇人居环境改善中贡献妇女的力量。昌硕街道妇联开展“走好人生第一步”活动,为安吉县第四小学一年级新生举行“击鼓启智·点砂开蒙”的仪式,引导每一位小学生走好人生第一步。天子湖镇妇联开展“巾帼志愿服务联盟助力‘百日攻坚’”行动,吸纳全镇20个村的妇女,成立志愿服务联盟,严查河道、路边及庭院随意倾倒垃圾等污染环境的行为,并对违规人员进行劝导。

落实关爱行动。鄣吴镇女党委书记为落实平安家庭创建和女性关爱活动,多次带队慰问贫困女性并发放慰问金,同时入户详细宣传预防诈骗、女性维权、劳动法等知识,帮助提升妇女群众法律维权意识。章村镇女性老人在老年人口中占比不断加大,空巢老人和独居老人的现状愈发突出,镇妇联积极开展“幸福来敲门”活动,为近邻的老年女性们提供交流平台,促进邻居间情感交流,帮助消除独居老年女性的孤独感。杭垓镇妇联在中秋之际,组织巾帼志愿者开展中秋暖心行动,通过到敬老院为老人送中秋食品、帮助老人做好个人清理、到孤寡老人家中为老人做简单体检等形式,为孤寡老人、留守老人献上关爱。

协助设立维权站。安吉县妇联为提升妇女儿童维权工作效率,整合全县法律资源,动员县司法局和女律师成立律姐志愿服务团。服务团定期开设“律姐课堂”,进行普法宣传和法律咨询活动,全天候为妇女提供面询及日常电话咨询服务,并定时送法律课程进村进社区,多途径协助妇女维权。县法律服务中心也叫“妇女儿童维权工作站”,重点发挥女律师优势,为妇女儿童提供亲情化、专业化的维权服务。

梅溪镇妇联协助司法中心设立巾帼维权站,该工作站以“依法保障男女平等,维护妇女权益”为宗旨,有专业的工作人员与来访妇女交心谈心,为妇女提供各类心理疏导和法律援助,并严格保护来访者的隐私。对于一般的婚姻家庭问题,工作人员与来访者倾心交谈、妥善引导,对当事人进行婚姻家庭道德教育或法制教育。对于存在安全隐患的婚姻家庭、邻里纠纷等问题,工作人员会出面调解,及时化解矛盾。对于可能造成不良社会影响的重大、紧急事项,如:家庭暴力,虐待妇女、儿童等,工作人员会建议并协助当事人寻求司法等相关部门的帮助,采取措施,果断处理。此外,该站建有成熟的台账制度和信息反馈制度。对工作站每项活动的开展，每位来访者的诉求、事件处理过程、处理结果等做到记载清晰、档案管理规范。每个季度结束时，工作站会对当季接待处理的所有事件进行汇总并报上级妇联，以期加强综合分析，及时掌握民情民意，做好维权工作。

四、职工权益维护

工人阶级是全面建成小康社会、坚持和发展中国特色社会主义、实现中国梦的主力军。坚持和完善人民当家作主制度，发展社会主义民主政治需要全心全意依靠工人阶级，保障职工群众的知情权、参与权、表达权、监督权，维护职工合法权益[①]。为精准把握职工群众最关心、最直接、最现实的问题，满足职工合理诉求，安吉县递铺镇率先在全县设立职工维权帮扶点，帮助职工化解劳务纠纷、落实就业帮扶、解决生活难题。

化解劳务纠纷。2013 年初，安吉县递铺街道在 20 个村(社区)建立了职工维权帮扶点，帮助化解职工劳务纠纷，重点开展为职工讨要工资等工作。之后，在职工维权帮扶点基础上，2018 年 8 月底，安吉县 15 个乡镇(街道)都已建立“劳动纠纷多元化解中心”。至此，全县形成以县仲裁院标准化建设为中心，以递铺、孝丰、梅溪、天子湖四个乡镇的仲裁派出庭为支柱的劳动争议处理格局，在基层建立起化解劳务矛盾的“第一道防线”。

落实就业帮扶。职工维权帮扶点坚持就业是民生之本的工作理念，积极落实困难群体就业优先政策，为重点群体提供就业支持，对就业困难人员实行托底帮扶，在辖区内防止和纠正就业歧视，为职工营造公平的就业环境。首先，帮扶点工作人员依据不同失业人员的择业需求，充分考虑失业人员的年龄、学历、专长、家庭情况因素，为其寻找合适的工作。此外，帮扶点重点开展对困难群体就业的精准帮扶，联合民政、残联、社保等机构，统计并记录本辖区内的低保户、低保边缘户、残疾人家庭，分类进行精准帮扶。为促进群众就业，帮扶点在职能范围内合理增设乡镇(街道)、村(社区)的公益性岗位，协助政府推进众创空间、创业孵化基地等平台建设，创业带动就业、多渠道为失业人群创造就业创业条件。

---

① 中共中央关于坚持和完善中国特色社会主义制度 推进国家治理体系和治理能力现代化若干重大问题的决定[N]. 人民日报，2019-10-31.

解决生活难题。帮扶点深耕慈善事业,到职工家庭开展资助慰问、帮助职工照料居家老人、协助职工解决子女上学难等问题,切实把解决职工生活难题作为工作的重中之重。东滨社区的张先生在当地一家海绵厂上班,70多岁的父亲常年瘫痪在床,帮扶点的工作人员除经常上门给老人送慰问品和慰问金外,还将老人安顿到社区附近的养老院加以照顾。塘浦社区由于外来务工人员较多,务工人员子女上学难的问题较突出,社区帮扶点充分整合社区人脉关系,顺利将4名职工子女送进附近小学读书。

安吉县在农村社区治理过程中,以群众对美好生活的需求为目标,转变政府单一主导的社会管理模式,充分调动地方党委、政府、企业、社会组织和人民群众等主体共同参与社会事务治理的积极性,始终贯彻落实共建共治共享的社会治理制度,完善党委领导、政府负责、民主协商、社会协同、公众参与、法治保障、科技支撑的社会治理体系①。优化资源配置、创新多元协商机制、引进社会组织专业人才、发挥基层群众自治组织的作用,将治理权限与治理资源下放,保障人民群众在社会治理中的主体地位。安吉县通过积极探索垃圾分类、落实“门前三包”、治理畜禽污染、护山护水护林,践行“绿水青山就是金山银山”的理念,贯彻节约资源和保护环境的基本国策。针对城乡社区生产生活事务,定期召开“两山”议事会、村企联席议事会、乡贤参事会、乡风评议委员会会议,组建义务消防队、平安家园卫队、志愿服务队、乡村调解队,真正健全联系广泛、服务群众的群团工作体系。此外,该县不断强化人民群众的民主监督能力,创新互联网时代监督工作机制。通过成立民主监督理事会、村务监督小组,借助村庄报纸、电视、网络、微信平台等多渠道,将“三务”信息的公开面覆盖全县所有村(社区)。总体而言,安吉县创新农村社区治理的系列实践,让村民人人有机会参与共治生态环境、共护平安家园、共访民情实际、共商村庄发展、共倡乡风文明、共监村级事务、共担养老责任、共护群众权益。真正做到为了群众、相信群众、依靠群众、引领群众,深入群众、深入基层,增强政治性、先进性、群众性,把各自联系的群众紧紧团结在党的周围②,有效提升社会治理法治化、科学化、精细化水平,促进社会治理体系和治理能力现代化。

---

① 中共中央关于坚持和完善中国特色社会主义制度 推进国家治理体系和治理能力现代化若干重大问题的决定[N].人民日报,2019-10-31.

② 中共中央关于坚持和完善中国特色社会主义制度 推进国家治理体系和治理能力现代化若干重大问题的决定[N].人民日报,2019-10-31.

第六章　共享:成果转化与红利释放

作为共建、共治的最终归属,共享是在人人有责、人人尽责基础上进一步建设人人享有的社会治理共同体,打造共建、共治基础上的共享格局,最终实现全民共享、全面共享、共建共享、渐进共享。共享以满足群众日益增长的美好生活需求、推动人的全面发展为旨归,高度强调受益主体的广泛性、需求满足的过程性和服务类型的多样性。随着农村社区共建、共治工作的深入推进,引导治理共同体共享发展成果成为农村社区治理的重要内容,即通过引导经济、社会、生态等方面建设成果的多形态转化与治理红利的充分释放,不断满足居民对生态宜居、乡风文明、生活富裕的美好生活需要。

安吉县围绕共享发展理念,积极探索共建共治共享的社会治理格局,并将共享理念贯彻到农村社区建设与治理实践当中,形成了独具特色的安吉共享实践经验。实验区在建设"共建共治共享社会治理格局"中,重点从治理主体、治理规则等共建工作入手健全农村社区治理体系,从社会治安维护、矛盾纠纷调解、人居环境整治等共治工作入手丰富治理内容,这一系列工作实践均产生了良好的社会效应。在此基础上,实验区积极创新共享实践形式,推进共建、共治工作成果惠民。在贯彻"生态立县"发展战略中,实验区坚持从生态效益共享出发,积极推进农村社区基础设施共享、优秀文化共享,并进一步实现发展红利共享与发展经验共享,在引导农村居民共谋村庄发展、共治社会事务的实践中共享发展成果与改革红利,实现社会治理效益的最大化。

第一节　共享生态环境：环境筑基与生态富民

“生态兴则文明兴，生态衰则文明衰。”①生态与人类文明发展之间存在密切联系，准确把握生态文明的科学内涵与现实价值，有助于在新时期形成新的经济增长点，同时在改善人与自然关系中促进人与人之间关系的改善。当前，在经济社会快速发展的大背景下，人民日益增长的优美生态环境需要与生态产品供给不足的矛盾，是“发展不平衡不充分”问题在生态维度的重要体现。良好生态环境是最公平的公共产品和最普惠的民生福祉，因而让人民群众共享生态环境改善带来的多重效益，既是生态环境治理的题中应有之义，也是共享理念的内在要求。

20世纪80年代，安吉县的粗放式发展使地方经济获得一时进步，而依靠资源消耗带来的发展态势难以维持，资源短缺、环境污染等问题逐渐凸显。对此，实验区从“零点整治”行动入手，先后投入8400万元对74家污染企业进行强制治理，关闭了33家污染严重企业②。在经营乡村生态环境中进一步确立了“生态立县”的发展战略，以生态环境建设、人居环境整治为抓手，为县域经济、政治、文化、社会等方面的建设营造良好的发展空间。与此同时，实验区立足绿水青山向金山银山转换的基本思路，坚持走生态产业化的发展道路，通过大力发展乡村生态旅游、绿色家庭农场、生态茶园等新型产业，引导生态资源向发展效益转变，实现生态富民。

一、环境筑基与美丽家园

农村是城市的后花园，是望得见山、看得见水、留得住乡愁的重要载体和依托。党的十九大报告提出实施乡村振兴战略，其中建设生活环境整洁优美、生态系统稳定健康、人与自然和谐共生的生态宜居美丽乡村，则是实现乡村振兴的关键。生态宜居的美丽乡村是亿万农民美好生活的物质载体和精神归属，是留住乡愁、振兴乡村的重要支撑。安吉县在引导农村的现代

---

① 中共中央宣传部. 习近平总书记系列重要讲话读本［M］. 北京：学习出版社、人民出版社，2016：231.

② 任重. 社会生态学视阈下的安吉模式［M］. 北京：中国林业出版社，2013：9.

化发展中，较早选择了生态复兴的发展道路，在调动农民参与“千村整治、万村示范”等美丽乡村建设系列工程中，有效促进了乡村生态环境的保护与修复，促进了村容村貌的显著提升，而环境治理中形成的生态宜居美丽家园则成为村民共享的直接基础。

（一）生态景观修复

生态修复工程是中国美丽乡村和生态文明试点县建设的重要组成部分，是保护和建设安吉良好生态环境的现实需要。实验区在经历了经济发展与生态效益失衡所带来的水土流失、水资源污染等困境后，转向了绿色发展道路。2008 年，该县为加大县域生态环境的保护与修复力度，出台了《安吉县人民政府关于实施生态修复工程的意见》，强调以科学发展观为统领，坚持“生态优先、生产发展”的原则，重点修复县域矿山与茶园的生态环境，以促进农民增收，增强可持续发展能力，巩固生态县建设成果。实验区在科学规划、试点推进中，乡村生态环境稳步改善，自然生态系统功能和稳定性全面提升，生态产品供给能力进一步增强。

1. 矿区修复，再现生态优势

20 世纪 80 年代，安吉县为摆脱其交通条件落后、工业基础薄弱的发展困境，县委、县政府借鉴“工业强县”的发展经验，引进了一些发达地区淘汰转移的项目①。粗放的经营方式让安吉县经济快速发展的同时，经济效益与生态效益失衡的问题日益凸显，县域内空气污染、水土流失等问题加剧，以资源换发展的态势难以维持。为实现县域经济的可持续发展，实验区在探索中确立了“生态立县”的发展战略，配合县域美丽乡村建设，开展了系列生态修复工程。

以天荒坪镇余村为例。该村境内山水资源丰富，既有三面环山的山区特色，也有清澈见底的水库、河流。20 世纪 90 年代，余村在享受石灰石开采带来的红利的同时，也造成了对生态环境的严重破坏。随着“生态立县”概念的提出，余村采取了封山护水、关停全部矿山和水泥厂的措施。2006 年，村民一致决定用有限的集体资金修复水库，拆除河边所有违章建筑，实施了“康庄工程”“千库保安工程”。与此同时，为适应经济转型，还推行了

① 任重.社会生态学视阈下的安吉模式[M].北京：中国林业出版社，2013：9.

现代林业观光园区建设工程,即在矿坑旧址上建公园,在水泥厂旧址边修筑两山绿道,以此来打造余村旅游观光的重要景点。在强有力的封山护水行动中,余村的生态环境得到及时修复,近年来该村的自然资源、生态环境优势凸显,为绿色经济的发展营造了良好的发展空间。

2. 茶园修复,增强发展动能

生态茶园的建造与修复也是生态环境修复的重要内容。实验区为挖掘生态环境的经济价值,以茶园的生态建设为依托,按照“因地制宜、适地种树”的要求,在县域内对重要生态区位、生态功能急需恢复的茶园进行套种、补植,建设具有较好生态和经济效益的茶园,确保水土流失的有效控制、生态功能的快速恢复、县域生态质量的显著提升。对此,安吉县采用小范围试点的办法,探索茶园生态修复的有效途径。

2018 年,安吉县林业局为规范溪龙乡茶园生态修复工作,特别制定了《安吉县溪龙乡白茶小镇茶园景观生态修复设计方案》。在该方案的指导下,溪龙乡坚持从生态恢复的要求出发,在考虑乡土树种的同时兼顾季相景观,在茶园内种植了杨梅、香榧、山核桃等数种特色经济树种,既丰富了季相景观,又改善了茶园生态。此外,溪龙乡根据坡度、土质条件的差异,针对坡度 25 度以上、坡度 25 度以下和拔除茶苗后 3 种不同类型的茶园采取了均匀种植、作业道种植、团状种植等多种模式。随后,这一灵活、高效的生态修复办法被推广至其他乡镇,高质量、全域性的生态茶园逐渐发展起来,为实验区建设中国最美县域、创建全国文明城市和国家森林城市提供了坚实的生态保障。

(二)人居环境改善

生态宜居的美丽家园作为人民群众共享的基础,以乡村人居环境的综合治理为前提。乡村人居环境的优劣直接关系到村民的生产生活,关系到乡村地区的经济发展,更关系到“美丽乡村,美丽中国”梦的最终实现①。然而从目前乡村人居环境现状看,农村基础设施薄弱、人居环境脏乱差现象依然突出,极大限制了农村现代化的转型升级。

对此,实验区在推进生态修复工程的同时也积极推进村落人居环境整

① 冯红英. 乡村人居环境建设的国际经验与国内实践[J]. 世界农业,2016(1):149-153.

治，致力于打造生态宜居的绿色家园。自 2003 年起，安吉县在全国率先提出建设“美丽乡村”，将其作为新农村建设的总载体，通过生态建设完成村庄美、农业兴、农民富的“三农”目标。截至 2012 年底，安吉县完成了美丽乡村的首轮建设，共有 179 个村开展了美丽乡村建设，基本实现全覆盖。2015 年 5 月，安吉作为第一起草单位，发布了美丽乡村建设的国家标准——《美丽乡村建设指南》，就农村环境治理提出诸多规范标准。实验区经过十多年的努力，农村社区环境综合整治成效显著，成为实现人与自然和谐发展的中国最佳人居优选地，先后获得了中国人居环境奖与联合国人居奖。

1. 垃圾治理，绿色生活方式流行

长期以来，农村生活垃圾是制约农村人居环境改善和美丽乡村建设的一大“顽疾”①。在农村经济快速发展以及农民生活水平显著提升的背景下，农村生活垃圾的数量越来越多且种类复杂。然而，大部分农村地区的生活垃圾未能得到及时的妥善处理，不仅严重影响了农村的生态环境，同时也对人们的身体健康构成严重威胁。对此，实验区在推进美丽乡村建设过程中，高度重视生活垃圾的治理，并以垃圾分类工作为突破口，引导村民在广泛参与人居环境治理中树立绿色的生态文明观，养成绿色的生产、生活习惯。该县于 2013 年开始农村生活垃圾分类处理工作，经过几年的努力，2017 年实现全县农村生活垃圾分类处理全覆盖，并被国家住建部确定为首批“全国农村生活垃圾分类和资源化利用示范县”。

其中，天荒坪镇余村作为安吉县首批“中国美丽乡村”建设的试点村，结合美丽乡村和国家景区建设标准化要求，该村不断探索村庄垃圾治理的有效办法。该村不仅是最早的垃圾分类 7 个试点村之一，而且于 2016 年创新开展“垃圾不落地”试点，成效显著，并在省内外推广。该村按照“垃圾不暴露、转运不落地、沿途不渗漏、村容更整洁”的要求，实行“定点投放、定时收集”。近年来，余村积极开展垃圾分类工作，并引进了专业的物业公司负责村域范围内的保洁工作。每天早上村民们陆续拿着垃圾桶来到清运车，按照“可回收”“不可回收”“厨余垃圾”“有害垃圾”等不同属性进行倾倒。收集完毕后，清运车直接开到街道资源循环利用中心进行处理。在参与“垃圾不落地”行动

① 杨艺，宋晓维. 农村绿色治理能力建设研究——以农村生活垃圾处理为例[J]. 学习与探索，2016(8)：115-118.

中,绿色生活方式深入人心,村民对垃圾的不同属性有了明确的认识,环保意识得到显著提升,并逐渐养成了保护环境卫生的自觉。

2. 长效治水,家庭护水公约落地

院洁、岸绿、水清的村居环境建设离不开一定的制度规约。正式的制度文本可为个体行动提供规范指导,使其养成自觉参与的习惯,从而形成治理常态。在美丽乡村建设的导向下,实验区积极推进"五水共治"工作,借助修订村规民约的良好契机,将河道保洁、垃圾分类、村庄环境、"五水共治"等内容纳入村规民约,实现187个行政村生态民约全覆盖,引导村民积极参与水生态保护。与此同时,通过开展"护水公约进家庭""问水百村·共治污水"等活动,引导村民签订《家庭护水公约》,以正式的规章制度巩固治理实效,在县域内营造了全民治水、共享良好人居环境的良好氛围。

以上墅乡刘家塘村为例。该村范围内有2条溪河,大溪河道为主流河,全长1.6公里;村域内共有水库、水塘4个。水环境治理是该村生态环境治理的重点内容。刘家塘村为确保"五水共治"工作的可持续性与实践成果的长效性,以家庭为单位引导家庭成员积极参与制定了《上墅乡刘家塘村家庭护水公约》,公约以正式制度文本形式规范分片包干、家家参与的河道管理行动,引导家家重视减污节水、互助劝导、监督巡查,实现人人维护山青、岸绿、水净的村居环境,切实保障"五水共治"的工作成效。

二、生态富民与美丽经济

中国是一个历史悠久、富有小农传统的农业大国,农业在乡村经济发展中占据着重要作用。近年来,农产品结构失衡、要素配置不合理、资源环境压力大、农民收入持续增长乏力等问题突出,为适应农业农村的现代化发展,急需调整乡村经济结构,培育农业农村发展新动能。实验区在推进美丽乡村建设实践中,引导农村走出了一条绿色发展道路。通过生态环境的共享,引导优美生态环境优势向经济发展优势转化,持续创造绿色生态红利。目前,实验区在引导绿水青山向金山银山转化的行动中,集中发展了以乡村自然风景共享为内容的乡村生态旅游、以绿色农产品种植为内容的生态农业、以生态茶园多维带动为内容的白茶产业。实验区通过经营县域内良好的生态环境,引导乡村生态走产业化发展道路,在发展美丽经济实践中,激活生态环境的富民功能。

(一)乡村生态旅游繁荣

在经营乡村生态环境中,各村凭借区域内与农事相关的风土、风俗、风景等乡村风情,深入挖掘村庄在休闲、观光、学习等方面的功能,形成新型旅游业态,并以此作为美丽经济发展的重要内容。实验区较早开展了美丽乡村建设,成效显著,其突出的生态优势为乡村经济发展营造了良好的环境空间。以此为基础,该县积极推进美丽乡村建设与旅游、民宿、电商等产业的深度融合,促进旅游、民宿、餐饮、特产美食等产业发展壮大。在引导乡村生态环境资源向风景资源转化、乡村风景向资本转化的实践过程中,有效实现了美丽风景向美丽经济的转变。

余村在"两山"理念的指导下,转变经济发展方式,在生态文明建设取得显著成效的同时,进一步拓展生态经济的发展道路。2005 年,余村开始发展生态旅游经济,成立了余村农家乐服务中心,荷花山景区也开始了市场化运作。2011 年,余村以创建"浙江省农家乐特色村"为契机,对村域范围内的农家乐和休闲景区进行改造,以推动生态旅游经济的提档升级。余村通过特色景点打造以及在景点周边发展农家乐住宿、农家餐馆,形成了包含休闲观光、河道漂流、户外拓展、休闲会务、果蔬采摘、农事体验等内容的休闲旅游产业链。在旅游业的带动下,乡村服务业也随之快速成长,农民收入显著增加。2017 年,该村接待游客达 50 万人次,取得了良好的经济收益,村集体经济收入达 410 万元,村民人均可支配收入达 41378 元。

(二)家庭农场绿色经营

2013 年,中央农村工作会议提出,"要加快构建以农户家庭经营为基础、合作与联合为纽带、社会化服务为支撑的立体式、复合型现代农业经营体系"①。此后,家庭农场、农民合作社、农业龙头企业、社会化服务组织等新型农业经营主体不断发育成长,呈现出良好的发展态势。安吉县各农村社区在美丽乡村建设大背景下,也将生态、绿色发展理念融入农业发展,并积极引导美丽乡村建设与生态农业相融合,形成了以家庭农场为主要载体的生态农业产业业态。该县通过发展乡村生态农业,积极培育乡村美丽资

① 2014 年农业农村工作部署——中央农村工作会议纪要[A].《科学与现代化》2014 年第 1 期(总第 058 期)[C].中国科学院中国现代化研究中心,2014:4.

源,利用生态环境经济价值的充分释放,实现美丽经济的转型升级。

递铺街道鲁家村自2015年起,便成功申报成为全国首个家庭农场集聚区和示范区。在“打造家庭农场聚集区”理念的指导下,鲁家村坚持“村庄就是景区,农田就是景观,资源就是资本,农民就是股民”的理念,形成“公司+村+家庭农场”的发展模式,利用村域内4000多亩低丘缓坡,在小火车旅游沿线建立了18家家庭农场,通过在各农场发展特色、优质的农产品,诸如野山茶、蔬菜果园、绿化苗木、药材等,形成了“有农有牧,有景有致,有山有水,各具特色”的美丽乡村田园综合体。该村在村庄经营中,抓住了乡村生态环境这一重要载体,借助生态农业的发展推进了乡村生态环境资源的培育以及生态价值的充分利用,发展了休闲观光业,在生态环境共享实践中引导生态效益向经济效益转化,促进经济效益的提升。

(三)生态茶园多维带动

安吉县在经历了工业快速发展造成经济效益与生态效益失衡的困境后,立足“生态优先,绿色发展”的发展理念,决定依托县域内良好的生态资源禀赋发展白茶产业。20世纪80年代以来,安吉白茶经历了品种繁育、种植扩面、品牌推广和产业转型的深刻变革,实现了白茶产业标准化、绿色化发展。各乡村参照《安吉白茶生态茶园建设标准》,在适度规模经营中积极建设绿色、无公害白茶基地。据统计,全县已累计建成无公害农产品认证茶园6.4万亩,绿色(有机)认证茶园1.2万亩,14家企业通过良好农业规范认证,认证面积1万余亩。实验区以推广茶树种植的方式积极推进乡村生态环境的修复工作,在为美丽乡村建设营造良好发展空间的同时,也为美丽经济的发展创造了良好条件。

被誉为“中国白茶第一村”的黄杜村,以生态茶园修复为基础,大力发展白茶产业,在释放乡村生态效益的同时实现了美丽经济的增长。该村参照《安吉白茶生态茶园建设标准》,在村域内建设了1万余亩的生态茶园,并进一步发展了一批蕴含白茶之乡独特地域文化的白茶主题公园、白茶生态影视基地、白茶生态博物馆、白茶文化长廊、靓点工程和配套公共服务设施,成功举办过四届安吉白茶开采节。目前,该村已初步形成了集休闲观光、影视基地、度假养生等于一体的白茶文化休闲产业园。生态茶园的良性运转,为当地村民提供了充足的就业岗位。目前,该村所有农户均从事与白茶种植、生产和销售相关的工作，村民人均收入从20世纪90年代不足400元发展至农户家庭茶叶收入近40万元，真正实现了“一片叶子富了一方百姓”。

第二节　共享基础设施：多方共赢与多元效益

农村基础设施包括为农村各项事业的发展及农民生活的改善提供公共产品和公共服务的各种设施，作为农村公共产品的重要组成部分，农村基础设施涉及农村的经济、社会、文化的方方面面①。2018年中央一号文件指出，“推动农村基础设施提档升级，继续把基础设施建设重点放在农村，加快农村公路、供水、供气、环保、电网、物流、信息、广播电视等基础设施建设”②。农村基础设施作为产业兴旺的“先行资本”、生态宜居的“必备条件”以及农民生活富裕的“重要保障”，其建设的完善程度深刻影响着农村现代化发展。

2008年，安吉县开始了中国美丽乡村建设。在探索美丽乡村建设实践中，进一步制定了《美丽县域建设指南》，并就基础设施建设提出相应的规范标准。《美丽县域建设指南》提出，构建畅通便捷的道路框架，乡镇道路通达率、通畅率达到100%，全县干线公路绿化覆盖率达到100%，乡村公路绿化覆盖率达到90%以上；发展区域性供水设施，对大型集中厂站和主管网进行改扩建，城乡供水一体化保证率达到95%以上。实验区美丽乡村建设为农村社区基础设施建设提供了良好的契机，使得农村社区各类基础设施完善程度显著提升。该县在共享理念的指导下，不断创新基础设施的利用方式，使得基础设施的受益主体不断扩大，基础设施功能也不断向经济、文化等方面延伸。按照世界银行对基础设施的划分，安吉县的基础设施建设集中在农村经济基础设施和农村社会基础设施两个方面③。两类基础设

① 邹蕴涵. 我国农村基础设施建设现状及存在的主要问题[J]. 财经界，2018(2)：3-5.

② 中共中央 国务院关于实施乡村振兴战略的意见[N]. 人民日报，2018-02-05.

③ 世界银行把经济基础设施定义为“永久性的工程构筑、设施、设备和它们所提供的为居民所用和用于经济生产的服务”，此类基础设施包括这样几个方面：第一，公用事业：电力、电信、管道煤气、供水、卫生设施以及排污、固体废弃物收集与处理系统；第二，公共工程：道路、大坝和灌溉及排水渠道工程；第三，交通设施：铁路、城市交通、港口、水运和机场。并将经济基础设施以外的基础设施包括文化教育、医疗保健等方面的设施称为社会基础设施。

施既在多主体合作中建设起来,同时也在多主体共用中效益更加凸显。

一、多方共赢:经济基础设施共享

经济基础设施作为推动乡村经济发展的新的支点,其建设、运营与管理离不开多元主体的有机合作。在乡村现代化建设中,农村社区拥有人口、土地等基础性要素,地方政府在政策制定和资源分配等方面占据主导地位,企业拥有资本与运营管理经验方面的优势。农村集体经济的发展壮大,离不开政策、市场、资金以及其他要素的支持。因此,为实现经济基础设施效益的最大化,多元利益主体在综合权衡下选择了共同生产、管理乡村经济基础设施,充分发挥各自优势,以推进发展成果共享的实现。

(一)素质拓展中心共享

山川乡大里村于1984年建村后,主要以发展毛竹加工制造业为主,环境污染严重。对此,大里村转变发展思路,从环境整治入手,确立了打造“长三角的户外天堂”的发展目标。目前,大里村发展起来的素质拓展基地是湖州市首个以村集体为投资者和经营者的综合实践中心。该村在共享理念的指导下,坚持“走出去”战略,为企业、单位教育、训练、团建等活动的开展提供场地,以基础设施的共享推进乡村旅游业的发展,增强经济基础设施的效益实现。

1. 集体投资经营,激活发展要素

大里村在经历了20世纪80年代粗放式发展后,村里的生态环境遭到严重破坏。随着“中国美丽乡村”建设战略目标的提出,大里乡也积极从基础设施建设入手,以改善村民生活环境。大里村受制于有限的建设资金,在基层党组织的引导下,以集体入股的方式筹集资金,引导村民共同参与乡村建设。同时以招商引资的方式,引入12个休闲旅游项目,为乡村经济基础设施建设带来良好契机。在村集体努力以及项目的拉动作用下,快速实现了资金、土地、人员等要素的集聚,进而推动了乡村旅游业的发展。

2. 丰富活动内容,拓展基地功能

大里村在经济基础设施建设中,坚持多样化的发展方式,以适应不同活动主题。素质拓展基地在坚持加强学生素质训练的同时还拓展了基地团队建设、休闲体验等功能。该基地设有不同的主题活动馆、多功能教学楼等,教学楼内有实训室15间，还设有人防教育中心、户外拓展训练中心、射击射箭场、农林渔体验区。此外，12个休闲项目的入驻，更丰富了游客的活动内容。大里乡多样化的旅游项目以及深刻的乡野体验，吸引了大批游客，推动了基础设施在共享过程中实现经济效益的增加。

3. 多方互利互惠，共享发展成果

立足多方参与的共建共治，大里乡经济基础设施在共用中创造的收益积极向参与主体辐射，以确保多元主体共享发展成果。大里村拓展基地在其实际运营中体现为：村集体作为投资者与经营者，基地的运转每年可为村集体增加近200万元的收入，农民人均收入从2013年的1.9万元增加到2018年的3.7万元。伴随着集体经济的壮大，村集体的凝聚力显著增强；与此同时，休闲项目的引进也为村里创造了近400个就业岗位，吸引了大批青年返乡创业，人口外流现象有所缓解；村民作为素质拓展基地的建设者与维护者，从美好家园环境的共享到经济收益的共享，其幸福感、获得感显著提升；外来游客是基地的直接体验者，在共享大里乡优美环境的同时，参与特定主题的活动训练，以习得某方面的专业知识和技能。

(二) 青年创业平台共享

安吉县在坚持绿水青山向金山银山转化的发展道路的同时，通过不断创新增强发展动力。实验区以“大众创业、万众创新”为契机，积极推动青年人才返乡创业，通过发挥政策、科技和人才的引领示范作用，推进美丽乡村建设。为营造良好的创新创业氛围，各农村社区积极探索，发展了青年创业平台。以天荒坪镇余村为例。该村为拓宽经济发展道路，除了建设荷花漂流等旅游设施以发展乡村经济外，还在村“两委”的努力下建设了荷院青年创业平台，并于2018年5月投入运营。该平台作为一个公益创意店铺，主要用于产品推介、休闲娱乐。

荷院青年创业平台是多方共建、互利共赢的重要实践载体。平台场地由村委会提供，同时也由村委会雇用专门的人员进行管理；平台所销售的产品均由村民提供，主要是竹笋、豆干、白茶等安吉特产以及竹工艺制品；平台收益的3%用于发展余村的养老服务事业。此外，该平台还是余村的一个公共服务点，村民可在此休息，享用免费凉茶。青年创业平台在共享理念的指导下，以平台的多方共建推进收益的共享。在作为游客的观光点、休息区的同时,也是村民特色产品的重要推介平台,更是为老年公益服务筹集资金的重要窗口。由此,青年创业平台在多方共用中,其经济功能与社会功能得到充分发挥,是共建共享的典型。

二、多元效益:社会基础设施共享

农村社会基础设施主要指有益于社会事业发展的基础设施,包括农村教育、卫生、文化等设施,如老年活动中心、文化礼堂、电影院等。农村社会基础设施是社会服务水平提升的重要基础,完善、丰富的社会基础设施建设,可有效提高居民的生活水平,改善居民生活质量,增强居民的幸福感、获得感与归属感。因此,在推进社会主义新农村建设中,社会类基础设施建设通常成为乡村建设工作的重点。社会基础设施旨在发展乡村社会服务事业,而在基础设施投入实际使用过程中,则会形成某种程度上群体的集聚,由此促进了公共空间的生成。对于基础设施空间集聚效应的把握,可进一步拓展基础设施的服务功能,实现基础设施利用效率的最大化。

(一)养老照料中心规范运转,服务内容丰富完善

为完善社会养老服务体系,推进本土养老工作,安吉县人民政府出台了《关于印发安吉县城乡社区居家养老服务照料中心建设实施方案的通知》(安政办函〔2014〕29号),以指导城乡社区积极建设居家养老服务照料中心。该县城乡社区依托建成的养老服务照料中心,不断拓展照料中心的服务内容,从而为各村老年群体提供集休闲娱乐、医疗服务、文化宣传等为一体的养老服务平台。照料中心从中心养老设施建设、服务内容丰富、服务能力提升等方面着手,在服务设施的共享实践中,促进“老有所养、老有所依、老有所乐、老有所安”发展目标的实现。

以杭垓镇唐舍村为例。据统计,该村60岁以上的老人近500人,老龄化问题突出。2008年,唐舍村在县级美丽乡村精品村创建工作中,围绕综合服务中心大楼、老年人安置点规划、数字电视普及、中心广场建设等内容重点推进基础设施建设。其中,居家中心楼建设为精品示范村创建工作的重要内容,于2008年底建成并投入使用。居家中心楼首先关注“老有所养”,其2、3层用于居住,共42个标准间,可容纳80余人,主要接收村内生活较困难的老人。中心楼1楼则按“老有所乐”的要求,设立了老年活动中

心,用作村里老人休闲娱乐的重要场所。活动中心内设有棋牌室、书画室、电教室、会议室等8个功能齐全的活动室,以满足老年群体的多样化需求,极大丰富了老年人的晚年生活。与此同时,活动中心进一步拓展其服务功能,在"老有所乐"的基础上发展"老有所医",中心与安吉县几家医院合作,定期为老年人体检,及时了解老年人的身体状况并提供针对性的建议。活动中心还承担着文化宣传、专项老年活动开展等任务,在村委会、老年群体、社会组织等多方共建共管下,活动中心的实际效用得到充分发挥,其养老服务水平有了显著提升。

实验区针对养老服务,除了加强各农村社区养老照料中心建设,还不断创新智慧型养老。2019年1月1日,中国电信与余村村委会合作成立了全国首个集智能家庭生活、居家养老服务等功能于一体的幸福驿站。驿站内设有休闲活动室、健康体检室等,主要为老年人提供休闲、娱乐、医疗、用餐等方面的服务。驿站在实际运转中作为一个中转平台,利用先进的信息技术与多家企业链接,以此来满足老年人多样化需求。如平台链接相关医疗单位,老年人通过微医通可直接预约医生,进行视频诊断。驿站在运转过程中除服务老年人外,还积极拓展社会功能,进一步发挥智慧平台的实时监测功能,如对空气环境指数、烟感等方面的检测,逐步实现乡村的智能化发展。新技术在养老事业中的广泛应用,有助于为老年群体提供更加便捷、专业、高效的服务,满足老年群体的多样化需求。

(二)助力孵化平台建设,社会组织快速成长

2013年,安吉县成立了专门为社会组织提供全方位服务的机构——社会组织服务中心,主要从事非营利性社会服务活动。社会组织服务中心本着助力社会创新,培育公益组织的宗旨,内设孵化区、展示体验区、创意交流区等一系列功能区,主要为辖区内社会组织提供孵化培育、能力建设、信息交流、成果展示、政策咨询、项目指导等一站式便捷服务,着力培育和扶持社会急需、有发展潜力和行业影响力的社会组织,并重点定位于推动萌芽型、创业型、枢纽型三类公益性社会组织的发展。

社会组织服务中心重点从场地共享与信息共享入手,积极引导民间组织入驻基地,为组织发展营造良好的社会环境。首先是场地设备共享。目前,安吉县社会工作协会、安吉新兴社会工作服务中心、安吉晨光公益志愿

者协会、安吉县鱼鹰社会工作服务中心等6家社会组织已签约进驻孵化基地。入驻的社会组织可共享孵化基地的办公场地及设备，为社会组织解决了无处办公的问题。其次是信息资源共享。及时向社会组织发布有关政策法规、企业社会责任动态、基金会资助信息、公益大赛消息等内容。最后是社会联系共享。入驻的社会组织可依托孵化基地与政府相关部门、社区、高校、基金会、企业等群体建立联系，进而获取一定的社会支持，以解决社会组织造血功能较弱的困境。

(三)污水处理终端投入使用，村容村貌显著提升

安吉县在开展“千村整治，万村示范”系列工程中，重点推进农村社区环境的综合整治，从生活污水处理设施建设入手，探索出了人工湿地污水处理、太阳能污水处理、净化槽污水处理等十余种污水治理模式。该县自2003年开始治理农村生活污水，到2016年年底基本实现了农村污水生态化治理设施全覆盖。全县已建成农村生活污水处理设施3600处，受益农户3.011万户，受益率超过75%。县域水环境得到改善，省控断面水质全部达到三类以上，出境水交接断面水质达标率为100%。

以杭垓镇唐舍村为例。2014年，该村将村域内的6个自然村划分为两个片区，开始了生活污水处理工程建设，以推进精品示范村创建。该污水处理终端于2016年建成，主要对农户家庭的生活污水进行集中处理，目前村里污水处理终端共有2处，污水处理量为30立方米/天，受益户数109户，服务人口约440人。建成后的污水处理终端服务全村村民，并通过管道连接农户，农户家庭的生活污水通过管道达到处理终端，经系统处理达标后再排放，实现从源头上治理水污染问题，有效改善了农村的村容村貌。

(四)祠堂集聚效应增强，村民公共活动空间提升

祠堂原本是人们祭祀祖先、讨论宗族事务的场所，见证了地方历史和人文的发展。新时代，祠堂作为群众公共活动空间的这一传统功能得以延续，同时，作为农村社区社会服务发展的重要基础设施，在共享实践中服务于广大群众。安吉县在农村社区建设过程中，高度重视祠堂的保护和利用，通过将祠堂改造为村民的文化活动中心，赋予了祠堂新的作用和内涵。基于祠堂多途径共用，其空间集聚效应显著增强，祠堂逐渐发展成为群众摆酒设宴、电影放映、文化传承与保护、社会教育等活动开展的重要场所，村民在共

用祠堂、共参活动中，精神文化需求得到极大满足。

以昌硕街道双一村为例。该村的朱氏宗祠作为朱氏宗族的象征性建筑，主要用于祭祀祖先与开展宗族活动。宗祠中年代最久的建筑已有300余年，后经两次修缮，于2014年正式开放。新时期，为提高祠堂的利用效率，浙江省推出将农村文化嵌入祠堂内部的实践形式，因而双一村朱氏祠堂在发展中也被改造为文化礼堂，并逐渐发展成为村民的重要精神家园。一方面，祠堂作为文化传承的载体，陈列了诸多关于朱氏宗族发展的记载，为村民“寻根”提供了重要的线索。另一方面，祠堂积极对外开放，是村民开展公共活动的重要场所与重要的游览观光景点，其空间集聚作用得到发挥。祠堂先后举办了各种形式多样、为群众喜闻乐见的教育、培训、文化等活动。如2019年1月，祠堂内成功举办了“温暖全家福摄影惠民”活动，安吉摄影家协会的志愿者们为村民写春联送福字，拍全家福，以服务促进村民集聚，提高了村民的参与度。祠堂在载体构建与公共活动举办的过程中，公共空间价值得以延续，有效促进了村民集聚，提升了村民的认同感与归属感。

（五）农家书屋全域覆盖，对接群众精神文化需求

安吉县为配合中国美丽乡村建设，进一步推出了“书香飘竹乡”计划，即通过在美丽乡村示范带中心村规划建设一批“农家书屋”示范点，提供相应的报纸、杂志、电子音像制品等资料，带动广大农民开展读书活动，以满足广大基层群众多层次多方面的精神文化需求。该县将“农家书屋”建设作为发展完善基础设施、提升公共服务的重要内容，以设施、书籍的共用共享，深入推进文化惠民工程。到2012年底，该县在“统一配送，相互流通，不断添置，定期更新”行动中，基本实现了村级“农家书屋”全覆盖。

以天子湖镇高禹村为例。2012年，高禹村建成了省内一流的村级农民文化中心以及全省最大的村级图书馆，为群众提供了一个专门的文化阵地。该村依托已发展起来的图书馆，在馆内设立了村级“农家书屋”，方便群众来此学习交流，丰富群众的精神文化生活。“农家书屋”采用开放式的管理方式，在使用中摒弃了传统借书、看书观念，进一步提出“一屋多用”的理念。借助“农家书屋”与图书馆一体的优势，学生们常利用周末及寒暑假时间在书屋内开展教学、培训、辅导等活动，使得该村“农家书屋”的利用率得到显著提升。

第三节　共享文化发展：组合呈现与交流互动

文化是一个国家、一个民族的灵魂。文化兴国运兴，文化强民族强。习近平总书记在2014年文艺工作座谈会上指出，“满足人民日益增长的精神文化需求，必须抓好文化建设，增加社会的精神文化财富”①。为推进文化的繁荣发展，需要调动多元主体参与文化建设，建设同经济发展相适应的先进文化。共享发展理念，除了物质财富的共享，更强调精神财富的共享，即文化共享。文化共享的实质是以共享促发展，形成人人参与、人人尽力、人人享有的文化发展形态，在文化资源共享中实现优秀传统文化的创造性转化、创新性发展。

中国美丽乡村建设包含着文化发展的要求。近年来，安吉县把发展文化产业作为参与县域竞争，推动产业结构调整、升级的重要抓手，先后出台了《安吉县加快文化创意产业发展三十条政策》《安吉县关于发展文化创意产业的实施意见》等相关政策，推动了县域文化的繁荣发展。当前，在社区治理实验区创建实践中，安吉县贯彻共建共治共享的治理理念，通过搭建文化共享平台，推进文化惠民。一是充分发挥载体平台的共享功能，引导居民记住乡愁；二是积极开展文化下乡活动，引导居民感受文化的多样性，增强文化自信。实验区创造性地从文化成果共享层面出发，在丰富居民精神文化生活、提升社区居民文化获得感的同时，更赋予了乡土文化新的活力。

一、组合呈现，搭建文化共享平台

乡村是传统文化的原生地、乡土文化的集聚地，农村社区治理实践中对乡村文化的挖掘则是在塑形的基础上铸魂，建设有灵魂的社区。传统乡土文化散见于乡村的传统建筑、文化艺术、风俗习惯等形式中，使得居民对其整体性认识不足。加之现代文明的冲击，人口向城市的集聚，传统村落出现衰落，传统乡土文化也在这一过程中逐渐脱离其赖以生存的乡村环境，成为远离农村生产生活场景与文化场域的文化形态。在实现乡村文化振兴过程

---

① 中共中央文献研究室. 十八大以来重要文献选编(中)[M]. 北京：中央文献出版社，2016：127.

中，主要采用以共享促发展的办法，在各农村社区积极搭建文化馆、文化站、文化礼堂等平台，以此作为乡土文化组合呈现的重要载体，作为居民共享活动开展的重要场所。

（一）文化礼堂与公共空间构建

随着生活水平的不断提高，农民对精神文化生活的需求显著增加。对此，安吉县从 2013 年开始农村文化礼堂建设工作，打造农民精神家园，目前已建成 106 家。礼堂在建设中参照有展示、有内容、有活动、有组织、有队伍，集学教型、礼仪型、娱乐型于一体的“五有三型”基本标准，在礼堂内设图书馆、舞蹈厅、音乐厅、健身室、书画室、展览室、电影院等，以丰富农民的文化生活。礼堂在实践运用中逐渐发展成为“村庄大客厅”，即文化礼堂不仅限于文娱活动，还可举办讲座、送书、培训等活动。文化礼堂内多样化活动的开展，吸引了大量村民来此休闲、娱乐、学习等，礼堂的空间集聚作用显著增强，并逐渐发展成为村民公共活动的新空间。

以溪龙村为例。该村是溪龙乡的政治、经济、文化中心及安吉白茶的原产地，11 省道穿村而过，境内有上马坎旧石器遗址、横山寺、凉亭岗等多处历史古迹。溪龙村在推进乡村产业发展的同时，积极发展乡村文化事业，并于 2016 年建成文化礼堂，作为村民文化活动开展的重要场所。礼堂内展示厅设有村史村情、崇德尚贤、乡风民俗、美好家园等板块，还拥有标准化图书室，陈列各种书籍杂志 12000 多册。建成的现代化数字影院 300 余平方米，可容纳 160 余人，拥有乒乓球室、台球室、书画角、电子阅览区、道德讲堂等多个功能区块。礼堂内还设有浙江旧石器文化遗址考古第一点——上马坎遗址展示馆。溪龙村以文化礼堂为载体平台，积极推进乡村精神家园建设，先后开展了溪龙村晚、白茶种植专题讲座、习总书记重要指示传达学习会等活动。

（二）文化场馆与特色文化汇集

文化发展需要借助一定的平台。安吉县在建设农村社区的本土文化过程中，强调积极挖掘各村的文化特色，进一步建立汇集乡村文化特色的平台——乡村文化馆。文化馆的设立旨在强化农村公共文化服务体系发展的硬件支撑，丰富社会主义新农村乡风文明建设的物质基础。作为本土文化的集中展厅，文化馆汇集了村域内的文化遗产以及村庄发展的历史资料，是本土文化组合呈现的重要平台。文化馆对村中文物、故事、图片等的集中展示与规范管理,既是其履行传承本土文化职能的具体体现,同时也为村民认识本土文化提供了完整的历史资料。

以天子湖镇高禹村为例。2007年,由三个村合并的高禹村人口多、村域广,但是面临着经济底子薄、人心不齐等问题,是安吉县的“北大荒”。对此,高禹村以移民文化作为发展的切入点,建设了移民文化博物馆,场馆内重点介绍了村域内的移民构成以及不同地区移民的文化习惯。移民文化博物馆在文化寻根过程中,从高禹村拓展到安吉县范围内的移民发展情况,记载了安吉县历史移民的来源以及在安吉县内的分布规律。场馆内还陈列了移民的耕作工具、服饰等文物,详细保留了安吉县移民的历史记忆。移民文化博物馆作为移民文化的汇集地,在规范管理中实现文化惠民,提升村民的文化获得感与归属感。

此外,位于安吉县西部的唐舍村因其地理坏境古时就是雄关险道,曾名“唐舍关”。关隘又称关卡,是中国古代构筑有关城墙等防御设施并有军队常驻守卫的隘口,主要用于抵御外敌。随着武器的发展,关隘在战争中的作用逐渐降低,清代以后,关隘被新的筑城形式所取代,“唐舍关”也就成为历史遗迹。关隘同长城一样,承载着厚重的历史和文化。唐舍村在文化寻根中,发现唐舍关的历史作用,将其作为该村的特色文化与历史印记,建立了古代关隘文化展示馆。展示馆从关隘文化出发,详细介绍了我国的十大名关遗迹及安吉县内的主要关隘,采用文字与图片相结合的方式,传递关隘文化。村民透过关隘文化,可深刻认识本村的历史发展,增强文化认同感。

(三)文明实践站与新思想宣传

2018年7月,中央全面深化改革委员会第三次会议审议通过了《关于建设新时代文明实践中心试点工作的指导意见》,该指导意见旨在推进新时代文明实践中心的建设,贯彻落实习近平新时代中国特色社会主义思想和十九大精神、推动基层思想文化宣传。安吉县作为新时代文明实践中心试点之一,先后在村一级建立了新时代文明实践站,在整合人员队伍、资金资源、平台载体、项目活动的基础上,主要面向广大群众开展理论宣讲和主题教育,开展志愿服务与“三下乡”活动。文明实践站实践功能突出、“一站多用”,逐渐发展成为融合思想引领、道德教化、文化传承、志愿服务等多种功能于一体的基层综合平台。

以孝丰镇潴口溪村为例。该村在中国美丽乡村创建中积极推进村民的精神文化建设,建设村民的精神家园。该村在创新习近平新时代中国特色社会主义思想学习实践中,于2018年12月成立了新时代文明实践站,并将其作为面向广大村民开展理论宣讲、主题教育、文明文化宣传的主阵地。文明实践站坚持“为民所建、为民所用”的原则,充分发挥其阵地作用、聚力作用、辐射作用,利用现有场所开展了如弘扬好家风宣讲、安全教育讲座、新春送书画下乡等丰富多彩的文明实践活动,以实际行动推进社区文明建设,使其成为辖区思想建设的主阵地、文化建设的主战场、文明传播的主渠道,从而打通社区宣传群众、教育群众、关心群众、服务群众的“最后一公里”。

二、交流互动,推进文化共享活动

为推进文化惠民工程,各农村社区积极创新文化共享实践,在构建文化共享新阵地的同时,大力推广文化共享活动。从2008年开始,安吉县以“送文化、种文化、育文化、扬文化”的活动形式,在各农村社区广泛开展流动文化服务工程、送戏下乡工程。流动式文化共享实践突破了传统文化的地域阻隔,对实现城乡间公共文化服务的均等化具有积极作用。基于地区间文化的交流互动,各农村社区在共享其他地区优秀文化资源的同时,积极发展本地区文化,在品牌化发展中逐步引导其开展内外交流,在内外互动中促进了文化的繁荣发展,从增量上实现文化惠民。

(一)送文化:先进文化进村

文化惠民是党和政府执政为民理念在文化事业上的具体呈现。开展送文化下乡旨在落实政府的民生工作,保障人民的基本文化权益,让基层群众共享文化发展成果。实验区为推进美丽乡村建设工作,自2008年起实施“一创三送”(即创示范,送戏送书送电影下乡)工程,以引导城市优秀文化资源进村,推进城乡一体化发展:一是加快农村文化设施建设,用4年时间,新建县级文化示范村30个,村级图书室100个,每个行政村组建农民文艺团队1支以上;二是深化文化“三下乡”,广泛开展送戏送书送电影下乡活动,每年进村开展各类文艺演出100场以上,放映电影2700场以上,争取每月每村放映1场,进一步满足农民看戏看书看电影的需求。

成立于2005年的安吉老年大学艺术团,最初是为了锻炼身体、丰富老年群体的业余生活。随着美丽乡村建设的推进,老年大学艺术团凭借其文娱活动的丰富性与组织性,逐渐发展成为文化下乡的主要承接者。艺术团集中在农闲或节日,如庙会、元旦或春节前后,为农村社区送去越剧、京剧、舞蹈、快板、小品等艺术表演,极大丰富了居民的精神文化生活。从2008年开始,艺术团平均每年开展送戏下乡活动60余次。在艺术团的努力下进一步扩大了文化发展成果的覆盖范围,引导文化在交流互动中实现可持续发展。

(二)扬文化:特色文化出村

文化在交流中传播,流动的文化更易于吸收借鉴其他文化的长处,不断补充自身的不足,实现文化的长效发展。2011年3月,浙江省“文化走亲”启动仪式后,安吉县以县域非物质文化遗产成果为载体,鼓励各农村社区立足于本村的特色文化参与村际、镇际、县际等文化交流活动,形成多层次、多类别、多样化的基层文化活动新格局。各农村社区立足于本土特色文化,通过互相“走访”的形式,加强“亲友”之间的沟通,在区域间开放式文化交流中实现文化的“相熟”“相助”“相融”“相亲”,在满足群众的多层次文化需求的同时共促文化繁荣。

老年大学艺术团在文化传播中,既是城市优秀文化资源进乡村的引导者,同时也是农村特色文化“走出去”的推动者。艺术团在发展新时代大众文化的同时,在文化下乡实践中积极吸取农村社区的特色文化,继承与发展乡土特色文化,并将其作为对外文化交流的重要内容。在配合安吉县“文化走亲”活动中,艺术团多次去德清、长兴等地进行交流演出,以推广安吉特色乡土文化,拓展文化成果的共享范围。

第四节　共享发展红利:经济红利与社会福利

习近平在党的十八届五中全会上指出:“坚持共享发展,必须坚持发展为了人民、发展依靠人民、发展成果由人民共享,作出更有效的制度安排,使全体人民在共建共享发展中有更多获得感,增强发展动力,增进人民团结,朝着共同富裕方向稳步前进。”[①]共享的实质是将发展红利反哺给民众,激发民众发展热情,以此来推进共建共治工作,进而创造更多的发展红利。因而,发展红利的共享,是共建共治工作持续性发展的重要保障,通过共享发展红利,深化共建共治工作实践。

安吉县在推进农业农村现代化发展中,以美丽乡村建设为契机,基于环境质量的改善进一步探索乡村经营的实践形式。县域内各村结合村庄的优势资源,在科学规划的引导下,乡村生态农业、生态旅游业快速发展起来,村庄的自我造血功能显著增强。而乡村经济的发展离不开村民的支持与参与,因此乡村经济发展成果应当由村民共享。安吉县在共享理念的指导下,除了以直接的经济收益方式将发展成果与村民共享,还创造性地将经济红利进一步转化为社会福利,以社会公共产品和服务供给的形式来实现红利的共享,激发村民的发展动力、凝聚发展力量,实现乡村经济的长效发展。

一、创新经济发展方式,共享经济红利

现代经济发展更加强调多元主体的合作经营。按照共建共治共享的发展理念,多元主体作为经济发展的主要建设者与治理者,理当是经济发展成果的直接受益者。经济发展成果的共享实践形式,直接体现为在合理的利益分配机制的调节下多元主体所获得的收入,参与主体在直接收入增加的激励下积极投入乡村建设,以创造更大价值。

(一)“村强民富”式发展,壮大集体经济

实验区在引导绿水青山向金山银山转化中,经济红利的共享成为共建共治持续推进的重要环节。对此,不少农村社区参照“资源变资产、资金变股金、农民变股东”的“三变”改革理念,积极整合村庄资源,为产业发展凝聚力量,不断发展壮大集体经济;同时积极引导村民参与村庄经营实践,采用土地、资金、人力等资源入股的方式,引导农民向股民身份转变,在资源共享中实现效益共享,促进共同发展。

以杭垓镇银坑村为例。该村将发展壮大村集体经济作为第一要务,在科学规划下统一流转土地、山林,实施绿色招商,先后引进绿庭农业开发、光

① 中共十八届五中全会在京举行[N].新华日报,2015-10-30.

恒旅游等项目。该村还大力引导、鼓励村民开办农家乐,并推动全村农家乐、民宿抱团经营,成立了农家乐联盟,实现全村28家农家乐的统一标识、统一包装、统一治理与规划管理。通过整合山林、土地、景区等现有资源,畅通资源流转渠道,推进一二三产业融合发展,逐步形成了一条农户土地入股与企业合作经营的发展道路,以股权的纽带将村民与企业联结在一起,在调动村民参与中激活村民内生动力,实现经济的可持续性发展。

该村在产业发展中,以“村民得三金、集体获收益”的思路,实现经济发展成果的均衡共享。通过对现有旧村办公楼、停车场、景区等可经营性资产核查清算、登记备案、资产评估,以股权的形式分给农民,变股权为产权、变资源为资本,把经营所得一部分留作持续发展资金,一部分作为红利分发给村民,极大地调动了村民参与积极性。此外,随着现代农业、旅游企业的入驻,其发展所需的土地以承包的方式获得,由此村民变成出租户,从中获取土地租金;企业发展所需的人力资源通常就近招聘,村民通过就近就业便可赚取工资性收入。村民以“分股金、赚薪金、拿租金”的方式共享经济发展成果,2017年该村村集体经济收入192万元,农民人均纯收入38072元。要素整合与均衡分配的有机结合,实现了村强民富的发展目标。

此外,位于安吉县南端的报福镇景溪村沿着村强民富的发展道路,以壮大村集体经济为目标,积极探索乡村经营新路径。一是该村在“十里景溪”的目标定位下,重点推进乡村产业发展,建立杨树岭农民专业合作社,整合全村200余亩闲置土地,通过建设滨河景观带、盆景园、放心超市等,在改善乡村环境、丰富农民生活的同时调整经济结构。二是该村于2011年成立了安吉景溪坞旅游开发公司,公司采取股份制形式,村集体、村民个人自愿入股,其中村集体和村民占71%的股份,经营户占29%的股份。公司投资600万元,打造集休闲、度假、体验于一体的新农村旅游景点项目。截至2012年底,景点营业额达100余万元,村集体仅此一项就增收30余万元。三是该村还利用独特的地理条件和丰富的水资源,修建小型水电站两座,年发电量140多万度,每年可增加村集体经济收入20余万元,增加村民人均收入200余元。四是大力发展效益农业,种植小竹、板栗、花木、吊瓜等近500亩,新增茶叶2100亩,农户可增收100万元以上。景溪村积极挖掘乡村资源,在壮大集体经济的同时,也实现了农户个体增收。

(二)"三统三共"式经营,实现多方共赢

乡村的现代化建设不仅需要挖掘村庄内部的发展潜力,还需要借助外力,在内外联动中实现跨越式发展。实验区在村庄经营实践中,改变过去以行政力量为主的建设思路,在以政府为主导推进新农村建设的同时,以项目招标的方式引进外来企业,以多方联合的方式实现乡村本土资源的共同开发。沿着多方共建、共治的发展思路,实验区进一步发展了多方共享实践,多元主体在统一规划中参与乡村建设互动与利益共享,形成空间优化、产业升级、监管运营等方面的协同配合,在共建共治中促进多方共赢的实现。

以递铺街道鲁家村为例。2015 年 1 月,该村股份经济合作社成立了安吉乡土农业发展有限公司,注册资本 3000 万元;村里将上级部门项目投资和美丽乡村建设补助资金全部转化为资本,持有乡土公司部分股份;其余股份则寻求实力较强的旅游经营公司合作。在美丽乡村建设中,该村形成了"公司+村+家庭农场"三方合作的发展模式:"公司"即安吉乡土农业发展有限公司,负责家庭农场的统一建设运营和鲁家村的品牌营销宣传;"村"即村集体,负责统筹土地资源,招引农场入驻,并作为村民权益代表,积极参与乡村旅游开发,提高村民在美丽乡村建设的话语权;"家庭农场"即鲁家村对传统农业改造升级后的 18 个家庭农场,作为鲁家村发展乡村旅游的主要依托对象,通过传统鲁家特色乡土田园文化,吸引外来游客,并向村民提供就业机会。三者在统一规划后由乡土公司统一经营,统一使用"鲁家村"品牌,最终实现了共建共赢共享,即"三统三共"模式。在资源的有效整合中,村民按股分红,每股红利由 2014 年初的 375 元迅速增长到 2018 年末的近 2.5 万元,2018 年末村民人均收入 38820 元。

二、丰富红利共享形式,发展社会福利

习近平总书记在十九大报告中指出:"中国特色社会主义进入新时代,我国社会主要矛盾已经转化为人民日益增长的美好生活需要和不平衡不充分的发展之间的矛盾。"[1]新时代人民不再仅限于对物质生活的追求,更加强调对美好生活的向往。就经济发展红利的共享形式来说,人民不再仅限

① 习近平.决胜全面建成小康社会 夺取新时代中国特色社会主义伟大胜利——在中国共产党第十九次全国代表大会上的报告[M].北京:人民出版社,2017:23-24.

于收入的增长，而更加专注于生活质量的提升，希望能够平等地享有信息、技术、教育、医疗、社会保障、公共服务等资源。而实践发展中，公共产品和公共服务不平衡不充分的供给模式，难以促进人民生活质量的改善，导致个体对经济发展成果的认同感较低，参与经济建设的热情不高。对此，实验区围绕“两山”理念，在以激活乡村发展要素为主要内容的乡村经营实践中，大力发展农村社区的公共事业，用有效的公共产品和服务的供给，促进村民生活质量提升，从而凝聚发展力量、巩固发展成果。

（一）提升医疗卫生服务

乡村医疗卫生服务作为公共事业的重要组成部分，其发展水平深刻地影响农民卫生意识的提高以及农民健康的保障。实验区为推进乡村医疗卫生服务，先后制定了《安吉县人民政府关于进一步促进卫生事业发展的若干意见》《安吉县人民政府关于印发加快安吉县医药卫生体制改革 促进卫生事业发展实施意见的通知》等文件，以指导农村地区积极建设村级医疗卫生服务站，健全医疗卫生服务及药品供应体系。实验区以发展村庄医疗卫生事业作为经济成果转化的主要形式，在红利共享中有效促进了村庄健康水平的提升。

以递铺街道鲁家村为例。在集体经济发展壮大的背景下，该村“两委”决定将一部分经济发展成果用于村庄卫生服务站的修建与维护，并确保服务站的基本设施达到上级卫生部门验收标准。与此同时，给予服务站日常运营经费补助，拓展服务站的辐射范围，确保村民均可及时获得有效的医疗服务。此外，为改善卫生服务站人才缺乏与不稳定现状，鲁家村采取责任医生签约补助、基层医技人才补助的办法，吸引人才集聚。根据《安吉县人民政府办公室关于推进责任医生签约服务工作的实施意见》，鲁家村对重点人群（0—7岁儿童、60周岁以上老人、孕产妇、60周岁以下高血压病人、60周岁以下糖尿病人、60周岁以下特困人群、60周岁以下计生特殊人群）给予适当的签约补助。对于卫生服务站的医务人员按照高级、副高、中级职称的不同，每月分别补助1000元、800元、500元。

（二）发放社区老年补助

实验区坚持走绿水青山向金山银山转化的路径，成效显著。各农村社区在提升村民收入的同时进一步发展社会福利。特别是为应对农村社区人口老龄化问题，各地区将集体收益的一部分作为老年补助，按照一定的补助标准将发展成果落实到个体，以此作为老年群体收入的重要来源，进而推动老年群体活动的开展。实验区通过老年补助的方式，将经济发展成果转化为社会福利，极大缓解了农村的养老压力，对提升农村养老服务质量发挥了积极作用。

以城东社区为例。该社区立足于经济的持续健康发展，重点推进村庄公共事业，以促进居民生活水平的提升。其中，为丰富老年群体的精神文化生活，引导老年群体组建了老年协会、排舞队等社区自组织，以实现老有所养、老有所乐、老有所医。为支撑这些社会组织开展活动、丰富老年群体的精神文化生活，村集体对 60 岁以上老年人给予年度适当补助，一般是 60—70 岁为 600 元，70—80 岁为 700 元，80 岁及以上为 1000 元，以此作为老年群体的活动经费，引导老年人在活动参与中提升幸福感，促进老年群体生活质量的改善。

（三）成立儿童关爱基金

乡村教育同样是村庄公共事业发展的重要内容，因而在发展社会福利时，还需要推进教育资源的共享，保障农村儿童获得平等的受教育机会。随着经济社会的快速发展，实验区各农村社区除了发展当地的医疗卫生事业、养老事业外，同时将一部分经济收益用于发展乡村的教育事业，并专门成立儿童关爱基金会，负责教育资金的统一发放与管理。同时，还成功举办了"情暖两山 · 筑梦未来"关爱贫困青少年系列活动，在多元主体的支持下极大改善了乡村的教育环境，保障了乡村儿童享有平等接受教育的机会。

以递铺街道双一村为例。该村一直关注乡村教育事业的发展，自 20 世纪 80 年代起，便设立了读书奖学金制度，由村集体负担村民子女从小学到高中的全部费用。随着安吉双福毛竹专业合作社等企业的入驻，村庄集体经济发展壮大，为乡村公共事业发展奠定了良好的物质基础。为推进经济发展成果的共享，村党组织组织企业、村民开展公开募捐，设立该村的关爱基金用于困难家庭补助，以支持困难家庭孩子继续接受教育，推进乡村教育事业的发展。

第五节　共享发展经验：经验集成与理念输出

2015年，中共中央办公厅、国务院办公厅印发了《关于深入推进农村社区建设试点工作的指导意见》，要求积极开展农村社区示范创建活动，及时对试点工作成效进行总结评估，将成熟的经验做法上升为政策法规，从而为全面推进农村社区建设提供制度保障①。实施农村社区建设试点，其实质在于通过及时发现试点地区治理实践中的新理念、新路径、新模式，形成典型示范，为其他农村社区治理工作的展开提供经验借鉴。这一实践做法同共享理念的精神内涵高度契合，即基于发展经验的共享，在典型经验借鉴下确保农村社区治理工作的有序推进。

2000年，安吉县人大作出《关于实施生态立县——生态经济强县的决议》，生态立县发展战略正式确立。2008年初，安吉县出台《建设"中国美丽乡村"行动纲要》，围绕"村村优美、家家创业、处处和谐、人人幸福"发展要求，开始了现代化新农村建设工作。2018年，围绕农村社区建设，安吉县政府出台《安吉县全国农村社区治理实验区建设的实施意见》，以完善农村社区治理机制，扩大农村公共服务供给，推进社区治理体系和治理能力现代化。实验区在一系列新农村建设工作中，走出了一条适合安吉特点的新农村建设发展路子，形成了一系列可借鉴、可推广的实践经验。对于安吉发展经验的总结与共享，可作为其他地区开展新农村建设的重要参考，以共享促发展，实现全面的现代化建设。

一、专项经验总结与经验集成

社区作为社会治理的基本单元，是加快社会发展、完善公共服务供给的"最后一公里"。因此，加强城乡社区治理是新时代社会发展的重要任务。近年来，为适应社会发展遇到的新形势、新问题与新挑战，各地纷纷围绕社区治理开展了治理实验区创建工作。安吉县在社区治理实践中，集中形成了一系列贫困治理经验、技术帮扶经验、党群创业经验，对于这些专项经验

① 中共中央办公厅，国务院办公厅．关于深入推进农村社区建设试点工作的指导意见[Z]．中办发〔2015〕30号，2015-05-31.

的总结与分析,有助于全面共享、全民共享的实现,也是“共建共治共享的社会治理格局”重要实践形式。

(一)贫困治理经验

对现代国家来说,贫困是国家发展进程中面临的一大难题,同时也是现代国家治理的重要内容。党的十八大以来,扶贫开发逐渐发展成为国家治国理政的重要组成部分。实验区在推进社区现代化治理实践中,高度重视农村社区的贫困治理。在坚持走生态立县发展道路的实践中,最终形成了以多方资源共享、优势互补的贫困治理模式。该模式旨在通过挖掘乡村发展的内在要素,以多方共建共治强化农村的自我造血功能,最终实现农村现代化的转型升级。

以溪龙乡黄杜村为例。20 世纪 90 年代,该村还是一个典型的贫困村,村民人均年收入仅 1000 元左右。1996 年,在安吉县召开的农村工作会议上,决定在黄杜村建立 1000 亩白茶基地,省、市、县等相关部门给予政策和资金上的支持,黄杜村由此形成了基层党组织引领下的乡村产业内生发展模式。黄杜村的贫困治理实践,有效实现了农村经济社会的发展,到 2017 年村集体经济经营性收入达 121 万元,农民人均纯收入 3.61 万元。

黄杜村的贫困治理实践坚持发挥基层党组织的领导核心作用,以农民田间学校为平台,在党员的示范带头中实现乡村产业发展。一是坚持村所党组织结对共建,引导产业科学发展。2009 年以来,中国农业科学院茶叶研究所第二党支部与黄杜村党支部积极开展结对共建活动,探索“支部+人才+科技+产业”的党建富民新模式,引导院校专业技术与农村治理实践相融合,在资源共享、优势互补中实现互利共赢。二是在党支部的合作交流中建立农民田间学校,通过开展教学、培训、实践等活动,强化茶园田间技术指导和服务,实现产学研紧密结合。三是充分发挥党员的示范带头作用,全体党员积极参与“五水共治”工作实践,以实际行动推动生态修复,并通过示范带头的方式,以点带面推进生态茶园建设,发展农村生态茶产业与乡村旅游业。

黄杜村在多方共建、共促乡村经营中,有效实现了现代化发展。该村秉持共享的发展理念,积极推广本村的贫困治理经验,为实现共同富裕贡献力量。2018 年 4 月,该村 20 名农民党员给习总书记写信,汇报村里种植白茶致富的情况，提出捐赠1500万株茶苗帮助贫困地区群众脱贫。此后，溪龙乡政府、县农业局、中茶所（中国农业科学院茶叶研究所）、浙江省茶叶集团的技术人员多次到西部地区考察，最终确定了四川省青川县、湖南省古丈县、贵州省沿河县和普安县的贫困村作为受捐地。黄杜村通过向贫困地区捐赠茶苗、为其提供专业的种植技术指导等方式，引导更多地区走上了白茶致富的发展道路。

递铺街道鲁家村在“两山”理念的引导下，立足生态保护与修复，发展生态旅游业，成功实现了美丽乡村向美丽经济的转变，是农村社区贫困治理的典型。该村的持续性发展得益于其采取的联动发展战略，通过将周边的南北庄村、赤芝村、义士塔村纳入总体规划，拓展辐射空间，实现抱团式发展，在各村优势互补中打造国家级田园综合体。据统计，鲁家村村集体资产从30万元发展到1.4亿元，农民纯收入从2011年的14719元增加到2017年的35600元，村集体收入从2011年不足3万元增加到2017年的335万元，创造了可观的经济效益，带动了农民增收致富。在此基础上，鲁家村致力于将其贫困治理实践打造为乡村振兴的样板，在全国复制推广，打造百村联盟，从而让更多的村民参与乡村建设，走共同富裕的道路。目前，鲁家村已经与陕西省袁家村等多个村庄签订协议，以推进共建共享工作。

（二）技术帮扶经验

科学技术作为第一生产力，是乡村现代化发展的重要支撑。缺乏技术支持的经济发展难以发挥各生产要素的最大效用。因此，为实现乡村经济的快速发展，需要把握好科学技术这一基本要素，即通过加大科学技术的普及力度，逐步提升农民的科学素养，促进乡村经济发展。而在城乡二元结构下，农村社区建设较晚，科学技术水平与城市存在较大差距，由此各地纷纷开展“三下乡”活动，科技作为“三下乡”的重要组成部分，也逐渐进入广大农村社区，成为推动乡村发展的重要力量。

以递铺街道鲁家村为例。该村在乡村经营中，由村集体与社会资本联合，注册成立了安吉乡土职业技能培训有限公司。该公司旨在打造“绿水青山就是金山银山”重要思想的研学基地和“绿水青山转化为金山银山”最新实践成果的传播基地。一方面，该公司积极加强与各高校的合作，链接各类专业技术人才，逐步建立起完善、专业的乡村经营技术人才库；另一方面，该公司为提升农民素养，开展了各类创业培训、实用技术知识培训、政策宣传等各式各样的宣传活动近1000次，有效拓展了农民的专业技能，使其能够更好地参与农村社区建设。该村依托发展起来的职业技能培训公司，在实现经验探索的同时，通过专业技能培训将经验推广于实践，有效拓展了先进技术的受益群体。

（三）党群创业经验

党的十八大报告指出："党的基层组织是团结带领群众贯彻党的理论和路线方针政策，落实党的任务的战斗堡垒。"要充分发挥基层党组织"推动发展、服务群众、凝聚人心、促进和谐的作用，以党的基层组织建设带动其他各类基层组织建设"[①]。近年来，各地在深入学习习近平总书记系列重要讲话精神中，紧紧围绕全面建成小康社会的目标，探索出以党员创业引领全面创业、以创业成果惠及农民群众为主要内容的农村党群创业实践形式，以基层党组织服务功能的发挥，实现抱团式发展。

以报福镇景溪村为例。该村现有党小组8个，党员52人。景溪村党支部为充分发挥党员的示范带头作用，成立了以党支部为核心、以党小组为组带、以创业富民为目标的党群创业互助会。该互助会通过项目联办、资金联贷、技术联享和销售联营，把党员和群众组织起来"抱团"创业发展，以解决群众"创业无项目、发展无资金、致富无技术"的难题，重点开展"三个互助"：一是学习互助，即借助远教平台、农家书屋、党小组之家、农民实用技术培训基地等资源，进行互助学习，有一定学习资料和技能技术的党员为其他创业农户提供学习方便；二是资金互助，即通过组织成员出资，实现资金聚拢，以推动乡村旅游等产业的发展；三是生产互助，即强调合理分配劳动力，实现人力资源共享，让有技术、有能力的党员和农户及时为其他成员提供创业指导，以实现互助生产、协同创业。

二、共享平台建设与理念输出

农村社区治理实验区小范围的试点创新，旨在探索社区治理的新理念、新路径、新模式。在共享发展理念的指导下，除了对实验区专项治理经验的

---

① 本书编写组. 中国共产党第十八次全国代表大会文件汇编[M]. 北京：人民出版社，2012：40.

总结、特色活动的挖掘,还要确保治理经验全民共享、全面共享的落实,即通过加强治理经验共享平台建设,并将之作为农村社区治理新模式的重要输出阵地,以进一步推广特色社区治理经验。在治理经验共享实践中,安吉美丽乡村研究院、两山学院等专门的治理研究院纷纷建立起来,通过研究院开展专题调研总结治理经验,开展讲座、培训促进治理经验的全面共享,有效适应了全面农村社区建设的发展需求。

(一)美丽乡村建设理念与实践

安吉县地处浙江省西北部,是习近平总书记“两山”理论的诞生地,同时也是中国美丽乡村建设的一面旗帜。2003 年,在浙江省启动的“千村示范、万村整治”工程中,安吉县坚持目标导向,从整体规划到项目实施,持续推进新农村建设。2008 年,安吉县率先提出美丽乡村建设的发展目标,统筹推进生态建设、新农村建设、城镇化建设等工作,以实现村庄美、农业兴、农民富的发展目标。安吉县在美丽乡村建设实践中,走出了一条生态经济化、经济生态化的绿色发展之路,而这一美丽乡村建设模式也逐渐发展成为广大农村社区建设的路径。2017 年,安吉县在灵峰街道横山坞村建成了首个安吉模式的输出平台——安吉美丽乡村研究院,该研究院致力于县域美丽乡村建设研究,以美丽乡村建设、经营、管护为主题,通过开展教育培训、对外合作交流、美丽乡村体制研究等工作,向外推广安吉美丽乡村发展模式,实现安吉美丽乡村建设成果共享。

安吉美丽乡村研究院作为安吉模式输出的重要平台,在建立初期参照“共建共治共享”的发展理念,坚持从多元主体出发,在积极同各高校、研究单位的专家沟通交流,建立长效合作机制的同时,主动吸纳美丽乡村创建的直接参与者,如各村的支部书记、农户代表,形成专家负责经验总结、技术指导,支部书记、农户代表负责讲解具体做法的职能分工模式。研究院坚持从实践出发,多次组织队伍深入农村社区展开专题调研,以获取社区治理实验的最新动态,总结社区治理的新路径、新方法,在系统归纳总结治理经验的过程中将经验转化为理论,并进一步形成具有可操作性的指导手册,深入推进美丽乡村的标准化建设工作。

安吉美丽乡村研究院在总结已有经验的基础上,以专业技能培训、专题讲座等形式丰富研究内容,系统解剖安吉美丽乡村建设的系列活动,从而引导学员对美丽乡村建设形成系统认识。研究院集合农村社区的发展需求，分别从基础理论、环境提升、产业发展、文化创意、体制机制五大板块入手，开设了中国美丽乡村安吉模式解读、美丽村居规划设计与改造实例等培训课程，学员可根据自身需要选择合适的课程。与此同时，研究院针对讲解内容设计了专门的教学线路，将余村、横山坞村、刘家塘村等作为美丽乡村建设讲解的实践示范点，通过引导学员实地参观学习，深刻认识安吉美丽乡村建设实效。自 2017 年 4 月成立以来，研究院已开设了 182 批次、12086 人次的专题培训班。

研究院为推广安吉美丽乡村建设经验，在开展专题培训的同时进一步拓展服务内容，如坚持直接指导，积极参与各地美丽乡村建设。在实践中，研究院为美丽乡村建设提供创建策划、理论指导、技术方案编制、建设与运营管理一条龙式服务。在经验借鉴与技术指导中，研究院立足于村情实际，灵活发展水产、种植、红色旅游等不同产业，使得美丽乡村在各地的建设呈现出不同的表现力、生命力。目前，研究院已与新疆、山东、广东等地建立了长期合作关系，已完成云南弥渡等 5 个市县美丽乡村县域规划编制及广东珠海、惠州、佛山等地区 62 个创建村方案设计。

（二）“两山”理念与实践

2005 年 8 月 15 日，习近平同志在余村调研时，针对干部群众在如何处理环境保护与经济增长问题上出现的思想矛盾、困惑和彷徨，提出了“绿水青山就是金山银山”的重要理念，为正处于推进生态立县关键时刻的安吉县指明了方向。此后，安吉县积极践行“绿水青山就是金山银山”的理念，以县域生态修复与环境整治为抓手，逐步引导生态优势转化为经济优势，实现绿水青山向金山银山的转化，树立了我国生态文明建设的成功样板。为全面学习贯彻习近平新时代中国特色社会主义思想和党的十九大精神，充分发挥实验区作为“两山”理念诞生地、美丽乡村发源地的先行示范优势和引领作用，2017 年 12 月 28 日，全国首个“两山”讲习所于安吉正式挂牌成立。该讲习所旨在总结实验区新探索、新实践，研究生态文明理论、传播生态文明理念、探索生态文明实践，通过开展相关理论研究和教学培训，进一步推广生态文明经验，助推全国生态文明建设。

“两山”讲习所坚持专业化、特色化、品牌化办学方向，积极加强研究团队建设，以推进讲习所生态文明的理论研究。目前，讲习所共邀请了 9 位相关领导和国内具有重要影响力的知名学者担任特约顾问，聘请了 28 位全国生态文明建设理论和实践领域的专家学者担任特聘教授，汇集了 29 位安吉县"两山"建设各有关单位业务骨干为本地专家。讲习所通过积极吸纳生态文明理论成果、"两山"建设方面的专业人才，打造"两山"智库，在理论与实践的结合中全面、系统地总结实验区"两山"理念的具体内涵与实践形态，不断开辟绿水青山向金山银山转化的新境界。

"两山"讲习所坚持理论研究与教学培训相结合的办学方法，积极推广实验区生态文明建设的实践经验。讲习所围绕"发展生态经济""弘扬生态文化""构建生态社会""改善生态环境"4 大讲习主题，相继开发出"习近平总书记关于生态文明建设的重要论述"等 4 个主体课程，中国美丽乡村建设的安吉实践与启示 、"两山"理念转化为现实生产力的路径探究等 36 门选修课程，精心设置了 12 个现场讲习点。讲习所采用专业理论与典型案例相结合的教授办法，全方位、多角度地展示了安吉、湖州乃至浙江对"两山"理念的发展及其实践探索。讲习所自成立起多次组织各地各级领导干部集中学习实验区"两山"理念与发展路径，为"两山"理念在更大范围的应用奠定基础。

在推广"两山"理念中，部分农村社区还建立了两山学院。2015 年，鲁家村被县委、县政府批准创建安吉美丽乡村精品示范村，其中项目之一就是建设文化大礼堂，用于展示传承传统文化——鲁家木艺文化，同时也是展示村庄形象、丰富文体活动的主要场地。2017 年 7 月，安吉的田园鲁家被财政部、国务院农村综合改革办公室列为国家级田园综合体试点（全国共 15 个），其中重点项目之一就是建设两山学院。在原来鲁家文化大礼堂的基础上提升建设鲁家两山学院，使之成为"绿水青山就是金山银山"重要思想的研学基地和绿水青山转化为金山银山最新实践成果的传播基地。鲁家两山学院自建立以来，围绕专业技能讲授、政策宣传等内容，已举办各类培训讲座及活动 1000 余次，使得参与者知识与能力素质显著提升。两山学院立足于村民的全面发展，在共享发展经验中推进乡村的现代化建设，实现乡村振兴。

安吉县在经历了经济效益与生态效益、社会效益失衡的发展阶段后，确立了“生态立县”的发展战略，通过实施美丽乡村建设以及坚持走绿水青山向金山银山转化的发展道路，有效实现了经济效益、生态效益、社会效益的有机统一。在此基础上，安吉县立足于已有的发展成果，进一步开展了全国农村社区治理实验区的创建工作。围绕“提升农村社区治理和服务功能，实现共建共治共享”的实验主题，在完善农村社区治理机制、扩大农村公共服务供给实践中，有效促进了改革成果的多形态转化以及治理红利的充分释放，形成了全民共享、全面共享的多赢格局。

第一，生态环境共享。实验区在社区治理实践中，高度重视生态环境修复与人居环境改善，突出显示了其以生态振兴助力乡村全面振兴的发展道路。由于实验区较早开展了美丽乡村建设，乡村生态环境显著提升。实验区人民在共享美丽家园的基础上，进一步拓展生态效益共享范畴，通过发展乡村旅游业、生态农村以及茶产业，实现了美丽经济的共享。此外，还将生态治理实践中形成的机制、队伍等内容延伸到社会事务的治理，诸如村规民约的制定与完善、治理体系的健全等，为美好生活的共享营造了良好氛围。由此，生态效益的共享实践，同“生态宜居”“产业兴旺”“治理有效”等乡村振兴要求高度契合。

第二，基础设施共享。农村社区的基础设施作为乡村发展的短板，是社区治理的重点内容。对此，实验区在创建过程中，积极推进农村社区基础设施建设，实现基础设施从共建到共享的转变，以提高基础设施的利用效率。各农村社区为实现其现代化的转型升级，一方面建设农村的经济基础设施，在经济基础设施的共享中获取一定的收益，成为乡村发展的物质支撑。与此同时，农村社区积极建设社会基础设施，以提升农村公共服务供给能力，通过养老照料中心、农家书屋、文化礼堂等设施的共建共用，有效满足了社区居民的精神文化需求，丰富了社区居民的社会生活。

第三，优秀文化共享。文化共享作为全面共享的重要组成部分，旨在从精神财富层面拓展共享内容，基于文化的交流互动，实现文化的现代化发展。实验区为推进乡村文化的共享，从共享平台与共享活动两个层面着手，通过建设文化礼堂、文化场馆、文明实践站，以平台整合乡村文化资源，进而构建村民的精神文化家园；通过开展文化下乡、文化出村等活动，促进地域间文化的交流互动，实现全民共享乡村特色文化，在全民共享实践中共促文化发展，由此丰富共享内容，创新共享实践。

第四，发展红利共享。近年来，随着社会经济的快速发展，实验区在社区治理实践中积极引导居民共享发展红利。村民通过入股、就地就业等方式参与乡村经营，实现了个体收入的显著增加。此外，为拓展发展红利的受益群体，实验区各农村社区将村集体收入的一部分用于发展村庄的公共事业，通过建设乡村医疗卫生服务站、实行老年补助、成立儿童关爱基金等方式，积极引导经济收益向社会福利转化，在推进公共服务均等化的同时，有效提升了社区居民的参与感、获得感、幸福感。

第五，实践经验共享。实验区在新农村建设工作中，形成了一系列可借鉴、可推广的实践经验，通过对乡村贫困治理经验、技术帮扶经验、党群创业经验的系统总结与推广，为其他地区乡村经营实践提供重要参考。与此同时，实验区立足于其先行试点、探索的优势，进一步成立了安吉美丽乡村研究院、“两山”讲习所，并以此作为安吉模式的重要输出平台，在研学结合、典型示范中，积极开展美丽乡村建设、生态文明建设等突出经验的教育培训，拓展安吉经验的受益面，在实践中推进全国农村社区建设。

结　语

行走在今天的安吉农村，山花烂漫点缀于连绵竹海，浙派民居布局在和谐山川，沃野平畴处处激荡起产业发展强音，林荫小道步步承载着村民美好愿景，这里的每一座山、每一道河、每一朵花无不焕发出全新活力。而回首过往，安吉曾是浙江省的20个贫困县之一，于20世纪八九十年代走上“工业强县”之路后，全县大力发展造纸、印染、建材、化工等产业，尽管GDP得到高速增长，却面临溪流浑浊、林木滥伐、烟尘熏天的发展困境。

2005年8月15日，历史将永远记住这一天，时任浙江省委书记的习近平同志在安吉采矿大村余村考察时，首次提出了“绿水青山就是金山银山”的科学论断。“两山”理论的诞生，堪称一剂良方，回答了如何正确处理好经济发展与生态保护的相互关系，为安吉指引了一条生态优先、生产发展、生活富裕的绿色发展道路。2020年3月30日，习近平总书记时隔15年后再访安吉余村。与15年前安吉之行异曲同工的是，总书记仍然关注人与自然的和谐、人与人的和谐、人与经济发展的和谐。当了解到安吉多年坚持“两山”理念、践行绿色发展带来的巨大变化时，他说：“美丽乡村建设在余村变成了现实，余村现在取得的成绩证明，绿色发展的路子是正确的，路子选对了就要坚持走下去。”习近平总书记对于人与自然的关系、环境质量与人民福祉的关系的阐述，充分表明走生态优先、绿色发展之路是中国乡村治理面向未来的坚定选择。

农村稳、天下安；农民富，社会和。我国是一个发展中的“三农”大国，高度重视并系统处理“三农”问题，一直是中央和地方工作的重中之重。党的十九大报告正式提出乡村振兴战略，把“产业兴旺、生态宜居、乡风文明、治理有效、生活富裕”作为农业农村优先发展总要求,倡导经济效益、社会效益和生态效益相统一的绿色生产方式。自改革开放以来,从走高效生态新型农业现代化道路到农业供给侧结构性改革,从完善农村基本经营制度到全面深化农村改革,从统筹城乡发展到城乡融合发展,从扶贫开发到精准扶贫,我国坚定不移地从乡村本位出发,以绿色发展为导向,不断探索乡村崛起的可持续路径。

安吉的蝶变历程,昭示着“两山”理念既是理想,也是现实;既是理论,也是实践。践行“绿水青山就是金山银山”的重要理念,每个人都应当是参与者、实践者、宣传者。只有将指导理念转化为实践行动,将集体共识转化为集体合力,将发展成果惠及于人民大众,才能实现经济发展与生态环境之间的持续共进。党的十九大提出,要“打造共建共治共享的社会治理格局”,这既是社会主义生态文明建设的前提保障,也是我国坚持绿色发展之路的必然结果。共建共治共享,即全体人民共同参与社会建设、共同参与社会治理、共同享有治理成果。其中,共建是基础,共治是关键,共享是目标,三者有机融合于社会治理全过程。共治共建共享的提出,系统总结了安吉过去十多年践行“两山”理念的生动实践,为创新我国未来社会治理提供了新的方针指引。

在践行“两山”理念、走好共建共治共享的乡村治理现代化道路中,安吉始终坚持党的领导,把党的建设贯穿美丽乡村建设之中;始终注重多元参与,以体制机制建设扩大社会参与力度;始终加强队伍建设,全面提升基层业务素质和法治思维;始终挖掘文化内涵,努力培育文明和谐的现代乡村风貌;始终强化要素投入,通过人、技、物、财汇聚提升软硬件水平;始终做强绿色产业,积极推进美丽乡村的生态价值转化。“六个始终”整体概括了安吉县在打造共建共治共享格局的推进路径,基于此,安吉乡村治理工作不断朝着系统化、集约化、精细化、科学化、生态化方向发展。

作为全国唯一“两山”理论实践试点县,安吉县探索并形成了具有安吉特色的农村治理经验。从天荒坪镇余村“两山议事会”到鄣吴镇玉华村的村规民约,从上墅乡刘家塘村三级网格化治理到天子湖镇高禹村的数字乡村平台建设,安吉形成了具有区域特色的治理理念和行为模式,初步具备了区域品牌和样板效应。安吉农村治理的根本经验,就是要在中国共产党的领导下，以解放和发展农村生产力为根本，坚持绿色发展理念，充分调动多元主体在基层共建共治共享过程中的主动性与能动性，着力构建政治、自治、法治、德治和智治相融合的农村基层治理体系。

安吉坚持生态立县不动摇，在绿色发展中率先崛起，知名度、美誉度不断提升，先后斩获"绿水青山就是金山银山"理论实践试点县、中国绿色示范县、国际乡村生活示范地、全国首批县级国家森林城市、国家生态文明建设示范县、首批国家全域旅游示范县等系列荣誉称号。短短15载，安吉城乡差距不断缩小，居民收入持续较快增长，多项经济发展数据位居全市乃至全省前列，生态文明建设取得丰硕成果，村民的幸福感、获得感、归属感不断上升，初步实现了村强、民富、景美的奋斗目标，在全国范围内形成了示范和带动效应。

农村社区治理实验区建设，只是安吉县推动经济社会发展的篇章之一。如今，站在新的历史起点上，安吉正向"两山"理念综合改革创新试验区迈进。试验区建设是省委、省政府的重要决策部署，也是未来安吉加快高质量发展的全新引擎。根据建设方案，安吉县将秉承生态优先、绿色发展，改革引领、创新驱动，统筹兼顾、重点突破的三项原则，重点推进高标准生态保护机制、高质量绿色发展机制、高水平开放合作机制、一体化城乡融合机制、市场化要素配置机制、现代化县域治理机制的六大任务，有效落实重大改革、重大政策、重大项目"三张清单"，争取到2022年实现全国绿色发展标杆、全国城乡融合样板、全国美丽宜居大花园典范的三大奋斗目标。相对以往，试验区更加注重基层建设的持续性、创新性、系统性、针对性和有效性，标志着安吉农村治理工作步入了新的历史阶段。

纵深推进"两山"理念综合改革创新试验区建设，努力成为当代乡村治理现代化的样板地和模范生，是安吉当前及今后一个时期的重点建设任务。一方面，安吉县将继续走绿色发展道路，坚持保护农村生态环境，坚持构建绿色农业体系，坚持传播生态文明理念，高质量、全方位推进新时代美丽乡村建设。另一方面，安吉县将全力拓展"两山"理论的实践，不断夯实产业发展基础，不断优化乡村产业布局，不断培育新主体新机制，让生态底色成为助推社会经济发展的强劲动力。与此同时，安吉县将纵深推进农村各项改革，全面加强和改进党的领导，全面优先承担农村改革试点，全面创新农村经营管理制度,全面提升公共服务的精细化与智能化水平,从而争当新时代县域全面深化改革排头兵。

我们应清醒认识到,对安吉而言,无论是农村社区治理实验区建设,还是“两山”理念综合改革创新试验区都并非终点。不论是推进美丽乡村建设,还是实施乡村振兴战略,抑或是实现农村治理体系和治理能力现代化,都将是一个循序渐进、久久为功的过程。伴随经济社会深刻巨变、利益关系日趋复杂、科学技术更新迭代,必然会出现各种可以或难以预见的艰难险阻,人民群众对乡村治理的建设要求与参与意愿也将逐渐提高。履不必同,期于适足;治不必同,期于利民。只有高举中国特色社会主义伟大旗帜,紧密结合现实国情和地区实际,不断提升乡村治理的现代化水平,才能使安吉永葆生机与活力。

时序更替,梦想前行。从“两山”理念诞生地到“两山”理念样板地、模范生和标杆县,从中国美丽乡村发源地到中国最美县域,安吉的每一步发展都紧扣习近平新时代特色社会主义思想,在接续奋斗中收获了更多自信与勇气。当前,安吉正处于“两山”实践的重要战略机遇期、美丽县域建设的关键期和赶超发展的攻坚期,全县上下应进一步全面学习贯彻落实习近平总书记重要讲话精神,努力把安吉建设成为“两美”建设的浙江典范、“两山”实践的全国示范、美丽中国的样板地和模范生,奋力开创新时代中国最美县域新篇章!